A Study in Public Finance

Arthur Cecil Pigou

ピグー
財政学

本郷 亮 訳
Ryo Hongo

名古屋大学出版会

目　　次

凡　　例 ii

財政学 ［第 3 版］（1947 年）……………………………………………… i

  第 I 編　一般関連問題
  第 II 編　税　　収
  第III編　財政と雇用

善の問題（1908 年）………………………………………………… 260

J. M. ケインズ氏の『雇用，利子および貨幣の一般理論』（1936 年）…… 271

古典派の定常状態（1943 年）………………………………………… 291

  参考文献　303
  訳者解題　307
  訳者あとがき　331
  人名索引　333

凡　例

1. 本書は，アーサー・セシル・ピグー（Arthur Cecil Pigou, 1877-1959）の『財政学』第 3 版（1947 年），ならびに 3 つの論文——「善の問題」（1908 年），「J. M. ケインズ氏の『雇用，利子および貨幣の一般理論』」（1936 年），「古典派の定常状態」（1943 年）——の全訳である。底本にはそれぞれ以下のものを用いた。

   ① *A Study in Public Finance*, London : Macmillan, 3rd edn., 1947, xviii＋285 pages. ただし「序文」のみ，初版および第 2 版も用いた。

   ② "The Problem of Good," in A. C. Pigou, *The Problem of Theism, and Other Essays*, London : Macmillan, 1908 : 80-92.

   ③ "Mr. J. M. Keynes' General Theory of Employment, Interest and Money," *Economica n.s.* 3, 1936 : 115-32.

   ④ "The Classical Stationary State," *Economic Journal* 53, 1943 : 343-51.

2. 上記①は新たに翻訳したものであるが，②～④の初出は以下の通りである（ただしいずれも改訳を施している）。①については原典の頁数を欄外に示した。

   ・「A. C. ピグー「善の問題」（1908 年）——邦訳と解題」，関西学院大学『経済学論究』第 67 巻第 1 号，2013 年 6 月：189-205 頁。

   ・「A. C. ピグー「J. M. ケインズ氏の『雇用，利子および貨幣の一般理論』」（1936 年）——邦訳と解説」，『弘前大学経済研究』第 34 号，2011 年 12 月：115-31 頁。

   ・「A. C. ピグー「古典派の定常状態」（1943 年）——邦訳と解題」，関西学院大学『経済学論究』第 67 巻第 2 号，2013 年 9 月：177-96 頁。

3. 原文のイタリック体は，訳文ではゴチック体で，書名の場合は『 』で示した。

4. 訳文中の（ ）は原著者のものであり，［ ］は訳者の補足である。

5. 原注は 1），2），3）……で示し，訳注は ［1］，［2］，［3］……で示した。

6. 訳文には，改行を適宜追加した。

7. 原著者の用いた文献の一覧を翻訳部分の後に追加するなど，文献表記法を現代的形式に改めた。そのため本書には 2 つの文献一覧（303 頁の原著者のものと 327 頁の訳者のもの）が含まれる。原著者の使用文献は，Pigou (1920) のように（ ）で，訳者の使用文献は，本郷［2007］のように ［ ］で示した。

8. ピグーは文献表記のさい，書名の一部，出版社，出版年をしばしば省略する。特定できた文献の場合には訳者がそれらの情報を補ったが，不明な場合はその箇所に下線を引いた（版を特定できなかった場合は，便宜的に初版の年を記し，これに下線を引いた）。

財 政 学

［第 3 版］

(1947 年)

初版序文

　私は本書を『財政』（*Public Finance*）ではなく，『財政の一研究』（*A Study in Public Finance*）と名づけた。それは本書が，財政という名称のもとでこれまで通常扱われてきた，全領域を考察するわけではないことを示すためである。本書は私の他の 2 つの書物，すなわち『厚生経済学』（Pigou 1920）と『景気変動論』（Pigou 1927）を補うものであり，この 3 つの書物が経済学一般に関する私の議論の主要内容を構成する。

　本書の第 I 編と第 III 編では，現在絶版になっている『戦争の政治経済学』（Pigou 1921）の内容と，『厚生経済学』初版第 IV 編［財政論］の内容を，少なからず再録した。『厚生経済学』初版の財政論の大部分を同書の第 2 版で削除したのは，そのためである。むろんその内容は再考のうえ，改訂している。税収に関する第 II 編は，14 章と 16 章を除き，大部分が書き下ろしである。トリニティー・カレッジの D. H. ロバートソン氏とキングズ・カレッジの F. ラムジー氏に感謝する。彼らは大変親切に私の原稿の一部を読み，貴重な助言をくれた。

A. C. ピグー　1927 年 9 月

第 2 版序文

　この第 2 版では，初版における若干の誤りを正したほかには，何ら大きな改訂をしていない。**費消的**支出（*exhaustive* expenditure）という用語はやや誤解を招いたので，**実質的**（*real*）支出に変更し，第 I 編第 3 章でこの用語の意味を明確化するように努めた。

A. C. ピグー　1929 年 6 月

第 3 版序文

　私の『戦争の政治経済学』（Pigou 1921）には，戦時財政に関する諸章が含まれていた。しかし本書『財政学』の初版（1928 年）および第 2 版（1929 年）が出版された当時は，すでに『戦争の政治経済学』は絶版になっていたので，これらの戦時財政論を本書に再録するのが時宜にかなっていると思われた。ところが第二次世界大戦が勃発し，『戦争の政治経済学』の改訂版が求められたので，当然ながら戦時財政についてはそこで論じることにした。こうした経緯から，このたびの第 3 版では戦時財政論を削除してある。それゆえ，本書と『戦争の政治経済学』に大きな重複はないはずである。

　銀行信用による資金調達がもたらした帰結に関する章と，戦時国債および戦時特別課税に関する章も，今では古くなったので削除した。後者の章については，実に詳細な研究であるヒックス夫妻とロスタス博士の『戦時利得への課税』（Hicks *et al.* 1941）がすでに存在する以上，あえて新たに書き直す理由はまったくない。

　第 I 編では，ところどころ，構成や内容を変更した。税収に関する第 II 編については，『エコノミック・ジャーナル』誌の 1932 年 12 月号に掲載された私の論文「賠償支払が交易条件に及ぼす影響」（Pigou 1932）をもとに 3 つの新たな章（19〜21 章）を追加し，またその他の章（特に第 9 章と 22 章）もかなり書き変えた。これが改善であることを望む。失業対策としての財政に関する第 III 編は，短いけれども書き下ろしである。D. H. ロバートソン教授は大変親切にその草稿全体を通読してくれたが，内容についての責任はむろん私にある。

A. C. ピグー　1946 年 3 月　ケンブリッジ

詳細目次

第I編　一般関連問題

第1章　予備的考察 …………………………………………… 19

1-4節　現代の財政は主に貨幣を通じて営まれるが，貨幣のやりとりはその真の実質ではない。貨幣という形式的共通性の背後に，しばしば実質的多様性が存在する。　19

第2章　補償の原則 …………………………………………… 21

1-3節　通常，政府は経常的に必要な財・サービスを市場で購入するが，再生産不可能なものや，再生産可能であっても大量かつ即座に必要なものの場合は，恣意的な所定の価格で市民から強制的に購入［徴用］せざるをえないこともある。　21

4-6節　補償金支払のための徴用価格の決定において指針とすべきは，「そこで問題となる事柄に関して人々の状態が等しい限り，相異なる人々であっても等しく扱うべきだ」という形の公平原則である。　22

7-11節　ある商品分野に属す特定品目のみを徴用するさいの公平原則の適用の仕方を，一般的経済状態が安定している場合とそうでない場合について，それぞれ論じる。　25

12-18節　ある分野に属す全品目を徴用するさいの公平原則の適用においては，難問に直面する。　29

19-21節　敵国の攻撃や通貨価値の暴落による損失への補償に関する諸問題。　33

第3章　政府による非移転支出と移転支出 …………………… 36

1-3節　政府自身のためか，あるいは対外債務返済のためかを問わず，実際の資源の費消を伴う非移転的政府支出は，単なる移転支

財政学（詳細目次）　5

　　　　　　　　出とは区別される。　36

4-8 節　　この区別の含意。　37

9 節　　　イギリスの予算に占める移転支出の割合は時代によって異な
　　　　　　る。　39

第4章　公営営利事業の資金調達 ……………………………………………40　viii

1-2 節　　料金を課すことによって資金調達**可能**な事業を公的当局が営
　　　　　　む場合，この資金調達方法が最善のものである，と言えるた
　　　　　　めの条件を知る必要がある。　40

3-5 節　　税を財源とする無制限の無料供給が，大きな浪費を実際にも
　　　　　　たらさないのは，医療サービスのように需要が非弾力的な財・
　　　　　　サービスの場合に限られる。　41

6 節　　　無料供給と配給を併用しても，多くの種類の財・サービスで
　　　　　　は，ほぼ失敗するだろう。　42

7-8 節　　無料供給が望ましいのは，特別な事情がある場合と，料金徴
　　　　　　収が著しい不便を伴う場合のみだろう。　43

9 節　　　特定個人が利用する財・サービスを政府が供給するさいは，
　　　　　　通常，その費用を賄えるだけの利用料を課すべきである。
　　　　　　45

第5章　政府支出の範囲 ………………………………………………45

1-2 節　　過去の契約に縛られないという意味において裁量的な，政府
　　　　　　支出の額を決定するさいは，その資金調達に伴う市民の負担
　　　　　　も考慮すべきである。　45

3-5 節　　本章の問題に光を照らすのは，限界費用と限界収益の均衡と
　　　　　　いう考え方である。　46

6 節　　　しかし税の強制性の存在自体が経済的厚生に間接の悪影響を
　　　　　　及ぼすだろうことも，考慮せねばならない。　48

6

第6章　財政上の公債の位置（戦時国債を除く）································49

1節　　一般通念として，毎年必要な経常費は課税で賄うべきである。
49

2節　　収益性のある公的事業への支出は借入金で賄うべきである。
50

3節　　真の問題は，収益性のない臨時支出をめぐるものである。
51

4節　　課税による資金調達は現在世代の負担になり，借入による資
金調達は将来世代の負担になるので，この2つの資金調達方
法の選択は，現在世代と将来世代のそれぞれが当該支出から
受ける便益の量にかかっている，という主張もあるが，これ
は誤りである。　52

5節　　それは，世代間 正 義 の問題ではなく，むしろ技術的便宜性
と政治的実行可能性の問題である。　52

ix

第II編　税　　収

第1章　課税の原理 ································54

1-8節　課税の根本原理をめぐる2つの対立する主張，すなわち**最小
総犠牲説**と**均等犠牲説**を論じる。結論として，前者こそが唯
一の根本原理だろう。　54

第2章　租税体系と租税式 ································59

1節　　租税体系は，租税式の集合体である。租税式は，①課税対象，
②この対象の量とその所有者から徴収する歳入額とを関係づ
ける関数，を具体的に示したものである。　59

2節　　例外もあるが，課税対象は貨幣額で表される。　59

3-6節　各種の租税関数。　60

7節　　政府が実際に使用できるのは一般的に適用できる租税式のみ
であり，一般的な規則によらずに納税者を差別することはで

財政学（詳細目次）　7

きない。　63

第3章　租税式どうしの相互作用 ……………………………………65

1-5節　新たな租税式を導入すれば，通常，他の租税式からの歳入は
　　　　変化する。その影響の仕方を分類する。　65

第4章　最小犠牲の原理と課税の分配面 …………………………68

1-2節　課税の告知面を捨象することの意味。　68

3節　　課税の分配面は，租税体系全体で考えなければ意味がない。
　　　　69

4-5節　もし課税のもたらす犠牲がすべて直接的・即時的な犠牲であ
　　　　り，かつ告知効果を無視するならば，最小犠牲の原理は，す
　　　　べての納税者の限界犠牲を均等化するような租税体系によっ
　　　　て満たされる。　70

6-9節　しかし富者への重税が資本蓄積に及ぼす悪影響や，貧者への
　　　　重税がその労働能力に及ぼす悪影響も考慮すれば，前述の租
　　　　税体系が実際に最小犠牲をもたらすことはなかろう。　71

10節　　非常に豊かな層と非常に貧しい層の，税負担の軽減策が必要
　　　　である。　74

第5章　最小犠牲の原理と等所得集団への課税告知 ………………75

1-4節　いかなる等所得集団においても，所得を課税対象としてある
　　　　一定額の歳入を徴収するさいには，労働供給を促進する（あ
　　　　るいはそれを抑制しない）租税式の方が犠牲は小さい。　75

5節　　低い税率と高い税率があり，どちらも同額の歳入を生みだす
　　　　ならば，低い税率の方が告知面で優れている。　77

6-8節　ある一定額の歳入を徴収するとき，各種の租税式を告知面で
　　　　比べれば，①人頭税，②逆進的所得税，③比例的所得税，④
　　　　累進的所得税，の順に優れている。　78

9節　　だが実際のところ，大部分の人々の労働供給の弾力性はかな

り小さいので，一見する限りでは，①〜④にそれほど大きな
差はなかろう。　80

10 節　だが強度の累進的所得税は冒険的事業を不利に差別するもの
であり，これを考慮すれば上の結論は修正される。　82

第6章　分配面と告知面の結合 ……………………………………………83

1-2 節　租税体系は諸々の一般的な租税式から構築されるのが常なの
で，分配・告知の**両面**を視野に入れつつ，最小犠牲の立場か
ら最善の結果を確保することは，実際上不可能である。　83

3 節　分配面において許容できる限りは，告知面における最善の税
を活用すべきだが，それ以外の税もまた必要だろう。　85

4 節　所得の異なる人々からなる現実社会では，第5章で述べた等
所得集団に関する諸命題は必ずしも成立しない。むしろ逆進
課税より累進課税の方が，告知面においてさえ優れているか
もしれない。　85

5 節　実際上は，主として分配面から最善の方策を考えざるをえな
い。　86

第7章　貯蓄がない場合の均等犠牲所得税の構造 …………………………87

1 節　各人に均等な犠牲を課す租税体系は最小犠牲原理に合致する，
という主張に根拠はない。だが，そのような体系の構造を研
究するのは有益である。　87

2 節　そのような体系は，諸々の財貨税の集まりという形でなく，
単一の所得税という形をとらざるをえない。　87

3-6 節　考察準備として，所得の定義に関する諸問題を論じる。　88

7-8 節　所得の等しい人々に課税するときは，家族構成の違いを考慮
すべきである。　92

9 節　また労働所得と投資所得は，別々に扱うべきである。　94

10-11 節　経済状況の類似した人々の間で，均等犠牲所得税を実現する
のに必要な諸条件。　95

財政学（詳細目次）　9

12-14節　これらの諸条件のもとでの，均等犠牲所得税の租税式を明らかにする。　96

15-16節　この租税式は，条件次第で比例税・累進税・逆進税のどれにでもなりうる。　99

17-18節　現実の条件下では，ほとんどの場合，ある程度の累進課税が適切である。　100

19節　だが調達する歳入額に応じて，相異なる系統の租税関数で表される複数の租税式を使い分ける必要があろう。　103

第8章　市場の調整不全を是正するための租税と補助金……………… 104

1節　私的な利己心が自由に作用するときには，社会的限界純生産物と私的限界純生産物との乖離，あるいは願望とその達成時に得られる満足との乖離のために，業種間の資源配分に調整不全が起こる。　104

2-5節　それらの事例。　104

6節　調整不全の発生は，一見する限りでは，最小犠牲の観点から，過度に生産が拡大している業種に課税し，過度に生産が縮小している業種に補助金を支給する是正政策の根拠となるように思われる。　109

第9章　各種支出への差別課税 ……………………………………… 110

1節　前章で考察したような調整は不要，あるいは調整済みと仮定したうえで，最小犠牲を最も促進するのは，所得のあらゆる使途への一率課税か，それとも使途ごとに税率の異なる差別課税か，という問題を提起する。　110

2-18節　この問題を，まずは告知面から詳しく検討する。　110

19-22節　次に分配面から検討する。　122

23-24節　さらに技術的問題および徴税費用の面からも論じる。　123

25節　一般的結論として，以上の3つの観点からは，多少の差別課税が望ましいようである。しかし3つの観点がそれぞれ提示

する差別化の種類は異なり，しかもそれらはどれも現実の政府が採用しそうにないものばかりである。　125

第 10 章　所得税と貯蓄……………………………………………………… 125

1-3 節　　イギリス型の一般所得税は貯蓄を不利に差別している。　125

4 節　　　一概してこれは，最小犠牲原理に反するものである。　128

5-6 節　　貯蓄される所得部分の課税控除によって差別的要素を除去する政策は，その本来の目的を超える結果を容易に招きかねず，人々に租税回避の誘因をもたらすだろう。政府は実際上，その回避行動を防げないかもしれない。　129

7 節　　　所得税の代わりに，各種消費財への諸々の財貨税を組み合わせることで上記の差別的要素を間接的に除去する政策も，実行不可能である。　131

第 11 章　所得の源泉ごとの差別課税 …………………………………… 134

1-4 節　　労働所得と財産所得という 2 大範疇のそれぞれの**内部**における差別課税の問題は脇に置き，この 2 大範疇の**間**の差別を考察する。　134

5-6 節　　仮に財産所得の額が厳密に固定しているならば，告知面からは，財産所得のみに課税するのが望ましい。　135

7 節　　　だが実際には，財産所得の額は変動する。　136

8 節　　　財産所得を課税控除すれば，イギリスの所得税の弊害である貯蓄に不利な差別はなくなるが，現状では労働所得に対する税率の大幅な引き上げを伴わざるをえない。これはおそらく告知面において経済全般に弊害をもたらすだろう。　136

9 節　　　しかもそれは，分配面でも確実に有害である。　137

10 節　　新規投資からの所得をある年限だけ非課税にする政策は，多くの点で有効である。　138

11 節　　だが，この政策の本格的実施は実際上困難である。　139

財政学（詳細目次）　11

第 12 章　投資所得に課税するか，財産に課税するか……………………… 140

1-4 節　この 2 種類の税を幾つかの観点から比較し，投資所得への課税の方がおおむね望ましいことを示す。　140

第 13 章　相続税と投資所得税 ………………………………………………… 143

1 節　相続税は「自然権」の侵害だという考えに，正当な理由はない。　143

2 節　相続税と投資所得税の優劣は，それらが貯蓄に及ぼす影響に主に依存する。　144

3-9 節　それらの影響を精査し，どちらの歳入調達手段もおそらく**あまり優劣の差はない**ことを示す。　145

10-11 節　リニャーノ氏の相続税案とそれに類する幾つかの代替案。　150

第 14 章　土地の公共価値への課税 …………………………………………… 151　xiii

1-2 節　土地の非改良価値への課税は，告知面において理想的である。　151

3-4 節　オーストラリアとニュージーランドの事例。　152

5 節　非改良価値は，マーシャルの言う「公共価値」と同義である。　156

6-7 節　公共価値への課税を分配面から論じる。　156

8 節　結論として，公共価値全般に適度に課税すべきである。　157

第 15 章　独占利潤への課税 …………………………………………………… 158

1-3 節　独占による価格つり上げを阻止できない分野では，独占利潤に適度に課税すべきである。　158

第 16 章　偶発利得への課税 …………………………………………………… 160

1-3 節　真の偶発利得への課税は，告知面において理想的であり，ま

た分配面においても反論不可能である。　160

4 節　二度の世界大戦中にイギリスで課された超過利潤税は，その一例である。　161

5 節　平時における偶発利得税の試みの例は，土地増価税という形のものしかない。　162

6-7 節　土地増価税を真の偶発利得への課税に近づけるには，一般物価水準や一般利子率の変動に由来する名目的・非実質的な価格上昇に配慮する必要がある。　163

8-10 節　予想可能な価格上昇にも配慮せねばならない。　164

11 節　だがもし土地増価税を，例えば，15 年のうちに価値が 3 倍に高騰した土地のみに課すようにすれば，その課税される増価分のうち，真の偶発利得でない部分はほぼ除外されるだろう。166

第 17 章　内国税の国際的影響……………………………………………… 167

1-4 節　内国税の影響により，資本と労働が国外に流出するおそれは小さい。　167

第 18 章　対人税による外国人への課税……………………………… 170

1-3 節　たいていの政府は，居住地と所得発生地の両方に基づいて課税する。　170

4 節　そのために生じる二重課税が，資本と労働の国際移動を妨げる障壁となって，社会に弊害をもたらしている。　171

5 節　国際連盟が任命した専門家たちは，この障壁を除去する計画を提案している。　173

6 節　正当な理由がない限り，一国の歳入を外国人から徴収する政策は，倫理的に擁護不可能である。　173

第 19 章　賠償賦課と交換比率（交易条件）…………………………… 175

1-3 節　本章では，一括払い方式でなく，一定額の継続的な年払い方

財政学（詳細目次）　　13

式の賠償賦課がもたらす影響を考察する。ここでは，賠償金という新事態に対する経済調整は完了しており，それゆえ以前とほぼ同量の各種生産要素が利用されていると仮定する。175

4-11 節　「交換比率」という用語の意味を明確にしたうえで——複雑な分析を経て——交換比率が賠償支払国に有利ないし不利に変化するそれぞれの条件を，弾力性概念を用いて定式化する（ただし賠償額は極端に大きくないと仮定する）。　177

12-13 節　この分析結果を，幾つかの特定ケースに分けて例証する。182

14-15 節　現実世界では，交換比率は賠償支払国に不利に変化する可能性が非常に高い。　184

16 節　同じく弾力性を用いて，所与の賠償賦課額のもとでの交換比率の変化の程度を示す式を求める。　185

第 19 章の覚書 ……………………………………………………… 186

第 20 章　国際金本位制度下で賠償支払が物価に及ぼす影響 ………… 187

1-5 節　第一次世界大戦後のドイツの賠償支払をめぐる議論で言及された，物価への反作用に関する問題。　187

第 21 章　賠償受取国が賠償支払国から得る純歳入 ……………………… 189

1-2 節　賠償が（その受取国と支払国の）交易条件に及ぼす影響と，賠償受取国が得る純歳入額との関係を論じ，この純歳入額を示す式を求める。　189

3 節　概して，純賠償額は当初の賠償賦課額よりも大きくなる。191

4 節　数値例。　191

第 22 章　輸入品ないし輸出品への一般的かつ均一率の従価税 ……… 192　　xv

1-6 節　本章の問題を明確にしたうえで，第 19 章と同様の分析により，

ある国が輸入品ないし輸出品に一般的かつ均一率の従価税を
課すときに外国との交易条件に生じる影響を，同じく弾力性
概念を用いて定式化する。　192

7-8 節　また，それによってその国が外国人から得る純歳入額を定式
化する。　195

9 節　以上の事柄は，イギリスが輸入税によってどの程度「外国人
に課税」できるかという問題に関わるものである。　196

10-11 節　前節までの分析と，本書の旧版でなされた分析との差異を明
らかにする。すなわち後者は，ほとんど現実にありえないよ
うな特定の条件下でしか妥当しない。　197

12 節　賠償賦課の場合には，小国が大国に賠償を課しても，あるい
は逆に大国が小国に賠償を課しても，純歳入額は同じだが，
輸入品ないし輸出品への一般的課税の場合には，小国は大国
より立場が弱くなる。　199

13 節　ある一定額の歳入を生む輸入税の賦課と，これと同額の賠償
金の賦課を比べれば，後者の方が「外国人から得られる」歳
入は多い。　200

14 節　だが，そのような輸入税によってある国が外国人から純歳入
を徴収できるとしても，とにかくそのような税は課すべきで
はない。　200

第 23 章　保護関税 ……………………………………………………… 201

1 節　保護関税は，歳入の手段であると同時に，競合する輸入品か
ら国産品を守る障壁でもあるため，保護関税の問題を厳密に
分析するのは難しい。　201

2 節　歳入調達手段として，保護関税と非保護的な単なる輸入税の
どちらが優れているかは，場合によりけりである。　202

3-5 節　ここでは，不況期のみに限定される保護関税を除外し，永続
的政策としての保護貿易および自由貿易を比較検討する。こ
の観点から保護関税が有益なものになる諸条件を明らかにす
る。　202

財政学（詳細目次）　15

6 節　このように，保護関税が有益なものになる理論的可能性はあるものの，現実の政府はこれを濫用するおそれがある。　206

第 III 編　財政と雇用

第 1 章　序章 ……………………………………………………………………… 208

第 2 章　総貨幣賃金と雇用の関係（貨幣賃金率の変化が総貨幣賃金に反作用を及ぼさない場合） ……………………………… 211

xvi

1-7 節　用語や前提を説明したうえで，①総［貨幣］賃金が一定である場合の，雇用の動きを考察する。　211

8-9 節　②総賃金がある一定の平均値を軸に変動している場合。　214

10 節　③総賃金が増加傾向をもつ場合。　216

11 節　④総賃金が増加傾向をもち，かつ変動している場合。　216

第 3 章　貨幣賃金率の変化が総貨幣賃金に及ぼす反作用の含意 ……… 217

1-2 節　貨幣賃金率の全般的変化は，それと同方向に総貨幣賃金を変化させるが，**通常の金融政策のもとでは**，後者の変化は小幅になる。　217

3 節　総賃金の変化は賃金率などに繰り返し反作用を及ぼし続けるが，これら一連の反作用は収束するので，前章のすべての結論は依然として成り立つ。　218

4 節　しかし，貨幣賃金率の上昇時に利子率を一定に保とうとする金融政策のもとでは，貨幣賃金率の上昇は，それと同じ比率で総貨幣賃金を増大させる。　218

5 節　それでもなお，総貨幣賃金の波動的および趨勢的な動きに関する前章の結論は覆らない。　219

6 節　だが，総貨幣賃金をある一層高い水準まで増大させることをめざす政策は，通常，それに伴って生じる貨幣賃金率の上昇のために無効化される，という結論は覆る。すなわちここで

の条件下では，その政策は，貨幣量の永続的増大という犠牲を伴いながらも，平均雇用量を増大させる。　220

第4章　総貨幣賃金と総貨幣支出の関係（貨幣賃金率が一定の場合）　……………………………………………………………………………　220

1-2 節　総貨幣支出の趨勢的変化は，それと同方向への総貨幣賃金の趨勢的変化をもたらす。　220

3-7 節　労働の移動性が完全であれば，貨幣支出の安定は，実際上重要なすべてのケースで総貨幣賃金の安定をもたらすが，必ずしも常にその平均量を増大させるわけではない。　221

8-9 節　労働が公的産業部門と私的産業部門の間をまったく移動できない場合には，社会全体の総支出を安定させるために公的部門の支出を変化させる政策が，社会全体の総賃金を安定させるか否かは，この政策が公的部門自体の総賃金を安定させるか否かによる。　223

10 節　労働が両部門を完全に移動可能であるならば，その政策は，どちらのケースでも社会全体の総賃金を安定させる。　225

11 節　労働の移動性を高めるものはすべて，公的産業部門による上記の型の政策が社会全体の総賃金を安定させる可能性を高める。　225

12-13 節　2 つの留意点。　226

第5章　総貨幣支出と財政政策　………………………………………………………　226

1-3 節　いわゆる「財務省見解」は誤りである。　226

4-10 節　公的当局が資金を借入れ，これを投資するという形で総貨幣支出を増やせば，いかなる帰結をもたらすか。この問題を精査する。　228

11 節　公的当局が資金を借入れ，これを貧者に移転するという形で総貨幣支出を増やせば，いかなる帰結をもたらすか。同じく精査する。　232

財政学（詳細目次） 17

12 節 公債発行についての寸評。 233

13-14 節 課税によって資金調達する場合には，上の 2 つの財政政策は
それぞれいかなる帰結をもたらすか。 234

15 節 赤字予算の意義と帰結。 235

16 節 国際貿易関係が財政に及ぼす影響。 236

17 節 財政政策の反作用により，所与の税率から得られる歳入は増
加し，失業手当の支給総額も減少するだろう。 237

第 6 章 雇用促進のために公的当局が総貨幣支出を増大させる主な方法
.... 238

1-2 節 そのような財政政策は，①総貨幣賃金の安定のみをめざすも
のと，②総貨幣賃金の安定と同時にその平均水準の引き上げ
をめざすもの，の 2 つに大別される。 238

3-4 節 この 2 種類の政策の例（その幾つかは後の諸章であらためて
詳論する）。 238

第 7 章 政府支出のタイミング 239

1-3 節 かつて実行されたほとんどの安定化政策の型は，公的支出の
変動幅を変えずに，その変動の山を民間支出の変動の谷に，
また前者の谷を後者の山に，一致させるものである。 239

4 節 地方政府は，中央政府からの補助金を適切に用いて，上記の
ような安定化政策を推進できる。 244

5 節 この型の安定化政策の「費用」の差異を，さまざまな場合に
ついて考える。 244

第 8 章 政府が不況期に在庫品を購入し，好況期にそれを販売すること
.... 245

第 9 章 景気動向に応じた社会保険料の調整 246

第 10 章　不況期における雇用主への賃金補助 ……………………… 248

1 節　不況期に雇用主に対して賃金支払のための補助金を支給する
政策（その歳入を確保するための好況期の課税等はない）は，
総貨幣支出のみならず，通常は総貨幣賃金も安定させ，かつ
それらの平均水準を上昇させる。　248

2-3 節　そのような補助金の対象を，特定産業のみに限定したり，**新
規に**雇用される労働者のみに限定することも考えられるが，
実際の運用は難しい。　248

4 節　全労働者を対象とする賃金補助政策の実際的困難。　250

第 11 章　理論分析 ……………………………………………………… 251

第 12 章　総貨幣賃金の一度限りの増大 ……………………………… 252

第 13 章　趨勢的変動 …………………………………………………… 253

1 節　賃金率の適応のタイムラグのため，一人当たり貨幣所得の趨
勢的増大は一時的に失業率を低下させる。　253

2 節　政府介入がない状況下で一人当たり貨幣所得の趨勢的減少が
見られる場合，その趨勢が増大に転じるまでは，その増大を
促す政府介入が付随的弊害をもたらすことはない。　254

3-4 節　戦間期のイギリスに関しては，その緩やかな趨勢的減少を示
す統計データがある。　254

5 節　その適度な趨勢的増大をめざす財政政策も，付随的弊害をも
たらさないだろう。　256

6 節　しかしその急激な趨勢的増大は，危険な種類のインフレー
ションを招くおそれがある。　257

7 節　強力な財政拡大政策によって，完全雇用（摩擦的失業等を除
く）に近い状態をおそらく生みだせるが，やはりそのような
インフレの懸念はぬぐえない。　257

第 I 編
一般関連問題

第 1 章　予備的考察

1　あらゆる発達した社会には何らかの形態の政府組織がある。それは社会構成員全体を代表していることもあれば，そうでないこともあるが，とにかく個々の構成員に対する強制的権限をもつ。通常，政府組織は大きな権限をもつ単一の中央政府と，限られた権限をもつ多数の地方政府に分けられる。中央政府および地方政府には，それぞれ役割と責務があり，その詳細は地域によって異なる。これらの責務を果たすには経費が必要であり，したがって歳入の調達が必要になる。

2　現代ではこの一連の過程は，ほとんどもっぱら貨幣を媒介にしてなされる。確かに，政府はその必要とする資源を現物の形で調達することもある。例えばほとんどのヨーロッパ諸国では，平時でさえ兵士の用役は徴兵によって調達されるし，また例えばブルガリアのように，通常の行政サービスのための労働が同様にして調達される国さえある。戦時にはこうした徴用（commandeering）が，はるかに広範におこなわれやすく，ときには建物・自動車・馬・食料備蓄なども徴用される。第一次世界大戦の後半には，イギリス政府は国内産の羊毛と小麦をすべて徴用したし，第二次世界大戦中には，男性と同じく女性も国のために徴用された。

　だがこうした手段を用いることは，実は，貨幣を用いることの代替手段には

ならない。徴用された人々は賃金を支払われ，徴用された財貨の所有者も通常
は補償金を受け取る。だからこれらは，貨幣という道具を利用しないのでなく，
財・サービスの売却を市民に強制すると同時にその売却価格を政府が定めるこ
とによって，むしろ貨幣の利用を補っているのである。それゆえ現代国家の一
般法則として，政府による資源の調達と支出は，貨幣の調達と支出の形で表れ
る，と言えるだろう。

3　この法則には留意すべき 1 つの例外がある。すなわち政府は，特定の大企
業（ロンドン港湾会社，鉄道網，石炭業，酒造業など）を買収し国有化するとい
う決定を下すことがある。そのような場合，買収費用が課税によって調達され
ることはけっしてなく，公債発行によって調達されることもごく稀である。む
しろ政府はその売手に対し，貨幣ではなく利付き政府証券で支払うだろう。企
業の売手がこの証券を保有する限り，彼らは政府に，形式上はそう見えないが
実質上は，その企業の売却価格に相当する貨幣を貸し出しているのであり，も
し彼らがその証券を市場で売却すれば，これを新たに購入した者がこの貸し出
しを引き継ぐことになる。いずれにせよ政府は，実際に貨幣で支払うことはせ
ず，代わりに証券の新規発行によって支払うだろう。

4　こうした特殊ケースを除けば，実際上，貨幣は常に財政の媒介物である。
だが貨幣は，そこでやり取りされる真の対象ではない。貨幣は財・サービスに
対する支配権を表すチケットにすぎない。すべての取引の真の対象は，貨幣で
はなく，あくまでも財・サービスである。むろんこれは自明の理にすぎないが，
深い含意をもつ自明の理である。
　前節で述べた例外的ケースと新たな貨幣創造を除けば，財政におけるあらゆ
る政府行動の帰結は，その形式上，同一である。すなわち政府は人々から 1 億
ポンドを得て，それを別の人々に支払う。この貨幣は購買力であるから，貨幣
を奪われると，それを奪われた人々は，本来ならば所有できたはずのものを
（おそらくは多少の余暇も）断念せざるをえなくなる。そして政府は 1 億ポンド
を支出するわけである。この 1 億ポンドを捻出するために，租税・各種料金の
負担者や公債の購入者がその支出や行動を変更する仕方は，当然ながら千差万

財政学（第Ⅰ編第2章）　**21**

別である。またこの1億ポンドを政府が支出する仕方についても同様であり，それに従って各種の財・サービスの生産も影響を被る。このように，貨幣という形式上の共通性の背後には，実質上の重要な多様性が存在する。

第2章　補償の原則

1　前章の第2節で見たように，政府がある財・サービスを取得しようとするとき，通常はその対価として貨幣を支払う。だがこのことは，（その所有者に政府が定めた価格での売却を強制するという意味における）徴用と矛盾するわけではない。実際，徴用がどうしても必要になることなどめったにない。政府が必要とする特定種類の財・サービスの量は，通常，一国の生産力全体に比べればごくわずかなので，極めて緊急性の高いものでない限り，その需要は，誰も特別な利潤を得ないような通常の価格を払えば，満たすことができる。例えば，政府の通常業務に必要なトラックや事務仕事を徴用する必要はなかろう。なぜなら，徴用のさいに払う対価はたいてい市場価格を上回るので，そもそも市場価格を払えば，徴用しなくてもそれらを取得できるからである。ただし2つの例外的ケースがある。

2　第1に，再生産可能だが，それをするのは極めて浪費的であるような**既存の私有財産**の買収を，政府は決定することがあり，それはのちに政府自身がそれを運営するためかもしれないし，あるいは何らかの大計画の実現のために現在の所有者からそれを徴用するのが不可欠だからかもしれない。例えば政府が恒久的ないし一時的に，鉄道・電話・酒場などを国営化しようとすれば，これらの資産を現在の所有者から買い上げるか，あるいは彼らから賃借権を得る必要がある。このとき政府は，独占力をもつ売手と対峙することになる。その売手を法律で規制しない限り，その資産が生みだす所得（あるいは期待所得）の資本還元価値を大幅に上回る額を，政府は払わざるをえなくなるだろう。実際，その売手は政府の足下を見て，高い価格をふっかけるわけである。また政府は，

4 鉄道建設，小自作農地の整備などの社会目的のために，**特定地区**の土地を必要とする。この場合も政府は，同様の独占に直面する。法的強制力を行使できない限り，有益な社会事業が頓挫してしまうか，政府が法外な金額を要求されることになりやすい。このような場合，公定価格による強制的買収は，当然かつ唯一の解決策である。

これとよく似た事態が生じるのは，政府が恒久的ないし一時的に，石炭鉱山・土地貸借・採掘などに関わる**すべて**の権利の国有化を決定する場合である。政府はそれら**一式すべて**を必要とするため，競争的市場において交渉することはできず，その売手の一部は，売却を強制されない限り，独占者と同様に法外な価格をふっかけることができよう。

3 第2に，通常は再生産可能な財貨でも，それが突然かつ大量に必要になり，しかもその新規生産にかなり時間がかかる場合には，政府は既存の蓄積から調達しようとする。現在の生産能力を大幅に超えるこうした政府による突然かつ大量の需要は，戦時にしか起こりそうにないが，馬，自動車，特定種類の食物の蓄え，あるいは特定種類の外国証券が，とにかく手に入るだけ大量かつ至急に必要になることがある。その市場価格，あるいはそれよりかなり高い購入価格を提示しても，その所有者の**全員がすぐに**売却に応じてくれることはあるまいし，いずれは売却するつもりの所有者でさえ当面は様子を見るだろう。また，いかなる妥当な価格でも売却に一切応じない者もいるだろう。こうした状況は，前節で見た状況と本質的にあまり違いはない。この場合もやはり，政府が必要とする財・サービスの潜在的売手は非常に強い立場にあり，売却を強制されない限り，高い価格をふっかけて，公益上非常に不利な遅延をもたらすかもしれない。

4 さて次に，前述のようなさまざまな状況下で，強制的に購入した財・サービスに対して支払うべき価格，すなわち補償金（compensation money）の額を決める原則について考察しよう。この問題をめぐっては見解の大きな隔たりがあるので，議論の整理が必要だろう。まず，補償をするとはいえ特定の所有権を侵害することには問題があるという一般的見解があり，それを例えば強奪のよ

財政学（第 I 編第 2 章）　　**23**

うな**違法**行為を意味する言葉で記述する傾向が広く見られる。けれども所有権5
は法によって生まれたのであり，またそのこと自体が政府の誕生を意味する。
したがって，最高法規として成文憲法をもつ国を除くならば，主権国家がそれ
までの市民の所有権に関してどんな決定を下したとしても，**違法性**の問題は
まったく生じないということは明白である。すべての赤毛の男子，あるいは特
定の赤毛の男子から，すべての所有権，あるいは特定の所有権を剥奪するとい
う法律でさえ，イギリス議会を正式に通過したのであれば，その内容について
は異論もあろうが，けっして違法とは言えない。だから強奪のような言葉の使
用は，主権国家の行為に関する場合には不適切である。強奪とは，ある人の法
的権利下にある財産を他人が暴力や詐欺によって取得することを意味し，正式
な政府行動としては，それはありえないのである。政府はみずからが創りだし
た権利を取り戻すだけであり，合法性の観点からは誰も不平を言う理由はない。
他人の法的権利下にある財産を一私人が取り上げるのと，市民の法的権利を政
府が取り上げるのとは，まったく異なる種類の行動であり，両者を混同させる
言葉の使用は控えるべきである。

5　補償をめぐる根本問題は，公 平（エクイティー）の原則の解釈にある。この原則は最も単
純な形では，個人の行動においても，政府の行動においても，**等しい条件下に
ある人々を等しく取り扱うべきだ**と命じる。シジウィックによれば，この公平
に関する知識は直覚[1]によって与えられる。この見解は，人々がまったく等
しい条件下におり，彼らの間で一定量の私的善が分配可能であるとき，それを
公平に分配すれば公 共 善（パブリック・グッド）という追加要素が生まれる，ということを意味す
る。ところが現在，ある倫理学者たちは，善の唯一の要素は意識の状態（states
of consciousness）のみであると主張している[2]。もしそうであれば，意識の諸

---

[1] 直接的知覚（direct intuition，あるいは direct perception）のこと。例えば「光」は，どれ
　　ほど論理的（演繹的・先験的）説明を受けようとも，本人がそれを実際に見ない限り，
　　知ることはできないかもしれない。これはイギリス経験論哲学の考え方であり，この点
　　に関してピグーはそれを明確に支持している。本訳書に収められた哲学論文「善の問
　　題」（1908 年）の第 1 節を参照のこと。
[2] 当時のケンブリッジ大学では，ムアが『倫理学原理』（Moore 1903）においてそのよう

24

状態の間の関係である公平は，明らかに善の要素にはなりえず，それがもたらす結果を別にすれば，いかなる倫理的価値も帯びないことになる。

こうした問題提起は重要ではあるが，本書の問題関心からすれば，これを詳論する必要はない。なぜなら，公平それ自体を善［個々人の善に還元できない公共善］と見なすシジウィックの立場がたとえ否定されても，経済政策論において公平の原則を確立するための他の根拠があるからである。

6　　すなわち第1に，等しい富と等しい気質を持つ2人から合計1000ポンドを徴収する場合，［限界］効用逓減の法則が示すように，両者から同額ずつ集めれば効用の犠牲は最小になる。第2に，他の割合でそれを徴収すれば，より多く払う人は，不公平に扱われたという感覚を抱くだろう。そしてこの感覚［意識の状態］はそれ自体として悪である。第3に，正当な理由も示さずに人々を不公平に扱えば，いたるところに不安が生じる。なぜなら皆が，次の犠牲者は自分かもしれないと感じるからである。これは，人々が永続的財産を築くために労働したり貯蓄したりする意欲を挫くので，何らかの分かりやすい非裁量的規則によって全員から同じ金額を集める場合より，資本蓄積に対してずっと大きな間接的悪影響を及ぼす。以上の3つのことから，財政学において公平原則が堅固な基礎の上に確立される，ということはおおむね同意して頂けるだろう。

6　　しかし残念ながら，現実世界において人々はけっして完全には同質でないため，公平原則は前節のような最も単純な形のままでは実際問題に適用できない。それゆえこの原則は，「**そこで問題になる**事柄に関して人々の状態が等しい限り，相異なる人々であっても等しく扱うべきである」という形で解釈せねばならない。一般論としては誰もこれに異を唱えそうもないが，それでも「そこで問題になる」という語句の解釈が残る。なぜなら，何がそこで問題であり，何が問題でないかを，判断せねばならないからである。だがその方法は結局，個々のケースごとの詳細をふまえた直覚的判断しかない。この直覚的判断は，より一般的な形の予備的考察によって一層容易になる。そのためには，①ある商品分野に属す諸品目から一部の特定品目のみを徴用することと，②ある商品

に主張しており，同書がJ. M. ケインズに大きな影響を与えたことは有名である。

財政学（第Ⅰ編第2章） 25

分野のすべての品目を徴用すること（その分野が一品目だけからなるときに，この一品目を徴用する場合も含む），の2つを区別するのがよい。まずは，一般的経済状態が安定しているときに，ある分野の特定の諸品目のみを徴用する場合を考察する。

7 安定した経済状態のもとでは，ある分野を構成する諸品目という概念に何ら大きな問題はない。例えば，確かに次のように言えよう。すなわち自動車には多くの種類があるので，ある特定の車を「自動車一般」という集合の要素と見るべきか否か，あるいは「その車種」という集合の要素と見るべきか否か，が問題になるかもしれない。だがここでは一般的経済状態の安定を仮定しており，それゆえ各種の自動車の所有者たちの関係も一定なので，その問題の答えはどちらでもよい。常識と一般的用語法に基づく分類の，あら探しをしても仕方がない。

　むしろここで考察すべき問題は，次のような種類の徴用である。その好例は，たまたま鉄道建設の予定地になった土地や，小自作農地に特に適した土地の収用（公的当局によって買い上げられるにせよ，強制的に賃借されるにせよ），あるいはたまたま軍隊が必要とするような特定種類の馬，干草，宿泊用建物の徴用などである。公平原則は明らかに，政府の行動によって，これらの特定品目の所有者が，他の類似品目を所有する類似した人々より大きな損失を被らないことを要求する。だからそれらの特定品目の所有者は，損失に見合う額の補償を受けるべきである。

8 このような問題の捉え方はあまりに単純であり，真の公平のためには，影響を被る個々人の豊かさ，家族構成，さらには年齢さえも考慮すべきだと言われるかもしれない。しかしその必要はない。これらのことは，実際，その個々の所有者が負担すべき税額の査定のさいには非常に重要であり，また補償の原則の適用が難しいケースにおいて特別な配慮をおこなうさいにも重要である。だがそれらは，補償の原則が実際に適用可能かどうか，例えば，特定の人々の自動車や土地を徴用するさいに補償金を払うべきかどうか，の問題とは関係がない。そのような補償金を，既婚男性に払って独身男性に払わない，あるいは

貧者に払って富者に払わないのは，「不公平」だろう。なぜならこれらの点における差異はすでに課税一般の査定で考慮されており，当然それをふまえて考えねばならないからである。それらを再び考慮して補償額を調節すれば，二重計算，いわば1つの罪で人を2度罰することになる。同様にして，ある一般的商品分野に属す特定品目の財産を徴用せねばならない場合に，その分野全体の特質に配慮する必要はない。もし特にその分野に多く負担させる必要があるならば，その分野に属す特定品目への裁量的課税ではなく，分野全体への課税によってそうすべきである。特定品目を徴用するさいには，確かに，例えば酒類取扱免許という分野の特殊性を考慮し，**一般的**資金からはいかなる補償金も支払うべきではない，と主張されるかもしれない。だがこれは，その特定品目の所有者への補償金支払と何ら矛盾しない。なぜならその徴用される品目の所有者を含む，当該分野の全品目の所有者から資金を徴集して，補償金を支払うこともできるからである。

9　もう1つ，問題が残っている。以上の種類のケースについては補償の原則は確立されたが，次のようなケースの補償額はまだ示されていない。すなわち同一地域ないし同一車種でありながら，土地ないし自動車を徴用される人もいれば，徴用されない人もいるという場合である。もし徴用される財貨が上質の冬小麦7袋だとすれば，補償せねばならない額は明らかにこの7袋分の市場価格だろう。なぜならこの補償額によって，その徴用された所有者は同量の小麦を市場で購入できるので，その点でその人の立場は（補償金支払のために必要になる自分の税負担を別にすれば）まったく何も徴用されなかった人の立場と変わらないからである。しかしある特定の土地や家屋の場合，またおそらく自動車もそうだが，所有者にとってそれらは市場価格以上の特別な価値をもつことがある。それを失うことは，市場価格では2000ポンドの損失にすぎないとしても，**その人にとっては**1万ポンドに相当する損失かもしれない。このような場合，いかなる価値を基準として補償すべきなのか。公平原則の示唆するところでは，それは，その所有者にとってのその財産権の特別な価値の貨幣相当額である。なぜなら，もし市場価格を用いれば，その人が他の人より大きな実質的損失を被るのは，たまたまその人がその特定の財産を所有していたからにすぎ

財政学（第 I 編第 2 章）　27

ない，ということになってしまうからである。だがこの結論は，実際の適用のさいには限定する必要がある。所有者がいわゆる「のれん」を築き上げているために，特定の土地や家屋がその所有者にとって特別な価値をもつ場合には——例えば店主がその地域で良い評判を得ている店の場合には——この「のれん」も考慮して補償金を計算することは，それほど難しくない。だが感情などに起因する特別な価値の場合には，そのような客観的評価は実際不可能であり，それを考慮することはできない。だから権利の侵害への補償として，例えば市場価格より 10 パーセント多く支払うというような大雑把な公平性に甘んじるしかない。

10　一般的経済状態の安定を前提できないときは，さらに難しい問題に直面する。ここでは前節で述べたような困難がないケースを扱うので，徴用を被った人への適切な補償額は通常期の市場価格であり，この価格はまったく確定していると仮定しよう。通常期には，市場価格は生産費にほぼ合致するだろう。したがって，そのような補償額を支払えば，徴用された人の状態は，①同じ種類の財産を所有する他の人々，②異なる種類の財産を所有する他の人々，③徴用される前の自分自身，のどれと比べても悪化することはなかろう。だが市場の攪乱期には，そうはいかない。次の 3 つの公平性から，どれかを選ばねばならない。①同じ種類の財産を所有する他の人々との公平，②異なる種類の財産を所有する他の人々との公平，③徴用される前の自分自身との公平，である。

　この問題の 1 つの例証は，第一次大戦中のイギリス政府のある行動によって与えられる。当時，政府はあらゆる船舶ではなく一部の船舶のみを，民間の船主から徴用した。徴用されなかった船主は，以前の自分自身と比べても，ほとんどの他の種類の財産の所有者と比べても，はるかに巨額の利益を得ていた。では，徴用された船主に対しても，このような巨利を考慮した条件に基づいて補償すべきだったのか。実際には政府は戦前の市場価格便覧（Blue Book）の価格に基づいて支払った。その意図は徴用された船主に戦前の状態を維持させることにあったが，実際には貨幣の購買力低下を一切考慮しなかったので，むしろ彼らは戦前の状態以下になってしまった。一般国民は（貨幣価値の変動を無視したという失敗を別にすれば）おそらくこの措置を公正なものとして支持する

だろう。国民はこう言うかもしれない。棚ぼたの利益をむさぼる機会を逃した一部の船主に、他の船主がそのような利益を得たからというだけの理由で、補償する必要などあるのかと。だが逆に、船舶価値の高騰ではなく暴落が起きたときには、一般国民は、徴用された船主に対し、他の船主がそのとき得ている価格よりずっと高い戦前の価格で政府が補償金を払うのを、法外なことだと考えるだろう。つまり一般国民の考え方とは、実のところ次のようなものだと思われる。すなわち市場の攪乱期には、徴用される財貨の所有者に対し、それが徴用されなければ得られたはずの予想外の利得についてはこれを得られないように、しかし徴用されなければ被ったはずの予想外の損失についてはこれを被らせるように、補償の条件を定めよ。この考えは論理的対称性を欠くものの、それにもかかわらず、私を含むほとんどの経済学者が採用するものなのである[3]。

11 社会的動乱期におけるある特殊ケースについての考察がまだ残っている。国内のある地域で反乱が起こり、あるいはさらに重大な事態としてある地域が外国に侵略され、それらに対処するために政府は国内の自動車と家屋を徴用せねばならないとしよう。この徴用はより大きな問題全体のなかの1つの問題である。例えば、その徴用に対して補償金を払うべきか否かという問題は、反乱ないし侵略によってその地域の他の財産所有者が被った損害に対して補償金を払うか否かという問題にも依存するに違いない。政府にその損害を補償する力がない、あるいは補償する意思がない場合には、政府がおこなう徴用によって生じる損害を政府が補償してくれるなどと期待するのは無理である。同様のことは、例えば地震によって家屋の大半が倒壊した町の困窮に対処するために、

---

[3] ここでは理論的整合性よりも、むしろ感情論とも言える「世論」への配慮が優先されている（本章第14節も参照のこと）。ピグーの政策論全般の1つの特徴は、常に「理論」と「実際」の両面が考慮される点にあり、理論的結論は実際的考慮によってしばしば修正ないし否定される。経済政策（とりわけ財政政策）の実行可能性が民主主義社会では国民感情に大きく依存せざるをえないことは、当然の事柄と考えられているのである。「実際」的問題には、そのような政治的・社会的問題の他に、実務上の技術的問題（例えば徴税当局の情報収集能力の不足）もある。

倒壊しなかった家屋を徴用する場合にも当てはまる。

　これらの特別なケースを除けば，次のように言えよう。すなわちある商品分野の特定品目だけを徴用すれば，同じ分野の他の品目の所有者は徴用を免れて不公平が生じるので，徴用される品目の所有者だけが損失を被ることのないように，常に補償金を支払うべきである。

12　次に，ある商品分野に属す特定品目ではなく，特定分野に属す全品目を徴用するさいの補償のあり方について考えよう。この問題は一面では次の問題に等しい。すなわち一個人からある商品分野に属す何らかの財産を徴用し，これに補償金を支払うとき，その資金調達のために，その分野の構成員のみならず社会全体に課税すべきか否か，あるいはどのような場合にそうすべきなのか。

　①社会全体に課税する場合には，その商品分野の一部の構成員が徴用されることによってその分野が被った損失に対して［社会全体の公平のために］補償がなされ，②その分野の構成員のみに課税する場合には，徴用された一部の構成員が被った損失に対して［その分野内の公平のために］補償がなされるのである。①の例としては，第10節で見た第一次大戦中の船舶の徴用がある。②の例としては，バルフォア氏の酒類取扱免許法（Liquor Licence Act）があり，それは免許の徴用に対する補償の資金を，徴用されなかった免許保持者への課税によって調達すると定めていた。では，この2つの政策に関して，どんな場合には前者が，またどんな場合には後者が求められるのだろうか。

13　第1に，ある分野に属す特定品目の徴用それ自体に起因するにせよ，あるいはそのような徴用を伴う政策全体に起因するにせよ，とにかくその分野に属す他の品目の価値上昇が生じる場合は，その徴用の補償資金を調達するために，価格上昇の利益を得る品目の所有者に課税することには，明白な根拠がある。例えば，郊外の鉄道建設のために政府が土地を収用し，その結果，周辺の地価が上昇すれば，この周辺の地主は当然課税されるべきである。また酒類取扱免許の徴用の結果，競争相手が廃業することによって利益を受ける近隣の免許保持店の場合にも，同じことが言える。これがいわゆる利得の原則（principle of betterment）であり，理論上はその公平性に議論の余地はない。しかし利得**者**お

よび利得**額**を厳密に判断することは不可能なので，利得の原則を実際に適用できないこともある。

14 第2に，ある分野の一部の構成員のみが徴用を受け，かつその分野全体が大変な好景気に沸いている場合には，たとえその好景気が徴用政策に起因するものでなくとも，徴用のための補償資金をその分野全体から集めることへの賛成論は多い。第一次大戦中の船舶の徴用の補償資金が，徴用を免れた船主への特別課税によって調達されたのも，そのためだろう。このやり方は，もし実際に可能ならば，ほぼ確実に一般国民の公平の感覚に合致するだろう。すなわち一部の船舶を戦前の価格水準で徴用することは，船主の集団全体が得ていた偶発利益を多少とも相殺するもの（それでも依然巨額の利益が残るけれども）と見なされるのである。

15 これらの特殊ケースを除けば，ある分野の一部の構成員のみから徴用するさいに，その補償のための資金負担をその分野全体に課すことは，その分野が現行の国税・地方税の体系下で負担している額以上にさらに負担すべき特別な理由が示されない限り，原則上，まったく根拠はない。この問題を論じるには，ある分野全体（その構成員は1人でも多数でもよい）から徴用する場合を考えるのが一番である。例えば，民間の鉄道会社，電話会社，鉱山採掘権の保有者，地主一般，奴隷所有者，封建的諸権利の所有者，腐敗選挙区の所有者，等々の分野の徴用である。社会的動乱期の問題や，特定の財貨はその現在の所有者にとって特別な価値をもつという事実に関わる問題は，ここで再び考慮する必要はないので無視し，次のような問題を考えよう。すなわち前述のいずれかの場合に，あるいはそのすべてにおいて，徴用される分野の財貨所有者に，他の分野の財貨所有者と同等の状態を保てるように補償金を支払うべきだろうか。また徴用される分野の補償金を減額すること，あるいは一切支払わないことを正当化するような，分野特有の事情というものはあるだろうか。

16 特定の財産権は，その法的権利が不安定である。例えば，酒類販売免許の保有者は免許更新の法的権利をもたないので，国がその更新を拒んでも何ら法

財政学（第 I 編第 2 章） 31

的権利を奪うことにはならない。そのため，それは補償の対象にすべきでないと主張されることもある。これに対して私は，**理にかなった期待**（*reasonable expectation*）は法的権利より一層根本的なものだと反論する。それゆえ，遠い昔からあらゆる免許が常に更新されてきたのであれば，それらに法的権利がないのは明らかに単なる形式上のことにすぎない。むろん，そうだからといって，法的権利がある場合と同額の補償金を払うべきだということではない。なぜなら一般に，免許更新が単なる慣習でしかない場合には，それに関する理にかなった期待はその分だけ弱まるからである。それは「権利」の市場価格に反映されることになる。したがって，第 18 節で述べる問題を別にすれば，市場価格に基づく補償が妥当である。

17　補償を拒むべきだという主張は，特定の権利が発生した経緯に根拠を置くこともある。土地や鉱物採掘権の国有化の提案のさいに，そのような議論がなされてきた。すなわちこれらのものは，けっして私有財産権の対象にすべきではない。その他の財産は人間の労働と待忍が生みだした果実であるが，埋蔵鉱物や土地は自然の無償の賜物だからである。**したがって**，この議論に基づけば，後者のものは無償でも正当に徴用可能であり，それらは国内の未発見の金銀などと同じ法的状態に戻されるべきである。ところで，土地や埋蔵鉱物の私有を認めるべきか否か，という問題については論争が多い。しかし実際にそれらは私有されており，それらの現在の所有者は，他の種類の財産の所有者と同様，購入ないし相続によってそれらを手に入れたのである。それらの徴用に補償をせず，他の種類の財産の徴用に補償をすれば，重大な不公平が生じるだろう。

　例えば，新しい法律が議会を通過する直前に，A 氏は 10 万ポンドの土地を，B 氏の 10 万ポンドの戦時国債と交換したとする。土地だけを徴用すれば，A 氏は何ら損失を被らないが，B 氏はその全部を取り上げられる。けれどもその直前まで，B 氏ではなく A 氏が土地の所有者だったのだから，これは明白かつ甚だしい不公平である。補償に賛成する議論の主な根拠はむろん，土地は市場で売買される商品だという点である。ある人が正式な法によって認められていない権利をこれまで享受してきたという単なる事実は，その権利の内容自体が擁護できなければ，それが今後も継続すべきであることの有効な根拠にはな

らない。だが長期にわたり継続しているものは、実際上、売買を通じて持ち主が変わっていることも多い。したがって私は、**一般に**、遠い過去における特定種類の財産権の起源は、補償の是非の問題とは無関係であると結論する。

18 さらに難しい問題が生じるのは、特定種類の財産権と結びついた活動が、これまで法的に認められてきたとはいえ反社会的である、と主張される場合である。この訴えは、政府が特定の財産権を買収し、これを以前の所有者と同様の仕方で行使しようとする場合には妥当しない。なぜならこのような政府の意図自体が、政府の立場から見て、その活動が反社会的なものではないことを**含意**するからである[1]。例えば、私有の鉄道や電話を、政府が買収する場合である。しかし政府がある特定種類の財産権の取得ではなく廃止をめざす場合には、政府はその権利に関わる活動を実際に反社会的なものと見なしていると言えよう。この種のケースでは、補償に賛成する人々は、その非難されている活動が今まで合法的だったという事実を強調する。すなわち人々は法を信頼してその事業に投資したにもかかわらず、同じく合法的な他の事業に投資した人々は徴用を免れて、前者の人々だけが損失を被るのは不公平であると。一方、補償に反対する人々は、もしこの種の権利の廃止に対して補償金を支払えば、合法的な反社会的活動は以後禁止されるものの、補償への期待が生じてしまうと指摘する。そのため人々は、補償されないことが確実な場合や、補償されるかどうか疑わしい場合より、多くの反社会的投資をおこなうようになる。

市場価格による補償であれば、市場価格にはあらゆる不確実性が反映されるだろうから、この問題は起きないと考えられるかもしれない。だがこれは誤りである。なぜなら、徴用のさいに市場価格に基づいて補償することを事前に公示すれば、不確実性はなくなるものの、それによって今度は、市場価格は（不

---

1) 政府自身が経営するために何らかの事業を買収する場合には、補償の資金をその収益で賄えるだろうから、それが補償をおこなうべき強力な根拠になると言われることもある。だが、予算上のあまり重要ではない技術的観点を別にすれば、この主張の説得力は小さいだろう。なぜなら、もし政府がその事業の経営ではなく廃止を決定すれば、このことはおそらく、政府がその廃止によって厚生増大のための一層多くの最終的「資金」が得られると考えていることを意味するからである。

確実性に代わって）その補償の確実性を反映して変化するだろうからである。したがって，他の条件が等しい限り，補償がなされるかどうか不確実な徴用においては，市場価格は**即時的には**補償の適切な基準になりうるが，他の反社会的事業の市場価値に及ぼす影響も考慮すれば，それは**最終的には**適切な基準になりえないだろう[4]。ただしこの主張は，次のような2種類の権利を徴用するさいには妥当しないこともあり，注意すべきである。すなわち，①例えば戦時において気象予報を公表する権利が反社会的なものになるように，ある外部要因のために一時的に反社会的になった権利，②ごく最近になって，にわかに世論が反社会的だと見なすようになった権利，である。

実際上，補償をめぐる論争はさまざまな形で決着している。例えばイギリスで腐敗選挙区の廃止が議題にのぼった当初，議会は補償金の支払いを提案したが，1832年のその廃止時に補償金は支払われなかった。西インド諸島の奴隷制廃止のさいには，イギリス議会は奴隷主に補償金2000万ポンドを支払ったが，合衆国が南北戦争後に奴隷制を廃止したさいには，何ら補償はなされなかった。同じく合衆国では禁酒法の時代［1920～33年］も，酒類取扱業者への補償はなされなかった。

なお，中間的な手法を用いるならば，徴用を被る者の負担を，以前とまったく同じ状態に戻すことはできなくとも，幾らか軽減することができよう。すなわち政府は，もし徴用されなければ得られたはずの所得の一部（例えば半分）をもたらすように補償額を算定することができる。あるいはその代替策として徴用の実施をかなり前から通知することもできる。例えば利子率が5パーセントで変化しない場合，15年前に通知すれば，これは徴用による損失のおよそ半分に相当するわけである。

19 以上の議論はすべて，私有財産を政府が強制的に取り上げる場合の補償のあり方に関するものだった。しかし政府は，その他の理由で生じた諸々の損失

---

[4] 政策の諸々の影響を論じるさいにピグーがしばしば用いる「即時的（immediate）」・「最終的（ultimate）」という表現は，それぞれ短期的・長期的という意味であり，長期の観点からは資本蓄積それゆえ経済成長に及ぼす影響が最も重視されている。

34

を補償することも多い。例えば，イギリスを含む一部の国には労働災害補償に関する法規があるし，また第二次大戦中には空襲で被災した財産の所有者に補償金が給付された。この種の補償に関する問題は本書の考察範囲外だが，明らかに，前節までの議論の多くはそれらの問題とも関連する。例えば空襲の被害を補償する資金は，一般的歳入によって賄うべきか，それとも家屋所有者だけを対象とする特別課税によって賄うべきかという問題は，第12節の問題とよく似ている。

20　その他の種類の補償，すなわち徴用以外の政府行動のために補償が必要となる場合（もし必要と認められるならば）についても少し述べておこう。第一次大戦後にドイツなどで起こったような猛烈なインフレを被った国では，そのような混乱の収束後，財貨で測った自国通貨の価値は以前より大幅に低下しているはずである。そのような国の政府は，①フランスがフランを保持したように旧通貨単位を保持してもよいし，②ドイツのマルクのように旧名称を引き継いだ新通貨単位を創ると同時に，法令によって既存のすべての旧通貨をその額面価値より大幅に低い価値で新通貨と交換することにしてもよい。あるいは③オーストリア・シリングのように，新名称をもつ，ある一定比率で旧通貨と交換可能な新通貨単位を創ることもできる。

　この3つのいずれの場合も，旧通貨を現金で保有する者の置かれる立場は同じである。だが通貨の混乱前および混乱中に結ばれた取引契約については，ドイツの方法は，明らかにフランスやオーストリアの方法とは異なる影響をもたらす。すなわちフランスやオーストリアの場合，旧通貨の減価措置により，それ以前に契約したすべての価値が実質タームで減少するのに対し，ドイツの場合，以前に契約した価値の減少は，特別法を定めない限り，新通貨の実質価値がその契約時の（同一名称の）旧通貨の実質価値を下回る率のみに限られるだろう。しかし実際には，この種の通貨価値切り下げの最も重要な事例であるドイツでは，旧マルクと，旧マルクで結ばれた契約は，法律によって，価値の安定した新マルクと同じ立場に置かれた。だから第一次大戦後になされた上記の通貨価値切り下げのいずれにおいても，その細かな形式は異なるものの，旧通貨，および旧通貨に基づく契約はその価値が減少したのである。

21　ところで，貨幣の実質価値が高い時期に他人に貨幣を貸し，貨幣価値が低下した時期にその利払いや元本返済を受ければ，貸手は当然不満を抱くものである。その不満の厳密な大きさは，貨幣価値の低下がどの程度予想され，それゆえその契約条件においてそれがどの程度考慮されていたかによる。しかし貨幣価値が低下するにしても，そのような危機の前ないし初期段階には，それはほとんどまったく考慮されず，その後の段階でも，到底十分には考慮されそうにない，ということは確実である。したがって，もし実際上可能であれば，債務契約時の貨幣価値にある程度近づくように，債務の名目額の引き上げ措置をとるべきだろう。しかし通貨危機の後には，個人の間の膨大な貸借契約のみならず，政府が諸個人に負う膨大な債務も存在することを忘れてはならない。政府の債務の元本や利子をその契約時の貨幣価値で払わねばならない場合，政府の財政は非常に難しい状況に陥っていることが多いだろうから，何らかの法律によって契約を改定し，政府の債務額を貨幣価値の低下と同じ率で引き上げるということは，［政府の財政事情を考えれば］期待できそうにない。また政府の債務額を引き上げる率より，民間の債務額を大きく引き上げるような政策は擁護困難である。

　それゆえあらゆる立場の人がせいぜい期待できることは，債権者の損失をすべて解消するのではなく，それを緩和するための，債務額の部分的引き上げにすぎない。マルクが安定を取り戻した後のドイツでは，社債の保有者に対し，1920 年 6 月 30 日以前の購入者には購入時のマルクの金価値の最大 25 パーセントを保証し，同年 7 月 1 日以後に購入した（それゆえ投機買いと考えられる）者には最大 15 パーセントを保証するなど，民間の債権者に配慮した法律が成立している。一方，国債については，国家財政の困難を見越して 1920 年 6 月 30 日以前にそれを購入した債権者には 12.5 パーセントの価値しか保証されず，それ以後の購入者にはどうやら何も保証されていないようである。また減価した貨幣ですでに決済された特定種類の取引契約についても，債権者の損失に配慮して契約が改定され，例えば 1922 年 1 月 1 日から新たな法律の成立までの期間に決済された貸付は，契約が改定され，その元の金価値の最大 25 パーセントまで評価額が引き上げられた。しかし明らかに，この種の政策の範囲は限られている。完了済みの大規模な取引をあとからやり直すことは，その完了を

36

受けてすでに次の取引契約を結んでいる場合（これは十分に考えられることである），経済を大混乱させかねず，その試みが成功する見込みはないだろう[2]。

第3章　政府による非移転支出と移転支出

1　政府による貨幣支出は，便宜的に2つの項目に大別できよう。すなわち，①政府自身が用いる生産資源の用役フローを購入するための支出，②無償の金銭給付および既存の財産権の購入のための私的個人への支出，である。

　①には，陸海空の三軍の維持や増強，行政サービス，公教育，司法，郵便局，市営電車，等々への支出があり，②には，国債の利子，年金，疾病給付（実物給付は除く），失業給付金，あるいは砂糖・牛乳・食肉・住宅などの特定生産物への補助金，あるいは政府債務の償還（政府証券の買い戻し），等々への支出がある。本書の初版では，①を「費消的（exhaustive）」支出と呼び，第2版では「実質的（real）」支出と呼んだが，単に「非移転（non-transfer）」支出と呼ぶ方がよさそうである。そうなると当然，②を移転支出と呼ぶことになる[3]。両者の根本的な違いは，非移転支出は，経済学者が社会的（貨幣）所得と呼ぶところの産出フローの貨幣価値を増大させるのに対し，移転支出はそれを増大させないという点にあるが，厳密な考察のためには幾つかの曖昧な点を明確にしておく必要がある。

2　例えば，政府が労働・資本・土地の用役を直接購入する場合には問題はないが，これらの生産資源を使って生産される財貨を政府が購入する場合には，ある不都合が生じる。すなわち政府が購入する財貨は，その販売者の既存の財

　2）ハーグリーヴズ『通貨の価値本位の回復』（Hargreaves 1926）97–98頁。

　3）ヒックス夫人『イギリス政府の財政　1920～36年』（U. K. Hicks 1938）では，移転支出という用語は，私とはまったく異なる意味で使われており，貧困層のために政府介入を通じて実質所得を再分配する程度を示すものである。それゆえ同書では，公教育費の大部分は移転支出だが，国債費はそうではない。

産であるが，販売者は販売した財貨を同量だけ再び生産しない**こともある**から 20
である。この場合，その政府支出は，生産資源の用役フローの購入に用いられ
ていないので，少しも社会的所得を生まない。しかしこの種の問題は量的には
小さい。一般に，政府による通常財貨（所得財）の購入は，それらを生産する
生産要素の用役の購入を必然的に伴うのであり，事実上，両者は等しいと考え
てよかろう。

3　より深刻な不都合は，政府がおこなう移転支出には外国人への支払いも含
まれるという事実から生じる。例えば直接的には，外国人が保有する公債への
利子や減債基金，また間接的には，助成を受けて国内生産される財貨の輸出分
に含まれる補助金，などである。こうした国外への移転支出は，国内における
移転支出と幾つかの重要な点で異なっており，実質的にはむしろ非移転支出に
近い。仮に政府が外国からの利子請求に対し，国内生産物を購入しそれを外国
に送ることによって現物で外国に支払うならば，実際，この政府支出は非移転
支出**である**。したがって，こうした政府支出を非移転的と表現すること，ある
いはとにかくそれを国内の（移転支出ではなく）非移転支出に分類すること，
には十分な理由がある。私はそれを非移転支出の特別な形と見なすことにした
い。

4　以上をふまえれば，若干の制限はあるものの，次のように考えたくなる。
すなわち非移転支出は，政府活動のための生産資源の使用を必然的に伴うので，
その国の民間活動のための生産資源の使用をそれと同量だけ減少させるのに対
し，移転支出は，民間活動のための資源の分配を変化させるとはいえ，その総
量を変化させないと。だが，そうではないのである。

5　政府による貨幣の徴収と支出が，たとえ各種生産資源の使用量に影響を与
えないとしても，前節の考えは正しくない。なぜなら，政府の非移転支出のか
なりの部分は警察・教育・公衆衛生などに用いられるが，もし政府がそれらを 21
提供しなければ，民間の人々はやむをえず自分たち自身でそれらをある程度ま
で供給するだろうからである。それゆえ，政府の非移転支出が減少しても，だ

からといって政府活動で用いられなくなった生産資源が，すべて民間活動に振り向けられて，民間で利用可能な**追加**の生産資源になるわけではまったくない。そのかなりの部分は，それまで公的企業が提供していたサービスを民間企業が代わりに提供するという形で吸収されるだろう。それゆえ，政府の非移転支出の減少によって生じる市民の消費面における利益は，かなり相殺されるだろう。実際，市民にとっては正味の利益が**まったくない**ばかりか，正味の損失を被ることさえ十分に考えられる。

6　加えて，財政政策が各種生産資源の使用量に一切影響を与えない，というのは事実に反する。それどころか，しばしば特定種類の政府支出は，それまで活動していなかった生産力を活動させるのである。この場合，政府活動で使用される生産資源が増えても，それと同量だけ，民間活動で使用される生産資源が減ることはない。それゆえ，各種生産資源の使用量がどれほど変化するかを理解することは重要である。

7　予算の大小を問わず，全体としての財政活動には，その予算額の徴収と支出という2つの面がある。政府が直接税によって歳入を調達し，これを非移転（所得創出的（インカム・ジェネレーティング））支出ないし移転支出に用いる場合には，一見する限り明らかに，総貨幣所得（アグリゲート・マネー・インカム）は，この収支両面の財政活動をおこなわなかった場合と同じであるように思われる。なぜなら，政府が直接税によって調達し，その後に政府自身が使用するか，あるいは移転支出される貨幣は，そのような課税がなされず市民の手元で「果実」を生みだしていた場合と同量の所得創出効果をもつように見えるだろうからである。同じことは，政府が必要とする貨幣を公債によって市民から調達する場合にも，一見する限り当てはまるように見える。

　だが貨幣所得の大きさは，貨幣の所得速度（income-velocity of money）——あるいは貯蓄や預金とは区別されるところの，総貨幣ストックのうち人々が積極的に保有しようと選択する貨幣の比率——にも依存する。そしてこの速度は，流動的な形で資産を保有する（限界）利便性（コンビニエンス）等と，所得創出的活動に資産を用いる（限界）有利性（アドバンテージ）の均衡にも依存する。したがって，政府を含む社会全体として投資や消費の意欲が高まれば貨幣の所得速度は上昇するので，他の条

件が等しい限り，総貨幣所得は増大する。こうした理由から，例えば戦時の政府の膨大な非移転支出は，貨幣の所得速度を上昇させるので，たとえ貨幣ストックが平時と同じでも，貨幣所得を増大させるのである。一般納税者から政府を介して年金受給者や国債保有者へと向かう購買力の単純な移転でさえ，貨幣の所得速度を変化させるので，総貨幣所得を変化させるだろう。なぜなら，自分の貨幣を活動的形態で保有したり貯蓄預金形態で保有したりする配分比率は，人によって異なるからである。それゆえ，銀行による信用創造がもたらす複雑な影響が皆無である場合でさえ，財政政策は総貨幣所得の大きさに影響を与えないと主張することはできない。それどころか，財政政策は常に総貨幣所得の大きさに多少とも影響を与えるだろう。

8　しかし本書にとって重要なのは，貨幣所得ではなく実質所得であり，各種生産資源の活動から生じる産出全体である。財政は，あらゆる場合に総貨幣所得に影響を与えるだろうが，あらゆる場合に総実質所得にも影響を与えるわけではない。大まかに言って，財政政策によって総貨幣所得が変化すると，貨幣賃金率も変化し，それによって諸々の生産要素の雇用率は当初の水準に戻る**傾向がある**。しかしこの貨幣賃金率による調整は緩慢なものにすぎない。だから，どんな財政政策をおこなうにせよ，とにかくその政策が永続的に維持されれば，結局，経済活動の水準はどれもほぼ同じになる。しかしその政策が時間を通じて変わる場合には，経済活動の水準は，その都度，また平均値で見ても，かなり影響を受けるだろう。なお，失業保険制度はある時点で一挙に整備され，その後は継続的に維持されるが，不況期には好況期より失業手当を多く支給するので，事実上の**変動型**財政政策であることに注意すべきである。

9　非移転支出および移転支出を通じて政府の財政が果たす役割は，むろん地域や時期によってさまざまである。イギリス中央政府の場合，地方政府への補助金と郵政事業費を除けば，移転支出に占める二大項目は内国債と年金の経費であり，それらは 1913 年には総政府支出の約 21 パーセント，23 年には約 53 パーセントに達した[4]。なお，43 年の白書によれば，中央政府の移転支出は，38 年が支出全体の 41 パーセント，43 年が 11 パーセントであり，予算外基金

や地方政府も含めた政府全体の支出を分母にすれば，38 年が 36 パーセント，43 年が 10 パーセントである[5]。

第 4 章　公営営利事業の資金調達

1　通常の営利活動としておそらく民間企業でも遂行できる活動を，どこまで公的当局が引き受けるべきかという論争的問題に立ち入ることは，本書の課題ではない。周知のように，鉄道が株式会社によって経営される国もあれば，政府によって経営される国もあり，あるいは半官半民の事業として経営される国もある。ところでイギリスでは石炭業や酒造業の「国有化」がしばしば主張され，それに向けて，経営に対する政治の影響や官僚主義といった弊害をなくすためにさまざまな公的管理の工夫が提唱されてきた。またガス・水道・市街電車・電力などの「公益サービス」についても，私企業が経営する場合と地方政府が経営する場合があり，この 2 つの方式の優劣をめぐって活発な論争がなされている。これらの問題では適切な選択が重要であり，この選択は明らかに主に次の 2 つの問題に依存する。①どちらの方が，当該国の現在の経済的・政治的条件のもとで，技術上，より効率的に経営できそうか，②私企業に経営を委ねる場合，その経営者が社会から不当な独占利潤を得ないように防ぐことは可能か，あるいはどの程度可能か[6]。

　これらの問題は，財政［Public Finance, 字義的には公的資金調達］という言葉の意味を私が理解する限りでは，財政の問題に含まれない。したがって，公益事業を営むにはどんな種類の企業が望ましいかという問題を割愛し，これはすでに解決済みであるとする。そのうえで，どのようにして公営企業の生産物に対価を支払うべきか，これこそが本章の主題である。

---

4)『国債と租税に関する委員会報告』(H. M. S. O. 1927a) 235 頁。
5)『戦費の財源分析と 1938〜43 年の国民所得・支出の推計』(H. M. S. O. 1944a) 25 頁。
6)『厚生経済学』第 4 版の第 II 編第 22 章「産業の公営」，および『社会主義対資本主義』(Pigou 1937) を参照のこと。

2　ここで考察する事業とは，本章冒頭で述べたように通常の営利活動として　25
私企業でも経営可能な事業であるから，当然ながら，事業者が供給する財・
サービスの利用者に料金を課すことの**できる**事業である。だから軍隊の維持や
行政サービスなどは含まれず，特定の諸個人に「利益を与える」業務だけが含
まれる。例えば，国が経営する郵便・電報・電話・鉄道・道路・教育などの事
業，また自治体が経営する市街電車・ガス・水道・牛乳供給などの事業が，こ
こでの考察対象となる。これらの事業の一部，例えば郵便・鉄道・ガスでは，
利用料を課すことが不可欠である。しかし他の事業，例えば道路や教育では，
利用料を課すこともあるが，むしろ無料の場合の方が多く，その経費は一般納
税者が負担している。本章の課題は，料金を課すことによる資金調達が技術上
可能な特定の事業を公的に経営する場合，どんな条件下であれば，そのような
資金調達方法が望ましいと言えるのか，を明らかにすることである。

3　社会のさまざまな資源をさまざまな事業に配分するさい，各事業に投じる
各資源の最終単位がどれも等しい満足を生みだすように配分すれば，社会全体
の利益は最大になる。これは明白である。だが資源の総量は限られているので，
人々が無料で好きなだけ利用できるほどにサービスを供給することはできず，
あらゆるサービスの供給に一定の制限を設けねばならない。さもないと社会的
浪費が生じ，この浪費の大きさは当該サービスへの人々の需要の［価格］弾力
性によって決まる。その弾力性が非常に低く，無料供給の場合と生産費価格を
課される場合とでサービスの需要量があまり変わらないのであれば，浪費は小
さいが，弾力性が非常に高ければ，浪費は大きい。無制限の無料供給が大きな
浪費をもたらす場合には，そうした供給方法は論外だが，浪費が小さい場合に
はどうだろうか。さらに考察する必要がある。

4　この種の最も重要な事業として，初等教育・医療・水道供給がある。初等
教育の需要弾力性は低い。なぜなら初等教育を受けたいと思う人は，とにかく　26
それを受けたいのであり，学費が法外に高くない限り，学費がどうであれ教育
を受けるだろうからである。一方，それを受けたくない人は，たとえ無料で
あっても，強制されない限りそれを受けようと思わないだろう。医療の需要弾

力性も非常に低い。なぜなら人々は，健康なときには価格がどうであれ治療を受けたいと思わないし，病気のときには治療を受けたいと切望するものだからである。水の需要弾力性も通常は非常に低い。なぜなら，とにかく水は安価なので，水道料金を改定しても，たいていの人の水道使用量は変わらないだろうからである。

　加えて，教育・医療・水道の3つはどれもその購入者には一見分かりにくい間接的便益［正の外部性］をもたらすので，社会的観点からは，それらが市場で自由に取引されるときの購入量（すなわち生産費価格のもとでの需要量）より多く購入されることが望ましい。それゆえこれらのサービスにおいては，無制限の無料供給がもたらす外見上の浪費のかなりの部分は，実は浪費ではない。初等教育に関してはこのことがしっかり理解されているので，イギリス政府は無料供給だけに留まらず，それを受ける法的義務をも定めている。

5　個人の**見込み**購入量（**実際の**購入量ではない）に基づく従量料金制から，無制限の無料供給に変更する場合に，浪費が起こるという議論は明らかに誤りである。例えばある人に課される水道料金が，メーターによって測られるその人の実際の水道使用量に基づかずに，家屋の大きさによって定められる見込み使用量に基づく場合には，水道料金を改定してもその人の水の消費量は変わるまい。同様にして，人々が私的医療保険への加入によって医療費を賄っており，その保険料が年間の受診回数に関わらず定額である場合には，医療サービスを公費負担によって無料化しても，人々が求める医療サービスの量は変わるまい。この種の料金制度は，当該サービスの需要弾力性がそのサービスの性質上かなり低くない限り，実際問題として成り立たない。これは容易に分かるだろう。このように，無制限の無料供給が実行可能になるための基本条件は常に，需要弾力性の低さである。

6　この条件を満たさない限り，第3節で見たような無制限の無料供給は実行**不可能**だが，とはいえ無料供給の方式一般が全否定されるわけではない。実際のところ，その可能性は次の条件にかかっている。すなわち公的当局は，手に負えない新たな難問を生みださずに，資源の大規模な浪費を防ぎつつ供給を制

限できるかどうか，これである。この条件を満たす最も重要なサービスとして，鉄道事業がある。公的当局はどれだけ路線を作るかや，その維持・修繕について，自由に決定できるし，通行を制限せざるをえないほどに路線が混雑する危険は，通常まったくない。しかし鉄道は特殊なケースである。

　通常われわれが考察せねばならないのは，主要費用[5]をほとんど含まない固定資本設備によって供給されるサービスではなく，むしろ消費財や，鉄道上の貨物・乗客の実際の輸送サービスなどである。もしこのような財・サービスを無料とし，無料時の需要量以下に供給を制限すれば，配分上の重大な弊害が必ず生じる。需要量が供給量を上回るので，その配分は，運，腕力，配分担当者への個人的影響力などによって決まるだろう。こうした事態を防ぐ唯一の方法は，先の両大戦のさいに特定の財貨で実施されたような何らかの配給制度によって，公的当局が利用可能な財・サービスを消費者に配分することである。大まかで単純な方法によらない限り，そのような制度の構築は行政上不可能であるから，個々人の事情の細かな差異は無視せざるをえない。戦時の，しかも主要食料品のような単純な財貨の配給でさえ，困難や例外が非常に多かったのだから，平時の，しかも例えば鉄道移動の配給の企てなどは，人々の怒りや嘲りのなかで間違いなく失敗するだろう。この種のすべてのケースで，量的に無制限の無料供給が浪費の発生のために却下されるとすれば，他のどんな形態の無料供給も同じく却下されるのである。

7　浪費に関する以上の考察から，幾つかの種類の財・サービスについては次のように言える。すなわち，政府自身がそれらを提供する場合，その資金は利用料の賦課によって調達すべきである。他の種類の特定の財・サービスについても，他の論拠に基づくものの，同じ結論が得られる。すなわち通常の財・サービスについては，その利用量に従って利用者自身が支払い，他の人々の負担によるいわば「補助金」を受けないようにするのが，明らかに公正である。確かにときには，相対的貧者の便益のために相対的富者に課税することによっ

---

[5] 原料費や賃金など，現在の経済学における「可変費用」に相当する概念。詳しくはマーシャル『経済学原理』を参照のこと［Marshall 1961, vol. 1, 359-61］。

て社会的厚生を高めることができる。また再分配を図るために特定商品の消費に課税して富者から貧者への所得移転をおこなうのは，望ましくない場合が多いとはいえ，それが望ましい場合もあろう。貧者の支払う料金の一部ないし全部を免除する場合，その欠損は歳入一般から補塡することになる[7]。広く合意されているように，初等教育はそのようにすべきサービスである。イギリスのように本人の意思に関わらず義務として教育を受けねばならない場合，本人にその代金を請求するのは理不尽なようにも感じられるが，これは稀な事例である。個々人に対して供給されるほとんどの種類の財・サービスについては，たとえ無料で提供することが技術上可能であっても，すべての消費者に同一基準で料金を課すのが公平だろう。

8 しかし特定の条件下では，こうした方法は著しく不便であり，料金徴収に多大な費用がかかる。コルソン氏が力説するように，この点は，長い航海のために，たまにしかにやって来ない大型船による運河・河川の利用に関してはあまり重要でないが，道路に関しては極めて重要である。「道には実に無数の種類がある。歩行者もいれば，多種多様な小さな乗物・運搬具もある。多くの道は，利害関係者が独自の方法で作っており，農村部ではほぼすべてがそうである。そのさい誰も契約など結ばず，公式の書類も書かない。個々の道はごく短いので，それらを合わせた広大な道路網の全体を修繕するには，大勢の労働者が何キロメートルも行ったり来たりする必要があろう。このような道は，通行料を課すのにまったく適さない。乗物や農作業用の馬の往来が，非常に不規則だからである。一方，主に長距離輸送で頻繁に利用される［都市間の］街道であれば，通行料の徴収は可能である。だが，鉄道の発展によって各地の街道交通が廃れていない限り，そのような通行料の徴収を広く実施すれば，人々は耐

---

7) その補助金の財源は，一般歳入からでなく，裕福な消費者に生産費以上の料金を課すことによって調達すべきであり，市電や鉄道の労働者割引切符などもこの方法によって資金調達せよ，と主張されることもある。しかし，これらの特定のサービスを購入する富者は**一般的目的のために課税されるべきだ**ということを，一般的根拠に基づいて明らかにしない限り，そのような主張は根拠薄弱である。なぜなら，よく市電や鉄道に乗る一部の富者だけを選んでその補助金の費用を負担させる理由は，何もないからである。

え難い出費と苦しみを被るだろう。それは容認できないものであり，こうした甚だしい出費にも関わらず輸送されるのは，貴重な芸術作品ぐらいだろう。これこそが，実際，文明国の各地でそれが断念された理由である」[8]。要するにこの問題では，より大きな弊害を避けるために個人間の若干の「不公平」は受け入れざるをえないのである。

9 本章の結論は次の通りである。公的当局が特定個人の利用のために財・サービスを提供するさい，利用者に無料で供給するのが望ましいような場合は稀だろう。こうした公益事業は，その財・サービスの利用量に応じて，かつすべての費用を十分賄えるように，利用者に料金を課すことによって資金調達すべきだ，というのが大まかな一般原則である。むろんこの結論は，そもそも**これらの財・サービスを通じて税**を課すべき否か，という別の問題につながる。しかし公的当局が提供する特定の財・サービスが適切な課税対象だと判断されるならば，その料金設定にあたり，通常の生産費を賄うのに必要な料金に課税分を上積みするだけでよい。

第5章 政府支出の範囲

1 政府が財・サービスの生産に携わり，生産費を賄える料金でそれらを販売する場合には，これらのために投じられる資源量は社会の需要によって自動的に決まる。だが現代の政府活動の主要部分は，この種のものではない。むしろ政府の非移転支出の大部分は，個々人に料金を課して販売することが実際上不可能な，国防や行政などの一般的サービスに用いられる。また政府の移転支出も，ことごとくそうした料金制の範囲外のものである。それゆえ，そこには支出の規模を決定する自動的な仕組みは存在せず，何か他の方法を用いる必要がある。

---

8) コルソン『経済学講義』(Colson 1901) 第6巻，52-53頁。

2 年々の移転支出の大部分は，多くの場合，実際上変更できない契約によっ
て既に規定されている。現在のイギリスでは，国債費・戦傷病者及び戦没者遺
族年金・老齢年金は，明らかにこの種の［義務的］支出に属す。これに対し，
特定産業ないし特定集団への補助金，貧民救済のための支出は，その時々の政
策によってその額をかなりの程度まで政府が自由に決定できるという意味にお
いて，裁量的支出である。外国債の利子や減債基金のための政府の支払いを除
けば，法の許す範囲内では，実際すべての非移転支出はこの意味において裁量
的だと言える。だがその支出の大部分は，社会に深く根づいた伝統を破壊する
という代償を払わぬ限り，あまり大きくは削減できないだろう。裁量的支出部
分，すなわち実際に調整可能な支出額は，当然，その資金調達に伴う社会的困
難もふまえて決定すべきである。財政のこの側面は１つの重要論点だが，本章
の主題ではないので，ここでは指摘するだけに留める。

3 裁量的政府支出の，総額ではなく，各部門への配分に関しては，次のこと
が明白である。すなわち個人が諸々の用途への支出の間で一定の均衡を保つこ
とによって，自分の所得から最大の満足を得られるように，社会もまた政府を
通じて同様のことができる。両ケースにおける均衡の原理とは，諸々の用途に
資源を配分するさい，各用途に投じられる資源の限界満足がすべて等しくなる
ように配分すべきだというものである。過去の契約によって支出の仕方が縛ら
れない限り，この原理は明らかに政府の非移転支出について妥当する。また各
種の裁量的移転支出の間についても，明らかに同じ原理が妥当する。さらに
──明確に認識するのはより難しいが──その原理は，裁量的な非移転支出一
般と裁量的な移転支出一般の間にも妥当する。だから，戦艦と貧民救済にそれ
ぞれ投じられる最終の１シリングが等しい満足を生みだすように，両者に支出
を配分すべきである。このように少なくとも理論上は，各種用途への支出の配
分を決定しうる原理が存在するのである[9]。

---

9) 犠 牲 概念のこのような使用法に対する批判と，それへの１つの回答として，本書の
 第 II 編第 1 章第 3 節を参照のこと。

4 このアプローチ方法は，政府の歳出総額を決定するための同様の原理も示唆する。すなわちもし社会が文字通りの単一体であり，政府をその頭脳とすれば，あらゆる方面において，支出される最終の1シリングから得られる満足と，政府サービスのために徴収される最終の1シリングによって失われる満足とが均等になる水準まで，支出を増大させるべきである。むろんこの最終の，すなわち「限界的」シリングは，最も貧しい人から取られる最終のシリングとしてではなく，あらゆる人々が各自の分担に従って政府に納めた資金から取られるものとして，解釈する必要がある。そう解釈すれば，次節で示すように，その考え方からは，現実論としては不十分だが多少は役に立つ，かなり明白な議論が導きだされる。

5 第1に，前節の考え方から分かるのは，実際に資源を費消するためにせよ，あるいは相対的富者から相対的貧者への移転のためにせよ，とにかく政府支出の**最適**額は，もし人口が一定であれば，その社会の総所得が増大するほど，大きくなるだろうということである。なぜなら，他の条件が等しい限り，任意の集団からnシリング（ある一定の実質価値をもつとする）を徴収するさいに生じる限界犠牲は，その社会の総所得を表す貨幣額が大きいほど，小さくなるからである。戦争直後には資本設備は荒廃していると考えられるし，市場組織も混乱しているので，一般に実質所得は減少し，それゆえ政府のために資源を提供する力も低下する。したがって国は，かつては実行に値した一部の政府支出を，もはや実行する「余裕」がないということもあろう。

　第2に，大きな便益をもたらす，あるいは大きな害悪をなくすための，政府支出の新たな機会があり，かつ私人による同様の支出の機会がない場合には[10]，他の条件が等しい限り，その限界便益と（歳入徴収に伴う）限界損失との均衡は，より高い支出水準で実現する，すなわちより多くの歳入を徴収すべきである。

---

10) このように制限するのは，例えば鉄道建設のような資本の新用途の発見を排除するためである。そのような発見は必ずしも，たとえ政府が鉄道建設の十分な能力をもつとしても，より多くの歳入を徴収するための理由にはならない。なぜなら資本家も同様の能力をもつからである。

48

　第3に，総所得と人口を一定とすれば，総所得の大部分が少数の富豪に集中している場合には，ある一定額の歳入徴収に伴う**即時的**な限界犠牲が，総所得が社会全体に均一に分布している場合のどんな租税体系よりも小さくなるような，租税体系を構築可能である[11]。

　第4に，所得分配も含めて他の条件が等しい限り，ある一定額の歳入徴収に伴う**即時的な**限界犠牲は，その租税体系の累進性が強いほど，小さくなる。それゆえ，**即時的**犠牲と［通時的］**総**犠牲の関係についての本書の第II編第4章の条件をふまえれば，政府支出の増大が正当に認められるのは，①人々の所得分配の不平等が大きい場合，②政府の選択する租税体系の累進性が強い場合，である。

6　以上の分析は，社会が単一体であり政府はその頭脳であるという第4節の仮定に基づくが，むろん実際にはそれは妥当しない。もし戦艦が個人的使用のために必要な財貨であるならば，確かにその仮定は妥当する。すなわち個人的に購入される衣服と政府を通じて購入される戦艦との間にも，個人的に購入される衣服と共同購入組合を通じて購入される石炭との間に成立する限界的均等と同様のものが，依然として成立するだろう。しかし戦艦は国民全体のために政府が用いる 集 合 財であるから，個々人が戦艦の購入のために税を払おうとする欲望は，それを保有する国益に対する各人の欲望のみならず，他者の税負担によって利用可能になる戦艦の数にも依存する。それゆえ政府は，市民のために彼らの個々の意向に沿って行動する，単純な代理者ではない。政府は，各市民の戦艦の購入への欲望と服の購入への欲望を，彼らの服への欲望と石炭への欲望を均衡させるときのように，単純に限界的に均衡させることはできない。市民全体の代理者としての政府は，個々の市民に対して強制力を行使し，現在の課税か，あるいは（利子と減債基金を支払うための）将来にわたる課税を伴う借入によって，必要資金を確保せねばならない。だが強制力を用いる領域では，

　11）この文脈で所得分配を論じるさいには，通常の人々の（課税後の）所得の大部分は自分自身の消費と投資に用いられる，と仮定している。もしすべての富者が常にその所得を誰かに贈与して，その結果，万人が同額の可処分所得をもつに至るとすれば，明らかにこの状況は，実際的観点からは，当初から万人の所得が等しい場合と同じになる。

本節までの分析方法では考慮しなかった2つの新しい要素が現れる。

　第1は徴税費である。これには，市民から資金を徴収したり，市民にそれを配分する政府の各部門の費用だけでなく，会計士や法律家への報酬として市民が負担する費用や，所得税の申告書類を整える納税者の苦労なども含まれる。第2の要素は，徴税費より分かりにくいが同等に重要なものとして，歳入の追加徴収によって，現在の，あるいは（借入の場合は）将来の税率が必然的に上昇することである。一部の種類の税は，全体としての納税者に，実際の納税額に加えてさらなる間接的損失ももたらす。間接的損失が生じる場合には，課税によって資源の限界的単位を失うことに伴う満足の直接的損失に，この間接的損失を加えた，その損失全体を，限界的支出から得られる満足と均衡させるべきである。したがって一般に，政府が用いる資源の最終単位の生みだす実質利益が，代表的市民が保有する資源の最終単位の生みだす実質利益に等しくなる水準まで，歳出を増やすべきではない。この考慮すべき乖離は，追加資金の徴収のために用いられる方法に依存し，他に良い方法がなく，大きな間接的損失を伴う方法に頼らざるをえない場合には，その乖離は大きなものになる。

第6章　財政上の公債の位置（戦時国債を除く）

1　通常の時期には，政府歳入の大部分は，毎年ほぼ規則的に必要になる経常費に用いられる。当然ながら，財政規律のある国ではそのような支出は，料金収入によって賄う部分を除けば，すべて課税によって賄い，借入に頼ることはない。もし国の内外からの借入によって経常費を賄えば，政府債務は際限なく膨らみ，それに伴って利払いも際限なく膨らんでゆく。やがて毎年の利払いの額は，最初から政府が課税によって支払っていた場合の必要額を上回るようになろう。国の信用は失墜し，ついには政府の毎年の支払額は，たとえそれが移転支出のためであるにせよ，課税能力の上限額を超えることになろう[12]。以上

---

12) 国債の利子を課税対象所得とするイギリス税制のもとでは，内国債の利子［の総額］が

のことは普遍的通念であり，軍事費や行政費などの経常的支出を課税以外の手段で通常賄うべきだ，などと言う者はいるまい。ただしこれは，この種の支出はいかなる場合もけっして借入によって賄ってはならない，という意味ではない。課税の変更は常に経済を攪乱するので，他の条件が等しい限り，年々の税率をなるべく安定させるのは明らかに望ましいことである。それゆえ経常的支出の額が変動する場合，もし実際に可能ならば，支出の多い年と少ない年を相殺させ，一方の赤字を他方の黒字で埋めるように予算を立てるべきだろう。またこれらの支出の一部が減債基金への支出ならば，これを年々の税率の安定化基金として利用するのもよかろう。年々の政府支出が多少変動しても，人々の所得が安定している限り，これらの工夫によって**税率**を安定させることができよう。同様の考えに基づき，一国の所得が変動する場合に，年々の予算の赤字と黒字を相殺させて**一定額の**経常費を賄うことも正当化できよう。なぜなら，所得が変動する場合，毎年の政府の歳入を一定に保つには，所得の動きとは反対方向に税率を動かさねばならないからである。こうした観点に立てば，突然の大災害に見舞われた国の政府が，数年間，復興のために経常費を借入によって賄うことを非難するのは，酷だろう。また場合によっては，第 III 編で見るように，雇用の安定と改善の手段として不況期の赤字予算を好況期の黒字予算で相殺することも擁護できよう。しかし短期の財政調整でも，通常の経常費はその年度の税で賄うべきであり，これについては非常に幅広い合意がある。この短期の財政調整でさえ，いったんその政策を認めてしまうと，政府は実際上，不況期に赤字を背負い込んで減債基金を取り崩すにも関わらず，好況期の黒字によってそれを埋め合わせるのを怠るだろう，という理由で反対されるかもしれない。

2　次に，国の電力施設や自治体のガス事業・市電など，資本設備の生産に投じられる政府支出を考えよう。それらの生産物は料金をとって販売されること

そのように定義される国民所得に次第に近づいてゆくことはあっても，実際に国民所得を超えることは，むろんありえない。だがその利子が，課税によって政府が実際に徴収できる上限額を超えることは，容易に起こりうるだろう。

になる。そこでは広く合意されているように，必要資金は借入によって調達すべきであり，このようにすれば税率の乱高下は避けられる。新たな資本設備が生みだすサービスの受益者は，各自の利用量に従って料金を払う。もしその料金が，その資本設備の耐用年限内に借入元本を償還するのに十分なものであれば，むろん新たな課税は不要である。この問題についても，経常費に関する適切な財政運営のあり方と同じく，論争の余地はない。

3　次に，特別な場合のみの臨時支出だが，料金をとってその生産物を販売できるという意味での「収益性」がないような種類の支出を考えよう。純粋な財政の観点から言えば，そのような支出を**もし借入で賄うのであれば**，通常は，次に同様の支出が必要になる時までにその借入を課税によって完済するようにすべきである。さもないと債務は際限なく膨らみ，経常費を借入で賄う場合とまったく同様に，結局はその利払いのために際限なく増税する必要が生じるからである。また借入と同時に，その利子と適正な減債基金を確保できるように新たに課税し，債務返済の十分な能力と意思をもつ証拠も示すべきである[13]。さもないとその特別な支出の実施のさいに，あるいはその後に，国家財政への

---

13) この種の借入では返済期間が過度に長くならないようにすべきだという見解は，減債基金の制定という具体的な形でしばしば主張されるが，むろんこれは返済の必要条件ではない。政府は減債基金を積み立てなくても，市場で国債を買い上げることによって，あるいはそれをある一定価格で償還するという規定がある場合にはそのように償還することによって，借入を返済できる。また減債基金の制定は，たとえ減債基金がけっして取り崩されないとしても，当初意図したように借入元本が実際に返済されることの保証にはならない。なぜなら政府は，従来の借入を返済しながら同時に新規の借入をおこなえるからである。それでもなお，起債と同時に減債基金を法的に制定することは，返済を促す実質的効果をもつ。なぜなら財政難の政府にとって，制定された減債基金の取り崩しや，それを別の借入によって賄うことは，債務返済のために（既存の特定の事業のためではない）積み立てを単に中止するのに比べて，政治的にずっと難しいからである。
　　なお，付言するならば，減債基金が制定されるさいは，①借入期間を通じての利払いと元本償却のための毎年一定額の返済か，②元本償却のための一定の年額に各年の利払いを加えた合計額の年々の返済か，のどちらかの形をとるだろう。②の方が，債務完済の翌年の経済変動は小さく，またその借入期間の後半になって債務が放棄される危険もやや少ないだろう。ピアソン『経済学原理』（Pierson 1912）第2巻，629頁以降を参照のこと。

信頼が揺らぎかねず，その国は不意の，明らかに無茶な増税の必要に迫られることになる。これは往々にして国民の反発をもたらす。こうした限界を越えるほどに借り入れるべきでないのは明白だが，その限界内においてどれほど借り入れてよいかという問題はそれほど明白ではない。

4 事業資金を借入によって調達すべきか否か，あるいはどれほど借入に頼るべきかという問題は，その事業から将来世代が利益を受けるか否か，あるいはどれほど利益を受けるかという問題に依存する，と考えられることもある。この考えは，借入によって賄えばその費用は将来世代の負担になり，課税によって賄えばその費用は現在世代の負担になる，という見方に基づく。この見方は25年前であれば多少の敬意をもって支持されたかもしれないが，今ではその誤りは周知の事柄である。**外国からの**借入については，借入国の将来世代がその利子と減債基金の負担を被るというのは，確かにその通りだが，**国内における**借入の場合，その利子と減債基金は国内の集団の間での単なる移転にすぎず，全体としてのそれらの集団は，それゆえ全体としての将来世代も，まったく負担を被らないのである。この一般命題には確かに細かな留保条件が幾つか付くものの[14]，それはおおむね正しく，かつ明白である。課税か借入かという資金調達上の選択は，そのような古い見方に基づいて決めてはならない。どちらの方法でも，外国からの借入の場合を除けば，現在世代が支払うからである。

5 だからこの問題は，世代間正義（justice between generations）の問題ではなく，むしろ技術的便宜性と政治的実行可能性の問題である。このように理解するからこそ，幾人かの権威者たちは，貨幣収入を期待できない事業については借入に一切頼るべきではないと力説するのである。例えばバスタブルも，かつて次のように述べた。「収益を生まない支出は，本来，所得から賄うべきであり，さもなければ支出してはならない。国民の文化・教育・社会進歩の推進はどれも望ましい課題ではあるが，それらの推進は，政府が借金をして実行せねばならないほどに差し迫った重要性をもつわけではない。確かに，政府支出の多く

14）ピグー『戦争の政治経済学』（Pigou 1921）の改訂版（1940年）第7章。

財政学（第 I 編第 6 章）　53

は間接的には生産的であり，将来の国民所得を増大させるものと見なせるだろう。例えば教育の充実や労働者住宅の改良のための借入は，それにかかる利子を直接には生みださないけれども，社会の所得を増大させるので，税率を上げたり徴収を厳格化しなくても税収を増大させるかもしれない。抽象的に考える限りではこうした推論も成り立つが，それに対する真の反論は，その現実的適用の難しさから来るのである。この種の支出がもたらす諸結果を追跡し測定するのは困難であり，それらに関するどんな主張も大部分は推量の域を出ない。他方，借入の費用は確定的かつ厳密であり，それは社会の諸資源に対する実質的負担からなる。したがって，慎重な立場から言えば，明確に収益を生みだす支出を除けば，借入をおこなうのは，政府の活動範囲の拡大が明らかに望ましい場合のみに厳しく限定すべきである」[15]。

　この厳格なルールは，経済の通常期に関しては正鵠を射ているように思われるが，非常に重要な例外もある。すなわち第 III 編で詳しく検討するが，課税ではなく借入によって賄われる公共事業が，失業と闘うための有効な手段になりうる。また震災からの復興のため，あるいは喫緊の戦争の脅威に備えるために，収益を生まない政府支出を非常に大規模におこなう必要がある状況では，明らかにバスタブルのルールは適用不可能である。そのような状況下で至急必要な資金を課税によって調達することは，政治的にも行政的にも不可能である。財務大臣は実に，あの手この手の方法で課税に努めるだろうが，課税だけでは足りるまい。

---

15) バスタブル『財政』（Bastable 1892）第 V 編第 5 章，621-22 頁。

第 II 編
税　　収

第 1 章　課税の原理

1　本編では，非移転支出と移転支出を合わせた政府支出の総額は一定であると仮定する。かつ各種料金収入によって賄う支出部分，公債発行，および銀行借入を無視する。さらに，第 9 章を除いて，**収支両面**の問題全体ではなく，**歳入調達**の問題のみに考察を限定する。まずその準備として，本章の課題は，課税政策の基本原理を明らかにすることである。

2　どんな租税体系下でも，税の実際の制定は（その歳出面は無視すれば），各納税者にある一定の犠牲の負担を課すことになり，その各納税者の負担は互いに特定の関係をもつ。このことは，ある社会から等しい歳入を引きだすさまざまな租税体系の優劣を比べるための，明白な 2 つの評価基準を示唆する。すなわち第 1 に，課される犠牲の総量であり，第 2 に，この総量を構成する各部分 ［各納税者］ 間の関係の性質である。

　満足の喪失という意味での犠牲に基づく評価では，問題の本質に迫れない，ということは確かにその通りである。なぜなら，等しい満足を含んでいても，一方は他方より多くの**善**を帯びるかもしれないからである。また満足の犠牲が大きい場合と小さい場合があるとき，前者の方が多くの善を帯びている場合もありうる。このような場合，賢明な政府が注目すべきなのは，満足（ないし不満足）の総量ではなく，むろん善（ないし悪）の総量だろう。この理由から，

財政学（第 II 編第 1 章）　55

アルコール飲料の消費に対する特別税が唱えられることもある。この問題は広範な領域において重要である。だが諸々の租税体系の優劣を比べるための基準の考察ではそれを無視し，ここではとにかく犠牲に基づいてその基準を定めることにし，①犠牲の総量，②この総量の納税者間における分配のあり方，の2つに絞って考察する。　41

3　だが，ここで直ちに根本的問題にぶつかる。総満足や総犠牲，あるいはこれらの分配を論じることは，満足が少なくとも原理上は集計可能であることを意味する。もしそれが不可能ならば，最小総犠牲（least aggregate sacrifice）や均等犠牲（equal sacrifice）という考え方を課税の原理とすることはできない。満足は実際には集計できないという主張は，従来からあり，その理由は次の2つである。①精神状態としての満足はその性質上，非数量的なものである。②同一人物のさまざまな精神状態を扱う場合でさえ，それらは常に互いに時間が隔たっており，ましてや相異なる人々の精神状態を比較したり集計したりできる方法など存在しない。まずこの2つの主張を検討せねばならない。

　①は容易に斥けられると思う。それがわれわれの経験に反することは明々白々であり，周知のように，人はある時には他の時より幸福であり（多くの満足を感じる），またある事柄は他の事柄より人に多くの犠牲を被らせる。ある場合には他の場合より例えば「2倍」幸福である，あるいは「2倍」の犠牲を被る，と正当に主張できるか否かについては疑問の余地もあるが，そのようなことを主張する必要はない。とにかく同一人物については，さまざまな満足と犠牲は数量的に比較可能**である**。

　②の主張は，①よりも説得力がある。なぜなら確かに，誰も自分の精神と他者の精神を同じ尺度で評価できないから，厳密に同じ状況に置かれた見たところ類似している2人の人物に関して，その一方の感じる満足の方が他方の感じる満足よりずっと大きい，という命題は**反証**不可能だからである。それゆえ，直接的測定は不可能であり，しかも客観的基準による間接的測定も信頼できない。だが突き詰めてゆけば，他者など一切存在しない，という命題も同じく**反証不可能である！**　日常生活では，個人的特性，民族的差異，習慣や訓練に起因する差異などの存在を認めながらも，われわれは常に次のように仮定する。

すなわち，見たところ類似している人々の集団は，類似した状況からほぼ同様の精神的影響を受けるものであり，一皿のハム・エッグを食べれば，ほぼ等しい満足を感じ，鉄道の車内で席を譲れば，ほぼ等しい犠牲を感じるものである。われわれは，類似した状況は類似した精神的影響をもたらすと**予想**するのであり，そうならないと思われる場合のみ，通常とは異なる何か特別な説明を要する事情があると考えるのである。このことが十分に認められれば，われわれも先人たちと同じく，犠牲の総計や犠牲の分配という古典的考え方を慎重に利用することができる。

4 歳入調達に伴う総犠牲をできる限り最小化することが究極原理だと主張する権威者もいれば，すべての社会構成員の犠牲を均等化することが究極原理だと主張する権威者もいる。また他の権威者は，その2つはどちらも究極原理であるから，両者が対立する場合，理論上は解決不可能なジレンマに陥り，それゆえ実際上は大雑把な妥協によって解決するしかないと主張している。本章の課題は，これらの見解を検討することである。

5 その前に，犠牲という中軸的概念の意味を明確にしておく必要がある。ある租税体系が個人に課す犠牲とは，租税体系自体がまったく存在しない場合にその人が得ている純満足（ここでは税収の政府支出が生みだす便益は無視する）と，ある租税体系のもとでその人が得ている純満足との差である。A氏への課税がB氏の得ている満足に一切影響を与えないように租税体系が作られている場合でさえ，A氏への課税は通常，A氏の実際の納税額に応じてA氏の満足を減少させる，というわけではない。なぜなら租税体系の仕組み次第では，納税者の労働意欲が変化し，（納税分を除く）所得が変化することがあり，これが彼らの純満足に与える影響は納税額に表れてこないからである[1]。特定財貨

---

1) 例えば，単純化のために，ある納税者の労働の各単位は1ポンドを生みだすとしよう。課税前におこなっていた年間の労働の単位数を a，その労働の成果としての消費がもたらす総満足を $\phi(a)$，それを生みだす労働に伴う総犠牲を $F(a)$ としよう。このとき，その納税者の純満足は $\phi(a) - F(a)$ である。

課税後，この人は k ポンドの税を払い，$(a+h)$ 単位の労働をおこない，納税後の純所

の消費に対する課税の考察では，この点はさらに明白になる。なぜなら周知のように，課税によって失われる（貨幣で測った）消費者余剰の量は，徴税額と大幅に異なることもあるからである。そして少し考えれば分かるように，このことはこの種の税のみならず，さらに広範囲に妥当するのである。

6　私の考えでは，第 2 節の前提のもとで，最小総犠牲が課税の究極原理であることに疑問の余地はない。課税は政府の役割の 1 つである。ある政府の活動が他の政府のもとで暮らす人々に影響を及ぼす可能性を除外すれば（ここではそれを無視する），政府のすべての活動はその市民の［総］厚生をできる限り最大化するという観点から規定されるべきであり，これについては一般的合意がある。これこそが試金石であり，これによって法体系全体（租税法はむろんその一部である）を評価しなければならない。ある集団の厚生を他の集団のそれより当たり前のように優先できた時代は，もはや過ぎ去った。農夫の大きな厚生よりも貴族の小さな厚生を優先するのが当然であるなどと，今どきあえて主張する者はいないだろう。政治理論に関する限り，最大総厚生は，政府活動の正しい目標としてあらゆる所で承認されている。むろん実際の政府は別の目標をめざすこともよくあり，その場合，その行動を幾らかもっともらしく釈明できても，けっしてそれを堂々とは擁護できないだろう。この一般原理は，課税という特殊分野では**最小犠牲**原理に相当し，その妥当性は直覚によって分かると思われる。

7　これに対し，**均等犠牲**こそが課税の究極原理だという主張については反論が多い。第 I 編第 2 章で，シジウィックの公平原理（同様の状況下にいる同様の人々を同様に扱うべきだという原理）に言及したが，シジウィックの見解では，この原理は究極的なものである。もしそうであれば，同様の状況下にいる同様

得は$(a+h-k)$ポンドになったとしよう。このとき，本文で定義したその純犠牲は (1) 式で示され，実際の納税額のみで見た満足の喪失は (2) 式で示される。両者が同じになるのは，$h=0$ という特殊なケースに限られる。

$$[\phi(a)-F(a)]-[\phi(a+h-k)-F(a+h)] \qquad \cdots\cdots (1)$$

$$\phi(a+h)-\phi(a+h-k) \qquad \cdots\cdots (2)$$

の人々に等しい犠牲を課すべきだという命題は，課税の究極原理であるに違いない。私は，そのこと，すなわちこの限定された意味における公平がそれ自体として善であることを否定するつもりはない。だが同様の状況下にいる同様の人々の間での均等犠牲と，万人の間での均等犠牲は，まったく別の問題である。後者の広義の均等犠牲が，課税の究極原理になりうるだろうか。これを肯定し支持する者は深刻な問題にぶつかる。すなわち万人が等しい犠牲を被るように課税すべきだという命題を，公平原理から導きだすことは明らかに可能であるが，租税法を含む法体系全体のもとで万人に等しい純満足を保障するという意味において万人を公平に扱うべきだという命題を，そこから導きだすことも同じく可能である。シジウィックの直覚主義は，犠牲の比率を均等化する課税はむろんのこと，また少なくとも，犠牲を均等化する課税と同じく，満足を均等化する課税の立派な根拠にもなる。

　実際には，より強力な反論さえある。すなわち人々の経済的福祉は財産法・契約法・相続法などを含む法体系全体に依存し，租税法だけで決まるわけではない。だから，租税法は人々の満足に均等に影響を与えるべきだと主張しながら，法体系の残りの部分が人々の満足に非常に不均等に影響を与えることを正当と認めるのは，恣意的な議論と言わざるをえないだろう。

　以上の事柄は，何らかの結論を論証するものではないが，課税における広義の均等犠牲原理は直覚によって分かるとする立場を大きく揺るがすはずである。私自身の立場から言えば，この問題は直覚によって解決することはできず，同様の状況下にいる同様の人々の間での狭義の均等犠牲は別にして，実のところ広義の均等犠牲は課税の究極原理ではない。

8　前節の議論が認められるならば，第1の究極原理，すなわち最小犠牲原理と，第2の究極原理，すなわち同様の状況下にいる同様の人々の間での均等犠牲（相異なる人々の間での均等犠牲ではない），の2つが残ることになる。そして前者が究極原理であることに異論は見られないが，後者が究極原理であるかはやや不確実である。もし第2の原理を第1の原理と同等のものと認めれば，分析のさいに理念の対立が生じることになる。だからこの2つの「究極」原理を，さらに一層究極的な 最 大 善 （マクシマム・グッド）の原理に照らして吟味せねばならず，また均等

財政学（第II編第2章）　59

化の善を含む善全体ができる限り最大化するように，上の2つの原理の重みを
それぞれ評価せねばならない。しかしすぐに分かるように，実のところ，最小
犠牲原理に合致する租税体系は，同様の状況下にいる同様の人々の間での均等
犠牲原理とも常に必然的に合致するのである。それゆえ，たとえ同様の状況下
にいる同様の人々の間での均等犠牲原理が真の究極原理であるにせよ，それは
最小犠牲原理から導きだせるのだから，**必要**な原理ではない。したがって，専
門研究者にとってはより複雑かつ深遠な教義もあるかもしれないが，政治家や
実務家にとっては最小総犠牲こそが課税における唯一の究極原理である，と
言ってよかろう。

第2章　租税体系と租税式

46

1　納税者に示される租税体系（tax scheme）は，各人に課される支払額と所定
の課税対象の条件とを関係づけた言明の集合体である。例えば，その人が存在
するという条件を満たすだけで課税されることもあるし，赤い髪をしていると
いう条件，x ポンドの所得があるという条件，所得のうち y ポンドをビールに
支出するという条件，土地からの所得が z ポンドあるという条件，w エーカー
の土地を所有するという条件，等々を満たせば課税されることもある。租税体
系を構成するこのような個々の言明を，私は租税式（tax formula）と呼ぶ。あ
らゆる租税式は次の2つの要素からなる。すなわち1つは課税対象であり，も
う1つは，個々の納税者が所有する課税対象の量と，その査定によって彼らか
ら徴収する歳入額とを関係づける関数——私はこれを租税関数（tax function）
と呼ぶ——である。

2　租税式に含まれるところの課税対象は，理論上は何でもよいが，実際上ほ
とんどの租税式ではそれは何らかの貨幣額であり，例えば，労働所得，財産や
真実地代からの所得，予期せぬ偶発利得，独占力行使による所得，あるいは所
得のうちビール・賭けごと・自動車・茶に支出された額，あるいは人が死亡時

に遺す財産，人が相続した財産，等々である。一部の租税式では，特定財貨への税，土地一般ないし特定用地への面積当たりの税のように，課税対象は現物の量である。人頭税という特殊ケースでは課税対象は可変量でないため，この税は一見したところ他の諸税と同列に分類するのは難しいように見えるが，この困難は次節で説明する方法によって解決できる。

3　租税式において，個々の納税者から徴収する歳入の額と彼らが所有する課税対象の量とを関係づける租税関数は，先験的に考える限りではどんなものでもよかろうが，実際上の目的を考えればその可能範囲はかなり制約される。これは，租税式に含まれる課税対象を問わず，すべての租税式に言えることであり，その例証としては所得を課税対象とする租税式のケースが最も分かりやすい。そこには実際上，次のような制約が確かに見られる。第1に，政府は，所得がゼロであるのに租税がゼロでない租税式を認めまい。第2に，政府は，大きな所得への課税**額**より小さな所得への課税額の方が大きくなる租税式を認めまい。なお，この2つの条件が合わされば負の租税が排除されることは，すぐ分かるだろう。第3に，政府は，ある所得域では**平均税率**が上昇し，他の所得域では低下するような租税式，すなわちある所得域では累進課税だが，他の所得域では逆進課税であるような租税式を認めまい。第4に，政府は，課税額が所得額を上回るような租税式を認めまい。ある納税者から徴収する歳入を R，その人の所得を x，租税式を $R = \psi(x)$ とすれば，これら4つの条件は以下のように示されよう。

(1)　$\psi(0) = 0$

(2)　x のあらゆる値について　$\psi'(x) \geqq 0$

(3)　x がある値のときに $\left\{ d\dfrac{\frac{\psi(x)}{x}}{dx} \right\}$ が正（ないし負）であるならば，x が他の値のときにそれが負（ないし正）になることはない。

(4)　x のあらゆる値について　$\psi(x) \leqq x$

以上4つのルールを満たす租税関数のうち，非常に重要なものの1つは比例的所得税であり，そこでは $\psi'(x)$ が一定なので，$\psi(x) = kx$ である。他の重要な関数形として，課税対象の増加につれてその単位当たりの**平均**税率は上昇する

が，ある点を過ぎるとその上昇率がゼロに近づくようなもの，すなわちある点までは x のあらゆる値について $\left\{\dfrac{d^2\frac{\phi(x)}{x}}{dx^2}\right\}$ は正だが，その後はゼロに近づいてゆくものがある。また前節で言及した人頭税の分類の問題についても，答えが見出される。人頭税は，やや奇妙な解釈かもしれないが，所得税の一種の極限形態と見ることができよう。すなわちそれはまさしく，最低所得 A より大きいあらゆる x の値について，$\phi(x)$ が一定，かつ $\phi(x) < A$ であるような租税式 $R = \phi(x)$ である。

4　（前節で言及しなかったものも含め）すべての租税式は諸々の 系統 （ファミリー）に分類できる。例えば $R = \psi(x)$ と $R = \phi(x)$ という 2 つの式を考えよう。もし m がある定数であり，x のあらゆる値について $\psi(x) = m\phi(x)$ が成り立つならば，両式は同じ系統のものと言ってよい。すなわち両式は，所得のあらゆる値について，その一方の徴収する歳入が他方の徴収する歳入の倍数になる場合，同じ系統に属すのである。それゆえあらゆる比例税は，その税率がどうであれ同じ系統に属し，あらゆる人頭税も，その額がどうであれ同じ系統に属す。また $R = a \cdot \left(\dfrac{x^2}{5000} - 20\right)$，$R = b \cdot \left(\dfrac{x^2}{5000} - 20\right)$，…という形で表される一連の租税式もすべて同じ系統に属す。これに対し，すべての比例税は，すべての累進税およびすべての逆進税とは別の系統に属す。一般に租税式 $R = \psi(x)$ は，上述のように x のあらゆる値について $\psi(x)$ が $\phi(x)$ の倍数でない限り，租税式 $R = \phi(x)$ とは別の系統に属すのである[2]。

---

　2)　租税式のこうした分類をさらに進めるべきだ，という意見もあろう。そこで，ある同じ系統に属す一連の式を $R = a\psi_1(x)$，$R = b\psi_1(x)$ 等々と記述し，ある別の系統に属すものを $R = a\psi_2(x)$，$R = b\psi_2(x)$ 等々と記述しよう。そして，ある x の値において $\psi_1(x)$，$\psi_2(x)$ 等々がすべて等しくなるとしよう。この均等を成立させる x の値の選択，またそのときの $\psi_1(x)$，$\psi_2(x)$ 等々の値の選択は，むろんまったく恣意的なものにすぎないが，ここでは x は 1000 であり，そのとき $\psi_1(x)$，$\psi_2(x)$ 等々はどれも 10 になるとする。そうすれば $\dfrac{\psi_1(x)}{x}$，$\dfrac{\psi_2(x)}{x}$ 等々がどれも $\dfrac{1}{100}$，すなわち**税率**が 1 パーセントになるので便利である。

　　以上のように仮定すれば，1000 ポンドの所得に**何らかの**税を課すあらゆる租税式を，とにかく $R = m\psi(x)$ の形で表すことができ，またそれらの**税率（パーセント）**はどれも

5 人頭税の系統と比例税の系統の説明は，この段階では以上ですべてだが，他の租税の系統について少し述べておこう。租税式 $R = a\psi(x)$ を考える。そこでは，ある所得 x に課される**平均税率**は $\dfrac{a\psi(x)}{x}$，またその**限界税率**（x が増加したときの課税総額の変化率）は $a\psi'(x)$ で示される。ある租税式が**累進的**であると言われる場合，それは，① x の増加につれて平均税率が高まるという意味か，② x の増加につれて限界税率が高まるという意味か，の**どちらか**である。記号で表すならば，①は $\dfrac{d\frac{a\psi(x)}{x}}{dx} > 0$，②は $a\psi''(x) > 0$ という意味である。ところで，x が増加するときに，ある領域では平均税率が上昇し，ある領域では低下するような租税式を，われわれの考察範囲に含める場合には，x がある特定の値をとるとき，①の意味では累進的だが，②の意味ではそうでないような租税式も見られるだろう。しかしこの種の両義的な租税式を除外し，3 次以降の微分を無視すれば，下式が示すように，一方の意味において累進的な租税式は他方の意味においても必ず累進的である。

$$\frac{d\frac{a\psi(x)}{x}}{dx} = a\left\{\frac{1}{x}\psi'(x) - \frac{1}{x^2}\psi(x)\right\}$$

---

m になる。m を租税定数，$\psi(x)$ を租税関数と呼ぶならば，ある同一系統のすべての租税式は，異なる租税定数をもつ同じ租税関数であると言える。この分類法を例証するために税率を t パーセントとすれば，租税式 $R = m\psi(x)$ は，$\dfrac{t}{100} = \dfrac{m\psi(x)}{x}$ あるいは $t = 100 \cdot \dfrac{m\psi(x)}{x}$ となる。このとき，所得に**比例**して課されるどんな租税でも，$\dfrac{\psi(x)}{x}$ は一定 $\left(\dfrac{1}{100}\right)$ であり，$t = m$ である。すなわち**税率（パーセント）**は，先ほど定義した租税定数に等しい。

また人頭税では $m\psi(x)$ が一定であり，また $x = 1000$ のとき $\dfrac{\psi(x)}{x} = \dfrac{1}{100}$ なので，x がどんな値でも $\psi(x) = 10$ になる。したがって租税式は $R = 10m$，すなわち**税額**は租税定数の 10 倍になる。

最後に，租税式がある特定種類の累進性をもち，その歳入は常に所得の 2 乗の 5000 分の 1 である（ただし歳入が所得を上回らない限り）としよう。このとき，この租税式の租税定数は 20，租税関数は $\dfrac{x^2}{10万}$ になる。もし租税式が $R = \dfrac{1}{1万}x^2$ であるならば，租税定数は 10，租税関数は先ほどと同じく $\dfrac{x^2}{10万}$ になる。だが，こうした手の込んだ議論に価値を見出す人は少ないだろう。

財政学（第 II 編第 2 章）　63

　もし x がどんな値であっても $x\psi'(x) > \psi(x)$ すなわち $\psi''(x) > 0$ ならば，x がどんな値であってもこの式は正になり，このことが先ほどの命題を証明する。

6　これまでの分析から次のことも明らかである。すなわちここで検討したすべての租税式について，もしある租税系統に属すどれか 1 つの租税式が累進的であれば，その系統に属すすべての租税式は必ず累進的であり，またもしどれか 1 つの租税式が逆進的であれば，すべての租税式は必ず逆進的である。それゆえあらゆる租税系統は，累進的・比例的・逆進的のいずれかとして明確に述べることができる。しかし累進性・逆進性の**度合**となると，問題はもっと複雑である。累進性・逆進性の度合は，平均税率と限界税率のどちらに関するものとしても解釈できよう。すなわち租税式 $R = a\psi(x)$ の x に関する累進性の度合は，平均税率の意味では $a\dfrac{d\frac{\psi(x)}{x}}{dx} = a\left\{\dfrac{1}{x}\psi'(x) - \dfrac{1}{x^2}\psi(x)\right\}$ だが，限界税率の意味では $a\psi''(x)$ である。この 2 種類の度合は，後者の意味での累進性・逆進性の度合が x のあらゆる値について同一であるような特殊ケースでしか，一定の相互関係をもたない[3]。したがって，2 つの形式のどちらかを選ばねばならないが，私は後者を選び，租税式の所得 x に関する累進性・逆進性の度合を $a\psi''(x)$ によって測ることにする。

7　社会の各構成員が単一の同じ政府によって相異なる租税式に基づいて課税される，という状況を想像することは可能である。例えば，現在 1000 ポンド稼いでいる A 氏は，もし 900 ポンド稼げば 9 パーセント，1000 ポンド稼げば 10 パーセント，1100 ポンド稼げば 11 パーセントの課税を告知されるのに対し，現在 1100 ポンド稼いでいる B 氏は，もし 900 ポンド稼げば 20 パーセント，1000 ポンド稼げば 21 パーセント，1100 ポンド稼げば 22 パーセントの課税を告知される，等々である。同様にして，人頭税として A 氏は 1000 ポンド，B 氏は 100 ポンドを課されたり，あるいはビールへの支出に対する税として A

---

3) そのような特殊ケースでは，第 3 節で見たように $\psi(0)$ と $\psi'(0)$ はどちらもゼロになるので，$a\left(\dfrac{1}{x}\psi'(x) - \dfrac{1}{x^2}\psi(x)\right) = \dfrac{1}{2}a\psi''(x)$ であることは容易に分かる。

氏は 20 パーセント，B 氏は 40 パーセントを課されたりする，等々。だが現代の世界では，そのようなやり方はまず不可能である。専制政治，嫌がらせ，依怙贔屓，また財貨税の場合に想定される転売による脱税は，ごく特殊な例外を除いて無視することにしよう。こうした濫用を防ぐには，何らかの**客観的**標準に基づく一般ルール体系に従って税を査定せねばならない。それゆえ，ある一般租税体系を構成するあらゆる租税式は，あらゆる納税者に，単一かつ同一の課税条件を告知せねばならない。例えば各納税者に対し，「もしあなたが，**また他のあらゆる者も**，既婚者であり，子どもが 1 人いて，これこれの所得があるならば，しかじかの金額を納税する義務がある」というふうに告知せねばならない。もし A 氏が，1100，1000，900 ポンドの稼ぎに対し，それぞれ 11，10，9 パーセントの課税を告知されるならば，同じ立場にいる他のあらゆる者も，同じ内容を告知されねばならない。もし人間の存在自体を条件にして，人頭税を例えば 100 ポンド課すならば，各人の豊かさに関係なく**全員に** 100 ポンドを課さねばならない。もし 1 エーカー当たり 5 ポンドの土地税が課されるならば，100 エーカーの土地を所有する**すべての者**は，たとえそのうちの 1 人が大富豪で，残りの者たちが貧乏であっても，やはり 500 ポンドを納めねばならない。あるいは，もし茶に 10 パーセントの税が課され，同じ所得の 2 人の人物の一方は茶を飲むが，他方は茶を嫌うならば，2 人の納める税額は異なるに違いない。すべての社会構成員に同一の租税体系を適用するというこの政府の責務は[4]，ある重要な帰結をもたらす。すなわち所得に関する人の嗜好や感じ方はさまざまであるから，もし政府がこの責務に縛られなければ，どんな歳入額についても，現在可能な最小の総犠牲量よりもさらに小さい総犠牲量しか伴わずに徴収できよう。要するに最小犠牲の理念は，こうした制約のもとで追求されねばならない。われわれは最小犠牲を，絶対的な意味ではなく，単一かつ同一の租税体系を全市民に適用するという条件下で追求するわけである。

---

4) かつてイングランドとアイルランドの税制が単一当局のもとに統合されたとき，両地域の人々の嗜好の違いをふまえ，ビールとウイスキーに同じ租税式を適用するのは間違いだという声も強かったが，結局，両地域には同じ租税式が適用された。第 II 編第 7 章第 2 節を参照のこと。

第3章　租税式どうしの相互作用

1　租税体系が複数の租税式からなる場合，その体系全体から得られる歳入は，通常，これらの租税式をそれぞれ単独で課したときに得られるそれぞれの歳入の和と一致しない。これらの租税式の間の関係は複雑だが，本章ではそれを簡単に分析する。

2　第1に，政府がある一定額の歳入を徴収し，それをすべて支出する（国民への利払いなどの単なる再移転だけではない[5]）場合，その徴収方法がどうであれ，それゆえ告知効果（announcement effect）がどうであれ，とにかくその歳入額を徴収するという事実自体が，その他の諸税（もしそれらを課すならば）から得られる歳入に影響を及ぼすことが多い。ただし**一部**の種類の諸税はその影響を受けず，例えば，人頭税，すべての土地への面積当たりの税，真実地代への比例税などは，それと同時に他の方面でどのような歳入を徴収していても，一定の同じ歳入を生むだろう。また労働所得税の歳入も，直接的には──間接的影響については次節で考察する──まったく影響を受けないだろう。なぜなら労働所得税は通常，他の諸税を払う前の所得額に基づいて査定されるため，それらの税を払っても課税対象の労働所得は変わらないからである。これに対し，通常の財貨税の場合，もし他の課税によって人々が貧しくなっていれば，そうでない場合より歳入は減るだろう。投資所得税や相続税も，やはりそのようになる。人々が貧しくなれば，資本蓄積は鈍化するからである。それゆえある種の税を課して歳入を調達すれば──その歳入は常に非移転支出に用いられるとする──他の特定の諸税からの歳入は大なり小なり減少するのである。だが非常に貧しい国では，パン税の歳入は，他の食物にあまり重くない税を課すこと

5）たとえその貨幣を国民にすべて再移転するとしても，それぞれの納税額に比例して納税者に貨幣を再移転しない限り，本節で述べたような帰結になるかもしれない。

によって**増加**するかもしれない。なぜなら国民は，より高価な食物の代わりにパンを買わざるをえないかもしれないからである。

3 第2に，既存の租税体系のために新たな税の収入が影響を受ける程度は，その体系下で徴収されている歳入額のみならず，そこでの課税がさまざまな所得集団の間に分配される仕方にも依存する。例えば，①現行の租税体系が富者の負担する税によって主に構成される場合（主な財源が強度の累進的所得税である場合など）と，②現行の租税体系が広く消費される主要財貨への税によって主に構成される場合の，両者を比べるならば，①の方が富者のもとに少ない貨幣しか残らず，貧者のもとに多くの貨幣が残るだろう。したがって，主に富者が消費する財貨に対する一定率の税を新たに導入すれば，①の方がその追加歳入は少ないだろう。逆に，主に貧者が購入する財貨に対する一定率の税を新たに導入すれば，①の方が追加歳入は多いだろう。だから別の角度から言うと，必要な追加歳入額を一定とすれば，①の場合には，②の場合よりシャンパンの税率は高くせねばならず，また所与の累進性をもつ相続税の平均税率も高くせねばならないが[6)]，ビールの税率は低くせねばならないのである。

4 第3に，歳入調達の額とその負担の分配がどちらも所与であるならば，新税の導入によって得られる歳入は，既存の諸税の**性質**とその新税の内容によって影響を受けやすい。例えば，**ある一定額の**歳入を主に人頭税によって調達している場合には，その一定額の歳入を多数の財貨税によって調達している場合より，ある一定の租税式に基づく所得税は，多くの歳入をもたらすだろう。なぜなら人頭税は，それを払う人々の貨幣の限界効用を上昇させるという点では（同額の歳入をもたらす）財貨税と同じだが，所得の減少を補うために人々がより多く働く場合——それゆえ所得と支出が増加する場合——に[7)]，追加の税負

---

6) 第2章第4節脚注の用語を使えば，その租税定数を大きくするということである。

7) この議論は通常型の金融政策を前提しており[1]，実質所得がどうであれ貨幣所得を一定に保つような金融政策を前提していない，ということに留意すべきである。

[1] ピグーはさまざまな型の金融政策を区別する。第1に，利子率の変動を和らげるために貨幣総量の変動を認める政策があり，これは通常の金融政策と呼ばれている。第2に，

担のおそれがまったくないという点では，財貨税と異なるからである。したがって，租税体系の残りの部分が人頭税だけの場合には，その残りの部分が諸々の財貨税からなる場合より，所得税を課すことのできる一層多くの所得が存在し，それゆえ所与の所得税の式から一層多くの歳入を徴収できる。

　また租税体系の残りの部分に，代替的な2つの財貨の一方（例えば牛肉）への重い税が含まれ，それゆえ人々が食肉として主に羊肉に頼っている場合には，羊肉への適度な税を導入すれば，牛肉からの現在の租税収入を何らかの方法でさらに増やすよりも，ずっと多くの歳入を容易に生みだせよう。これに対し，租税体系の残りの部分に，補完的な2つの財貨の一方（例えば茶や麦芽）への重い税が含まれる場合には，他方の財貨（砂糖やホップ）への適度な税の導入は，一方の重い税がない場合よりも，ずっと少ない歳入しか生みださないだろう。しかもこの問題は，これらの作用の相互的性質のためにさらに複雑なものになる。例えば，羊肉に対する新税は，牛肉に対する既存の税からの収入を増加させるのに対し，砂糖やホップに対する新税は，茶や麦芽に対する既存の税からの収入を減少させるだろう。したがって，新税による総収入の増加額とその新税自体の収入額は一致しない。両者の関係は，租税体系の他の部分の構造，ならびにこれに依存するところの新税の性質次第である。

5　以上の考察から次のことが明らかである。ある一定額の追加歳入が必要なときには，現在の歳入額とその調達に用いられている既存の租税式をまず知る必要があり，さもないと，どんな系統のどんな租税式を用いれば（単純な特殊ケースでは，ある税をどんな率で課せば）その必要な歳入が得られるのか，分からないのである。

　　貨幣所得を一定に保つ金融政策。第3に，消費財の物価水準を一定に保つ金融政策。むろん他にも多くのものがありうる。財政政策等がどんな影響をもたらすかは，金融政策の型にも依存する［特に本訳書218-19頁と287頁参照］。

第4章 最小犠牲の原理と課税の分配面

1 一国の歳入は，さまざまな経済状況のもとにいる多数のさまざまな諸個人から徴収された貨幣の総額である。したがって，歳入徴収額がすでに決まっているならば，その徴収に伴う総犠牲の大きさは次の2つの要因に依存する。第1は，その課税の総額が，暮らし向きなどの経済状況が相異なる人々の間に**分配**される仕方であり，第2は，各納税者にその支払義務を**告知**する租税式の体系である。第4〜6章では，課税のこれら2つの側面の間の複雑な関係を順に考察するが，まず本章では告知面を一切無視し，最小犠牲原理のみによって導出される課税の分配方法を考察する。

2 最初に，課税の 告 知 面の厳密な意味，またこれを無視することの意味を，明らかにしておこう。課税を告知すれば，通常，その税負担を少しでも避けるために人々の行動は変化する。例えばビールに課税すれば，人はビールをあまり買わなくなるだろう。それゆえ，課税の告知面を無視することは，つまり課税をしても人々の行動が変わらないと想定することであるように思われよう。だがそのように理解すると矛盾に陥る。もし課税前に2000ポンドの所得をもつ人が，政府に500ポンド払わねばならず，また政府が再移転によってそれを返すことがないとすれば，その人の行動は**必ず**変化するはずである。だから，課税の告知面を無視すると言うときに私が仮定しているのは，2000ポンドの所得をもち500ポンド課税されたこの人が，課税前と同じ行動をするということではなく，どのように行動しても自分の納税額を変更できない人頭税によって500ポンド徴収された場合と同じ行動をするということである。

課税後にその人は，①課税前と同量の労働をおこない，②1500ポンドの純所得を得て，③それを各種商品の購入に配分するが，その配分の仕方は，当初2000ポンドをもっていたときの購入品目のすべてを均一率で減らすのでなく（この場合，その人は実際よりも所得のうちの多くの割合を奢侈品に支出し，少ない

割合を食費や住居費に支出することになるに違いない），むしろ課税されない 1500 ポンドの所得をもつ同様の気質の人がそれを各種商品の購入に配分する仕方と同じである。課税の告知面を無視し，分配面のみを詳しく考察する場合に仮定せねばならないのは，以上のことである。

3 課税の分配の考察は，個々の税をそれぞれ別個に考察するのではむろん不十分である。最小犠牲の原理は，**全体としての**課税がある特定の形で分配されることを要求し，また**最適**な分配が達成されていない場合でも，その原理によって，**最適**でない各種の分配状態の優劣を比較できる。租税体系の残りの部分がすでに確定している状況下で，ある一定の追加歳入を得るために何か新税の導入を企てるさいには，その新税の負担がどのように分配されるかではなく，むしろ新旧両方の税を合わせた全体としての負担がどのように分配されるか，という見地から判断せねばならない。この判断は，新税の性質のみならず，既存の諸税の性質にも依存する。すなわち新税 A と新税 B ではどちらの方が最小犠牲原理に適するかという問題の答えは，既存の諸税の性質次第である。

  例えば，あらゆる点で類似した 2 人（X と Y）がいるとする。このとき，もし既存の租税体系が両者に等しい負担を課しているならば，新税も両者に等しい負担を課すべきである。しかし，既存の租税体系が Y 氏より X 氏に重い負担を課しているならば，その偏りを是正するために，新税は X 氏より Y 氏に重い負担を課すべきである。マーシャルが述べたように「国税も地方税も，とにかく諸々の税の負担は，全体として考察せねばならない。ほぼすべての税は，個別にそれだけを見れば，ある特定集団に偏った重い負担を課している。しかしある税の負担の偏りが他の税の負担の偏りによって相殺され，租税全体としては偏りがなければ，これはまったく問題ではない。そのような困難な条件が満たされる場合には，個々の税自体は不公平でも，その租税体系全体としては公平だろう」[8]。

  8）マーシャル「国税・地方税の分類と帰着に関する覚書（1887 年）」（Marshall 1926）337 頁。

4 以上のことをふまえ，議論を始めよう。最初にまず，課税によって生じるすべての犠牲は納税者が被る直接的・即時的な犠牲であると便宜的に仮定し，間接的・将来的な犠牲は無視する（この仮定については第6〜8節で検討する）。さて，課税の分配に関してミルは「それ（政府）がどれほどの犠牲を彼ら（各集団）に義務づけるにせよ，できる限り万人が同量の犠牲を負担するようにすべきである。**これこそが社会全体の最小犠牲を実現する方法である，ということに注意せねばならない**」（ゴチック追加）と主張したが[9]，彼は重大な誤りに陥っている，少なくともそう見られかねない，と指摘できよう。この文脈でミルが分配面以外のものを考慮していた可能性もあるが，私はそうは思わない。彼の主張をどう解釈するにせよ，とにかく分配面だけを考える限り，全員が等しい犠牲を被る租税体系は，実際には最小総犠牲を促進**しない**。これはすぐに分かる。例えば，1万ポンドの所得から1000ポンド払うことが，1000ポンドの所得から100ポンド払うことと等しい犠牲をもたらすとしよう。その場合，1万ポンドの所得から1100ポンド払うことは，1000ポンドの所得から1000ポンド払うことの犠牲と1000ポンドの所得から100ポンド払うことの犠牲を足した値より，少ない総犠牲しかもたらさない**はずである**。最小総犠牲を達成するには，納税される貨幣の限界効用がすべての納税者について均等になるように課税を分配せねばならない。もしA氏が納税する貨幣の限界効用が，B氏の納税する貨幣の限界効用より小さいのであれば，B氏の税負担の一部をA氏に移すことによって総犠牲を減らすことができる。だから，最小総犠牲の原理に合致する課税の分配とは，すべての社会構成員が被る**限界犠牲**——犠牲自体ではない——を均等化するような分配である。

5 もっと具体的に言えば，明らかに，均等限界犠牲を完全に実行する租税体系のもとでは，最低所得を上回るすべての所得のうちの一番上の部分から順に刈り込まれてゆき，最終的には全員の所得が等しくなる。もし必要な歳入額が，最低所得を上回るすべての余剰部分を吸収するほど大きくない——エッジワースの表現では，課税が全員に及ばない——のであれば，論理的手続きとしては，

---

9) J. S. ミル『経済学原理』（Mill 1848）第V編第2章第2節第1段落。

政府の必要を満たすために，まず社会の一番上の所得から課税し，それから完全な平等が実現するまで，中間の所得階層にも課税を広げると同時にそれらの歳入を補助金として最低辺の所得階層に与え続けることになろう。もし補助金を支給することができず，必要な歳入額を課税することしか許されないのであれば，この歳入はもっぱら最高の所得から順に徴収され，それらの所得はすべて，課税されない所得水準のうちの最高のものに等しくなるまで減少するだろう。むろん厳密に言えば，各人の嗜好や気質が異なる限り，そのことに配慮する必要がある。例えば A 氏は非常に敏感なので，その 5000 ポンドの所得の限界満足が B 氏の 1000 ポンドの所得の限界満足と同じである場合には，A 氏から貨幣を徴収する根拠はない。しかし楽しみを享受する各人の能力の違いを考慮することは実際上不可能なので，この問題は無視し，他に良い解決策が存在しない限り，すべての納税者の気質は同一であると仮定せざるをえない。この仮定のもとでは，上述の手続きこそが，均等限界犠牲という規準（キャノン）の命ずる内容である。

6　前節の結論は，課税の分配面だけに注目して告知面を無視する限り，疑う余地のない完全なもののように見えるが，実際には非常に重要な条件に制約されている。なぜなら第 4 節冒頭の仮定——課税がもたらす犠牲は現在の犠牲のみであるから現在の犠牲のみを考えればよいという仮定——は不十分だからである。課税は間接的・将来的な種類の犠牲ももたらすのであり，場合によっては課税時に未だ生まれていない人々にさえ影響を及ぼすだろう。定義を工夫すれば，前述の均等限界犠牲の定式を修正せずに，将来の犠牲を考慮に入れることも確かに可能である。しかし将来の犠牲が存在しない場合には，最小犠牲原理を満たすために，**現在**の犠牲について均等限界犠牲が成立せねばならず，将来の犠牲が存在する場合には，この条件に幾つか修正が必要になる，と言う方が便利である。次節ではこの点を詳しく検討しよう。

7　その修正の主な内容は，以下のようになろう。すなわち実際当然のことだが，非常に貧しい人々が所得を（消費に対置される用途としての）貯蓄にふり向ける比率は極めて低く，より上位の所得階層になるほど貯蓄率は上昇する，と

考えてよい理由がある[10]。したがって，たとえ課税後も人々が残余の貨幣を従来と同じ比率で各用途に配分する場合でさえ，ある一定額の歳入の徴収が高所得層に集中すればするほど，その歳入の徴収に伴う貯蓄の減少は大幅なものになろう。しかし第2節で述べたように，実際のところ，課税後に人々は残余の貨幣を従来と同じ比率で各用途に配分するわけではない。各用途の需要の所得弾力性はさまざまである。貯蓄の所得弾力性はおそらく非常に大きいだろう。貯蓄とは，その普段の生活水準（これはかなり固定している）を満たした後の残余である。したがって，課税が高所得階層に集中している場合には，貯蓄の減少は，各階層の貯蓄率に基づく単純な推計結果を上回るものになる[11]。だから，現在の犠牲についての均等限界犠牲に合致する課税の分配は，年々の新たな貯蓄量を減少させる（そして個々の貯蓄者が自分の貯蓄を退蔵せずに投資したり，他者にそれを消費させる場合には[12]，年々の新資本の蓄積を鈍化させる）という犠牲を払ってのみ可能である。

8 年々の資本創出が抑制されると，資本用具を使う将来の労働者は，その人数を一定とすれば，実質所得の減少を被り，それゆえ犠牲を被ることになる。労働者数が一定率で増加している場合には，もし資本蓄積が抑制されれば，彼らの実質賃金率は低下するだろうが，資本蓄積が抑制されなければ，たとえ労

---

10) 『雇用と均衡』（Pigou 1941）第II編第6章。

11) この一般的考察をイギリスという特殊ケースに適用するさいは，次のことに注意せねばならない。すなわちイギリスの年々の貯蓄のかなりの部分は，株式会社の利潤の内部留保であり，この留保は標準率の所得税の対象になるが，付加税（sur-tax）の対象にはならない。1944年度の白書（H. M. S. O. 1944a，11頁と29頁）は，1938年の個人純貯蓄を1億5800万ポンド，非個人純所得（利潤の内部留保をやや上回る）を1億7000万ポンドと推計している。

12) 次のような理由からこの条件を不要と考えるのは，誤りである。すなわち通常の定義（Pigou 1941，第I編第3章）では，総貯蓄と総投資は必ず等しくなるので，純貯蓄が退蔵されることは不可能である。これは確かにそうだが，そうなるのは，ある人の貯蓄が投資を上回り，（その差額を誰か他の人に移転して代わりに投資させることなく）退蔵するときに，他の人の所得も，また必然的に他の人の貯蓄（＝所得−消費）も，それと同額だけ減少する場合のみである。だから個々の人は貨幣の形で貯蓄を退蔵**できる**。退蔵を不利にする課税は，新たな資本の蓄積を妨げない。それどころかそのような課税によって，貨幣所得は，それゆえおそらく実質投資と実質消費はどちらも，増大する。

働者数が増えても実質賃金率は維持されるかもしれない。だが課税によって所得が減少する人は，この種の［間接的］影響を考慮することがない。その人が自分の貯蓄を減らせば，消費財の購入費を削るのとは異なり，こうして他の人々の追加的犠牲という悪い副産物をもたらし，この考慮されない副産物も明らかに広義の総犠牲に含まれるのである。したがって，富者への課税の集中が資本蓄積に及ぼす悪影響を相殺するための政府行動がなされない場合，最小犠牲原理は，**現在**の犠牲だけを考慮した均等限界犠牲の規準に基づく租税体系よりも，富者の犠牲がやや軽くなる租税体系を要求するだろう[13]。

9　以上の問題と並んで，理論上それと同様の性質をもつ，もう1つの問題がある。すなわち特定種類の商品の購入に投じられる各ポンドは，ある一定額までは，購入者がその商品に支払う価格によって測られる直接的満足を生みだすのみならず，ある副産物も生みだす。その副産物とは，本人自身の，ときにはその子どもの，生産的能力の向上であり，またこの能力の向上に起因する産出の増大が将来にもたらす満足の増大である。課税の結果，ある人が消費を切り詰め，本人ないしその子どもの能力が低下する場合には，彼らの被る満足の喪失，すなわち最終的に被る総犠牲は，その直接的犠牲より大きなものになる。所得の一部は能力を向上させない「慣習的必需品」［社会的体面を保つための財・サービス］などにも確かに支出されるが，この事実だけでは，人は所得が減少しても能力を低下させないような仕方で対処するだろうという見方の十分な根拠にはならない。そのような仕方で所得の減少に対処する**余地**はあるものの，人はたとえ真の必需品を断念してでも，慣習的必需品だけは保持したいと

---

13) この議論の本質は，ある抽象的例証によって明らかにすることができる。すなわち社会は永遠に生存する2人（AとB）からなり，Aの所得は通常低く，Bの所得は高く，資本蓄積はもっぱらBが担っているとする。この場合，貧者Aの通時的総満足の関数の変数には，納税後のA自身の貨幣所得のみならず，納税後の富者Bの貨幣所得も含まれる。したがって総満足を最大化するために，貧者Aから取った貨幣の限界犠牲が，富者Bから取った貨幣の限界犠牲に等しくなるように，課税を分配する必要はない。むしろ貧者Aから取った貨幣の限界犠牲が，富者から取った貨幣の限界犠牲と富者から取った貨幣が貧者に間接的にもたらす限界犠牲との和に等しくなるように，課税せねばならないのである。

願うものである。また能力を保つための最低限の消費水準は，各人の事情によって異なってくることにも注意すべきである。熟練の要らない肉体労働の能力を保つには年間 300 ポンドの支出があれば十分であり，それ以上支出しても能力はあまり変わるまい。一方，静寂や精神的刺激を必要とする哲学者の能力は，支出を 1000 ポンドから 900 ポンドに削らざるをえなくなれば，低下するだろう。しかしこれらのことは二次的な事柄である。最も重要なのは，課税によって低所得者の純所得それゆえ純支出が減少する場合には第 4〜5 節で論じた直接的犠牲に加えて間接的犠牲も生じるが，中所得者や高所得者の純支出が減少する場合には後者は生じない，という点である。

10　第 8 節と第 9 節の考察結果は，ある程度まで相殺しあう。第 4〜5 節の議論は，一方で，高所得者への課税に伴う犠牲のある重要要素を無視し，他方で，低所得者への課税に伴う犠牲のある重要要素を無視していた。最終的判断を下すさいには，明らかに，これらの無視された要素も考慮すべきであり，その場合，結論は次のようになる。すなわち貧者と富者は，一見して考えられるより，課税に伴う満足の喪失が大きい。それゆえ課税の分配においては，ほどほどに裕福な中間層に重い負担を求めるべきである[14]。

62　14) この議論は，歳入の徴収と**その支出を合わせた**全過程が貯蓄量に及ぼす影響を考察したものではなく，それを意図してもいない。ここでは，支出面については第 1 章第 1 節［本訳書 54 頁］で述べた仮定を置きつつ，その必要資金を徴収するさまざまな方法を比較したにすぎない。政府の歳入・歳出の**両面が合わさって**生じる影響は，明らかに歳出のあり方にも依存する。例えば非移転支出については，家屋の建築費は貯蓄の構成要素になるが，軍隊や行政サービスの維持費はそうならない。また移転支出についても，その影響は，移転支出の受け手の貯蓄する能力や意思に依存する。戦傷病者，戦没者遺族年金，老齢年金のような移転では，受給者がそこから多くを貯蓄するとは考えにくいが，戦時国債の国内保有者への利払いのための移転では，かなりの割合が貯蓄されそうである。実際，戦時国債のかなりの部分は銀行，保険会社，株式会社などが保有し，それ以外の大部分は富者が保有している。これをふまえれば，実際，移転貨幣の受け手がそこから貯蓄する量は，移転前のその貨幣の所有者が，もしそれが手元にあったならば貯蓄しただろう量より大きくなることも十分考えられる（『国債と租税に関する委員会報告』，H. M. S. O. 1927a, 99 頁）。戦時国債の国内保有者への元本償還は，実際確実に貯蓄の純増をもたらすだろう。なぜなら，元本償還を受ける者はそのほぼ全額を再投資するだろうし，しかもその償還のために国が徴収する貨幣の一部は，消費の抑制を通じて捻出さ

財政学（第 II 編第 5 章）　75

第 5 章　最小犠牲の原理と 等 所 得 [イコール・インカム] 集団への課税告知

1　第 4 章では，さまざまな租税式を通じて納税者にその支払義務を告知することで生じるさまざまな影響を無視したが，それとは逆に，本章では分配面を無視する。そのためには極めて非現実的な仮定を置く必要がある。すなわち本章ではある所得集団を扱うが，そのすべての所得は労働によって稼がれ，しかもその全員の気質・家族構成・所得はすべて同じであると仮定する。こうした前提のもとで本章では，ある一定の歳入をさまざまな形の課税告知によって徴収するさいに生じる，犠牲量の違いを考察する。私は財貨税をしばらく無視し，すべての歳入は，所得 x を課税対象とする単一の租税式（第 2 章第 3 節で見たように人頭税も所得税の 1 つの極限形態としてここに含まれる）によって徴収されると仮定する。また同じく第 2 章第 3 節で述べたように，所得が増加するにつれて，徴収される総歳入が**減少**するような租税式（当該範囲の x の値について $\psi'(x)$ が負になる）は考察から除外する。

2　これらの条件下で，ある一定の歳入を徴収するとし，所得額とそこから得られる満足を関連づける関数，また所得額とその獲得に伴う不満足を関連づける関数が与えられれば，使用する租税式が労働量——それゆえ所得額——を大きく増加させるものであるほど，あるいは所得額をあまり減少させないものであるほど，歳入の徴収に伴う総犠牲は小さくなる。このことを示すために，政府がある代表的［平均的］納税者の所得から一定額 R を徴収し，そのうちの R_1 を費消し，残りの $(R-R_1)$ を納税者に再移転すると仮定しよう。その納税者が自分の手元に残った可処分所得 $(x-R_1)$ から得る満足の総量を $\phi(x-R_1)$，またその人が所得 x を生みだすために忍ぶ不満足の総量を $F(x)$ とする。このとき，その人の純満足が最大，すなわち犠牲が最小になるのは，明らかに，歳

れるに違いないからである。

入 R の徴収に用いられる租税式のもとで，その人の可処分所得（$x - R_1$）の限界効用が，所得 x を生みだすための努力の限界不効用と等しくなる，すなわち $\dfrac{d\phi(x - R_1)}{dx} = F'(x)$ になるような x の値においてである。ところで，所得が増えるにつれて課税総額が減るような租税式は除外しているので，われわれの考察**範囲内**では明らかに，上の条件式を満たす x の値より x が大きくなるような租税式は存在しない。この最大値を X とすれば，次のことも明らかである。すなわち同じ歳入 R を生みだす 2 つの租税式があり，一方の x の値が他方のそれに比べて，X をより大きく下回る場合には，前者の租税式を用いる方がその納税者の総満足は必ず大きくなる，すなわちその総犠牲は必ず小さくなる。それゆえ，ある一定の歳入を生みだす各種の租税式を最小犠牲の観点から順位づければ（歳入のうち政府が費消する部分 R_1 は一定とする），おこなわれる労働量，それゆえ生みだされる所得に従って順位づけられる。この考察結果は完全に一般的なものであり，代表的納税者から徴収される歳入がまったく費消されずにそれがすべてまとめて納税者に再移転されるケースにも妥当する。この場合，分配面を無視すれば，単純に $R_1 = 0$ である。

3 以上の議論では，課税によって歳入を徴収する場合になされる労働量と，歳入をまったく徴収しない場合になされる労働量との関係に言及する必要はないが，それでもやはりこの関係について付言しておくべきだろう。

4 課税によって徴収された歳入を政府が費消する場合には，明らかに一部の租税式（例えば人頭税）のもとでは，納税者たちは，政府が歳入をまったく徴収しない場合より多くの労働をおこなうだろう。なぜなら，人頭税が課されるときに従来と同量しか働かなければ，納税者の可処分所得の限界効用は，その限界単位を生みだすための労働の不効用より大きくなるからである[15]。だが

15）政府は税収を費消して国民に初等教育などを供給することがある。政府がそれらを供給しなければ，国民はそれらの教育，あるいはそれらの代替物を私費で購入するかもしれない。このような場合，国民にとっての貨幣の限界効用はむろん上昇しない。だが第 I 編第 5 章の内容から推測されるように，政府が税収によって賄う非移転支出の大部分は，

財政学（第Ⅱ編第5章）　77

（考察範囲内の）他のすべての租税式のもとでは，ある一定の歳入が徴収され，政府がそれを費消する場合になされる労働量は，（労働供給がまったく非弾力的なケースを除けば）人頭税の租税式の場合より少なくなる。また容易に分かるように，特定の条件下の特定の租税式のもとでは，その労働量は，政府が歳入をまったく徴収しない場合より少なくなる。

　課税によって代表的納税者から徴収される歳入が政府によって費消されずに，（例えば政府証券の保有者への利払いとして）納税者に再移転される場合には，この過程全体としていかなる租税式も（人頭税でさえも），政府が歳入をまったく徴収しない場合よりも労働量を増加させることはできない。なぜなら，代表的納税者から徴収される貨幣は直ちに本人に返還されるので，その人がどれだけ働いていようと，人頭税の賦課によってその可処分所得の限界効用の水準は，政府が歳入をまったく徴収しない場合のその水準から変化しないからである。

　以上のように，歳入が徴収される場合になされる労働量と，歳入が徴収されない場合になされる労働量との関係は，その歳入が移転支出に用いられるか，それとも非移転支出に用いられるかによって異なってくる。しかしこれは，われわれの議論の本筋からは離れた問題である。

5　必要な歳入が，ある所与の系統に属す最適な租税式を用いてある所与の集団（その全員の気質も所得も等しいとする）から徴収できる最大額である場合，その系統に属す租税式のうち，そのような歳入を生みだせる租税式が複数存在することはなさそうである。なぜなら，一括（ラム・サム）税すなわち人頭税の系統では，ある単一の租税式（この場合はある単一の税率）しかそのような歳入額を生みだせないし，比例税の系統でも，また他の多くの租税式の系統でも，やはり同様だからである。純理論上，確かに一部の系統ではそうならないが，これは重箱の隅をつつくような議論にすぎない。実際上，ある租税式の系統によって達成可能な最大歳入額は，その系統に属すどれか1つの租税式によってのみ達成可能だと言ってよかろう。しかし必要な歳入が，ある租税系統に属す税によって

　　国防など，もし政府が供給しなければ誰も供給しないようなものに用いられることが多い。

徴収できる最大額を下回る場合には，そうならない。すなわち人頭税の系統では，このような歳入を生みだす租税式は依然として１つしかないが，比例税の系統では常に２つ存在する。必要な歳入が，何らかの比例税によって徴収できる最大額でない場合には，その歳入は，最大の歳入をもたらす税率より低いある税率と，最大の歳入をもたらす税率より高いある税率の，どちらによっても調達できる。だから実際，比較的大きな所得に比較的低い税率を課すか（税率が低いから所得が大きくなるのである），それとも比較的小さな所得に比較的高い税率を課すか，という選択に直面する。それ以外の系統の租税式についても，一般にこれと同様である。例えば，ある系統に属する租税式を $a_1\psi(x)$, $a_2\psi(x)$, …, $a_m\psi(x)$, $a_{m+1}\psi(x)$, …と表し，いずれも歳入徴収額 R は等しいとする。なお，より大きな添字の a は，より小さな添字の a より常に大きく，また $R = a_m\psi(x)$ はこの系統の租税式のうちで最大の歳入をもたらす租税式である。このとき，最大額を下回るあらゆる歳入は，一般に，上記の順で並ぶ一連の租税式のなかの，$a_m\psi(x)$ より前の式と後の式の，どちらによっても調達可能である。一部の系統の租税式では，最大額より少ない特定の歳入額をもたらす租税式は３つ以上ある。容易に分かるように，ある歳入額がある系統の複数の租税式によって調達可能な場合，そのうち**最も添字の小さい式**を選べば労働の減少は抑えられ，それゆえ前述のように総犠牲性は小さくなる。比例税の系統では，これはむろん，ある一定の歳入を生みだしうる複数の税率のうち最も低いものを選ぶべきだ，ということを意味する。また他の系統では，これは，上記の順で並ぶ一連の租税式のうち a の添字の小さい式を選ぶべきだ，ということを意味する。したがって以下の議論では，どれもある一定の歳入をもたらす同じ系統の複数の租税式が存在する場合に，実際に問題となるのは常に，そのうち最も添字の小さい式である。

6　ある所与の歳入を調達せねばならないときの主な問題は，租税系統自体の優劣比較ではなく，各系統から選ばれた適切な租税式の代表どうしの比較，すなわち最強の候補どうしの比較である。そのさい，各系統から選ばれた候補のすべてが常に利用可能であるとは限らない，という点に注意することが重要である。必要な歳入が，課税前のその社会の総所得に比べてごくわずかである場

財政学（第 II 編第 5 章）　79

合には，代表候補を出せない租税系統はほとんどないが，必要な歳入が大きく
なるにつれて，候補を出せない租税系統は増えてくる。なぜなら，それらの系
統の最強の候補でさえ，その必要な歳入を徴収できなくなるからである。各系
統の最強の候補によって徴収できる最大歳入額に基づいて各系統を順位づける
ことは，理論上可能である。例えば，**全員の所得が等しい**社会において，もし
必要な歳入がある一定額を超えれば，それを徴収できるのは人頭税の系統に属
す最強の租税式だけになるだろう。しかし必要な歳入が少なくなれば，逆進税
の系統からもその徴収に適した候補を出せるようになる。必要な歳入がさらに
少なくなれば，比例税の系統からも候補を出せるようになり，必要な歳入がさ
らにもっと少なくなれば，累進税の系統からも候補を出せるようになる。x の
あらゆる値について逆進性ないし累進性の**率**が一定である諸式を比べる場合と
同様に，第 2 章第 6 節で定義した意味における強い逆進性ないし弱い累進性を
もつ式は，弱い逆進性ないし強い累進性をもつ式より，高い歳入調達力をもつ。
$R = (x - \kappa)$ という形（κ は定数）で表される興味深い租税式があり，これは，所
得の**異なる**人々からなる社会において，現在の犠牲についての均等限界犠牲の
規準を満たすために求められるだろう形の租税式である。しかしこの租税式の
もとでは，明らかに，何の私的利益にもならないので誰も κ 以上の所得を稼ご
うとしないだろう。それゆえむろん，強制労働のようなことを別にすれば，歳
入はゼロになる。換言すれば，この形の租税式は必要な歳入がゼロの場合のみ，
利用可能になるのである！

7　利用可能な諸々の租税式は前節で説明した方法で比較可能だが，歳入徴収
額とは無関係な，ある一般的方法によっても比較可能である。すなわち容易に
分かるように，必要な歳入が**いくらであれ**，とにかく低い限界税率でそれを徴
収する租税体系の方が，高い限界税率の租税体系より，労働を減少させる（あ
るいは労働の増加を抑制する）程度は常に小さい。むろん限界税率とは，その租
税体系下ですでに課税対象となっている所得を超える追加的増分に対して課さ
れる，税の追加的増分のことである。ところで人頭税の場合，限界税率は明ら
かにゼロである。限界税率が負の租税式はすべて考察範囲外なので，全員の気
質と所得が等しい社会では，人頭税は告知効果の観点から見て，所与の歳入を

調達する**最適**な方法である。また x の値によって累進的になったり逆進的になったりする租税式も考察から除外したことを想起すれば，所与の歳入の調達においては，逆進税は比例税より，また比例税は累進税より，限界税率が必ず小さくなることも分かる。それゆえ，第2節の議論に従って最小犠牲の立場から見れば，逆進的な租税式は比例的なそれより，また比例的な租税式は累進的なそれより，それぞれ優れている。同様にして，第2章第6節で定義した逆進性・累進性の率が x のすべての値に関して一定であるような諸々の租税式の場合，逆進性の強い式はそれが弱い式より，また累進性の弱い式はそれが強い式より，それぞれ優れている。

8 逆進性・累進性の率が一定でない租税式を考察に含める場合は，絶対的な意味で，すなわち必要歳入額とは無関係に，優劣の順位を定めることはもはやできない。なぜなら歳入額に応じて，異なる租税系統に属す異なる租税式が必要になるからである。歳入 R_1 の調達では，家系 A のジョンか家系 B のヨハンが適任の人物であり，歳入 R_2 の調達では，家系 A のヘンリーか家系 B のハインリヒが適任であるとしよう。このとき，ジョンがヨハンより優れているとか，ヘンリーがハインリヒより優れているとかいう理由は何もない。記号では，ジョンとヨハンはそれぞれ $R_k = a_k\psi_1(x)$ と $R_k = b_k\psi_2(x)$ で，またヘンリーとハインリヒはそれぞれ $R_r = a_r\psi_1(x)$ と $R_r = b_r\psi_2(x)$ で，表される。そして歳入 R_k の近傍において $a_k\psi'_1(x) < b_k\psi'_2(x)$ ならば，ジョンはヨハンより優れ，また R_r の近傍において $a_r\psi'_1(x) < b_r\psi'_2(x)$ ならば，ヘンリーはハインリヒより優れている。この2つの不等式が同値でないことは明らかなので，歳入額を考慮しない限り，異なる系統の租税式の優劣比較は一般に不可能である。歳入額とは**無関係**に一般に言えることは，ここでの仮定のもとでは，比例税の系統に属す適切な租税式は，逆進税のいかなる系統に属す租税式より劣っており，また累進税のいかなる系統に属す租税式より優れている，ということだけである。

9 以上の議論は，租税式どうしの優劣**比較**に関するものであり，優劣の**程度**には何ら言及しなかった。所得の等しい同質の人々からある一定の歳入を徴収するさいには，人頭税を用いる方が労働所得への比例税より犠牲は小さく，ま

た労働所得への比例税を用いる方が累進税より犠牲は小さい。しかし，こうした租税式の選択によって生じる総犠牲の差の程度は不明である。

　ところで，全員の気質と所得が等しい集団からどれほどの歳入を徴収するにせよ，納税後の所得の多寡に応じて人々が労働量を選択する余地がほとんどない（すなわち労働供給の弾力性が極めて小さい）場合には，容易に分かるように，人頭税，比例税，強度の累進税のどれを選んでも，労働量の差それゆえ総犠牲の差は，ごくわずかだろう。それゆえ，ある所得集団に対して，より優れた租税式を選んで課すことが実際にどれほど重要であるかを判断するには，その集団の納税者の労働供給の弾力性の大きさを考慮する必要がある。大多数の人にとっては，ひとたび職に就けば自由に自分の労働量を選択できる余地はごく限られている。労働時間は就業規則で決まっており，労働の強度もたいてい慣行や伝統によって決まっている。退職年齢も年金制度によって決まっている。こうした労働量の問題にしばしば悩まされるのは，比較的少数の人々にすぎないのである。「この追加の仕事をやることは，私にとって割に合うだろうか。もしやったとしても，その成果の一部は税金で取られてしまうのだが」。国債と租税に関する委員会の少数派委員たちは次のように述べている。「給料が支払われる業種（医師・弁護士等のような報酬を得る専門職ではない）の占める領域は，ますます拡大しつつある。そこでは仕事の内容も給料も（またしばしば退職年齢も）すでに決まっているため，納税者は，税負担の増大を埋め合わせるためにより懸命に働いたり，より長く働いたりして，稼ぎを増やすことはできないし，解雇される覚悟でもない限り，労働の産出を減らすことによって課税額を抑えることもできない。株式会社が台頭するなか，課税額に応じて労働の産出を調整でき，しかもそれを実行する納税者はごく少数になったので，増税は一国の総産出量に何ら深刻な影響を与えないように思われる」[16]。

　加えて，産業の発展に伴い，大企業を経営する豊かな人々はしばしば，自分たちの能力の指標や権力への手段として，とにかくあり余るほどに大きい個人所得の純総額の変化よりも，むしろ自分たちの企業の成功に強い関心をもつようになっている。コルウィン委員会［「国債と租税に関する委員会」の通称］は，

――――――――――
16)『国債と租税に関する委員会報告』（H. M. S. O. 1927a）380頁。

商務局（Board of Trade）の協力を得て，この観点から1914年以前の比較的軽い課税と1922〜23年の重い課税のそれぞれの影響を比べ，「その比較の結果は，第一次大戦後の重い課税は，豊かな人々が通常引退する年齢に達してからも働き続けるのを妨げる傾向がある，という見解を何ら支持するものではない」と結論した[17]。だが，短期ではなく長期の観点に立てば前述の労働供給の極端な硬直性もやや緩和される，ということは確かに認めなければならない。また，困難な種類の仕事に自分を適応させるために必要な努力や出費をおこなうべきか迷っている者の大部分は，期待される報酬に照らしてそれを決断するだろうから，成功の報酬に重税がかけられれば，企業活動はかなり抑制されよう。

しかしそれでも総合的に考えれば，あらゆる所得集団において，所得の稼ぎ手の大多数の労働供給が著しく非弾力的であることは，認められるだろうと思う。したがって，どのような等所得集団を考察するにせよ，所得を課税対象として告知する租税式（ただし現実的に利用可能なものに限る[18]）の中からどれかを選ぶことによって総犠牲に生じる差は，以上の議論に従う限り，おそらく小さいだろう。

10　他にも留意点がある。今までは，あらゆる種類の所得税は人々が選択する各種労働に対して無差別（non-differential）に課されると暗に前提していたが，実はこれは，特定種類の所得税すなわち比例的所得税にしか妥当しない。累進的所得税の場合，利潤の変動が激しい事業と，期待値は同じでもその変動が小さい安全な事業では，前者を非常に不利にする差別性が存在するだろう。なぜなら，もし10人の事業者が安全な事業に計10万ポンドを投資して5パーセントの利潤を得るとすれば，その結果，各人は500ポンドの所得を手に入れる。しかし10人の事業者が，全員の利潤の和の期待値は先ほどと等しいものの，危険な事業に投資し，そのうち9人の利潤はゼロになり1人だけが成功して5000ポンドの利潤を独り占めするとすれば，その納税総額は，10人がそれぞ

17）『国債と租税に関する委員会報告』（H. M. S. O. 1927a）162頁。

18）この一文により，第6節の末尾で述べたような種類の租税式は除外される。それは，所得のうち，ある一定額を上回る部分には100パーセントの税を課すというものだった。

財政学（第 II 編第 6 章）　83

れ 500 ポンドの所得を稼ぐ場合の納税総額よりずっと大きくなる[19]。スタンプ氏は論文「課税，リスク負担，および物価水準」のなかで，保険によってリスクを除去すれば（保険料は事業経費として課税から控除する），この差別性は除去されると指摘している。実際，産業上の多くのリスクはこうして除去されており，例えば船舶は海上保険をかけるのが常である。だが他の事業，例えば新たなベンチャー事業では，そのようにしてリスクを除去することはできない（Stamp 1928, 208-09 頁）。このようにして残存する課税の差別性が，事業上の果敢さを萎えさせ，それゆえ間接的に生産を減少させ，それゆえ総満足を減少させる，という可能性は強い。したがってその限りでは，比例的所得税と比べた場合，告知面における強度の累進的所得税の不利の度合は，前節の結論が示す以上に深刻である。

第 6 章　分配面と告知面の結合

1　前章までの分析では，①ある一定の歳入を得るために必要な課税の，負担分配のあり方が総犠牲に及ぼす影響と，②すべての所得が労働所得であり，かつある単一の所得税の式を用いて歳入を調達する場合に，その課税の告知のあり方が総犠牲に及ぼす影響，を分離して個別に扱った。そこで本章では，これらを総合する必要がある。ある一定の歳入を社会から調達せねばならず（この歳入の支出が経済に及ぼす影響は無視する），その社会の所得とその分配状況が所与であるとき，総犠牲に及ぼす告知面と分配面の両効果を併せ考えれば，最小犠牲原理の立場から見て最も優れた何らかの特定の課税計画が判明するに違いない[20]。第 4 章で見たように，分配面において犠牲を最小化する課税計画は，現在の犠牲についての均等限界犠牲の規準に合致し，かつそれを，富者側の資

---

19) ホートレー『経済問題』（Hawtrey 1925）371 頁。
20)「最適」課税計画が 3 つ以上存在し，どれも総犠牲が等しいことは，むろん理論上ありうる。だがこの点は無視しても問題はあるまい。

本蓄積の抑制と貧者側の生産能力の低下という将来の副作用にも配慮して修正した計画である。また第5章で見たように，告知面において犠牲を最小化する課税計画は，それによって各納税者の労働量が影響を受けないような計画である。したがって，もし上の分配面の理想に**実質的に**合致する税を，同じく上の告知面の理想に合致するような**形**で課せるならば，それこそが，最小犠牲原理に基づく最適な歳入調達方法である。だが第2章で論じたように，政府は課税計画を立てるさい，一般的規則に従わねばならない，すなわち個々の納税者を差別することはできない。したがって政府の実際上の課題は，個々人の差別的取扱が許される場合にのみ達成可能な絶対的な**最適状態**にできるだけ近い，一般的規則の体系を作りだすことである。この課題をどれほど上手く遂行できるか。換言すれば，ある一定の歳入を徴収するにあたり総犠牲を理想的水準までどれほど少なくできるか。再び換言すれば，一般的規則を課さねばならないという義務によって制約される相対的最適水準を，どこまで無条件の絶対的最適状態に近づけられるか。どんな社会でもそれは2つの事柄，すなわち①所得や他の経済的関連諸条件の人々の間における分布状態と，②人頭税型の一括税を課すことのできる所得の「余裕」の分布状態，にかかっている。

2 家族構成や所得などの関連諸条件が全員等しい社会では，一律の人頭税によって全員から同じ金額を徴収する課税計画は明らかに，最適に近い状態ではなく，まさに絶対的**最適状態**を達成するだろう。所得などの関連諸条件が均等に分布していない社会でも，やはりそのような**最適状態**が達成されることは理論上ありうる。というのも，課税可能な所得の「余裕」の分布が，めざすべき分配状態と厳密に一致する場合もありうるからである。例えばあらゆる人について，各人の髪の毛の本数が，分配面から見て各自に課すべき金額と厳密に一致するという場合もありうる。誰も自分の意思で頭髪の本数を変えられず，かつ課税当局は頭髪を数える実際的手段をもつという仮定のもとでは，各人の頭髪の本数に等しい金額を各人に課税することができる。この税は，告知面および分配面の両効果が完全に一致しており，その歳入を生みだすにあたり絶対的意味における最小犠牲を達成するだろう。もし各人の所有地の面積が，この髪の毛の例と同様の仕方で分布しているならば，それらの土地に課税しても同じ

財政学（第 II 編第 6 章）　85

結果が得られよう。しかし現実社会では，課税する側にとって都合の良いこのような驚くべき課税計画に合わせて所得の「余裕」が分布しているわけではまったくないから，絶対的**最適状態**に合致する一般的規則の体系によって歳入を調達することは，不可能である。

3　税を一般的規則の形で導入したさいにそれが有害な告知効果をもたらすか否かに応じて，2 種類の税を区別する必要がある。すぐに後述するように，真実地代（true rents），偶発利得，独占利潤などへの課税は，そのような悪影響をもたらさない種類の税に属し，相続税，所得税，特定商品への課税は，従量（specific）・従価（*ad valorem*）の方式を問わず，そのような悪影響をもたらす種類の税に属す。前者の種類の税は告知面で理想的だが，どの程度それらに頼るべきかという問題は，徴税費用などを考慮したうえで，租税体系全体としての，この告知面の利益と分配面で起こりうる弊害を均衡させることによって解決せねばならない。その問題は，後の諸章で見るように理論上は単純だが，実際上の解決はかなり困難である。それはともかく，後者の種類の税も同じく必要であることは間違いない。一見すると，やはりここでも，分配面と告知面の妥協を模索すればよいだけのように見える。だが問題はそれほど単純ではなく，さらなる分析が必要である。

4　第 5 章では，所得・気質・家族構成などが等しい人々の集団に課す場合の，さまざまな租税式の告知効果を比較した。そこで見たように，労働所得に課税してある一定の歳入を徴収する場合には，逆進税・比例税・累進税の順に犠牲は小さくなり，それゆえ最良の税は人頭税（その考察範囲内で最も逆進的な種類の税）である。もし各人の所得が異なる集団に課す場合の租税式についても，この命題が成り立つのであれば，分配面における累進税の一見明白な長所は，告知面における短所を考量して割り引かねばならず，分析上，他に言うべきことは何もなかろう。だがその命題は，そのような広い意味では成立しない。例えば，各人の所得が異なる社会に，同額の歳入を生むように設計された 2 つの租税式，$r=\psi_1(x)$ と $r=\psi_2(x)$ をそれぞれ課す場合を考えよう。r は各納税者から集めた歳入総額，x は各納税者の所得である。$r=\psi_1(x)$ は $r=\psi_2(x)$ より累進

性が強いとする。このようになるのは，今考察している社会に実際に存在する各所得 x のすべての値について $\psi''_1(x) > \psi''_2(x)$ が成り立つ場合に限られる。どちらの租税式についても，納税者から徴収しうる最大歳入額に対応する税率を超えるような重税は課さないと仮定しよう。なぜなら，そのような重い課税はそもそも財務当局の目的に反するものだからである。この場合，2 つの租税式が同額の歳入を生みだすためには，累進性の弱い方の式は，強い方の式より，低い所得に対して高い税率を課さねばならないが，$\psi'_1(x) = \psi'_2(x)$ を満たすある x の値が存在し，これは必要歳入額，租税式の性質，所得の分布状態，労働と所得に関する各納税者の態度に依存して決まる。この値を X とし，この境界値 X を上回るすべての x においては，$\psi'_1(x) > \psi'_2(x)$ となり，X を下回るすべての x においては，$\psi'_1(x) < \psi'_2(x)$ となる。このような状況下では，累進性の強い式はそれが弱い式より告知面における総犠牲が大きいということを，一般的に論証するのは不可能である。全員の所得が等しい社会では，累進性の強い所得税がもたらす告知面の弊害は，短所としてはっきり現れるが，各人の所得が大幅に異なる社会ではそのようにならず，少なくともそれほど明白に現れないのである。

5　前節の分析からは，不完全ながらもある実際上の一般的結論が正当に導かれるように思われる。すなわち第 3 節で区別した 2 種類の租税式の，第 2 の種類のものの課税計画を立てるさい，告知面の弊害を過度に深刻に考える必要はない。第 5 章第 9 節の議論もふまえれば，この結論はさらに強まる。そこでは，あらゆる所得集団に関して，大多数の者の労働供給はおそらく非常に非弾力的なので，租税式が変わっても労働遂行量はあまり変わらないだろうということを見た。第 5 章第 6 節の末尾に示したような極端な式は，その告知面における弊害の深刻さのゆえに，明らかに考察から除いてよかろう。しかもこの型の式は，その資本蓄積に及ぼす作用を考えれば，分配的観点からも反論が多い。一般的に言って，分配面で明らかに優れた租税式は，告知面から見れば幾らか累進性の弱い式の方がよいというだけの理由で，斥けられるべきではない。

第7章　貯蓄がない場合の均等犠牲所得税の構造

1　一部の通俗的著者は，租税体系は全体としてすべての納税者に等しい犠牲を課すように設計されるべきだと主張しているが，これまでの議論から明らかなように，この主張には何ら根拠がない。そのうえ，必要歳入額とは無関係に犠牲を分配する**いかなる**方法も，それが最小総犠牲をもたらすとは先験的に到底考えにくい。特定の歳入額，例えば現在のイギリスの歳入額に関しては，均等犠牲の規準に基づいて徴収するのが最善の方法だという穏和な主張であれば，そのような論理的［先験的］反論をむろん受けないが，しかしそのような方法はいずれも，最も貧しい人々にさえ**幾らか**課税することを含意し，これは明らかに最小犠牲原理と矛盾する。仮にこの点に目をつぶるとしても，最小犠牲原理に最もかなうのは均等犠牲の規準に合致する租税体系だという主張の積極的根拠は，やはり依然として何もない。とはいえ，そのような租税体系の含意を具体的に明らかにすることで，一定の知見を得ることはできる。

2　容易に分かるように，均 等 犠 牲という理想状態は，財貨の種類ごとに税率の異なる財貨税の体系では実現できない。なぜなら人々は，所得が同じでも嗜好が異なるので，各人は互いに異なる仕方で所得を支出するのが普通だからである。もしウイスキーへの支出に高率の税を課し，ビールへの支出に低率の税を課せば，ウイスキーに50ポンド支出する人を，ビールに50ポンド支出する人より不利に扱うことになる。このことはアイルランド人の長年の不満の種であり，1896年の大ブリテンとアイルランドの財政関係に関する王立委員会でも，次のような証言がなされた。「アイルランドで人気の商品であるスピリッツに課される税は，その価格の3分の2から4分の3に達するのに，イングランドで人気の商品であるビールに課される税は，その価格のたった6分の1ほどにすぎない」[21]。しかも不均一な財貨税のもとでは，同じ所得の人々がそれぞれ異なる税負担を被るだけでなく，その負担の相互関係も各人の嗜好の

変化に依存するだろう。オースティン・チェンバレン卿が1904年の予算演説で述べたように，人々の各種酒類への支出の代替的変化によって税負担の分配はかなり変化するのである。

　また，見落としやすい次のような問題もある。所得および経済的諸条件一般において等しい2人の人物がいるとする。そして，2人が所得を自由に支出すれば，一方は商品Aを好んで購入し，他方は商品Bを好んで購入するというふうに，2人の支出内容は異なるとはいえ，それぞれ等しい所得から等しい満足を得るという意味において2人の気質は集計上類似しているとする。そのうえで，2人の納税額が等しくなるようにAとBの商品にそれぞれ課税するとしよう。この場合，必ずしも2人が等しい実質的負担を被るとは限らない。もしそのどちらか一方の人の好む商品の需要が，もう一方の人の好む商品の需要より弾力的であれば，前者の人はより大きな負担を被るだろう。なぜなら，2人とも同額の貨幣を国庫に納めるとはいえ，前者の人は，課税のために断念した（それゆえ蔵入をもたらさない）消費の量が大きいので，他方の人より満足の喪失が大きいからである。

　したがって本章では，必要な蔵入をすべて所得税で徴収すると仮定したうえで，どのような所得税であればすべての納税者に等しい犠牲を課すことができるか，という問題を考察しよう。

3　まず準備として，課税当局の目的に適した所得概念を定義するさいの周知の困難の幾つかを簡単に見ておこう。当局が望む（また望まねばならない）課税対象は，実物所得，すなわちそれに対応する財・サービスのフローとしての所得である。当局が何らの媒介物にも頼らず，直接にこの所得を捕捉・査定できるという場合を想像することは可能だが，現実上，持ち家に住む人がその家から得ているサービスを別にすれば，実物所得のうち貨幣所得と対応づけることが可能な部分しか捕捉できない，と一般に考えられる。その他の部分の捕捉は，徴税費用がかかりすぎて実行に値しないのである。したがって通常，当局

---

21)『大ブリテンとアイルランドの財政関係に関する王立委員会の最終報告』(H. M. S. O. 1896) 21頁。

は貨幣所得を査定対象とすることで満足せねばならない。こうした便宜的方法に頼る限り，むろん当局は，より有効な徴税技術をもつ場合と同じ結果を得られるわけではまったくない。当局は実物所得のうち特定の形態のものの捕捉を諦め，それゆえそれらを税制上優遇することになるが，それは当局が望むからではなく，他に方法がないからである。例えば当局は，自動車やヨットの所有者が，それを自分で用いる場合に得る直接的便益を課税対象とせず，それを他人に賃貸する場合に得る間接的便益だけを課税対象とする。また当局は，一部の被用者が現物で得ている実物所得の特定部分（例えば銀行の支店長に与えられる家賃なしの住宅）を課税対象としない。

　ところで，ある自給自足の集団が皆で，穀物を育て，パンを焼き，衣服を作り，石炭を掘り，家を建て，そして何を生産するにせよ貨幣のやりとりは一切なく，その共同労働の成果を分かち合う，そのような社会を想像するのは容易である。あくまで観念上は，国全体がこの種の巨大な共同体に組織され，その実物所得は現在のわれわれの社会と同じくらい大きいのに，貨幣所得はゼロであるような場合も考えられる。その場合，もはや貨幣所得は実物所得のもっともらしい指標にさえならない。だが現在の文明社会では，実物所得の大部分は貨幣所得で表示されるので[22]，当局が査定対象として前者の代わりに後者を用

22）イギリスに存在する各種の共同組合（co-operative societies）には巨額の非貨幣所得が毎年発生しているという指摘もあるが，これは誤りだろう。共同組合には最も広義の労働として，いずれも俸給を得て働く経営者・幹部職員・労働者がおり，また株式会社の取締役会（俸給あり）に相当するところの理事会（俸給なし）がある。そしてこの理事会の仕事こそが，その労働の実物所得が貨幣所得として現れない唯一の労働項目をなす。明らかにそれは，全体のごく小さな割合を占めるにすぎない。

　他方，資本については，協同組合形態の事業組織は貨幣所得として現れない大量の実物所得を生みだす，という主張はより説得力がある。株主が出資した資本の用役については，それへの利払いによって，かなり十分な貨幣所得が発生する。しかし資本が，準備金への出資を通じて調達される，あるいは余剰金としていずれは「還付」される貨幣を（組合員の現金払い購入からその「還付」までの期間）組合が留保することによって調達され，かつこの資本が組合自身の事業に用いられ，価格の割引や「還付」率の引き上げをもたらす場合には，資本が生みだす実物所得は，課税可能な貨幣所得としてまったく現れない。例えば，ある組合がその積立金によって工場を買収した場合を考えよう。もしこの工場が従来から毎年1万ポンドの収益をあげており，かつ従来とまったく同じ効率で経営されれば，資本の収益は貨幣利潤としては現れてこないが，1万ポンドに相

いても，わずかな誤りしか生じないのである。

4 第2の困難は，所得と資本の関係である。イギリス型の所得税（すなわち貯蓄控除なしの所得税[23]）の意図は，年間の総所得のうち，資本用具の維持費を除いた残余に課税することである。だが実際上，このような厳密な線引きは難しい。年度の初めに 100 ポンドで購入したある機械がその年度内に消耗してしまい，同じ機械を再び 100 ポンドで購入する場合，その機械の所有者の純所得を計算するさい，明らかにその人の粗所得から 100 ポンドを控除すべきである。だがその年度内にこの種の機械の価格が変わったならば，どのように厳密にこれを斟酌するのか。また資本用具が物的消耗以外の原因によって減価する場合も，難しい問題にぶつかる。新型の機械が発明されれば，旧型の機械は物的に全然消耗していなくても減価するが，これをどう斟酌するのか。ある鉱山を掘り尽くしたとき，その坑道の価値の消滅をどう斟酌するのか。あるいは，人がある資産（住宅，真珠の首飾り，会社の普通株など）を購入し，その年度内にその資産価値が 50 パーセント上昇するならば，この増価は所得と見なすべきか，それとも資本への追加と見なすべきか。またその増価した資産を保有し続ける場合と，それを市場で売却してその利得を現金化した場合を，税制上同じように扱うべきか。それが未だ現金化されていない場合は，それを課税対象にせよと真面目に主張する者などいるまいが，それが現金化された場合は，課税の一貫性を守るために，貯蓄を控除しない所得税によってそれに課税すべき

当する実物所得は依然として存在し，購入時の価格割引か還付金増加のどちらかの形をとって現れるだろう。しかしこの量はあまり大きくない。例えば，イギリスの小売協同組合の全組織を合わせても，その準備金は 1925 年時点で 600 万ポンド余りにすぎない。もし「還付」の平均額を年間 1700 万ポンドとし，季節ごとに 4 度に分けて還付するとすれば，「還付」に関して組合が保有する平均資本額は［1700 万÷4÷2＝］約 212 万 5000 ポンドである。前述の 600 万ポンドと 212 万 5000 ポンドを合わせた 812 万 5000 ポンドの資本の実質収益率を 10 パーセントと見積もれば，貨幣所得として現れない 81 万 2500 ポンドの実物所得が毎年発生していることになる。この額を 500 万人近い組合員で分ければ，年間一人当たり約 3 シリング 3 ペンスになる。協同組合は平均して，標準税率の 2 分の 1 の所得税を課されるにすぎないという楽観的仮定のもとでは，この 81 万 2500 ポンドの実物所得に関して，本来納税すべき総額は 8 万 1250 ポンドである。

23) 第 II 編第 10 章。

財政学（第 II 編第 7 章）　91

だろう。しかしその実務上の困難を考えれば，そのような現金化が職業的売買業者によってなされた場合を除き，この種の利得は税制上無視せざるをえない[24]。

5　第 3 の困難は経費の扱いである。明らかに，望ましい課税対象は 粗 所得（グロス）ではなく 純 所得（ネット），すなわち粗所得からその稼得の過程で必要になったあらゆる関連経費（用具や原料の購入費，職場までの移動費など）を控除した額である。むろんある意味では，食物や通常の衣服への支出も，所得を稼ぐための関連経費の一部である。確かに人は，食物や衣服なしでは所得を稼げない。だが税制上は，当該所得を生みだす労働および用具に直接関連する必要経費のみを本来の経費と見なすべきだ，という一般的合意がある。それでもなお，解決すべき難問が幾つか残るだろう。例えば，生徒の父母等をもてなす学校長の支出はどこまでが適切な経費と見なせるのか。医者の自家用車のガソリン代はどこまでが経費と見なせるのか，等々である。こうした問題を扱う原則は完全に明快であるものの，その実際的適用には曖昧さが存在する[25]。

6　最後に，第 4 のさらに深刻な困難がある。第 3 節で述べたように，徴税当局が望むのは（あるいは望むべきなのは）実物所得に課税することである。だが戦時国債の利子[26]や無拠出年金の形で，ある集団から他の（あるいは同じ）集団へ移転するために課税された貨幣は，その移転前か移転後の**どちらか**において実物所得を表示していると考えられるかもしれないが，実はどちらの場合もそう考えることはできない。それは，年間 1000 ポンドを稼いだ親がそのうち 200 ポンドを子どもに与えても実物所得が変わらないのと同じである。移転分を除く国民所得が 700 億ポンド，移転分が 50 億ポンドであるならば，実物所得を表す貨幣所得は 700 億ポンドであり，750 億ポンドではない。ところがイ

---

24) 第 II 編第 12 章第 2 節。
25) 本章の主題に関するさらに詳しい議論として，『厚生経済学』（第 4 版）第 I 編第 3 章「国民分配分」も参照のこと。
26) 過去の諸々の戦争によってわが国が征服されなかったことを一種の 利 益（アメニティー）と見なし，現在の実物所得に含めるならば，話は別である。

ギリスの所得税法のもとでは，この 750 億ポンドがすべて課税対象になる。そのため課税所得は，実物所得——社会的所得（social income）と通常呼ばれている——を上回るものになる。イギリスの所得税委員会が採用する所得概念は，その限りでは混成の非論理的概念である[27]。この点を指摘して，所得の定義問題の考察を終えよう。

7 各人の納税額が各人の所得額だけで決まり，他の経済的諸条件が考慮されなければ，所得税によってすべての納税者に等しい犠牲を課すことは明らかに不可能である。犠牲を均等化するには，付随的諸条件が等しい人々の所得の違いのみならず，所得の等しい人々が置かれている付随的諸条件の違いも考慮して，課税額を調整せねばならない。これは周知の論じ尽くされた問題であり，次節でその議論を簡潔にまとめておく[28]。

8 3 人の男性がおり，いずれも所得は 100 ポンドとする。第 1 の男は独身である。第 2 の男は既婚者で，妻に所得はなく，子どもはいない。第 3 の男は，2 人の子をもつ既婚者で，妻も子も所得はない。このとき，3 人の男に同額の税を課せば，彼らに等しい犠牲を課すことにならないのは明白である。より一般的に言えば，所得（法律上は単一の所有者に属す）が等しくても，被扶養者の数が異なるので，均等犠牲をめざす所得税の計画は，何らかの形でその事実を斟酌せねばならないのである。むろん理想を言えば，その斟酌の基準は，単に家族規模のみならず他の多くの諸条件とも関連づけられるべきである。「高校や大学に通う 4 人の娘のいる家族が，同じ所得で，10 歳未満の 4 人の子どものいる家族と同じ生活水準を維持できると考えるのは，明らかに不条理である」（King 1921, 583 頁）。だが実際上，この種のことは斟酌できず，所得の稼ぎ

---

27) イギリスの所得税は，他にも 2 つの点で所得税本来の条件に反している。第 1 に，終身年金は課税所得として扱われるが，そのさい，資本への報酬をなす所得部分が控除されないこと，第 2 に，保険料支払を通じて貯蓄される所得部分が，（一定限度内であれば）課税所得として扱われないこと，である。

28) 『応用経済学論集』（Pigou 1923）所収の私の論文「王立所得税委員会報告」を参照のこと。

手がかかえる被扶養者（その認定は多少とも裁量的な規則に基づく）の数によっ
て大雑把に調整するしかない。

　もしそうであれば，被扶養者数の違い，あるいはより広く言えば家族構成の
違いを，税制上どの程度斟酌すればよいのか。あらゆる所得水準において独身
男性は，子どもを養う同じ所得の男性よりも多くの自由に使える所得があるの
だから，明らかに，あらゆる所得水準において**幾らか**斟酌がなされるべきであ
る。だがもし均等犠牲原理のもとで，ある所与の所得水準では，妻と3人の子
をもつ男性に対し，独身男性のr分の1を課税すべきだとすれば，その同じ原
理のもとで，それより高い所得水準では，独身男性のr分の1以上を課税すべ
きだろう。より一般的に言えば，均等犠牲原理では，所得水準が高まるにつれ
て，独身男性の納税額に対する既婚男性の納税額の比率は上昇する必要がある。
だから，例えば500ポンドの所得水準では，家族構成Aの男性は，家族構成
Bの男性が納める税の50パーセントを納めねばならないとすれば，5万ポン
ドの水準では50パーセント以上を，また50万ポンドの水準ではほとんど100
パーセントを，納めねばならない。1927年のイギリスの税制では，妻と3人
の子を養う男性は，800ポンド以上のあらゆる所得水準で独身者より36ポン
ド少なく課税されていたが，37〜38年にはその斟酌額は65ポンドになり，
41〜42年には500ポンド以上のあらゆる所得水準でそれが105ポンドになっ
た。41〜42年の税率で，すべての所得を労働所得と仮定したうえで，各所得
水準における，独身者の納税額に対する，妻と3人の子をもつ男性の納税額の
比率を計算すれば，およそ以下の通りである。

350ポンド	…9パーセント	1500ポンド	…70パーセント
500ポンド	…33パーセント	2000ポンド	…88パーセント
1000ポンド	…57パーセント	20000ポンド	…99.25パーセント

　この調整が均等犠牲原理の観点から妥当かどうかの判断は，大まかな推計に
よるほかない。コルウィン委員会の報告によれば「一部の委員の考えでは，支
払能力のみで判断する場合には，家族扶養控除の額を完全に固定するのでなく，
納税者の所得水準に応じてある程度変動させるべきである」[29]。これは，上表
の比較的高い所得水準についてはその比率をもっと下げよ，という意味である。

9 家族状況の差異と並んで，引退後の所得を生みだす財産の保有状況の差異も考慮すべきである。本章の観点からは，そのような財産保有者の現在の所得が，財産所得であるか労働所得であるかは重要ではない。ここで本質的に重要な点は，その本人の死後に残される子どものための蓄えが存在し，それゆえその本人は，そのような遺贈財産のない場合に感じるほどには，現在の所得から多くを貯蓄に回す必要を感じないということである。したがって，もし所得の等しい2人の人物がいて，一方は財産を保有し，他方は保有しないとすれば，同額の課税では後者の被る犠牲の方が大きくなるので，均等犠牲を確保するには幾らか斟酌して後者の犠牲を軽減せねばならない。しかし人が子どものために貯蓄せねばならないと感じる所得の割合は，その現在の所得額と，その所得額が含意する生活水準によっておおむね決まるので，所得がすべて労働所得である富者は，同じく所得がすべて労働所得である貧者より，絶対額で見てずっと多くを貯蓄に回すのは間違いない。それゆえ，もし課税所得からの控除という形で斟酌をおこなうならば，このような斟酌は累進的なものにすべきだ，ということが確かに言える。コルウィン委員会で議論されていた1926年当時のイギリスの税制では，労働所得1ポンドは，査定所得の最大控除額である250ポンド（非課税）に至るまでは，投資所得1ポンドの6分の5に相当するものとして査定されていた。独身者に関しては，所得がすべて財産所得である場合の納税額に対する，所得がすべて労働所得である場合の納税額の比率は，以下の通りである。

200 ポンド	…48 パーセント	1000 ポンド	…78 パーセント
400 ポンド	…65 パーセント	2000 ポンド	…86 パーセント
500 ポンド	…67 パーセント	20000 ポンド	…99.3 パーセント
800 ポンド	…75 パーセント		

コルウィン委員会は次のような意見を表明している。「労働所得の負担軽減は，それ自体としては，すなわち相続税を別にして所得税だけで見れば，所得がすべて労働所得である場合と，所得がすべて投資所得である場合の，支払能

---

29)『国債と租税に関する委員会報告』(H. M. S. O. 1927a) 345 頁。

財政学（第 II 編第 7 章）　95

力の差異をまったく不十分にしか斟酌していない」[30]。これは，相続税がない場合には前頁の表のあらゆる所得水準に関してその比率をもっと下げよ，という意味である。むろん実際には強い累進性をもつイギリスの相続税が存在するので，これを投資所得への将来の課税と見なせば，投資所得への課税の比重は，貧者以外については大幅に高まる。1937〜38 年には，労働所得は投資所得の 5 分の 1 に相当するものとして査定され，査定所得の最大控除額は 300 ポンドだった。また 1941〜42 年にはそれらの数字はそれぞれ，10 分の 1，150 ポンドだった。

10　経済的条件に関する前述の差異［家族状況と財産保有状況］が適切に調整可能であり，かつ実際に調整済みであるとする。次に論じる必要があるのは，所得税によって均等犠牲を実現するには特定の諸条件が満たされねばならないということである。なかでも最も重要な第 1 の条件は，租税式によって考慮できる客観的事実に基づく差異を別にすれば，所得の等しい人々がすべて，所得の同額の減少から同量の犠牲を被るという意味で，気質も等しくなければならないというものである。もしこの条件が満たされず，例えば，ある一定の経済的状況下で 1000 ポンドの所得をもつ人が，100 ポンドを取り上げられるときに，同じ経済的状況下で同じ所得をもつ別の人より多くの苦痛を感じるのであれば，この 2 人に等しい犠牲を課す所得税の式を考えることなど不可能である。したがってこの条件は，確かに非現実的ではあるが，極めて重要である。なお，この条件は，ある一定の経済的状況下で人が所得から得る満足はその所得額だけで決まり，それを稼ぐための労働（多少とも働く場合の話だが）の量や質にはまったく左右されない，という含意をもつことにも注意すべきである。

　第 2 の条件は，その必要な歳入が，いかなる富者に対しても，その満足の喪失が，まったく課税されない場合に貧者が享受している満足を上回るほどの，重税をかけずに徴収できるような額に留まることである。この条件は，その必要性では第 1 の条件に劣らないが，それほど非現実的でないという意味では，それほど重要な問題ではない。

---

30)『国債と租税に関する委員会報告』（H. M. S. O. 1927a）135 頁。

11 議論を進めるには，さらなる条件として，消費されずに貯蓄され投資される所得の解釈として，次のことが合意されねばならない。すなわち均等犠牲をもたらす租税式が**可能**であるためには，判別可能な各範疇（例えば独身者）の構成員に関して，所得が同額であれば貯蓄も同額でなければならない。この条件は，前節で見た第1の条件の含意として導かれるものであり，所与の範疇の構成員の任意の所得 x に関して，$f(x)$ が常に貯蓄され，$\{x-f(x)\}$ が常に消費されることを意味する。

そのうえで2つの選択肢がある。第1は，貯蓄される所得はその貯蓄者自身にまったく満足をもたらさず，それが将来生みだす果実のみが満足をもたらす，という考え方を採ることである。したがって，すでになされた貯蓄から支払われるような税は，何ら直接の犠牲をもたらさない。第2は，貯蓄された所得の各単位は「仮想上の満足」を現在生みだすと見なし，この満足は貯蓄から期待される将来の実際の満足に由来し，それに対する貯蓄者の欲望によって測定される，という慣習的考え方を採ることである。すなわち，もし私が100分の1ポンドの貯蓄と衣服への50分の1ポンドの支出を同程度に欲するとすれば，この慣習的考え方では，私は100分の1ポンドの貯蓄と衣服への50分の1ポンドの支出からどちらも等しい満足を得ていると見なす。第1の考え方は，第2のものより幾つかの点で現実に近いとはいえ，それを採用すれば議論は複雑で分かりにくくなる。したがって，ここでは第2の考え方を採用する。またここでは，貯蓄への負担軽減措置も貯蓄が生みだす所得への負担軽減措置もない（単年度だけでない）継続的所得税は貯蓄を不利に差別するものである，という事実は無視し，この問題はあらためて第10章で論じる。

12 今や準備は十分整ったが，建設的議論のためには，多少とも広く受容されているように思われる誤った見解をあらかじめ斥けておく方が好都合である。この見解は，どんな状況であれ，均等犠牲の達成のためには，租税式は，所得が増えるにつれて限界税率が上昇するという意味において，ある程度**累進的**でなければならないというものである。

このことは，［限界］効用逓減の法則からの当然の論理的帰結と考えられているが，それは誤りである。効用逓減の法則が述べているのは，1000ポンド

財政学（第 II 編第 7 章）　97

の所得を構成する最後の 1 ポンドがもたらす満足は，100 ポンドの所得を構成する最後の 1 ポンドがもたらす満足より小さい，ということにすぎない。ここから，均等犠牲の達成のためには（また均等比例犠牲の達成をめざす場合も[31]）累進課税が必要である，という主張を導きだすことはできない。均等犠牲原理のもとでは累進課税が必要になるということを証明するには，1000 ポンドの所得を構成する最後の 10 ポンドのもたらす満足が，100 ポンドの所得を構成する最後の 1 ポンドのもたらす満足より小さいということを示す必要があるが，効用逓減の法則はこのようなことを主張していない。

13　第 10 節で示した条件，すなわち所得と満足の関係を表す関数が課税される集団のすべての構成員について同一であるという意味において，全員の気質が同一であるということを想起しよう。そのうえで，粗所得を x，その［税引き後の］純所得から納税者が得る満足を $F(x)$，また粗所得 x に課される税額を $\psi(x)$ とする。そのとき，**もし労働遂行量が課税の告知効果によって変化しなければ**，容易に分かるように，均等犠牲を達成する所得税は，必要歳入額がいかなる大きさであれ，関数 $\psi(x)$ が x のあらゆる値において $F(x) - F\{x - \psi(x)\} = k$（ただし k は定数）という式を満たす場合に成立する。労働遂行量が課税の告知効果によって変化しないという条件は，粗所得 x の微小な増加から得られる限界満足が課税によって変化しないということであり，上の記号を用いれば，この条件は以下のように表される。

$$\frac{dF(x)}{dx} = \frac{dF\{x - \psi(x)\}}{dx}$$

　だが先ほどの $F(x) - F\{x - \psi(x)\} = k$ という式は，その含意としてこの条件を満たしている。換言すれば，労働遂行量が課税の告知効果によって変化しなければ，均等犠牲のための所得税を成立させる租税式は，多くの場合，労働遂行量が実際上も変化しないことを保証するのである。

14　この結論に対しては，確かにある重要な反論が出されよう。前節の租税式

31）エッジワース『経済学論文集』（Edgeworth 1925）第 2 巻，240 頁。

は，1000 ポンドの所得には 200 ポンド課税し，1001 ポンドの所得には 200 ポンド 4 シリング課税するものだとしよう［なお，1 ポンド＝20 シリングである］。そのとき，前節の仮定に従えば，第 1001 番目のポンドを稼ぐための労働は，その納税者に対して，税が存在しない場合と等しい純満足を生みだすことになる。だがたとえ事実はそうであっても，納税者はその事実を認識しない，という反論もあろう。その人が認識するのは，労働を減らして粗所得を 1000 ポンドに抑えることで 4 シリングの税を納めずに済むということだけであり，そして人の行動を決定するのは，事実自体ではなく，事実に関するその人の見方なのである。この反論は確かにもっともらしいが，これに対する返答もある。すなわち納税者はその事実を最初から明確に認識しないかもしれないが，よく考えれば次第に分かるだろう。なぜなら，その人が粗所得の第 1001 番目のポンドを稼ぐのを控える場合，純所得が 800 ポンド 16 シリングではなく 800 ポンドになるという事実は，国庫に納める税金が 4 シリング減るという事実と同じくらい明白だからである。

　例えば，その人が 1001 ポンドの所得を稼ぎ，200 ポンド 4 シリングの税を払っている状態から考察を始めよう。その人は，所得を 1000 ポンドに減らせば税を 4 シリング節約できると考え，それ以外のことは考えないとする。そして実際に所得を 1000 ポンドに抑えたとする。するとその人は，所得が減少したので所得の限界効用が以前より大きくなり，また労働が減少したので労働の限界不効用が以前より小さくなったことに気づく。それゆえ彼は再び労働を増やし，ここで仮定した諸条件に従えば，粗所得が再び 1001 ポンドになるまで労働を増やすことが彼の利益になる。事実の誤認に起因する 1001 ポンドの所得からのいかなる乖離も，こうして是正されよう[32]。人の最初の行動を決定す

32）それゆえ税率表の技術的形式の差異は重要ではない。500 ポンドの所得控除を伴う税率 25 パーセントの所得税を告知する式は，当然，所得が 1000 ポンドから 1001 ポンドに増加した者の納税額を，125 ポンドから 125 ポンド 5 シリングに増加させる。同様の結果は，控除なしの特定の累進的所得税の式でも生みだせる。前者の制度下では，所得が 1001 ポンドの人は，所得を減らせば，後者の制度下にいる類似した人より納税額を減らせるだろうと誤解し，それに基づく最初の行動として自分の所得を減少させるかもしれない。だが所得を減らせば減らすほど，その反動としてその人が行動を修正しようとする誘因もますます強まる。結局 2 人はどちらも同じ状態に至るのである。

財政学（第 II 編第 7 章）　99

るのは事実に関するその人の見方かもしれないが，人の最終的状態を決定する
のは事実自体である。したがって，完全な知性が普及している世界のみならず
現実の世界でも，租税式 $F(x) - F\{x - \phi(x)\} = k$ は人々の労働量を変化させな
いのであり，それゆえ，前述の諸条件のもとで，均等犠牲を達成する所得税の
式として一般に適用可能である。関数 F と定数 k が与えられれば，この式に
よって，x のあらゆる値に対する $\phi(x)$ の値が決まる。これらの値の一覧表こそ
が，その所与の条件下において均等犠牲原理に合致する税率表（tax scale）で
ある。定数 k の大きさは明らかに，①関数 F の形，②社会の総所得，③納税
者間におけるその分配状況，④必要歳入額，によって決まるので，これらが分
かれば，その必要な税率表の作成は単なる算術の問題にすぎない。

15　前節の租税の考察から分かるのは，ある特殊ケースでは，ごく単純な式に
よって均等犠牲が達成され，しかもその式は k の値から独立しており，それゆ
え必要歳入額からも独立しているということである。この特殊ケースとは，x
のあらゆる値について $x \cdot F'(x)$ が一定であるケース，すなわち（縦軸に限界満足，
横軸に所得をとれば）限界満足–所得曲線が直角双曲線になるケースである。F
$(x) - F\{x - \phi(x)\} = k$ から以下の式が導かれる。

$$F'(x) - \{1 - \phi'(x)\} \frac{dF\{x - \phi(x)\}}{d\{x - \phi(x)\}} = 0$$

x のあらゆる値について $x \cdot F'(x)$ は一定だから，

$$\frac{1}{x} - \{1 - \phi'(x)\} \frac{1}{x - \phi(x)} = 0$$

$$\therefore \quad \phi'(x) = \frac{\phi(x)}{x}$$

　当然ながら，ゼロの所得から税を取るのは不合理だろうから $\phi(0) = 0$ であ
る。それゆえ上式が満たされるのは，$\phi'(x)$ が一定のとき，すなわち x のすべ
ての値について税率が一定のときである。換言すれば，代表的納税者（ここで
はすべての納税者を同質と仮定している）の所得–効用曲線が直角双曲線である
ような特殊ケースでは，比例的所得税こそがすべての納税者に等しい犠牲を課
すことになる。

16 前節の結論に，次のことも付け加えてよい。もし所得–効用曲線が，x の
すべての値について，x の増加に伴って $x \cdot F'(x)$ も増加するような形状である
ならば，すなわちもし所得–効用曲線が直角双曲線より湾曲の小さい（直線に
近い）曲線であるならば，$\psi'(x) < \dfrac{\phi(x)}{x}$ となり，もしその逆であれば，$\psi'(x) >$
$\dfrac{\phi(x)}{x}$ となる。前者の不等式が成立するには $\psi''(x)$ が負でなければならず，ま
た後者が成立するには $\psi''(x)$ が正でなければならない。したがって，もし所
得–効用曲線が直角双曲線より湾曲の小さい曲線であるならば，すべての納税
者に等しい犠牲を課すためには，逆進的な租税式が必要になり，もし所得–効
用曲線が直角双曲線より湾曲の大きい曲線であるならば，累進的な租税式が必
要になる。また所得–効用曲線が，直角双曲線より湾曲の小さい部分と大きい
部分を併せもつ場合には，その租税式は，x の値に応じて逆進的部分と累進的
部分を併せもつ必要がある。ただしその場合は難しい問題も発生するが，ここ
ではそれに立ち入らないでおこう。

17 これらの結論を現実に適用するには，むろん，その社会の代表的納税者の
所得–効用曲線の形状を知る必要がある。シジウィックが「負担の均等化が唯
一の目的である場合には，所得の増大につれて税率が急上昇する累進課税の公
平性を否定することはほとんどできない」と述べたとき，彼は「代表的納税者
の所得–効用曲線はその全域にわたって直角双曲線より湾曲の大きい曲線であ
るという命題は，ほとんど否定できない」ということを述べていたわけである。
われわれはこの命題の正誤を知りたい。そしてもしそれが誤りならば，それに
代わる正しい命題を知りたい。所得–効用曲線が直角双曲線であるということ
は，第15節の議論が含意するように，所得の大きさがどうであれ，ある人の
所得から一定比率を取り去れば，それと同じ比率でその人の満足が減少すると
いうことであり，それゆえ 100 ポンドの所得から 10 ポンド取り去ることは，
犠牲の観点からは，1000 ポンドの所得から 100 ポンド取り去ること，あるい
は 1 万ポンドの所得から 1000 ポンド取り去ることと同じである[33]。社会構成

---

33) この条件が実際に直角双曲線の条件であることは，別の形で示すこともできる。これま

財政学（第 II 編第 7 章）　101

員（全員が同質であるとする）の所得–効用曲線がこのような性質をもつか否か　90
は，明らかに，一般的推論だけでは判断できない。生理学の実験によって物理
的刺激とその識別との関係を示すウェーバー＝フェヒナーの法則は，示唆に富
む類推を提供してくれるものの，本節の問題と直接関連するわけではない。

　唯一の可能な方法は，次のような形式の一連の質問を直接に自問自答するこ
とである。すなわち 100 ポンドの所得から 10 ポンド取り去ることで，代表的
納税者の満足がある一定量だけ失われるとすれば，所得がそれぞれ 800 ポンド，
1000 ポンド，1 万ポンドの場合には，それぞれ何ポンド取り去れば，先ほどと
同じ満足の喪失が生じるだろうか。この質問にあたっては注意が必要である。
なぜならここで問題なのは，一回限りの税でなく，永続的租税体系だからであ
る。ここでそれぞれの所得からの「徴収」について語るさい，それぞれの所得
の納税者が自分の暮らし向きや嗜好を自分の所得水準に適応させると想定して
はならない。その考えは，すべての人の嗜好は代表的納税者に等しいという仮
定に反する。すべての人の嗜好は所与であり，かつ同一である，と考えねばな
らない。したがって，われわれの質問を正確に述べれば次のようになる。すな
わち，代表的納税者が 200 ポンドおよび 190 ポンドの各所得から得る満足の差
を所与とするとき，1000 ポンドの所得とそれ未満のいかなる所得であれば，
前者に等しい満足の差が生じるだろうか。こうした問いをあらゆる所得水準に
ついて繰り返すのである。だがこの問いに自信をもって答えるのは，多くの条
件を設けてもなお至難の業である。200 ポンドと 190 ポンドの間の満足の差は
1000 ポンドと 980 ポンドの間の差より大きいというのは，かなり確実だろう
が，1000 ポンドと 970 ポンド，あるいは 1000 ポンドと 940 ポンドの間の差を
問われれば，私は答えに窮する。ベルヌーイの有名な仮説は結局のところ，所
得のうち生活必需品を得るための必要額を超える部分については代表的個人
［representative man，その社会の平均的個人］の所得–効用曲線は直角双曲線である，

　　でと同じ記号を用い，そのうえで，問題の所得–効用曲線は右下がりであり，h をある
　　一定の比率としよう。このとき，x のすべての値について $\int_0^x F(x) - \int_0^{hx} F(hx)$ を一定に保
　　つには，$xF(x) = hxF(hx)$ でなければならない。これは，x のすべての値について $xF(x)$
　　を一定に保つための一般的条件である。

という命題と同一である。一見これはもっともらしい。少なくともマーシャル
が言及したクラマーの仮説（所得がもたらす満足は所得の2乗に比例する）より
は，ずっと妥当なものであるように思われる。

　だが私の考えでは，ベルヌーイのもっともらしさは，ある重要な問題を無視
しているからにすぎない。すなわち所得‒効用曲線という概念の曖昧さである。
この曲線は，（1）社会の他の人々の可処分所得が一定に留まる場合に自分の可
処分所得のみが変動するとされる現実の個人に関するものなのか，それとも
（2）他のすべての同質な人々の可処分所得と同じように自分の所得も変動する
代表的個人に関するものなのか。どちらの解釈をとるかにより，所得‒効用関
数の意味は異なってくる。なぜなら，ある一定の所得から人が得る満足は，自
分の所得の絶対額のみならず，自分の所得と他の人々の所得との相対関係にも
依存するからである。税とは集団に対して一般的に課すものであり，ある人に
は課して他の人には課さないという恣意的なものではないから，明らかにここ
で重要になるのは（2）の所得‒効用曲線である。中程度までの所得においては，
（1）と（2）の差異はおそらく小さいが，大所得においては，その**相対**額に起因
して生じる満足の割合は確かに大きい。1万ポンドの所得階層に属すある人は，
もし同じ階層の他の人々の所得が1万ポンドのままであるのに，自分だけが
5000ポンドで暮らさねばならなくなれば，大きな苦痛を感じるだろう。だが，
税のない社会における所得1万ポンドの階層の人々の総満足と，あらゆる階層
の人々全員が毎年50パーセント課税される社会における所得1万ポンドの階
層の人々の総満足との差は，ごく小さいのではないかと思う[34]。この2種類の
所得‒効用曲線の違いを理解すれば直ちに，中程度以上の所得についての所
得‒効用曲線は，それ未満の所得を考察した場合に一見してそう思われるより
ずっと，直角双曲線より湾曲の大きい曲線になる傾向があろう。①10万ポン
ドの所得から1万ポンド取り去ること，②1万ポンドの所得から1000ポンド
取り去ること，③1000ポンドの所得から100ポンド取り去ること，④500ポン
ドの所得から50ポンド取り去ること，がどれも同量の犠牲をもたらすという
主張は説得力に**欠ける**。①では，その所得階層内の全員に課税する場合には，

34）『厚生経済学』第4版，90頁。

一時的混乱を除けば実際のところ犠牲はまったく生じず，②ではごく小さい，③ではかなりの，④では非常に大きな，犠牲が生じる。したがって私は，89頁［本訳書 100 頁］に引用したシジウィックの直感は正しかったと主張したい。均等犠牲をめざす所得税は，大所得に対しては，中程度の所得より**ずっと**高い税率を課す必要がある。たとえ少ない歳入しか必要でなくとも，そうした大所得のうち，例えば 5000 ポンドを超える部分のほとんどは国庫に納める必要があろう。

18 アーヴィング・フィッシャー教授は，価格および家計予算に関する統計から所得-効用曲線の形状に関する重要な情報を得る方法を発見し，「限界効用を測定し，累進的所得税の公正を検証するための統計的方法」（Fisher 1927）を発表した。私の判断力の限りでは，この方法は理論的には妥当だが，実際的成果をもたらすには非常に面倒な統計的作業を必要とする。それでもなお，合衆国労働局の一部の統計に関してなされたフィッシャー教授の準備的・部分的研究の結果が，「逆進的所得税ではなく累進的所得税こそが適正であるとする通念に合致する」（Fisher 1927, 193 頁）ことは興味深い。

19 最後に 1 つ注意点がある。もし所得-効用曲線が直角双曲線だと判断されるならば，これは，必要歳入額がどうであれ，均等犠牲のためにはとにかく比例的所得税を課すべきだという含意をもつ。しかし，所得-効用曲線が直角双曲線ではないと判断され，それゆえ比例的所得税以外のものが必要になる場合には，さまざまな歳入額に適した諸々の租税式の間の関係はもっと複雑になる。このことはある実際的重要性をもっている。なぜなら，ある税率表がある歳入額において公平であるならば，必要な歳入が 10 パーセントないし 50 パーセント増えたときに，それに合わせてその税率表のあらゆる税率を同じ比率で高めた税率表も公平である，と暗に仮定されていることが多いからである。極端に推し進めれば，実際この仮定は明らかに破綻する。例えば，最高所得に対する 55 パーセントの税率は，ある特定の必要予算額の場合には公平かもしれないが，予算規模がその 2 倍である場合に 110 パーセントの税率が公平だとは言えない。なぜなら，所得を 10 万ポンドからゼロに引き下げることは，例えば所

得を 1 万ポンドから任意の正の額まで引き下げることより，大きな犠牲を必ず
もたらすからである。だが先ほどの仮定は，こうした極端なケースのみならず，
一般的に見ても誤りである。$R = \psi(x)$ は歳入額が R のときに，また $mR = \phi(x)$
は歳入額が mR のときに，それぞれ均等犠牲を達成する租税式だとすれば，
$\phi(x) = m\psi(x)$ が成り立つのは比例税の場合のみである。他の場合はすべて，均
等犠牲を達成するには，歳入額に応じて，相異なる系統の租税関数に属す租税
式を使い分ける必要がある。

第 8 章　市場の調整不全を是正するための租税と補助金

1　私は『厚生経済学』第 II 編で，私的な利己心が自由に作用する場合に生じ
やすい，各種用途間における資源配分上の諸々の調整不全について，詳しく論
じた。その議論は，本章の議論もそうだが，社会の総所得の富者と貧者の間の
いわば「分配の誤り」に関するものではない。その意味における分配状態を変
化しない**与件**と（暫定的に）見なしても，**最適**資源配分を妨げる幾つかの重要
な調整不全は依然存在する。

　こうした調整不全には主に 2 つの原因がある。第 1 は，特定の財・サービス
では，その生産に投じられた資源がその生産者にもたらす限界収益が，社会全
体として得られるすべての収益の限界増分と一致せず，それを下回ったり上
回ったりすること，つまりその利用された資源の私的限界純生産物（marginal
private net product）価値と社会的限界純生産物（marginal social net product）価値の
乖離である。第 2 は，特定の財・サービスでは，いわば人々の欲望と（その実
現によって生じる）満足との比率が，他の諸々の財・サービスのそれと乖離す
ることである。これらの原因については『厚生経済学』で詳しく論じたので，
ここではそれらを簡単に例証するだけに留めよう。

2　社会的限界純生産物の価値が私的限界純生産物の価値を上回るのは，資源
が，対価の支払いを伴う生産物とは別に，対価の支払いを伴わない生産物を生

みだす場合である。例えばシジウィックが『経済学原理』で述べたように，「船は適切な位置に建てられた灯台から便益を受けるに違いないが，多くの場合，船にその料金を課すことは難しい」（Sidgwick 1883, 406 頁）。あるいは市街の私有庭園への投資は近隣の住宅地の空気を浄化することによって，また乾燥地域の植林は周辺の気候条件を改善することによって，いずれも無償のサービスを生みだす。工場主が節煙装置に投資することによっても，そのようなサービスが生みだされる。節煙装置は，工場主にとって燃料の節約になるだけでなく，近隣住民の洗濯代も減らすからである。また供給費用が逓減している産業の振興に投じられる資源も，総産出量拡大によって新たな外部経済ないし（企業が1社しかない業種では）内部経済の機会をもたらすので，無償のサービスを生みだす。

　一方，社会的限界純生産物の価値が私的限界純生産物の価値を下回るのは，資源が，対価の支払いを伴う生産物とは別に，負の生産物も同時に生みだし，しかも害を被った者がその適正な補償を受けられない場合である。例えば，住宅街の地主がそこに工場を建て，近隣住民の生活の快適さを損なう場合には，その建設に伴い，補償されない負のサービスが発生する。すでに過密な中心市街地にさらに建物を建てるために投じられる資源も，周辺の空間を窮屈にし，子どもの遊び場を減らすことにより，住民の健康や能力を低下させる。同様にして，社会的観点から見て供給価格が逓増している産業の振興に投じられる資源も，それによる産出の増大が社会にとって供給費用の逓増をもたらす場合には，補償されない負のサービスを生みだす[35]。

　社会的限界純生産物価値と私的限界純生産物価値の乖離に関する以上の2通りのケースの具体例は，幾らでも列挙できよう。これらの乖離は常に［資源配分上の］調整不全をもたらす。むろん，利用資源の私的限界純生産物価値と社会的限界純生産物価値の乖離（どちらが大きいかは問わない）の程度が，あらゆる産業で完全に等しくなる，という状態も理論上は考えられる。その場合には

---

35)『厚生経済学』（第4版）第II編第11章第5節で指摘したように，供給価格が逓増する産業であっても，その逓増が単に土地使用のための地代の上昇に起因する場合は，このケースに当てはまらない。

調整不全は起きないが，そのようなことは空想にすぎず，現実上はありえない。実際には確実に調整不全が起こり，ある産業では投資が過少，他の産業では過大になるだろう。

3 前節で素描した分析は，財貨を，2 つの競合的手段，すなわち国内生産と輸入のどちらによって獲得するかという選択にも関わるものである。一時的な借入等を別にすれば，財貨を外国から輸入するさいには，その財貨は実質上，それと交換に何らかの国内生産物を輸出することによって獲得される。政府介入がない場合には，国内生産可能な財貨のどれだけを国内生産という直接的方法で取得し，どれだけを輸入代金を賄うための輸出向け生産という間接的方法で取得するかという問題は，人々の利己心の働きによって決定される。だが特定の状況下では，こうして決まる比率は実現可能な最善のものにはなるまい。例えばイギリスは，ある財貨を今は輸入しているが，本来はその生産には絶好の国内条件に恵まれているので，その生産の初期の困難を乗り越えさえすれば，最終的には国産品の方が輸入品より低い実質費用で生産できる，という場合を考えよう。だが潜在的な投資家は，その財貨を作る産業の振興のための投資が生みだす遠い将来の不明確な利益を，たいてい割り引いて認識する。その結果，その財貨の国内生産による取得分は過少になり，その輸入を賄うための輸出向け生産による取得分は過大になる。詳しくはあらためて第 23 章第 4 節で論じるが，この種の調整不全も，前節で見た調整不全と基本的に同じものである。

4 欲望と（その実現によって生じる）満足との異常な関係については，大きな実際的重要性をもつものは 1 つしかないように思われる。それは未来への人々の態度に関するものである。一定の大きさの現在の快楽ないし満足と，それと同じ大きさの将来の快楽ないし満足がある場合，たとえ後者が絶対確実に生じるとしても，通常は誰でも前者を選好する。だが現在の快楽に偏向したこの選好は，自己矛盾を孕み，現在の快楽の方が，それと同じ大きさの将来の快楽より**大きい**ことを意味するのではない。それが意味するのは単に，人間の未来展望能力（telescopic faculty）に欠陥があり，そのため将来の快楽をいわば縮尺して見てしまうということにすぎない。この説明が正しいことは，過去を振り返

財政学（第 II 編第 8 章）　107

るさいにもまったく同様の縮尺がなされることからも分かる（ただし不満足な出来事を忘れる人間の傾向は別である）。

　それゆえ，たとえ現在の快楽が将来の同量の確実な快楽より選好されていても，将来の快楽を現在の快楽とまったく同等に扱うことによって何らかの経済的不満足が生じるわけではない。今年消費したいというある人の選好がその年に満たされなくても，翌年には彼がその年に抱いている選好が満たされることによって，すなわち前年に消費せず今年に消費を延ばして良かったという思いによって，相殺される。それゆえ，どれもまったく同量かつ絶対確実に実現する年々の満足（あくまで**満足**であり，満足を生みだす財・サービスではない）を現在から将来に向かう年々の系列上に並べると，人がこれら一連の満足に対して抱く欲望の大きさは均一にならず，満足が遠い将来のものであるほどますます小さくなってゆく，という事態は是正されるべきである。これは非常に広範囲にわたって影響を及ぼす経済的不調和である。なぜならそれは，人が自分の資源をまったく不合理な選好に基づいて，現在・近い将来・遠い将来の間に配分することを意味するからである。人は 2 つの満足のどちらかを選ぶさい，必ずしも大きい方を選ぶわけではない。人はしばしば，数年後のずっと大きな満足より，むしろ現在の小さな満足の生産や取得に努める。その当然の結果として，遠い将来のためになされる努力は，近い将来のための努力に比べて不足し，また両者は現在のための努力に比べて不足する。例えばある人が，絶対確実に生じる一連の将来の満足を年率 5 パーセントで割り引く未来展望能力をもつとしよう。そのとき，将来のための努力と現在のための努力の限界満足が等しい場合，その人が翌年のために働くのは，その努力の増分がもたらす翌年の満足が現在のそれの 1.05 倍であるときに限られ，また 10 年後のために働くのは，それがもたらす 10 年後の満足が 1.05^{10} 倍であるときに限られる。

98

5　それだけではない。人の寿命は限られているので，労働や貯蓄の成果が現れるまでに長い期間を要する場合には，その成果を享受するのはその努力をした本人ではない。これは，その人の欲望が，自分自身の満足ではなく，誰か他の人の満足に向けられていることを意味する。それは，その人が自分のことのように気にかけている直接の後継者かもしれないし，あるいはその人がまった

く気にも留めないほど血縁的・時間的に非常に遠い人かもしれない。したがって，たとえ人間が**自分自身に関して**さまざまな時点に生じる同量の満足を均一に欲望するとしても，将来の満足は自分のものにならない可能性が非常に高いので，将来の満足への欲望は，現在の満足へのそれより弱いことが多い。この不一致は，将来の満足を生みだす財貨の生産予想時期が遠い先のことであるほど，ますます大きくなる。なぜならその期間が長くなるほど，本人のみならず，その人が最も気にかけるだろう子ども・近親・友人の死亡する可能性も高まるからである。

　確かに，遠い将来の収益のための投資を妨げるこの障害は，株式取引制度によって一部は克服される。もし今投資された 100 ポンドが 50 年後に収益をもたらし，その額は 100 ポンドが例えば年率 5 パーセントの複利で増え続けた額だとすれば，最初に 100 ポンド出資した人は，その翌年に，50 年後の最終収益に対する自分の権利を 105 ポンドで売却できるし，またそれを購入する人も同様にして，その翌年に，自分の 105 ポンドの資本に 5 パーセントの利子を加えた額を回収できよう。同様のことがその後も繰り返されるだろう。この限りでは，人は誰でも 100 ポンドを 50 年間固定せねばならない場合にはそれと同額を 1 年間固定するだけの場合より高い年利を要求する，という事実は何ら重要ではなくなる。だが実際にはむろん，株式取引制度の適用範囲は非常に狭い。自分の土地に植樹したり排水設備を整えるなどの個人にしかできない投資の場合，株式取引制度はまったく役に立たず，また企業がおこなう投資の場合も，投資者は，非配当支払証券（non-dividend paying securities）を円滑かつ継続的に取引できる市場が見つかるなどと真面目に期待することはできない。こうして利己心の自由な作用により，即時的消費のためには適正量（ここでは最大総満足を目標と仮定している）以上の資源が用いられ，遠い将来の消費のためには適正量以下の資源しか用いられないことになる。近い将来（その具体的な長さは言えない）の満足に向けられる資源の割合は，おそらくほぼ適正量になろう[36]。

36）フランク・ラムジー氏は「貯蓄の数学理論」という重要な論文（Ramsey 1928）において，幾つかの仮定のもと，［通時的］最大満足を達成するためには，さまざまな所得階

6 前述の2つの原因のどちらかのために調整不全が生じる，あるいはそのおそれがあるときには，もし行政費用が一切かからないとすれば，過大に用いられやすい資源には適度な率の税を課し，過少にしか用いられない資源には適度な率の補助金を支給する政策によって，いつでもその調整不全を是正可能である[37]。所与の状況下で，**最適**資源配分（分配面は無視する）をもたらす単一の確定的な税‐補助金の計画が必ず存在するだろう。あるいは**最適**状態に達しない場合でも，総満足を，利己心の自由な作用のもとで達しうる水準以上に引き上げる税‐補助金の計画の範囲が存在するだろう。

　むろん現実世界では，この種の計画の実行にはかなりの行政費用がかかる。その費用はあまりにも巨額になり，**最適**な計画のもたらす便益さえ上回るかもしれない。最適状態に近づけるだけの計画のもたらす便益の場合には，なおさらそうである。また次のことも明確に理解しておく必要がある。すなわち税‐補助金の諸々の率が一定範囲内に限定されなければ，たとえ行政費用が一切かからない場合でさえ，利益より弊害の方が大きくなろう。さらにまた，富者と貧者はさまざまな商品をそれぞれ異なる比率で購入するので，いかなる

　　層の人々がそれぞれ所得をどれだけ貯蓄せねばならないかという問題を解明した。それは本節の結論を越える内容だが，本節の結論と矛盾するわけではない。

37) なお，この結論は，供給費用が逓増ないし逓減する産業に関しては，マーシャル『経済学原理』第V版（Marshall 1920）の第V編第12章の結論に似ているが，同じではない。マーシャルは，供給価格逓減の法則に従う商品の生産への補助金支給は，補助金の貨幣額以上に（貨幣で測った）消費者余剰を増大させる場合がある（常にそうなるわけではない）ことを明らかにし，そのような場合のみ，一見する限りでは，補助金を支給すべき根拠があると示唆したのである。

　　他方，私の結論は，補助金支給が，（貨幣で測った）実質総生産費の増大以上に（貨幣で測った）消費者余剰を増大させる**すべてのケースにおいて**，一見する限りでは，補助金を支給すべき根拠があり，社会的観点からの供給価格逓減という条件が満たされる限りは，調整不全を是正するための適度な率の補助金が（単純競争下では）**常に**支給されねばならないというものである。補助金支給のための政府の実際の歳出額は，その大部分が移転にすぎず資源を費消しないので，問題にはならない。

　　マーシャルの考察も私の考察も，（私のおこなった社会的観点からの供給価格逓減と当該産業の観点からのそれとの区別を抜きにすれば）当該商品の需要曲線の関連部分の形状が直角双曲線である特殊ケースでは同じ結論になる。なぜならこの場合，補助金支給のための歳出額は，（貨幣で測った）実質総費用の増大分に等しくなるからである。

税-補助金の計画も，実際上，分配面に影響を及ぼす。本節で述べた政策について最終判断を下すには，これらの問題も考慮する必要がある。

第9章　各種支出への差別課税

1　まず本章と前章の関係を明らかにしておこう。前章では，各種用途間における資源配分の調整不全の是正策を論じ，そして理論上は，一部の用途に適度な税を課し，その税収を用いて他の一部の用途に補助金を支給すれば，これらの調整不全を是正できることを示した。だが**本章では，いかなる是正も不要，あるいは必要な是正は完了済みであると仮定する。**そのうえで，前章の税-補助金体系のための収支の他に，さらにある一定額の歳入が必要であるとし，この歳入を，所得のあらゆる使途への一率課税によって徴収すべきか，それとも使途ごとに税率の異なる差別課税によって徴収すべきか，またこれらの課税方法の優劣を決定づける条件は何であるか，について考察する。

　この「差別」という言葉は，前章の税-補助金制度に伴う差別とは別の，それにさらに追加される差別として理解すべきである。ここでは単純化のために，すべての所得を労働所得とする。貯蓄がなければ（貯蓄については次章で考察する）一般支出税と所得税は，明らかに同じ結果をもたらす。それゆえ本章の課題は，最小総犠牲の観点から，均一な率の税と差別的な率の税を比較することである。これは3段階の考察からなる。すなわち競合するこの2つの課税政策を，（I）告知面，（II）分配面，（III）徴税上の技術的問題と費用，に関して順に比較検討する。なお，この考察全体を通じて，すべての市場は独占的でなく競争的条件を満たしていると仮定する。

I　告知面

2　本章の最初の課題は，解明すべき問題を正確に設定することであり，これ

財政学（第II編第9章）　III

は次のように定めるのがごく自然である。「2億ポンドの歳入が必要であると
き，これを一般所得税によって徴収すべきか，それとも異なる種類の支出ごと
に異なる税率を課す税によって徴収すべきか」。100人中99人は，これを完全
に明確な問題設定であると考えるだろうが，実はそうではない。無関係な問題
を除去するために，全員が厳密に同質で，各人の所得も等しい社会を想定しよ
う。その場合でさえ，第5章で見たように，所得を課税対象として2億ポンド
を調達できる多数の租税式が存在する（ただし各式のもたらす犠牲の大きさは異
なる）。まったく同じことが，2億ポンドを得るための，特定種類の支出のみ
に課す税にも言える。それゆえ，所得のさまざまな使途を差別的に扱う税に
よって2億ポンドを徴収する結果と，所得のすべての使途を均一に扱う税に
よって同額を徴収する結果を，**一般的に**比較するのは不可能である。なぜなら
ある差別的な税は，ある均一な税より総犠牲が少ないかもしれないが，他のあ
る差別的な税は，他のある均一な税より総犠牲が大きいかもしれないからであ
る。要するに，比較の結果は比較対象となる税の選択次第である。

3　したがって，税を選択せねばならない。個人の全所得を課税対象とする税
と，特定用途に支出される所得分だけを（あるいは少なくともその一部を）課税
対象とする税という，2種類の税をそれぞれ代表する税を，当然，租税式に
よって明確に示さねばならない。前節の問題に**何か**意味を与えるには，それが
必要である。また**興味深い**意味を与えるには，一見すると，両式はそれぞれの
課税対象以外の点では同一でなければならないように見える。だが同一の式を，
一方で個人の所得の全体に課し，他方でその所得の一部に課して，同じ歳入を
得るのは不可能だから，比較すべき両式は課税対象以外の点でも異ならざるを
えない。だが異なるとはいえ，その比較を興味深いものにするには，両式は同
じ租税系統に属すものでなければならない。例えば，総所得を x，そのうち特
定用途（例えばビール）に支出された部分を y，第1のケースの租税式を $R =$
$\psi(x)$ とすれば，第2のケースの租税式は，$R = m\psi(x) + n\psi(y)$ でなければならな
い（ただし両式の歳入 R は同じ値である）。この場合，前節の問題は次のように
なる。すなわち，もし $R = \psi(x)$ という課税形態でも $R = m\psi(x) + n\psi(y)$ という課
税形態でも歳入 R を徴収できるとすれば，どちらの方が納税者の被る総犠牲

は少なくなるだろうか。この一般的問題の最も単純な特殊ケースは $\psi(x) = kx$（ただし k は定数）のとき，すなわち所得全体に課すにせよ，そのうちの特定の支出部分だけに課すにせよ，とにかく税が単純な比例税のときである[38]。私はこの単純なケースのみを詳しく分析する。というのも，それによって得られる大まかな結論は，普遍的にではないが，より複雑なケースでも一般的規則として成り立つ見込みがあるからである。

4 もし調整が完了し，私的限界純生産物と社会的限界純生産物のすべての乖離（第8章第4節で見た未来展望能力の問題も含む）が除去されているならば，**さらなる歳入が必要でない限り**，この「自然な」配分（むろんここでは分配面は無視する）への政府のさらなる介入は必ず有害なものになる。なぜなら，各用途に投じられた労働がもたらす各生産物はいずれも等しい限界満足を生みだしており，かつこれらの限界満足は各用途に投じられたあらゆる労働の限界不満足といずれも均衡しており，これは（分配面を無視すれば）明らかに可能な**最適**状態だからである。この命題から，さらに次の命題，すなわち追加の歳入が必要な場合でも，私的限界純生産物と社会的限界純生産物が等しくなっていれば（上記の労働の限界不満足の条件も含む），差別課税政策はやはり損失や浪費をもたらすという命題，を導きだしたくなる。すでに論証したように，（第8章で規定されたものを除く）いかなる差別課税もそれ自体のみで課すならば有害である。そこからわれわれは，均一課税によってある一定の歳入を調達した後に，そのような差別課税を追加的におこなう場合でも同じく有害であるに違いない，と推論した。この推論は一見自明であるように思われる。なぜなら，もし差別課税が有害であるならば，どうして追加の歳入が必要だからといってその有害さが無くなるだろうか。差別課税が有害であることの論証はこうしていわばそれ自体が，歳入調達のための差別課税が有害であることの論証にもなっている。私の恩師の誤りを指摘するのは心苦しいが，私はマーシャルさえもこの誤りに陥ったように思う。というのも，彼が『貨幣，信用および貿易』

---

38) したがって，第5章第10節で指摘した問題，すなわち**累進的**所得税は生産資源の利用上のリスクの違いを考慮していないという問題は，ここでは無視してよい。

の第 11 章で，差別性を根拠にして保護関税の有害さを示そうとしたさい，そこでの論証や例証は，歳入を徴収せずに差別課税がなされるケースを想定しているからである（Marshall 1923, 211 頁）。とはいえ，マーシャルが誤った箇所は確かに難所である！

5　もう 1 つ，準備の議論が必要である。不注意な読者は，ここで立てた問題はマーシャルの命題の単純な展開によって解決可能であると考えるかもしれない。それは，①分配面の問題を無視すれば，ある一定の歳入を得るには，需要弾力性の高い商品より，（同じ供給条件下で生産される）需要弾力性の低い商品に課税する方が犠牲は少ないという命題であり，また②両商品の需要条件が等しいとすれば，ある一定の歳入を得るには，供給弾力性の高い商品より，供給弾力性の低い商品に課税する方が犠牲は少ないという類似の命題である[39]。
　しかし，商品 A のみに課税する方が商品 B のみに課税するより望ましいということの論証は，A のみに課税する方がよいか，それとも（それと同じ歳入を得るために）A と B に従価方式で同率の税を課す方がよいかという問題に，何ら手がかりを与えないし，差別課税が必要な場合に A と B の税率をどの程度差別すれば総犠牲を最小化できるかという判断については，なおさらである。要するに，われわれの問題はマーシャルの問題とはまったく異なり，彼の方法では解決できないのである。

6　ごく単純な 2 つの特殊ケースの考察から始めよう。所得の使途として，需要弾力性が高い商品 A とそれが低い商品 B しか存在せず，どちらも収穫一定の条件下で供給されていると仮定する。もし B の需要弾力性が**ゼロ**ならば，ある一定の歳入 R を得るために A と B の両方に同率の税を課しても，あるいは B のみに高率の税を課しても，B の生産量と B の生産のための労働遂行量は同じだろう。しかし A の人々は，前者の課税方法のもとでは，税負担を嫌って，課税がないときより労働量を減少させるに対し，後者の課税方法のも

39）これらの命題は，犠牲を，周知の需給曲線図による消費者余剰の喪失面積で測っても，あるいは消費者余剰と生産者余剰の合計喪失面積で測っても，成立する。

とでは，労働量を減少させない。それゆえ，後者の課税方法の方が犠牲は少ない。同様の論理によって示されるように，ある産業の供給がまったく非弾力的であるため，どんな租税体系のもとでも労働量の減少が無限小にすぎない場合には（もしそれが有限ならばそこでの労働の限界物的生産力は無限に上昇してしまう），ある一定の歳入を徴収するさい，この産業の生産物のみに課税する方が，すべての産業の生産物に均一率で課税するより犠牲は少なくなる。

　需要と供給の弾力性がどちらもゼロであるこれらのケースの結果から，需要と供給の弾力性が非常に小さい（だがゼロではない）ケースについても次のように推論することは容易である。すなわち労働供給が厳密に固定して**いない**場合に，ある一定の歳入を得る最善の方法は，その産業の需要と供給の弾力性が大きいほど，税率が逓減するような課税方法である。だが明確な結論を得るには，さらに強力な分析用具が必要である。

7　フランク・ラムジーの論文「課税理論への貢献」（Ramsey 1927）は，数学的手法によってこの問題を検討し，非常に興味深い答えを提示している。彼は自分の考察枠組みに適するように，「ある一定の歳入」をある一定の**貨幣**歳入と定義し，また貨幣所得は［代表的経済人にとって］その限界効用が定数（分配面は無視するのでその値は全員同じになる）になるように調整されると仮定した。この非常に重要な仮定のもとで，彼もまた，社会的限界純生産物と私的限界純生産物の乖離が存在しない状態，あるいは存在したとしても適切な調整によってすでに是正済みの状態，から考察を始める。なお，この単純化のための仮定は，実際上，独占が存在しないことも含意する。ラムジーはさらに次のような仮定も置いた。すなわち政府が歳入として徴収する貨幣は，①戦時国債の保有者に再移転され，その後，もし課税がなければその貨幣の元の所有者が振り分けたのと同じ比率で，各種商品の購入に振り分けられるか，あるいは②政府の諸々の必要を満たすために支出され（それゆえ資源を費消する），それらの必要に応じた比率で各種商品の購入に振り分けられる。そのうえで，［各財の効用を定める］すべての関数を二次式とし――それゆえ独立した（すなわち補完性や代替性がない）需給の両曲線は直線になる――，かつすべての人の貨幣の限界効用が等しいとすれば，ある一定の歳入をもたらす**最適**な比例税の制度とは，**す**

べての財・サービスの生産を均一率で減少させるものであることが分かる。これは，独立した商品のみならず，その需要ないし供給が，補完性ないし代替性をもつ商品にも妥当する。したがって，われわれの考察対象が鉄とビールのような互いに独立した商品であれ，牛肉と牛皮のような結合生産物であれ，茶と砂糖のような補完財であれ，ノーフォーク州の小麦とケント州の小麦のような代替材であれ，ある製造工程の鉄と他の製造工程の鉄であれ，とにかくこれらのさまざまな商品の相互の生産比率を変えないように課税すべきである。

8 この結論はあくまで，歳入として徴収される貨幣の支出の仕方に関する前節の仮定に基づいている。もしこの貨幣が「国民の手元で役立てられる」場合と同じ比率で各種商品の購入に振り分けられなければ，各商品の需要曲線は移動し，**これらの移動が一部の商品の生産比率を変動させるだろう**。変動が社会に有害な種類のものでない限り，それらを抑えるべきではない。それらの変動の範囲は徴収した貨幣の支出の仕方に依存するから，それぞれの変動の細かな性質に応じてさまざまな形でラムジーの結論を修正する必要がある，ということは確かにその通りである。

だが，次のことを付言しておくことは重要である。ラムジーは明示的に述べなかったが，彼の数学が含意するように（Ramsey 1927, 60 頁），政府がその歳入を例えば戦艦のような一般国民が購入しない財貨（むろんそれらの財貨は課税されない）に支出する場合でも，すべての課税商品の生産が均一率で減少するように課税すべきだというルールは，政府がその歳入を一般国民と同じ比率で各種商品に支出する場合とまったく同様に有効である。

9 では，所与の状況下で，すべての課税商品の生産を均一率で減少させる租税体系とはどんなものだろうか。各商品の需要や供給が相互依存的である場合には，明らかにその答えは，必要歳入額がいくらであれ，その相互依存の性質次第である。特定の状況下では，一部の商品に負の税，すなわち補助金を用いる必要もあろう。例えば，課税による砂糖の供給減少は，酸味の非常に強い品種のスモモの需要に負の影響を与えるので，それに補助金を支給しなければ，スモモの生産が砂糖の生産より大きな比率で落ち込むのを防げないかもしれな

い（Ramsey 1927, 54 頁）。そうしたケースでは，適切な税率を定める租税式に，需要や供給の実際の相互依存関係の詳細を表す要素を組み込む必要があろう。

10 需要曲線と供給曲線がすべて完全に独立しているというまったく非現実的な仮定のもとでは，（前章で考察した税を除く）いかなる税も存在しない場合のこれらの独立した曲線の弾力性を用いて，ある非常に単純な式が得られる。r 番目の商品の，課税前の産出に関する需要弾力性を η_r（負の値として定義），その供給弾力性を e_r[40]，その商品に対する従価税率を t_r とすれば，われわれの仮定した状況下では，r のすべての値について $\dfrac{t_r}{\dfrac{1}{e_r} - \dfrac{1}{\eta_r}}$ が同じ値を保つように諸税率を定める場合に，一般国民の購入するすべての商品の生産がどれも均一率で減少する，ということを証明できる。すなわちどの商品についても，課税前の産出に関する需要弾力性が小さいほど，またその供給弾力性が正の場合には小さいほど，負の場合には大きいほど，税率を高くせねばならないのである。もしそのすべての供給の弾力性が無限大，すなわちすべての商品が収穫一定の条件下で生産されているならば，各商品に課す税率の高さは，それぞれの需要弾力性に逆比例せねばならない。また需要ないし供給の弾力性がゼロの商品が存在するならば，上式が含意するように，それ以外のあらゆる商品の税率をゼ

---

40) 私はラムジーの記号表記を，私の流儀で変更した。彼はマーシャルに従って需要弾力性を，需要量の（小さな）**増加**率をそれに対応する価格の（小さな）**低下**率で除したものとして定義するので，それは一般に正の値となる。一方，私は弾力性を，需要量の（小さな）増加率をそれに対応する価格の（小さな）**上昇**率で除したものとして定義するので，私の弾力性は一般に負の値となる。それゆえ私は，彼の用いた弾力性の記号 ρ を，η ではなく $-\eta$ と表記せねばならず，それゆえ厳密には，彼が「需要弾力性が大きいほど」と書くとき，私は「需要弾力性の絶対値が大きいほど」と書くべきだが，実際に誤解の生じるおそれがない限り，私はいちいちそのように書かないことにする。

ラムジーも私も供給弾力性を，供給量の（小さな）増加率をそれに対応する価格の（小さな）**上昇**率で除したものと定義している。e は正にも負にもなりうる。だから厳密には，われわれはどちらも「供給弾力性が正の場合には，それが大きいほど，負の場合には，それが小さいほど」，あるいは「供給が収穫逓減法則に従う場合にはその逓減の仕方が緩やかであるほど，収穫逓増法則に従う場合にはその逓増の仕方が激しいほど」と述べる必要がある。

ロにせねばならない，すなわち必要な歳入をすべてその単一財貨から徴収せねばならない。r の値によっては e_r が負（すなわち収穫逓増）になるという事実にもかかわらず，前述の式は（前章で述べたものを除き）どんな補助金の根拠にもなりえない。なぜなら e_r が負であるときの安定均衡の 1 つの条件は，$\left(\dfrac{1}{e_r} - \dfrac{1}{\eta_r}\right) > 0$ だからである[41]。

11　一部の財貨は，需要面では独立しているが供給面では完全に代替的である（例えばそれらはいずれも 1 種類の労働のみによって，あるいは数種類の労働を固定比率で組み合わせることによって，収穫一定のもとで生産される）と仮定して，ラムジーは，すべての種類の産出を均一率で減少させるには，商品一般の供給弾力性を ε とすれば，$\dfrac{t_r}{\dfrac{1}{\varepsilon} - \dfrac{1}{\eta_r}}$ すなわち $\dfrac{\varepsilon \eta_r t_r}{\eta_r - \varepsilon}$ が，r のすべての値について一定の値を保たねばならないことを示した。

　これが意味するのは，①商品一般の供給弾力性 ε のあらゆる正の値において，各商品に課される税率は，その商品の需要弾力性が小さいほど，高くなければならないということであり，②それらの需要弾力性を所与とすれば，それぞれの税率の高さは，その商品の供給弾力性が（正の場合には）小さいほど，互いに近づくということである。なお，③ ε がゼロの場合，したがってわれわれの仮定では労働の供給弾力性もゼロになるような極限状態では，すべての商品の税率が等しくなる[42]。

---

41) ラムジーの論文（Ramsey 1927）を参照。なぜならこの値が負になると，需給の両曲線の交点の左側において，需要曲線が供給曲線の下方に位置することになり，均衡が不安定になるからである。

42) この特殊ケースでは明らかに，政府がその歳入をすべて，私人が支出するのと同じ比率で各種商品に支出するならば，各種商品の産出の減少率（すでに述べたように，これらは均一でなければならない）はゼロである。これに対し，もし政府がその歳入の一部ないし全部を，私人が購入しないようなものに支出するならば，その購入されるものの産出の減少率は，むろんゼロではない。その減少率は，歳入のうち再移転されずに政府独自の必要のために支出される割合が増大するほど，大きくなる。この歳入部分は，前に定義した非移転支出と同じではなく，一般にそれよりずっと小さいと考えてよかろう。なぜならその部分には，私人も購入する種類のものが含まれるはずだからである。例え

12 以上の分析は，第7節で述べたように，［各財の効用を定める］すべての関数が二次式であること，すなわち各商品は独立した需要曲線と供給曲線をもち，これらの曲線は直線であること，を前提している。この前提が満たされれば，前述の諸々の結論は，歳入の大きさや税率の高さに関係なく成り立つが，前提が満たされなければ，その有効範囲は狭まり，それらの結論は，厳密には無限小の課税のとき，あるいは近似的には小さな課税のときしか成り立たない。ここで「小さな」と言える課税の規模は，関連する諸関数がどれほど二次曲線に近いか，すなわち独立した各商品の需給曲線の曲率がどれほどゼロに近いか，に依存する（Ramsey 1927, 60 頁）。

13 さらに難しい問題がある。すべに述べたように，第7～11節の議論全体を通じて，貨幣所得は生産の変動と関係なく（代表的経済人にとっての）その限界効用が一定に保たれるように調整されると仮定している。ある所与の貨幣歳入の徴収に伴う犠牲を最小化するには，すべての種類の商品の産出が均一率で減少するように課税せねばならないという命題の証明も，それが前提になっている。なぜならその証明は，その議論全体を通じて，買手および売手が提示する同量の貨幣は同量の満足を表すという仮定に基づくからである。また上の仮定は，（今述べた点ほど根本的な問題ではないが）あらゆる商品の需給曲線の完全な独立性を保証するためにも必要である。さもないと，特殊なケースを別にすれば，ある商品の購入ないし生産の変化によって貨幣の限界効用が変化するため，たとえ他のすべての商品の限界効用曲線や限界不効用曲線が完全に独立していたとしても，それらの需要曲線や供給曲線は変化すると考えざるをえないからである。だから例えば，貨幣所得が一定であるとき，さまざまな分野で利用されている生産資源の各需要曲線は，それらを合わせた総需要の限界欲望（すなわち限界効用）の弾力性が，たとえ−1から乖離した値であっても，その需要弾力性は−1になるように必ず調整されねばならない。

ば無償教育の提供のために政府が用いる資源は，部分的には，政府がそれを提供しない場合に私人が教育を確保するために用いる資源の代替物である。だがここでは，この事実がもたらす諸問題に立ち入る必要はない（本書 20-21 頁［本訳書 37-38 頁］）。

14　ところで，単一商品（所得に占めるそれへの支出割合は小さい）への課税の影響を論じるさい，マーシャルは通常，次のように仮定していた。すなわち需要者側については，貨幣の限界効用は自動的に一定に固定され，そのためのいかなる計画的調整も不要である。だが彼は，供給者側については必ずしも常にそうなるわけではないと認識していた。例えば，炭坑夫の労働の需要価格の上昇が彼らにとっての貨幣の限界効用を大幅に低下させるならば，高賃金のときには，低賃金のときより労働供給は減少するだろう。しかし需要者側に関する限り，マーシャルは次のような常識的見解に依拠していた。すなわち人々がその所得のうち単一の一般的商品に支出する割合はごくわずかだから（むろん家賃のような支出は例外である），たとえそれへの支出が数倍に増加しても，他の商品への支出のために残される所得はごくわずかしか減少せず，それゆえ貨幣の限界効用は大した影響を受けないだろう。

　しかし単一商品への課税ではなく税制全体を考察する場合には，このような想定は明らかに不適切である。なぜならすべての課税商品への支出を合わせると，総支出額のかなりの割合を占めるはずだからである。ではこの場合，どのように論じればよいだろうか。

15　最初に，政府が徴収する歳入はすべて，第7節で述べたような形で（例えば戦時国債への利子として）納税者に再移転されると仮定しよう。比例税からなる租税体系の告知効果は，ラムジーの議論が含意するように，おそらくは実物所得の総産出を幾らか減少させ，実物所得の限界効用を幾らか上昇させる。このとき貨幣所得の限界効用を一定に保つには，貨幣所得と実物所得の関係は，実物所得の限界効用の上昇に正比例して実物所得1単位当たりの価格が上昇するようなものでなければならない。すなわち貨幣所得を I，実物所得を A，実物所得の A 単位の限界効用を $f(A)$ で表すならば，$\dfrac{A \cdot f(A)}{I}$ が一定に保たれねばならない。

　①実物所得の限界効用曲線が直角双曲線である場合には，貨幣所得 I が一定に保たれれば，この条件は明らかに満たされる。また，②実物所得の限界効用曲線が直角双曲線以上に強く湾曲しており（その理由については第 II 編第 7

章第 17 節を参照のこと），そのため A が減少するにつれて $A \cdot f(A)$ が増加する場合，上の必要条件を満たすには，比例税からなる租税体系の賦課によって貨幣所得が増加せねばならない。

16　次に，政府の徴収する歳入の一部が，納税者に再移転されず，戦艦のような公共目的のために支出されると仮定しよう。このとき明らかに，私人の手元の実物所得は減少するので，実物所得の限界効用は前節のケースより高くなる。
　①実物所得の限界効用曲線が直角双曲線である場合，貨幣所得の限界効用を課税のないときと同じ水準に保つには，前節のケースと同じく，貨幣所得が一定に保たれねばならない。また，②実物所得の限界効用曲線が直角双曲線以上に強く湾曲している場合には，貨幣所得は増加せねばならないが，その曲線がある一定の率でそのように強く湾曲している場合には，貨幣所得は**前節のケースより大きく**増加せねばならない。これは $A \cdot f(A)$，すなわち実物所得量にその限界効用を乗じた値が，前節のケースより大きくなるからである。

17　現実世界の生産物は多様であり，以上の要約的説明では省かれた不明確な要素も存在するが，それでもその議論は大まかな近似として役立つだろう。所与の状況下で課税の仕方が変更されるとき，貨幣所得の限界効用は自動的に一定に保たれるのか，それとも計画的調整によって一定に保つ必要があるのかという問題には，そこで採られている貨幣・銀行政策が分からない限り，むろん答えられない。私が「通常（normal）」と見なす型の貨幣・銀行政策[43]の場合には，実物所得の縮小が予想されるかもしれない。なぜならその縮小によって貯蓄の減少，したがって利子率の低下が生じ，これに伴って貨幣所得も自動的に縮小するからである。それゆえ，実物所得の限界効用曲線が直角双曲線以上に強く湾曲している場合に，すべての商品を課税対象とする税の体系によって貨幣の限界効用が変化しないようにするには，貨幣所得を増やすための，例えば公定歩合操作のような計画的調整が必要になるだろう。

---

43)『雇用と均衡』(Pigou 1941) 60 頁。

18 ラムジーが至った結論は，歳入調達手段として，（第8章で検討した事柄は別として）国産品と競合する輸入品に対し，国産品より高い税率を課す政策の是非の問題に，興味深い手がかりを与えるものである。本章の目的上，そのような輸入品を生産する特定の外国人以外の，外国人一般に税を負担させることの可能性の問題は無視する（これは第22章で検討する）。ある特定の輸入品目と交換されるのは，わが国が輸出する全品目中のわずかな部分にすぎないから，この問題に関する限り，わが国の輸出品の生産はほぼ収穫一定の条件に従うと考えてよかろう。そしてその輸入品の実物供給曲線は，これと競合する国産品の実物供給曲線と対置されるが，前者は，わが国内市場におけるその貨幣表示の供給曲線によって近似的に規定される。したがって，国産品より高い税率を輸入品に課すべきかという問題は，上の意味における輸入品の供給と国産品の供給ではどちらの方が非弾力的であるかという問題に変換される。当然ながら，輸入品の供給弾力性の方が小さい場合もある。ある商品の大きな市場がイギリスのみであるとき，その外国の生産者は，その商品が余っていれば，販売可能などんな価格でも受け入れるだろうから，外国の生産者の供給量は，販売価格の変動がかなり大きくない限り，ほとんど影響を受けないだろう。したがって，このような性質をもつ輸入品に特別税を課すのは，実際にうまく運用できるならば，純粋に一国の観点からは実に優れた歳入調達手段だろう。

しかし通常の状況下で輸入される通常の外国品の場合はそうではなく，この場合，輸入品より国産品の方が供給弾力性は小さくなろう。なぜなら，特別な事情がない限り，**生産**弾力性は国内でも国外でも同じと見なすべきであり，国産品の供給弾力性はそれと同じだが，輸入品の供給弾力性はそれより大きいだろうからである。これは，イギリスにおけるある一定の価格上昇が，外国によるその商品の生産総量を増大させると同時に，その総量のうちイギリスに運ばれる**比率**も増大させるからである[44]。したがって，特別な事情がない限り，輸

---

44) 外国によるその商品の生産をA，外国におけるその消費をD，イギリスおよび外国の生産弾力性をどちらもe，外国の需要弾力性をηで表す。このとき，イギリス市場における1パーセントの価格上昇によって，外国品の輸入は（A－D）から$\{eA-\eta D\}$パーセント増加する。したがって，イギリス市場に持ち込まれる外国品の供給弾力性は$\dfrac{eA-\eta D}{A-D}$である。ηは負であるから，この弾力性はeより大きい。

入品にはこれと競合する国産品より**低い**税率を課すべきだ，というもっともな議論が成り立つ（むろん特別な事情があれば，この推論は覆されうる）。その反対のもっと人気のある差別課税を支持する議論は，確かに何も存在しない。ただしこの結論は，外国人一般からわが国の歳入を調達することなどほとんど期待できないという条件に依拠しており，前述のように，この条件の妥当性は第22章で考察される。

II　分配面

19　分配の観点から差別的租税体系と無差別的租税体系を比較するさいには，2つの事柄を考慮する必要がある。第1に，所得は同じだが異なる経済的条件下にいる人々の取扱いであり，第2に，所得は異なるが同じ経済的条件下にいる人々の取扱いである。われわれの目的は最小総犠牲であるから，明らかに，第1の集団の構成員には，経済的条件の差異を斟酌したうえで等しく課税すべきであり，第2の集団の構成員には，所得が大きい者ほど累進的に高い**税率**を払うように課税すべきである。

　ここでは，以上のような分配面からの要請に照らして，各種の商品ないし支出用途の差別的取扱いがどの程度**必要**であるかという問題を考察する。

20　所得は同じだが異なる経済的条件下にいる人々の場合，ある特定種類の差別化によって，すなわち一般所得税に上乗せする形で奢侈的支出に特別税を課すことによって，望ましい調整を**ある程度**達成することができる。例えば同じ所得の2人の人物がおり，一方の者は，病気の友人（親類でない）を経済的に支援せねばならないケースのように，所得税制度では事前に斟酌できない種類の重い務めを負っているとする。このような負担のない他方の者は，その所得のうち，ずっと大きな割合を自分の贅沢に支出すると考えられよう。それゆえ，奢侈に限定した重い課税は，両者の「租税負担能力」の真の差異を考慮するのに役立つだろう。しかしこれはあまり重要な問題ではない[45]。

財政学（第Ⅱ編第9章）　123

21　所得の異なる人々の場合，確かに理論上は次のような税制を想像することもできる。すなわち多くの個別の財貨税からなり，その各税率が主に貧者の購入する商品ほど低く，主に富者の購入する商品ほど高くなっているような累進課税制度である。だが次章で詳しく見るように，このような税制の実現に伴う実際的困難は克服不可能である。たとえ克服できるとしても，わざわざ多くの財貨税を組み合わせるより，単一の一般所得税を課す方が，われわれのめざす累進課税を容易かつ正確に実現できるということは明白である。

115

22　だから結局のところ，分配の観点からは，異なる種類の支出に異なる税率を課す差別化は概して否定されるが，一般所得税に上乗せする形で奢侈的消費に何らかの特別税を課すことには根拠があるように思われる。なお，そのような差別化に伴う制度上の細々した調整は，課税の告知面の考察から提案される調整とは，むろんまったく別のものである。

III　技術的問題および徴税費用

23　実際上の観点からは，無差別的租税体系は，所得税すなわち一般支出税を意味する。なぜなら，あらゆる財・サービスを対象にして（どんな率にせよ）とにかく均一な率で財貨税[46]を徴収することなど，徴税実務上，不可能だからである。したがって，仮に技術的理由から所得税が斥けられれば，採用される税制は差別的なものにならざるをえない。

---

45) 次章で見るように，通常の所得税は貯蓄を不利に差別している。この弊害を除くための特別な規定がない場合には，その部分的緩和策として，同じく奢侈への特別税が提唱されることもあろう。

46) この種の税は通常，**間接**税と総称される。なぜならそれらの税の最終的負担者は，それらを［政府に］直接納める者ではないからである。だが租税帰着という論争的問題を土台にして税を定義するのは，非常に不都合である。例えば，輸入品に課される税を払うのはその消費者であるとすれば，これらの税が間接的と言えるのは，当該商品が流通業者の手元にあるときに課税される場合に限られ，それらの税を消費者から徴収する場合は，直接税になってしまう。

特定の状況下では，所得税の執行には法外な費用がかかる。例えば，人が非常にまばらな農業社会で，交通の便が悪く，中央政府の力も弱い場合がそうであり，そのような場所では技術的諸問題のために，（この社会が海に囲まれた島にあるとすれば）港の税関で徴収される限られた数の輸入税に頼るしかないかもしれない。あるいは直接税が非常に不人気であったり，徴税機関が不効率であれば，脱税のために所得税はうまくいかないだろう。むろん今日のイギリスには，この種のいかなる問題も存在しない。実際の脱税の規模については論争があるものの，源泉徴収制度によって脱税は広範な領域で完全に阻止されており，他の領域でも周知のように財務省は必要な徴税手段をもっている。したがってイギリスでは，少なくとも所得税を納めている比較的豊かな階層に関する限り，技術的問題と徴税費用は，一般所得税を斥けて（前述のように差別を伴う）財貨税を支持する根拠にはならない。

24 他方，肉体労働によって賃金を稼ぐ一大集団については，所得税の適用可能性は，最近まで疑問視されていた。第一次大戦前には，これらの労働者から所得税を徴収する困難と費用は膨大なので，彼らにどのような税負担を課すにせよ，とにかくその手段は財貨税**以外にはない**，というのが自明の公理とされていた。だが 1919 年の所得税に関する王立委員会でなされた証言によれば，四半期ごと（1925 年以降は半年ごと）の賃金調査制度のおかげで，週賃金の稼得者という一大集団からもごくわずかな費用しかかけずに所得税が徴収されているようである。したがって，依然として克服すべき困難や不便は残るとはいえ[47]，所得税の徴収方法は低額の所得には全然適さない，と考え続けるのはもはや不可能である。第二次大戦中にはその方法がさらに改良され，所得を支出ないし使い切ってしまう前に，それを稼得した時点で課税する新制度が現れたことにより，所得税に対する最も重要な反論も切り崩されるに至った。だが以上のことを認めてもなお，技術面および徴税面の観点からは，**極**貧者から歳入を徴収する手段としての財貨税（それゆえ差別課税）は，もしこれらの人に本当に課税するのであれば，依然として重要である。その場合に必要な差別化の

47）スタンプ卿『財政と統治に関する現代の諸問題の研究』（Stamp 1924）223 頁。

財政学（第 II 編第 10 章）　**125**

種類はむろん，告知面から求められるものとも，分配面から求められるものとも，まったく異なるだろう。

IV　［結論］　　117

25　第 1 節で区別した 3 つの観点からそれぞれ検討した結果，幾らかの差別課税をおこなう合理的根拠が見出された。この差別課税とは，所得のさまざまな使途の間に一切の差別を設けない租税体系（所得税はこうした性質をもつ）に対置されるものである。だが 3 つの観点からそれぞれ求められる差別課税の種類は，互いに異なり，同時に実行するのは不可能である。またそれらの差別課税はいずれも，現実の政治家がめざすだろう差別課税の基本方針とは異なり，これと両立させることも不可能である。彼らは有権者の票に頼っており，強力な利害圧力に晒されているのである。

第 10 章　所得税と貯蓄　118

1　前章までは，私はあえて一般所得税と一般支出税の差異を明確にせず，一般所得税は所得のさまざまな使途の間に差別を設けるものではない，と暗に仮定していた。だがこの仮定は正しくない。本章ではこの点を詳しく考察する。所得には 2 つの主な使途，すなわち貯蓄（社会全体では投資に等しい）と消費支出がある。むろんこれらの使途の内部には，さらに無数の下位区分もある。貯蓄は，消費支出に対置され，通常は「支 出」（スペンディング）と呼ばれないが，むろん最終的には貯蓄は支出の一形態，すなわち機械等の新たな資本財の購入のための支出である。それゆえ「支出」という用語には問題もあるが，ここで説明した意味においてそれを用いることは許されよう。一般所得税としてイギリスで理解されている税は，次節で示すように，所得の向けられる使途としての投資（すなわち貯蓄）を不利に差別し，それゆえ消費支出を有利に差別している。

2 この命題の証明は以下の通りである。一般所得税は，貯蓄される所得と支出される所得に等しく課税されるので，一見，この2つの使途に対して中立的であるかに見える。だがそれは幻想である。ある税をある一定の率で，1年間だけ，あるいは短期間だけ課す状況を想定しているのであれば，確かにそれは中立的だろう。しかし一定の税率で無限に永続すると考えられる租税体系の場合には，そうではない。支出税は貯蓄と支出に対して中立的であり，支出を有利に差別することはない。なぜなら貯蓄される資源は，それが将来に収益を生みだしたときに（直ちに消費された資源と同じ税率で）最終的に課税されるからである。これに対して所得税は，貯蓄を不利に差別する。なぜなら貯蓄がなされたときと，それが収益を生みだしたときの，両時点で［二重］課税するからである。例えば，税率 x パーセントの一般的かつ永続的な所得税は，所得のうち支出される部分にこの税率で課税する。加えて，所得のうち100ポンドが貯蓄される場合には，まず即座にそこから x ポンドを徴収し，しかもその後にその貯蓄が生みだす収益の一部にも課税するのである[48]。

　この2度目の課税部分がどれほどになるかは，課税後の貯蓄者の行動，すなわち①（遅かれ早かれ支出するつもりか否かはさておき）とにかくその人が貯蓄を引き揚げるか，あるいはそのような行動をまったく取らないかということ，そして②**もし貯蓄を引き揚げるならば**，そのときの利子率，によって決まる。貯蓄者による投資が永久的なものであり，その元本がけっして引き揚げられないとすれば，上述の2度目の課税の毎年の大きさは，実際に投資に向けられる $(100-x)$ ポンドが生みだす収益の $\frac{x}{100}$ になる。それゆえ第1と第2の課税の合計は，現在の課税 x と，将来にわたる年々の課税 $\frac{x}{100}(100-x)i$ の現在価値との合計になる。ただし i は投資時点における利子率［＝投資収益率，次節参照］である。すなわちその合計は $\left(x+\frac{x}{100}(100-x)\right)$，つまり $x\left(2-\frac{x}{100}\right)$ にな

48）キャナン氏はこの問題のこうした説明の仕方に反対している。彼によれば「われわれは政府に所得税を払った後に手元に残った所得部分から貯蓄や支出をおこなう」（Cannan 1921, 213頁）のだから，貯蓄される100ポンドが2度課税されると見なすのは誤りである。しかしキャナン氏の流儀に従って議論しても，結論はやはり同じである。なぜならその場合でも，税引き後の所得のうち，貯蓄される部分はそれが生みだす収益に課税されるが，支出される部分はまったく課税されないからである。

る。それゆえ貯蓄された所得に対する実効税率は、税率 x が低いときには、貯蓄された所得に対する税率よりかなり高くなるが、その2倍を上回ることはない。例えば50パーセントの一般税率は、貯蓄された所得にとって、50パーセントでなく実は75パーセントを意味するのである。なお、投資元本が支出のためにやがて引き揚げられる場合には、第1と第2の課税の合計は、ある一度きりの課税を現在おこなうのと同じことになり、その税率は上の場合より低くなる[49]。なぜなら、元本が n 年後に引き揚げられ、利子率が i パーセントだとすれば、その一般式は $x + \dfrac{x}{100}(100 - x)\left\{1 - \left(\dfrac{100}{(100 + i)}\right)^n\right\}$ であり、元本が10年後に引き揚げられ、利子率が5パーセントだとすれば、その値は、x が低い場合には $1\frac{1}{3}x$ をやや上回る程度にすぎないからである。

3 厳密に考えれば、前節の分析には確かに欠陥がある。第1に、それは暗に、投資は常に課税対象となる将来収益を生むが、消費支出はそれを生まない、と仮定している。これは誤りである。すなわち一方では、まったく収益を生まない貯蓄もある。また他方では、食料・衣服・住居のような一部の支出は人材の能力を向上させるが、これは通常の意味の投資が機械設備の性能を向上させるのと同じことであり、どちらも将来所得を生みだすのである。第2に、前節の分析は暗に、貯蓄からの収益に課す税率と貯蓄時点の税率は等しいと仮定しているが、これは必ずしも常にそうではない。イギリスのように不労所得（投資所得）には労働所得より高い税率が課される場合、労働所得からなされる貯蓄の収益は、貯蓄の元本より高い税率を課されるため、労働所得のうち貯蓄される部分は、実は前節で示した式より一層不利な差別を被るのである。その反対に——こちらの方が実際上重要なのだが——イギリスのように大所得に対して強度の累進課税がなされる地域では、富者が貯蓄し、貧者の利用に供される所得は、後者に対する所得税（付加税も含む）率が低いので、前節の式が示すほど不利に差別されるわけではない。

　これらの問題が存在するので、前節の分析結果は一見するより歯切れの悪い

---

49) 投資元本が支出のためにやがて引き揚げられるとしても、そのさい課税されるのだから、現在に課税される場合と結果は同じだろうという主張は、むろん粗野な誤りである。

ものになるが，それでもなお，イギリス式の一般所得税は貯蓄される所得を幾らか不利に差別している，という大まかな結論は揺らがない。

4 次に，このように貯蓄を不利に差別することが最小犠牲原理に合致するか否かを考えよう。このとき，個人の貯蓄への課税は，投資とは区別されるものとしての「退蔵（hoarding）」にもある程度負担を課すだろう，という厄介な問題にぶつかる。なぜなら，われわれの定義上，貯蓄と投資は社会全体で必ず等しくなる（ある人の退蔵はそれと同額だけ他の人の所得を消滅させ，それゆえ貯蓄を消滅させるからである）という事実は，個々の退蔵者の存在を論理的に排除しないからである。だがこの問題は無視する。そのうえで，ここでは以下の3つの主要問題が重要である。

第1に，所得への課税がまったくない場合に，消費と投資（貯蓄）の限界満足が等しくなり，したがって総満足が最大になるように（分配面は無視する），所得がこの2つの使途に配分されるか否か，あるいはより実際的問題として，所得がこの2つの使途のどちらに偏って配分されるか，を考察する必要がある。投資を通じて資本を所有すれば，そこから生じる年々の貨幣所得の他に，威信や，不運に対する保障も得られるが，潜在的貯蓄者もこうしたアメニティー価値（amenity value）をおそらく考慮に入れるので，ここではその点は無視しよう。だが第8章の第4〜5節の議論から明らかなように，人の寿命が限られていることもあり，現在に対して将来の重要性を割り引いて考える人間の一般的傾向は，投資を最小犠牲の観点からの望ましい水準以下に減少させる傾向がある。このことは，貯蓄を優遇すること，例えば，たとえ純歳入をもたらさないとしても（貯蓄への実質的な補助金となるように）消費に課税すること，を支持するものである。歳入が**得られる**場合には，なおさらである。

第2に，ラムジーが「貯蓄の数学理論」という重要な論文で明らかにしたように，［通時的］最大満足をもたらすのに必要な投資率は，現実世界の投資率より，すなわち通常適切と考えられている水準より，ずっと高いものである（Ramsey 1928, 548頁）。このことは，告知面から見れば，投資を少なくとも課税から控除すべきだという見解を強く支持するものである。

第3に，分配に関しては，同じ所得の人々の間でも，貯蓄する人，貯蓄しな

い人，あるいは少ししか貯蓄しない人がおり，貯蓄する人はおそらく他の人より大きなニーズを抱えている（これが多めに貯蓄する原因である）のだから，貯蓄された所得部分は他の所得部分より税を軽くすべきだという議論もあろう。むろんこの議論は，ある人々（例えば労働所得で暮らす者）は，他の人々（例えば投資所得で暮らす者）と所得が同じでも，より大きなニーズを抱えている，という事実が別の方面で斟酌されるときには力を失う。だが明らかに，貯蓄された所得の優遇措置には次のような利点がある。すなわちそれは，財産のない者が将来に備えて実際に消費を控えたその変化分を対象とし，彼らが消費を控えると一般に推定ないし憶測される額を対象とするのではない。ただし，財産のない者が比較的大きなニーズのためにおこなう貯蓄部分だけを特別に優遇することは，確かに実際上不可能である。一方，所得の異なる人々の間では，額で見ても比率で見ても，富者の方が貧者より多く貯蓄すると信じてよい理由があるので[50]，もし所得税から貯蓄を控除し，他に何もしなければ，富者に実質的な補助金を与えることになり，分配面の弊害が生じる。しかし貯蓄される所得へのこうした課税の優遇措置が，累進課税制度全体のなかでの高所得部分の税率引き上げと同時になされるならば，この反論を少なくとも部分的に回避できよう。

　これらすべての事柄をふまえれば，次のような一般的合意に至るのではないかと私は思う。すなわち，貯蓄を有利に差別することが適切か否かは別として，とにかく，貯蓄を不利に差別する理由は何もないということは確かに言える。最小総犠牲の見地からは，消費と貯蓄を同等に扱う税は，一般所得税のように貯蓄に対して特殊な追加の負担を課す税より優れている。

5　一見すると，一般所得税の代わりに，それと同額の歳入をもたらす一般支出税（消費支出を課税対象とする）を採用すれば，貯蓄への不利な差別が除去され，完全に中立的な租税体系が実現するように見えるが，実はそうではない。貯蓄された所得は，利子収益のみならず，前節で述べたようなアメニティー収益も生むという事実，また支出税の課税対象は利子収益のみであるという事

---

50) 本書第II編第4章第7節［本訳書71頁］。

実から考えて，支出税は貯蓄される所得を**有利**に差別するものである。

だが私は，最小犠牲原理が要求する限度を越えるほどに，その差別が告知面で大きな影響を通常及ぼすとは思わない。一般所得税に比べれば，それと同額の歳入を生みだす支出税の方が最小犠牲原理によく合致するのは確実である。貯蓄される所得から得られるアメニティー収益を課税対象としないことで生じる分配面の弊害は，あまり深刻なものにはなるまい。したがって明らかに，一般支出税は一般所得税より望ましいように見える。では，徴税実務の観点からはどうだろうか。

6　もし貯蓄された所得のすべてが**永久**に貯蓄され続け，その元本が支出のために引き出されることがけっしてないとすれば，消費に対する一般支出税は，貯蓄控除付きの一般所得税と同じことになる。一般支出税も，一般所得税と同じく，累進課税や家族手当を使えよう。また消費支出の一部は実質上の投資であり，将来の所得を生みだすので[51]，通常の所得税のもとでは二重課税を被るが，この問題に対処するために大雑把な是正策を講じることも，もし望むならば可能である。例えば，子どもの教育費はその名目で控除できよう[52]。だがこれらの可能性にもかかわらず，貯蓄控除付きの一般所得税という形で一般支出税を作り出すという考えに対しては，非常に強力な反論がある。すなわち，貯蓄される所得は必ずしも永久に貯蓄されるわけではない。貯蓄された所得がその後に引き出され支出される場合，もしそれが所得に算入されず課税されなければ，貯蓄に**有利な**差別要素が生じることになり[53]，もし貯蓄された後にそれがすぐ引き出されるならば，その差別要素は非常に大きなものになろう。決定的な弊害として，貯蓄控除付きの所得税のもとでは，不誠実な市民は，ある年に貯蓄して課税を逃れ，そして翌年にこっそりその貯蓄を支出するかもしれな

51）本書 120 頁［本訳書 127 頁］。

52）その他の「人的能力のための必需品」への支出をこうした形で扱うことは，明らかに実際上不可能だろう。それらへの実際の支出額でなく，それらにかかると推定される一定額を控除するという妥協的方法は，逆にそれらへの支出を優遇することになろう。

53）ベンハム「財政の純粋理論に関するノート」（Benham 1934）442 頁。そこでは，本書の以前の版に含まれていた私の誤りが訂正されている。

い。わが国の税務官の手腕は他の多くの形態の不正の克服に成功してきたとはいえ，熟練した税務官の多数の意見では，この形態の不正は彼らの手に負えないようであり，あまりにも脱税が容易になるため，歳入手段としての所得税の有効性は著しく低下するだろう。

7　以上の理由から，貯蓄控除付きの所得税は実行不可能なので，それによって間接に一般支出税を打ち立てるという希望を棄てざるをえないとすれば，残された方法としては，それを直接に打ち立てることの実行可能性を考察するしかない。しかし残念ながら，一部の商品は二重の用途をもつ，すなわちある時には消費財として役立ち，ある時には資本財として役立つという事実を無視してもなお，一般支出税を直接に打ち立てることには克服し難い問題が立ちはだかっている。

　輸入消費財については，いかなる税率にせよ，それらすべての財貨への一般課税は確かに実行可能である。だが，国内消費のために国内生産されるすべての財・サービス（サービスも当然含めねばなるまい）への一般課税はほぼ実行不可能だろう。戦時の特殊な非常時には，一般に店頭取引される商品への実質的な支出税を確かにうまく課すこともできたが，平時にはそのような税はほぼ間違いなく国民に非常に嫌われるうえに，脱税を防ぐ行政の仕事は困難であり，費用もかさむだろう。商店主以外の者を通じて支出税を徴収するのはさらに実行困難であり，その場合，国内で作られるすべての消費財をいったん保税倉庫に納めるような生産体制をとらざるをえないだろう。それゆえ，たとえ比例的支出税をめざすにせよ，財貨税によってそれを達成するのは実際上，至難の業だろう。

　累進的支出税を構築しようとすれば，別のさらに手強い難問にぶつかる。なぜならそこでは，ある単一の税率ではなく，個々の商品ごとに，各購買者の所得に応じた多くの別々の税率を課す必要があるからである。そのような計画に成功の見込みはまったくない。せいぜい望めることは，主に富者が消費する商品には，主に貧者が消費する商品より高い税率を課して，大雑把な累進性を確保することぐらいだろう。しかしこれさえも，その実現には重大な問題が立ちはだかる。すなわち富者の所得の大部分は，財ではなくサービス（課税が非常

に難しい外国旅行など）に支出される。しかも富者の支出は多数のさまざまな商品に分散するので，個々の商品への支出額はけっして大きくない。この種の諸商品への課税には膨大な徴税費用がかかる。むしろ経験が示すところでは，「魅力的な歳入源は，主に大衆によって大量に消費される主要必需品である」[54]。

したがって実際上，比例的財貨税より優れた累進的財貨税を探すことは徒労にすぎない。それどころか，もしわれわれが行政上の理由から，徴税が容易で「大きな歳入が見込める」種類の税のみに頼るならば，財貨税からなる租税体系は，実際には逆進的なものになりかねない。広く大量に消費される食料品を課税対象に含めれば，そうなることはほぼ間違いない。「年収 1000 ポンドの人は年収 100 ポンドの人に比べて，通常，10 倍のウイスキー，紅茶，ビールを飲むわけでなく，10 倍のタバコを吸うわけでもない」からである[55]。また諸々の原材料は，より複雑な完成品に比べて課税は技術的にかなり容易だが，そうだからといって原材料ばかりに課税すれば逆進性が生じる。なぜなら富者が買う洗練された完成品と，貧者が買う粗野な完成品との違いは，同じ量の原材料に異なる量の労働が加えられることで生じるからである。逆進性が生じれば，原材料への課税は，富者の所得より貧者の所得に高い税率を課すことになる。諸々の機械への課税についても同じことが言える。これらの例が示す逆進性の危険は，イギリスの財貨税において実際に起きており，シラス氏とロスタス氏は『イギリスにおける租税負担』のなかで，1937〜38 年における各所得階層の世帯（「夫婦＋子ども 2 人」とする）の労働所得に占める財貨税の負担（各種の間接税から社会保険料を引いた額）比率を，次表のように推計した（Shirras and Rostás 1942, 52-53 頁）。ただしそこには，アルコールとタバコの「適度」な消費，また 500 ポンド以上の所得階層については自家用車の維持にかかる適度な費用が含まれる。

54）タウシッグ『経済学原理』（Taussig 1911）第 2 巻，558 頁。
55）バーバー（D. Barbour）卿。『大ブリテンとアイルランドの財務関係に関する王立委員会最終報告』（H. M. S. O. 1896）122 頁。

財政学（第 II 編第 10 章）　**133**

所得（ポンド）	負担率（%）	所得（ポンド）	負担率（%）
100	10.9	1,000	9.0
150	11.8	2,000	7.1
200	11.8	2,500	6.2
250	11.1	5,000	4.2
300	11.9	10,000	2.8
350	11.3	20,000	2.0
500	12.8	50,000	1.1

　明らかにこの種の推計はどれも不安定な土台に基づいており，やむをえない
ことだが，税の帰着や各所得階層の代表的構成員が消費する各課税品目の内訳
について，特定の仮定を置いている。だが，その主張の大まかな内容の正しさ
を疑う理由はない。財貨税が逆進性をもちやすいことは，皆が等しく豊かな社
会では確かに大した問題ではなかろう。「ロシア人はその大部分が共通の所得
水準に近づいているので，財産の大きな格差の存在する資本主義諸国とは異な
り，間接税が反大衆的性質を帯びることはない，ということを忘れてはならな
い」[56]。だがイギリスのような国では，逆進性の問題は極めて重要である。

　また財貨税の体系は，各人の家族構成の差異を斟酌できない。しかも課税し
やすい品目に財貨税をかければ，扶養家族の多い大家族の負担軽減にならない
どころか，実際上，扶養家族の少ない者よりそれの多い者に一層重い負担を課
すことになりやすい。なぜなら大家族の方が食料・衣服といった一般財貨を多
く購入する必要があるからである。しかし本章の目的にとっては，財貨税の体
系では家族構成の差異を斟酌できず，公正（fairness）を確保できない，という
ことを指摘するだけで十分である。

　以上の事柄を併せ考えれば，当初期待された脱出路が，実は行き止まりに
なっていることは明らかである。イギリスの所得税は貯蓄を不利に差別してい
るが，財貨税を工夫してもその差別を除去できる見込みはない。それを除去す
るには，所得税に貯蓄控除を設けるしかない。

---

56) G. ソコルニコフ（Sokolnikoff）。『マンチェスター・ガーディアン』別冊（*Manchester
Guardian Supplement*）1922 年 7 月 6 日，225 頁。

第 11 章　所得の源泉ごとの差別課税

1　所得は，その支途によっても，またそれを取得する源泉によっても，分類できよう。本章では後者に注目する。ボーレイ博士が『1860 年以後のイギリスの賃金と所得』で示した推計によれば，イギリスでは 1880 年および 1913 年において，（労働所得と対置されるものとしての）財産所得の割合は約 37.5 パーセントであり，「1880 年と 1913 年を比べても，あるいは 1911 年，1913 年，1924 年を比べても，総所得に占める労働所得の割合にあまり変化はない」（Bowley 1937, 96-97 頁）。一方，1880〜1935 年の**肉体労働**による所得の割合は，40〜43 パーセントで推移している（同書 xvi 頁）。むろん労働所得と財産所得という 2 大範疇のそれぞれの内部には，さらに無数の下位範疇があり，実際の所得はそれらの混合物である。

2　特定種類の労働や財産から得られる所得は，それらが生みだす財・サービスの販売によって生じるのだから，明らかに，各種労働所得の間や各種財産所得の間の差別課税は，各種生産物に支出される所得の間の差別課税とほぼ同じことである。したがって，第 9 章の一般的分析が適用可能である。

3　所得の 2 大範疇（労働所得と財産所得）のそれぞれの**内部**の，下位範疇の間の差別課税を考えるさい，イギリスにおけるその唯一の重要な事例は，財産一般からでなく不動産からの所得に課される 地 方 税 である。この特定種類の財産所得への不利な差別課税は，複雑な歴史的経緯の結果であり，ここでそれを詳しく述べることはできないが，おそらくは主に行政側の都合が強く働いた結果である。家屋や農業改良への投資を大いに阻害するはずのこうした差別課税が，告知面ないし分配面から擁護可能だと真面目に主張する者などいるまい。イギリスの地方税の仕組みがまったく時代遅れであることは，実に長年にわたり常識となっている。

財政学（第 II 編第 11 章）　**135**

4　だがこの難しい問題を検討するのは，本書の課題ではない。したがって私は，労働所得と財産所得という 2 大範疇の**内部**における差別課税の問題は無視し，むしろ最小犠牲性原理のもとで，2 大範疇の**間**の差別課税が必要か否か，換言すれば，課税対象として労働所得一般と財産所得一般を異なる地位に置く必要があるか否か，を考察する。まずはこの問題を告知面から考察し，その後に分配面から考察しよう。ここではむろん，徴収すべき歳入額はどちらも同じとする。

5　$t = \dfrac{k}{x}$ という型の租税式，すなわち一括税（ラム・サム）の場合，この式をどの課税対象に名目上適用するかという問題は，告知面からは，明らかにどうでもよい事柄である。ある人から 1000 ポンド徴収せねばならないとき，労働所得に課税しても，財産所得に課税しても，あるいはそれら両方に課税しても，何ら違いは生じず，どれもまったく同じ結果になる。一方，課税対象（物）の所有額が増えれば課税額が**とにかく増える**ような租税式の場合，課税対象の選択は一般に重要な問題になる。

　現実世界では，所得を構成するいかなる所得部分についても，その課税額は少なくとも比例税と同程度に逓増的であり，多くの場合，むしろ税率自体が累進的だろう。ここでは単純化のために，比例税のみで歳入を調達すると仮定しよう。より複雑な租税式を用いても，いたずらに議論が難しくなるばかりで，大まかな結果は変わらないと思われるからである。

6　課税の心配のために［投資が抑制され］財産所得が減少することはないという意味で，財産所得が厳密に固定しているならば，財産所得への課税の告知は，その税率がどうであれ，人頭税の告知とまったく同じ影響をもたらすだろう。一方，労働所得への課税は，どんな税であれ（人頭税を除く），その告知は労働の貨幣報酬に関するあらゆる人々の期待を悪化させるので，たとえ労働供給が減らずに増えるとしても，その増加は最小総犠牲の観点からの最適量には足りないに違いない。したがって，告知効果に話を限定すれば，財産所得が厳密に固定している場合，最小総犠牲の原理は，財産所得への課税によってすべての

歳入を調達すべきであり，労働所得には一切課税してはならない（人頭税を除く），と要求する。

7 むろん現実世界では，財産所得は，前節で述べたような意味において厳密に固定していない。それどころか，財産所有者がその設備の被る通常の消耗を補修せねば財産所得は減少するし，新たな投資をすれば財産所得は当面は増加するだろう。このような場合，問題はずっと複雑なものになる。

　そこでまず，所得が生みだされる源泉を問わず，あらゆる種類の所得に均一率で課税する場合から考えよう。その税率を 10 パーセントとし，それによって得られる歳入を R で表す。これと異なるさまざまな課税のもたらす結果も調べる必要がある。最初に，歳入を R に保つために労働所得への課税率がどれほど上昇することになろうとも，投資所得の完全な課税免除を考えよう。

8 一見すると，投資所得の課税免除の提案はあまりに不条理であり，考察に値しないように思われるが，実はその背後に重要な目的が隠れているのである。前章で見たように，イギリスの所得税は貯蓄を不利に差別するという重大な欠点をもつが，そこでの議論では，この欠点を取り除く方法を何も示さなかった。投資所得の課税免除が 1 つの是正策であることは容易に分かる。なぜなら貯蓄への不利な差別をなくすことは，所得が貯蓄される時点でその所得部分を控除しても，あるいは貯蓄が果実を生みだす時点でその果実を課税免除しても，どちらでも可能だからである。したがって，それに伴う弊害がその利益を上回らない限り，**告知面では**，投資所得の課税免除は最小総犠牲の原理に合致する。

　では，この結論を覆すほどの大きな弊害は，告知面において（分配面は次節で扱う）生じないのだろうか。もし年々の貯蓄が投資所得に通常等しいならば，投資所得の課税免除は，所得税の貯蓄控除の場合とほぼ同額だけ歳入を減少させるだろうから，［歳入を一定に保つには］所得の残りの部分がそれと同額だけ税を追加負担せねばなるまい。投資所得を所得から控除する場合には，所得の残余部分はすべて労働所得からなるが，貯蓄を控除する場合には，所得の残余部分は，一部は労働所得，一部は投資所得からなる。いずれにせよ，その残余部分に課す税率，それゆえ労働所得に課す税率を，ほぼ同程度まで引き上げね

財政学（第 II 編第 11 章）　137

ばなるまい。それゆえ，告知面では，投資所得の控除がもたらす弊害は，貯蓄
される所得部分の控除がもたらす弊害より小さい。なぜなら前者の場合，告知
面では，すでに見たように貯蓄される所得部分の控除は，最終的に最小犠牲原
理に合致するのだから，貯蓄を控除せず投資所得を控除しても，やはり最終的
にその原理に合致するからである。ただしこの結論は，年々の貯蓄と投資所得
が通常等しい場合にしか成り立たず，年々の貯蓄が投資所得よりかなり小さい
ような社会では成り立たない。なぜならその場合，投資所得の控除は一層大幅
な歳入減少をもたらすので，もしそれを阻止できなければ，貯蓄の控除の場合
よりずっと大幅に，労働所得に課す税率を引き上げざるをえないからである。
例えば，社会の全所得の 3 分の 1 が財産所得であり，全所得の 15 分の 1 が貯
蓄されるとしよう。1938 年のイギリスはおよそこのような状況だった。この
とき，貯蓄される所得への 15 パーセントの課税を免除すれば，所得の残余部
分への約 1 パーセントの税率引き上げが必要になる。一方，投資所得への 15
パーセントの課税を免除すれば，所得の残余部分への約 7.5 パーセントの税率
引き上げが必要になるのである。明らかに，後者のもたらす純便益の見込みは，
前者のそれよりずっと小さい。また明らかに，後者の純便益の見込みは，財産
所得が年々の通常の貯蓄額を大きく上回るほど，ますます小さくなる。これが
投資所得の課税免除の，告知面における大きな弊害である。

131

9　分配面から見れば，その弊害はむろん圧倒的なほどに大きい。なぜならす
でに見たように，貯蓄される所得を課税免除すれば，富者はいわば相当の助成
金を受けることになるが，投資所得を課税免除すれば，その助成金は膨大なも
のになるからである。わが国におけるその具体的金額を統計によって知ること
は難しい。その理由は実際上，国の税率表の 範 疇 D では，営利所得はすべ
て労働所得として扱われ，投資資本から得られた所得部分は一切考慮されてい
ないからである。だが本章の冒頭で見たように，ボーレイ博士の推計では，大
きく隔たった 3 つの年を含む時期のイギリスにおける財産所得（むろん海外に
所有する財産からの所得も含む）の割合は 37.5 パーセントである。彼が『国民
所得の分配の変化 1880-1913』（Bowley 1920）で示した見積もりでは，1913 年
にはこの 37.5 パーセントの財産所得のわずか約 40 分の 1 が，所得 160 ポンド

以下の人々のものであり，当時はこの所得階層が労働者階級のほぼ全体を含んでいた。つまり実際上，財産所得のほぼすべてが，所得税を課される約 110 万人に帰属し（同書 22 頁），彼らはその家族も含めて全人口の約 9 分の 1 を占めるにすぎなかった。

　所得税納税者の内部における財産所得の分布を示す統計はないが，その大部分が年収 700 ポンド以上の階層のものだったことはほぼ確実であり，彼らの総数は 1910 年にはわずか 20 万人余りにすぎない。ダニエルズとキャンピオンの『国民資本の分配』（Daniels and Campion 1936）は，この問題の手がかりを与えてくれる。彼らは相続税の課税記録を用いて，イングランドおよびウェールズでは，1924〜30 年の間，25 歳以上の人口の 1 パーセントが総資本の 60 パーセントを，同じく人口の 5 パーセントが総資本の 80 パーセントを，それぞれ所有していたことを示した（同書 53 頁）。さらに，男女別に見れば，25 歳以上の男性については，その所有する総資本のほぼ半分が年収 2 万 5000 ポンド以上の者に，また総資本のほぼ 3 分の 2 に達する額が年収 1 万ポンド以上の者に，また総資本のほぼ 72 パーセントが年収 5000 ポンド以上の者に，それぞれ帰属したのに対し，25 歳以上の女性については，所有資本は当然ながら男性より少なく，その総資本の 28 パーセントが年収 2 万 5000 ポンド以上の者に，また総資本の 44 パーセントが年収 1 万ポンド以上の者に，また総資本の 56 パーセントが年収 5000 ポンド以上の者に，それぞれ帰属していた（同書 56 頁）。

　それゆえ明らかに，財産所得は労働所得より，はるかに著しく一部の人々に集中しているに違いなく，そのことが，所得一般の極度の集中の大部分の直接的原因であるに違いない。しかも財産所得があれば良い教育訓練を受けられるので，その人の労働所得も高まるだろうから，財産所得の集中は間接的にも所得一般の集中を促す。これらの事柄をふまえれば，所得税からの財産所得の免除を真面目に考える者など誰もいるまい。

10　第 8 節の告知面の議論と第 9 節の分配面の議論を併せ考えるならば，投資所得の課税免除に対する反論が非常に強力であるのみならず，労働所得より高い税率を投資所得に課す政策の根拠が一見して明らかに強力であることも分かる。もし分配の改善のためにそのような差別課税をおこなえば，均一率の一般

財政学（第 II 編第 11 章）　139

所得税でさえ貯蓄を不利に差別するのに，ますます貯蓄を不利に差別すること
になろう，と一見思われる。

　だが少なくとも理論上は，両者を折衷させて両者の長所をある程度達成する
ことが可能である。貯蓄への不利な差別をなくすために，実際の投資所得をす
べて課税免除する必要はない。**今後なされる投資**から得られる将来の所得を課
税免除する，と告知すればよいのである。こうすれば，既存の財産から生じる
所得への現行の課税をやめる必要はないから，所得税の一般税率を大幅に引き
上げる必要もなかろう。それどころか，当面の間，すなわち上記の税制改正後
になされた投資から得られる年々の所得が年々の貯蓄を上回るまでの間は，
（貯蓄される所得部分を控除する場合とは異なり）所得税の一般税率を引き上げる
必要もなかろう。ただし実際問題として，ある時点以降になされた投資からの
収益を永久に課税免除するという約束が守られるとは，確かに誰も信じるまい。
それゆえ，この折衷的計画の唯一の現実的形式は次のような限定されたものに
なる。すなわちその約束は，貯蓄された時点から所定の期間内はその貯蓄から
の収益を課税免除する，というものになる。同様の考えからマーシャルも，土
地改良のための投資を妨げないように，その投資後 20 年間それに 地 方 税 を
課すべきではないと提言していた。この考えは，財産および財産所得はその財
産の形成後 20 年間は非課税にするという政策に一般化することができる。す
なわち，貯蓄の生みだす収益を 20 年間非課税にするのである。この計画は事
実上，（利子率を 5 パーセントと見積もれば）貯蓄される所得部分に課す税率を
およそ半分に引き下げることを意味する。またその計画は，単純な貯蓄控除の
場合には避けられない所得税の一般税率の**永続的**引き上げを伴わずに，貯蓄へ
の不利な差別の大部分を取り除くだろう。このように，一見するとこの計画に
は優れた点が多い。

11　だがここでもやはりその計画の是非は，前章で論じた諸政策と同じく，徴
税実務上の技術的問題を考慮しない限り判断不可能である。事業者が新たな工
場を建てる，あるいは企業がある一定額の応募資本で活動を始めるとき，これ
らの投資から生じる所得を一定期間「非課税」の対象として識別し抽出するこ
とは，外部の者には非常に困難だろう。しかも多くの新たな貯蓄が，既存事業

を発展させるために次々と投資される。それゆえ，貯蓄からの収益を一定期間非課税にする場合には，あらゆる事業において毎年の総所得を分類し，それぞれの部分を，それぞれの時期に新たに投資された資本に正しく帰属させる必要がある。これをおこなうには実際上，経験則に基づく非常に恣意的な方法に頼るしかない。たとえそれができたとしても，脱税を防ぎ，歳入を確保するには，手の込んだ仕組みが必要だろう。しかしこれらは，徴税実務の専門家が判断すべき問題である。彼らと協力せねば，ここで素描した政策の是非を最終的に判断することはできない。

第 12 章　投資所得に課税するか，財産に課税するか

1　財産は所得を生み，そして財産の価値はそれが将来生むと期待される所得額で決まるのだから，ある一定の税率で投資所得に毎年課税するのと，（利子率が 5 パーセントの場合）その 20 分の 1 の税率で財産の資本還元価値に課税するのとでは，明らかにあまり違いはない。大まかに言ってこの 2 つの方法は告知面でも分配面でも同じ結果をもたらすが，副次的な違いもあり，その幾つかは実際面でかなりの重要性をもつ。本章ではこれらを簡単にまとめておく。

2　第 1 に，財産税では，いわゆる精神的所得という特定の要素が問題になろう。それらは貨幣で表されず，その貨幣価値を税務官が評価することも容易でないため，投資所得への通常の課税では無視されている。それゆえ，ヨットや自動車が生みだす年々の価値に関しては，それらを他者に賃貸する場合には課税されるが，それらを所有者本人が使う場合には課税されないというイギリスの所得税の矛盾も無視されている。あるいは，貨幣で表されるけれども通常の所得税で課税対象にならないような要素もある。特に家屋・宝飾品・株式などの財産の資本還元価値の上昇による利得がそうである[57]。イギリスの慣行では，

57）第 II 編第 7 章第 4 節。

財政学（第 II 編第 12 章）　141

この種の利得は，財産の売却によってそれを「現金化」しない限り，所得税の
課税対象にはならない。また仮に現金化しても，その利得は一般に，そうした
利得の追求がその人の通常業務である場合には課税されるが，そうでなければ
課税されない。だから株の取引業者が価値の変動する株式の売買から得た利益
は所得と見なされるが，哲学者が同様の活動から得た利益は所得とは見なされ
ないのである。

　王立所得税委員会はこの点の改善を提言した。同委員会はこの問題を，その
所得者の意図に基づいて判断しようとしている。「主に営利目的の取引によっ
て得た利益は，所得税の課税対象に含めるべきである。単にその取引がその納
税者の通常業務の範囲外であるからといって，その利益を資本の増価として扱
うべきではない」(H. M. S. O. 1920, 20 頁)。そこには明らかに大きな実際的困難
が幾つかあるけれども，もし所得ではなく財産を課税対象にすれば，それらの
困難は取り除かれるし，売却されず現金化されない偶然の利得も課税対象にな
ろう。

3　しかし第 2 に，ある非常に重要な点で，財産は所得よりも課税対象として
劣っている。もしあらゆる財産がそれぞれ毎年一定額の所得フローを生むので
あれば，財産所得への 10 パーセントの課税と，（利子率が 5 パーセントの場合）
財産自体への 0.5 パーセントの課税は，まったく同じことである。だが現実に
は，財産が毎年一定の所得フローを永続的に生みだすとは限らない。例えば，
A 氏と B 氏は同額の財産をもつとしよう。A 氏は毎年 500 ポンドの所得を永
続的に生む財産を，1 万ポンドで購入し，B 氏は毎年変動する所得（毎年の所
得は異なるが全体としては 1 万ポンドの現在価値をもつ）を永続的に生む財産を，
同じく 1 万ポンドで購入したとする。財産税のもとでは，この 2 人の毎年の納
税額は同じになるが，所得税のもとでは，所得が変動する B 氏はその所得が
多い（少ない）年には，所得が一定の A 氏より多く（少なく）納税することに
なる。だから明らかに，財産税の場合の方が便利であり，面倒も少ない。

　だがここにもやはり，微妙な副次的問題がある。どちらも価値 1 万ポンドの
2 種類の財産があり，一方は毎年発生する所得が単に変動するのみならず，当
初の所得は少ないが次第に増えてゆくことが分かっているとする。例えば最初

の 10 年間の所得はゼロだが，それ以後は高額の所得が生じ続けるとする。この場合，財産税は，納税のための所得が発生しない時期にも納税（おそらく借入による）を強いるので，単に不便なだけでなく不公平でもある。なぜなら，その毎年変動する所得の系列と毎年一定の所得の系列は，同じ現在価値をもつと仮定しているので，当然ながら両者に対する課税の現在価値も，同じになるべきだからである。しかし，変動的所得の系列に今から課す恒常的な 10 パーセントの所得税は，固定的所得の系列に課す恒常的な 10 パーセントの所得税と同じ現在価値をもつけれども，固定的所得の系列を生む財産に今から課す恒常的な 0.5 パーセントの財産税は，変動的所得の系列を生む財産に今から課す恒常的な 0.5 パーセントの財産税より，かなり大きな現在価値をもつ。すなわち実質上，財産税のもとでは，10 年後から生じる一連の所得は，それらが実際に生じたときのみならず，それらをただ期待しているだけの時期にも課税対象になるのである。これは明らかに分配面における害悪である。

4 最後に，徴税実務上の問題がある。所得への課税に対しては次のような批判もあろう。すなわち自営業者の所得は，その投資所得の部分と労働所得の部分を見分けるのが難しい。この困難があまりに大きいので，前章で述べたようにイギリスでは仕方なく，この種の所得をすべて一括して労働所得として扱ってきた。だがこの方法は，論理的に筋が通らないうえに，1 つの経済組織としての個人事業を，その主な競争相手である組織形態すなわち株式会社より優遇するものである。財産に課税する場合，この差別の問題は生じないが，徴税実務上の困難はやはり残る。なぜなら同時に労働所得にも課税しているとすれば，事業者の所得を，労働所得の部分と，不労所得すなわち投資所得の部分とに区別する必要があるからである。したがって，この議論は財産税の根拠にはならない。

　だが他にも 3 つの重要な論点がある。すなわち，①累進課税をおこなうには，労働所得への所得税と財産税を併用するより，何らかの形の一般所得税によってあらゆる人の全所得に課税する（労働所得と投資所得の税率が同一かどうかは問わない）方がずっと容易である。②投資所得への課税は，源泉徴収制度によって容易かつ安価に，脱税のおそれなく徴収可能だが，その制度を財産税に

財政学（第 II 編第 13 章）　143

適用することはできない。③実際上非常に重要なことだが，投資所得は，投資
を定義する一般的規則を定めれば，あとは計算によって額を確定できるのに対
し，財産は何らかの評価手続きによらねば額を確定できない。多くの種類の財
産，例えば投機性の強い株式などは大幅かつ頻繁に価値が変動するので，徴税
実務上それを捕捉するのは至難の業だろう。また他の種類の財産，例えば個人
事業や土地などについても，専門の査定官を雇う必要があり，しかも現行の相
続税の場合とは比較にならないほど極めて頻繁に雇う必要がある。それゆえ，
非常に不正確な評価でよしとするか，あるいは膨大な手間と費用をかけて正確
に評価するか，のどちらかを選ぶしかない。私の考えでは，これらの徴税実務
面では，所得税の方が財産税より課税手段として決定的に優れている。

第 13 章　相続税と投資所得税

138

1　相続税を論じる前に，倫理的性格を帯びた古くさい論争をまず片付けてお
こう。かつて次のような主張がなされた，あるいは今でもなされることがある。
すなわち通常の課税についてはその正当性に反論の余地はなく，実際それは国
家の不可欠な役割だが，今日の相続税はその規模と性質において基本的自然権
を犯すものであり，それゆえ倫理的悪である。すでに第 I 編第 2 章で「補償の
原則」を論じたので，この問題に関する判断を先延ばしする必要はない。

　上のような観点からの主張は，ウィリアム・ハーコート卿の 1894 年の予算
演説のなかで，次のように端的に反駁されている。「あらゆる種類の財産の継
承にあたっては，相続権をもつ他の誰よりも先に，自分の取り分を最初に得る
のは国家である。その理由は明白である。死亡者が蓄えた財産に対する国家の
権利は，他のいかなる者の相続権よりも優先される。そのような財産に対して
は，国家が最初に取り分を得る権利をもち，その後に取り分を得る各相続者は
国家に次ぐ二次的な権利をもつにすぎない。自然は人間に，その死後までこの
世の富を支配する力を与えていない。自分の意志をその死後にまで及ぼす人間
の力（財産を差配する死者の権利）は，純粋に法が創りだした力であり，国家は

144

その力の行使に関する条件や限界を規定する権限をもつ」[58]。もはやこれ以上，何も言うべきことはない。

2 相続税の特徴は容易に示される。本書の観点からは，相続税は，不定期に納める財産税にすぎず，それゆえ毎年納める財産税とは対照的である。相続税は，毎年それぞれの財産から比較的小さな額を徴収するのでなく，その所有者の死亡時すなわちおよそ30年ごとに，それぞれの財産から大きな額を徴収する。これが本質的相違点である。大学などの［法人］団体としての財産所有者は死亡しないので財産税は納めても相続税は納めない，という事実は些末な問題であり，ここでは無視する。

　前章で見たように，年々の財産税は，不労所得すなわち投資所得に課す税と基本的に変わらない。投資所得税はすでに確立された歳入手段であるから，本章の考察では比較対象として，年々の財産税より投資所得税を用いる方がよかろう。相続税と投資所得税は，明らかに分配面では，工夫すれば非常に類似した結果をもたらす。それゆえ問題は「告知面」に絞られよう。それゆえ分配面は無視し，どちらも同じ一定の歳入をもたらす相続税と投資所得税を，比較対照せねばならない。ただしここでは投資所得税の対象を，相続税の対象となる資本から生じた所得部分のみに限定しよう。換言すれば，相続税と比較対照せねばならないのは，いわば各納税者が相続税［という支払リスク］に対する完全な保険を得るための，保険料率に相当する税率の投資所得税である。どちらの税を選ぶにせよ，歳出の内容が同一であるならば，この2種類の税が総犠牲に及ぼす影響の違いは，それらの税が労働と貯蓄に及ぼす影響の違いによって決まる。第5章第9節の分析をふまえれば，労働への影響に関しては，両税にあまり重要な違いはなさそうである。もし両税が貯蓄にほぼ同程度の影響を与えるのであれば，どちらの税を課しても全体としての相続者たちの暮らし向きは変わらず，それゆえ彼らの労働供給にも違いは生じるまい。またたとえ貯蓄への影響に関して両税に大きな違いがあっても，相続者たちの総労働供給に生じる違いはわずかだろう。それゆえ問題の焦点は，両税がそれぞれ貯蓄量に与

58）ソワードとウィラン『資本課税』（Soward and Willan 1919）59頁に引用あり。

財政学（第 II 編第 13 章）　145

えると予想される影響の違いに絞られよう。

3　通俗的意見では，この問題は簡単に片付けられている。それによれば，相続税は資本に課税するのだから，必ず「資本から」すべて支払われるが，他のすべての税は消費の節約によって（少なくとも税の一部が）支払われる。これは大きな誤解だが，そうした誤りに陥りながらも，次のことを確かに認識している者もいる。すなわち政府が徴収するのは，実際の資本ではなく，課税された人々が実際の資本を売却して得た資源なのである。とはいえ，資本に課す税は本来ならば資本になるはずだった資源から必ず支払われるという主張は，資本に課す税は必ず実際の資本から支払われるという主張と同様に，やはり誤りである。その誤りは，**課税対象**（*object of assessment*）と**最終的租税負担者**（*source of tax payment*）の混同から生じる。課税対象は最終的租税負担者に至る過程の始点にすぎず，両者は同一ではない。財貨税の場合は誰もがこれを認識しており，ビールへの課税は必ずビールから支払われる，あるいはビールになるはずだった資源から支払われる，などと主張する者はいない。所得と資本についても，本質的にそれと同じことが言えるのである。所得と資本のどちらか一方が課税対象であることを知るだけでは，どれほどの税が，所得（主に消費）として用いられたはずの資源から支払われ，あるいは新たな資本（貯蓄）として用いられたはずの資源から支払われるか，何も分からない。前述の問題は，この通俗的で短絡的な見方では解けないのである。

4　そこで第一次接近としてまず，相続税の帰着の時間面だけに考察を絞り，他の事柄をすべて無視するのがよかろう。そのために，等しい財産・所得をもつ多くの家族からなる社会を想定し，次のような 2 種類の人頭税のようなものを課すときの影響を比べよう。一方の税は，各家族から毎年 100 ポンド徴収し，他方の税は各家族の筆頭者の死亡時（平均して 30 年ごとに生じるとする）に 3000 ポンド徴収する。以上の仮定のもとでは，明らかにこの 2 つの租税体系は同額の蔵入を毎年生みだす。ここで考察せねばならないのは，両者が貯蓄量に及ぼす影響にもし違いがあるならば，どのような違いなのかということである。

140

課税額が年収額に比べてわずかであれば，人は納税のための資金の大部分を消費の節約によって容易に捻出できるだろう，ということは分かりやすい。しかし課税額が大きければ（相続税ではそれはしばしば年収の数倍にものぼる），そのようなやり方は無理である。納税に必要な資金の大部分は資本を売却して捻出**せざるをえず**，すでに見たようにこれは，本来ならば新たな資本になるはずの資源から支払われることを意味する。死亡時に課される税の場合，この傾向はますます強まる。相続者は通常，彼らが実際に得るものに目を向けるのであり，相続税がない場合に得られるはずだったものにはほとんど無関心なので，相続税を納めるために彼らが自分の消費を切り詰めるとは，とても考えにくい。それゆえ，死亡時に課される税がわずかな場合でさえ，実際それはすべて上述のような意味で資本から支払われよう。税額が大きければ，なおさらである。したがって実際上，次のように結論できよう。相続税はすべて実際に資本から支払われる，すなわち本節の議論に従うならば，相続税はその税額と同じだけ貯蓄額を減少させる。

ところで，ある独立した単一年度にのみ必要な課税を想定しているのであれば，この結論は留保なしに妥当するだろう。しかし本章の関心は，毎年継続して繰り返される課税にある。そのため問題はさらに別の側面をもつ。財産総額の約30分の1だけを毎年支払う場合とは異なり，相続税（前述のように単純な人頭税のようなものとして考える）が存在し，あらゆる私有財産は最終的にそれを課されるという事実は，他の財産所有者の行動にも影響を及ぼす，あるいは及ぼしうる。したがって，相続税の実際の支払いは本来ならば貯蓄されたはずのものから捻出されるというのが事実だとしても，この事実によって相続税が貯蓄に及ぼす影響の全体が決まるわけではない。どちらも同額の歳入をもたらす，死亡時に課される多額の人頭税と毎年課される少額の人頭税を正しく比較するには，より困難な分析が必要である。

5　問題は完全に明確である。すなわち代表的個人は，自分の死亡時に自分の財産から3000ポンド徴収されることを知っている場合，生涯にわたりその財産から毎年100ポンドずつ徴収されることを知っている場合と同程度に，生涯にわたり自分の消費を抑制するだろうか。換言すれば，これは次のような問題

である。30 人の集団がいて，そのうちの一人が今年 3000 ポンドを，次の一人が翌年に 3000 ポンドを，そのまた次の一人が翌々年に 3000 ポンドを——以下同様に続く——それぞれ徴収されるとする。これらの課税はそれぞれ相続税に相当するものである。このときこの集団は，全員が毎年 100 ポンドずつ徴収される場合と同程度に，自分たちの消費を減らすだろうか。

　この問題を解くにあたり，すべての人が自分自身の死についてまったく特別視しない，すなわち自分自身の利害とまったく同程度に相続者の利害にも配慮する，とまず仮定しよう。この仮定のもとで，もしすべての人が完全に合理的であれば，上の 2 種類の租税体系はどちらも貯蓄総額にまったく等しい影響をもたらすだろう。しかし実際，人々は完全には合理的でない。人々はぐずぐずしがちであり，将来起こる出来事から目をそらしがちである。それらの出来事の起こる日時が不明であれば，特にそうである。そのため人々は，毎年少額を払うために節約するのに比べて，（それと資本還元価値が等しい）不定期にときおりやってくる多額の一括払いのためにはそれほど節約しないだろう。また大多数の人は自分自身の死を特別なものと見なし，相続者の利害には自分の利害ほどの関心をもたない。このことは明らかに先ほどの結論を強化するものであり，多額の一括払いの税が死亡時に課されるとなれば，なおさらである。しかもこの結論は，相続者の行動によって覆されることもない。というのも相続税の場合，死亡した元の財産所有者は，毎年課税される場合より少ししか節約しなかったのだから，その相続者はより少ない財産，それゆえより少ない投資所得しか受け取らない。そのため，相続者が幾分か労働に一層励む（前述のようにその程度は小さい）こともありうるが，通常，どんな場合もそれによって相続者の貯蓄が増えることはないからである。したがって，（どちらも資本還元価値が等しい）死亡時に課される多額の人頭税と毎年課される少額の人頭税では，前者の方が後者より大幅に貯蓄を減少させることは実際上確実である，と私は結論する。

6　もし不定期にときおり課される多額の人頭税が相続税に正確に一致し，かつ毎年課される少額の人頭税が投資所得税に正確に一致するのであれば，前節の結論に従って，相続税は（それと等しい分配効果を及ぼす）投資所得税より貯

蓄に有害だと言ってよかろう。しかし残念ながら実際には，それらは正確に一致するわけではない。相続税と投資所得税がそれぞれ貯蓄にもたらす有害な影響の差が，2つの人頭税がそれぞれもたらすその影響の差に比べて，かなり小さくなることは確実である。次節ではその理由を詳しく述べる。

7　資本保有の動機となる欲望は，単純なものではなく，人によってさまざまな要素がさまざまに混ざりあって構成されている。1つの要素は，強力な人間が自分自身のうちに見出す建設的能力の発揮への欲望であり，これは人を大規模な企てに向かわせる。巨富が与えてくれる社会的，おそらくは政治的な力への欲望もある。名声や評判への欲望もある。その後の人生を悠々自適に過ごす手段としての大所得への欲望もある。非常に裕福に生を終えることによる死後の栄光への欲望もある。大所得を使い切れないという単なる惰性もある。これらの動機はどれも，それらの欲望に従い，貯蓄者があくまで自分自身の生存期間を念頭に置いておこなう貯蓄の動機にすぎない。その限りでは，その人の死後にその財産がどうなるかは関係がない。しかしこれらの動機の他に，蓄積者の死後に，その蓄えた資本を自分の子どもに残したいという欲望もあり，この欲望が最も切実なものになるのは，子どものいる家族が，頼るべき財産もなく，ほとんどもっぱら父親の労働所得だけで暮らしている場合である。なぜならそのような父親は，もし自分が死ねば子どもが困窮すること，それゆえ子どものために蓄えた財産が高い限界効用をもつことを，知っているからである。この場合には，普段は自分の**満足**［効用］に比べて子どもの満足にほとんど配慮しない親でさえ，子どもに1ポンド残すために，自分の消費が何ポンドか減っても構わないと思うかもしれない。だがかなりの遺贈資金がすでにあるときでも，貯蓄への欲望が強まることはある。例えば，遺産を多くの子どもたちの間で分割せねばならない場合や，あるいは父親が（子どもたちによる遺産の分割を望まず）その家格を高めようとしている場合である。だがすでに**巨額**の財産がある場合に，子どものためにさらに財産を増やそうと欲する親はほとんどいるまいし，むしろ親はいわゆる子孫に美田を残すことの弊害を心配するかもしれない。一方，子どものいない人や，子どもをもつまいと考える人は，親戚や友人，あるいは自分が関心をもつ公共目的のために遺産を残そうとして，依然として財

産を欲することもあるが，その熱意はあまり強くなかろう。

8　相続税と投資所得税は，納税義務者から徴収する貨幣額の点では，それぞれに対応する人頭税［第4節を参照］とまったく同じである。それゆえ相続税と投資所得税のもたらすそれぞれの影響も，現在ないし将来の所得の限界効用を通じて作用する限り，それぞれに対応する人頭税の場合と同じである。違いが生じるとすれば，租税式が差別的性質をもつ場合に限られる。相続税と投資所得税はどちらも差別的性質をもち，前者は蓄積された貯蓄そのものに課税し，後者はこの蓄積からの収益に課税するので，一見するとそれらの影響は，それぞれに対応する同額の人頭税の場合とは違ってくるように思われる。しかし前節の貯蓄動機の分析が示すように，実はそうではない。人間の貯蓄動機が自分の生存中の事柄に限られるのであれば，相続税は，それに対応する同額の人頭税とまったく同様の影響をその人の行動に及ぼすだろうから，その人の貯蓄額はそのような人頭税を課されたときとまったく同じになる。この重要な種類の動機に限って言えば，その意欲が弱まることはまったくない。だが投資所得税は，この種類の動機を阻害するだけでなく，他の種類の動機をも阻害するため，それに対応する同額の人頭税以上に貯蓄を阻害するはずである。それゆえ次のように結論できよう。すなわち相続税はそれに対応する人頭税以上に貯蓄を阻害し，同じく投資所得税もそれに対応する人頭税以上に貯蓄を阻害する。だが両者の程度を比べれば，前者の差の方が後者の差より小さい。この前者の優位性は，故人の子どもたちへの遺産に相続税を課す場合でさえ成り立つが，それが一層明らかなのは，血縁関係の薄い親戚や友人への遺産にそれを課す場合である。

9　したがって，相続税と投資所得税（どちらも同額の歳入をもたらし，分配面の影響も等しいとする）がそれぞれ貯蓄に及ぼす影響を比べれば，次のような対立しあう2つの命題が導きだされる。①相続税に対応する人頭税は，投資所得税に対応する人頭税より貯蓄に有害である。②相続税はそれに対応する人頭税以上に貯蓄を阻害し，同じく投資所得税もそれに対応する人頭税以上に貯蓄を阻害するが，両者の程度を比較すれば，前者の差の方が後者の差より小さい。

①②の具体的大きさを測定する方法はない。どちらを重視すべきか，憶測を述べることはできても，結局は分からないのである。自信をもって言えるのは，歳入調達手段としての相続税も投資所得税も，貯蓄を抑制する程度については**大差なかろう**ということだけである。それゆえどちらを選んでも，貯蓄を含む他のいかなる面でも**大差なかろう**。

10　もう1つ重要な問題がある。第8節の結論から容易に分かる通り，イギリスの遺贈・継承税（legacy and succession duties）のように直系の子ども以外の相続者に課される相続税は[59]，（それと同額の蔵入をもたらし，分配面の影響も等しい）一般相続税より貯蓄を抑制する度合が小さい。この考え方を突き詰めたのが，リニャーノ（Rignano）氏の次のような提案である。すなわち初代の財産所有者の死亡時にはその財産に低い率で課税し，次にそれを相続した2代目の所有者が死亡したときには高い率で課税するのである。この提案の理論的基礎には，たいていの人は自分の後継者のさらに次の後継者の財産のことまでほとんど気にかけないから，他の条件が等しい限り，いわば第2次の相続税では，直系親族からの遺産に課税する場合と同様の利点を活かせるだろう，という想定がある。私の考えでは，これは確かにその通りであり，それゆえもしその実際的困難を克服できるならば，リニャーノの考案した段階的相続税，あるいはそれに似た税によって，通常の相続税より貯蓄への悪影響を幾らか抑えつつ，歳入を徴収できる。むろんリニャーノの計画に，遺産額に応じた累進課税や，遺贈者の子どもか否かで税率が変わる差別課税を適用してもよい。

11　だがこの計画に伴う実際的困難は，非常に深刻である。相続者は，自分が死ねば，かつて相続した財産分と自分で新たに稼いだ財産分を合わせても，かつて相続した財産分に課される税を払うには足りないと考え，そのかつて相続

59）むろん遺贈・継承税は，遺産の総額ではなく各相続者の取り分の額に応じて課されるので，税収の規模では相続税（death duty）や遺産税（estates duty）ほど重要ではない。遺贈・継承税の税率は，特定の例外はあるものの，相続者が夫・妻・直系子孫ならば1パーセント，相続者が兄弟姉妹またはその子孫ならば5パーセント，それ以外は10パーセントである。『国債と租税に関する委員会報告』（H. M. S. O. 1927a）195頁参照。

した財産分を浪費したり生存者らに贈与したりして処分しようとするかもしれない。また，かつて相続した財産分と相続者が新たに蓄えた財産分が混ざっている場合に，前者の価値変動だけを適切に考慮するのは至難の業だろう。もし何も考慮されないまま，かつて相続した財産分が減価（利子率の上昇のような一般的原因によるにせよ，その財産特有の原因によるにせよ）するならば，その相続財産分の減価を埋め合わせるために，相続者が新たに蓄えた財産分の一部が，リニャーノの意図に反して，その人の死亡時にはかつての相続分として扱われてしまう。相続者による相続財産元本の支出を禁じたり，その投資形態の変更を厳しく制限したりして，相続財産をすべて「保全」する規則を設けるならば，確かにこれらの困難に対処できるかもしれないが，この種の規則は資本移動を妨げ，企業活動を阻害するだろう。

そこで，数年前にヒュー・ドールトン氏とヒューバート・ヘンダーソン卿がそれぞれ独自に提案した，ある巧妙な代替策に目を向けよう。この計画は，財産の相続にあたり，通常の第1の相続税に加えて，その次の将来の相続のための第2の相続税を課すというものである。ただしこの第2相続税については，相続人の生存中は国がその人にその利子相当額を毎年払うので，その人は何ら負担を被らず，その人が死亡するまでは国も歳入を得ることはない。そしてその人が死亡すれば，国は利払いを停止し，この第2相続税の元本，いわば抵当を無償で取得するのである。この計画であれば，相続財産の保全を義務化する必要はない。なお，ヒューバート・ヘンダーソン卿の提案では，第2相続税の税率は，第1相続税のように遺産の総額に応じてではなく，各相続者の取り分の額に応じて定めるべきだが，これは彼の提案の本質的問題ではない[60]。

第14章　土地の公共価値への課税

1　ここまでの考察から次のことが明らかである。すなわち人の所有物の価値

---

60) ヘンダーソン『相続と不平等』（Henderson 1926）17-26頁。

に基づいてその人に課税するとき，もしその価値がその人の行動によって変えられないとすれば，その税は告知面において人頭税と同じ結果をもたらし，それゆえ告知面における最小総犠牲の観点からは理想的な税である。その課税対象をその現在の所有者が譲渡できる場合でも，課税対象はこうした性質をもつことがある。例えば，その人はその税の割引現在価値を差し引いた価格で課税対象を自由に売却できるとしても，それでもやはりその税は告知面において無害だろう。ここで本質的に重要なのは，その課税対象の所有者が誰であろうとも，またどんな行動を選ぼうとも，課税対象の価値それゆえ納税額を，変えられないという点である。

2　さて，もし政府がある耐久的資産を選び，その価値を 1936 年時点のそれに定め，そしてその所有者に今後その価値に基づいて税を納めよと命じるならば，この課税対象は前節のような種類のものになる。だが，このような過去の価値に基づく課税は不条理である。そのような税が百年も続くとすれば，いかにそれが不条理に見えるかは容易に想像がつく。実際上，課税対象として何らかの価値を算定するさいには，それは現在の価値，あるいはとにかく最近の価値でなければならない。だがすべての通常の種類の財産の価値は，その所有者や賃借者がおこなう労働や投資によって変化しやすい。それゆえそのような価値に基づく課税は，これらの人々の行動によってその税額が変化するだろうし，それゆえこれらの人々の行動に反作用を及ぼすだろう。だからこのような税は，人頭税と同種のものではない。だが現在の価値に課す税のなかには，人頭税と確かに同種のものもある。すなわちオーストラリアで土地の「非改良価値（unimproved value）」と呼ばれているものへの課税である。

3　1909 年予算における少額の「未開発地」税（"undeveloped land" duty）を除けば，これまでイギリスはこの課税可能な対象に頼ることがなかった。だがニュージーランドやオーストラリア植民地では，それは長年にわたり，中央および地方政府の財政で重要な役割を果たしてきた。非改良地への国の特別税が南オーストラリアで初めて導入されたのは 1884 年のことである。このとき，すべての非改良価値（の資本還元価値）に対して 1 ポンド当たり半ペニー［約

財政学（第 II 編第 14 章）　153

0.2 パーセント］が課され，5000 ポンドを超える非改良価値に対してはさらに半ペニーが上乗せされた。また不在地主には税率 20 パーセントもの不在者税（absentee tax）が課された（H. M. S. O. 1906, 20 頁）。ニューサウスウェールズでは，「同州の土地税は，非改良価値に対して 1 ポンド当たり 1 ペニーを課すが，240 ポンドまでは課税を控除されるので，非改良価値のうち 240 ポンドを超える部分のみが課税対象になる。ただし同一人物ないし同一企業が州内に複数の土地を保有する場合は，それらの土地を合わせた非改良価値の総額から 1 度のみ 240 ポンドが控除される。土地が抵当に入っている場合は，抵当権者は[2]，改良分を含む抵当地の全価値から生じた利子に対して所得税を課されるので，抵当権設定者はこれに相当する額の税を減免される」（同書 21 頁）。

　1910 年，オーストラリア連邦は中央政府として，州税と同様の一般的性質をもつ非改良地税を導入した。税率は課税対象である財産額に応じて上昇し，最低率は 1 ポンド当たり 3 万分の 1 ペニー，また最高率は財産額 7 万 5000 ポンドを超える場合の 1 ポンド当たり 6 ペンスだった。この税率は第一次大戦中に大幅に引き上げられたが，その後は引き下げられ，そして 1940〜41 年に再び 1914〜17 年とほぼ同じ水準まで引き上げられた[61]。ニュージーランドでは「1891 年にそれまでの財産税法（Property Tax Act）が廃止され，新たに土地及び所得課税法（Land and Income Assessment Act）が定められた。これにより，土地およびその抵当には土地税が，また土地およびその抵当から生じた所得以外のすべての所得には所得税が，それぞれ課されることになった。土地改良分の課税控除も最大 3000 ポンドまで拡大された。さらに 93 年の法改正により，土地改良分はすべて控除されることになった。また 96 年にも再び法改正がなされ，地方自治体は，地方税納税者の住民投票とその過半数の賛成を条件に，地方税レベルでも『非改良価値』に課税できるようになった」（H. M. S. O. 1906, 24 頁）。同植民地の非改良価値（の資本還元価値）に対する国の税率は，通常は 1 ポンド当たり 1 ペニーだが，「先住民の所有地は別扱いである。小規模な小作農も

149

---

　[2] 債権者 A が債務者 B の財産に抵当権を設定したとき，A を抵当権者，B を抵当権設定者という。

　61）『第 22 回オーストラリア連邦租税委員会報告』（*22nd Report of the Commissioner of Taxation Commonwealth of Australia*, 1940）7 頁。

その対象外である。500 ポンド以下の土地は課税を免除され，1500 ポンド以下の土地は課税を減免される。同法は広大な土地に対しては，通常の土地税に加えて，累進的な国税を課しており，その最低率は非改良価値 5000 ポンド以下の土地に対する 1 ポンド当たり 16 分の 1 ペニーで，最高率は非改良価値 21 万ポンド以上の土地に対する 1 ポンド当たり 3 ペンスである」[62]。1940 年時点の土地税制は，同年のニュージーランド政府の年次報告書で次のように要約されている。「土地税は，法令に定められた特別課税減免制度による控除を経たうえで，非改良価値に対して課される。非改良価値 1500 ポンド以下の土地の所有者は 500 ポンドの控除を認められ……（非改良価値が増大するほど減免は縮小してゆき，非改良価値が 2500 ポンドに達すると減免は消滅する……）。土地税を課される非改良価値が 500 ポンド以下ならば，現行の税率は 1 ポンド当たり 1 ペニーである。非改良価値が 5000 ポンドを超えると，この税率は 1 ポンドごとに 8000 分の 1 ペニーずつ上昇してゆくが，最高税率は 1 ポンド当たり 6 ペンスである」（Chorlton 1907, 587 頁）。

4 前節のどの土地税制においても本質的に重要なのは，改良価値と非改良価値の区別である。この区別の厳密な方法については，前節で引用した『報告書』（H. M. S. O. 1906）に含まれる，ニュージーランドの課税資産評価官である G. F. C. キャンベル氏の非常に興味深い解説が参考になる。キャンベル氏は，1896 年の政府土地評価法（Government Valuation of Land Act）における定義を引用しつつ，彼自身の注釈を加えている。注目すべき主要点は以下の通りである。

① 「当該地域の他の土地の有効利用，政府活動の進展，国内一般の繁栄，土地生産物の優良市場の出現，等々に起因する地価上昇はいずれも，ニュージーランドの租税法では非改良価値と見なされる。だが過去・現在を問わず，土地所有者自身のおこなった改良［投資］による地価上昇分は，非改良価値とは見なされない」（H. M. S. O. 1906, 37 頁）。

② 「改良価値は，**それによる土地の販売価格の上昇幅によってのみ**評価される。ここが肝心である。それゆえ評価者は，土地全体の販売価格のうち，改良に起

---

62) コールトン『地価の査定』（Chorlton 1907）160 頁。

因する部分を見分け，これを評価せねばならない。小農地に大きな家が建っているのをときおり見かけるが，そのような土地を購入しようとする通常の農業者は，その家のためにその建設費と同額を払うことは到底あるまい。その人が払うのは，その小農地の必要に見合った家の価格のみだろう。それゆえその家の販売価格は，通常の購入者がそれに支払うだろう額，すなわちその家の存在に起因するところの土地の販売価格の上昇分に限られる。また土地所有者は資本や労働を無分別に投じすぎ，その結果，改良どころか，かえって土地を害することもある。耕すより耕さない方が，牧草のよく育つ土地もある。そのような場合，耕作によって土地の販売価格が上昇することはなかろう。装飾的な植え込み，果樹，芝生，つる植物，等々のような改良も，それにかける費用だけ土地の販売価格を上昇させることはめったになく，それゆえ割り引いて評価すべきである。……評価時点においてすでにその効果が消滅している仕事も，改良とは見なされない。……改良の具体的な評価額は，同法に従って，改良による土地の販売価格の上昇分として決定される。**ただしその額はその改良の費用を上回ってはならない**が，一定の条件下では費用を下回ってもよい。改良の費用は，その適合性や条件を当然考慮せねばならないので，必ずしもその販売価格と一致しないのである」（39-40頁）。

③「評価されるのは実際になされた改良であり，その改良がもたらした結果ではない。例えば，排水溝を掘るためのわずかな出費によって，沼地が第一級の農地に変わったとしよう。この場合，その沼地の排水が容易だったという事実こそが，その土地の非改良価値を上昇させたのだから，排水溝を掘る費用だけが改良として評価される」（40-41頁）。

④「改良と見なせるのは，その土地の所有者がおこなったものに限られる。隣接した2つの土地があり，そのどちらかに排水溝を掘ったり，柵を立てるならば，どちらの土地の価値も高まるとしよう。両方の土地を同じ人が所有している場合には，排水溝を掘る前でも後でも，両方の土地の非改良価値は，それらの合計価値から排水溝を掘る費用を引いた値になる。だが土地所有者が異なる場合には，一方の土地を改良すれば，そうした改良を必要としない他方の土地の非改良価値もすぐに高まるのである。同様のことは集合的改良の場合にも生じる。例えばキャンベル氏も述べているように，「小さな自治体が公共事業を

おこない，その財源として地方税を課すことに住民が同意している場合，その事業は」，国の土地税の対象としての「改良と見なすべきだと主張されてきた」（40頁）。だがニュージーランドの租税法は，この見解を採っていない[63]。

5 非改良価値と改良価値との一般的性質の区別は，経済学者にとっては馴染み深いものである。それはリカードによる，真実経済地代（true economic rent）と，土地に投資された資本からの利潤との区別に対応している。すなわち非改良価値とは，前者の真実地代の資本還元価値であり，改良価値とは，後者の利潤の資本還元価値である。かつてマーシャルも，場合によっては一層便利な，以下のような用語［公共価値と私的価値］を提案していた。すなわち真実地代は，土地が毎年生みだす価値のうち，土地の位置，面積，年間の日照量・温度・雨量・大気に起因する部分である。マーシャルによれば，「土地の（年々の）価値は『固有価値（inherent value）』と呼ばれることもあるが，そのような価値の大部分は，個々の土地保有者の活動の結果ではなく他の人々の活動のおかげだから，土地の年々の価値のこの部分を『公共価値（public value）』と呼ぶ方がおそらく正しい。これに対し，個々の土地保有者の労働や支出に起因すると言える価値部分は，『私的価値（private value）』と呼べよう」[64]。公共価値の資本還元価値は，非改良価値の資本還元価値に対応し，また私的価値の資本還元価値は，オーストラリア・ニュージーランド地域の租税法で言うところの改良価値の資本還元価値に対応する。

6 以上のように，土地の非改良価値すなわち公共価値への課税は，「告知」面では最小犠牲原理に完全に合致することが分かったので，次は，分配面でどれほどこの原理に合致するかを考察しよう。そのためには，第9章第19〜22節で述べた一般的方法を，該当する個別の事例に適用せねばならない。わが国では，どの所得階層でもそうだが，同じ所得階層の人々であっても，土地の公共

---

63) その価値評価に伴う困難については，シェフテル『地価への課税：差別的土地税の研究』（Scheftel 1916）69頁以降を参照のこと。

64) 『帝国税および地方税の分類と帰着に関する覚書』（Marshall 1926, Cd. 9528）115頁。

価値から生じる所得が各人の所得全体に占める割合は，非常に大きく異なる。金持ちの所得は，ほぼすべてが地代であることもあれば，地代をほとんど含まないこともある。それゆえ土地の非改良価値への課税は，同じ所得階層の人々の間に大きな不公平をもたらし，その限りでは分配上の弊害をもたらす。とはいえ，わが国で地代を得るのはほとんどが富者である。それゆえ，異なる所得階層の人々の間では，この種の税は分配上の改善をもたらす。

7 しかし，この種の税を分配面からある程度推奨できる**特別な**事情がある。すなわちそれは，税収の支出によって起こりやすい分配上の弊害をある程度防いでくれるのである。例えばマーシャルは次のように述べた。「どんな特定の改良にせよ，それに起因する利益の帰着先を見定めるのは至難である。だが実際のところ，首都公園協会（Metropolitan Public Gardens Association）のような民間団体の支出や，地域全体の改善のために建物の価値に課す地方税の大半の支出は，すでに豊かな土地所有者にさらなる富を無料で与えるようなものである」[65]。これらの支出がなされる前に市街地の土地を近年購入した人々は，この利益を十分斟酌していない［割安な］価格でそれを購入したのだという主張は，疑いもなく正しいが，それでもその利益の幾らかは価格に反映していただろう。他方，それを昔に購入した所有者の場合は，その利益は一切斟酌されていなかっただろう。したがって，地価への新たな課税が土地所有者のみに課す差別的負担は，とにかく市街地では，所有者自身の努力や支出によらない特別な地価上昇によって，一部相殺されると考えられる。

8 土地の公共価値への課税の告知面における優秀性を考えれば，この税の追加的導入に反論するには，全体として見てそれが分配面で大きな害悪をもたらす，ということを証明する必要があるはずである。土地の公共価値が年々もたらす価値（その資本還元価値であればなおさらである）に，もし非常に高率の税を課せば，そのような価値の高い土地の所有者が，自分たちは他の同じくらい豊かな人々に比べて**甚だしく**不利に差別されている，と不平をこぼすのも確か

---

65) 『帝国税および地方税の分類と帰着に関する覚書』（Marshall 1926, Cd. 9528）125頁。

に道理だろう。まったく低い税率のときでさえ，その差別は，例えば茶税の場合に起こるそれに比べて，かなり甚だしいものになりうる。なぜなら一部の人々の所得に占める真実地代の割合は，他のどんな人の所得に占める茶代の割合よりも高いからである。しかも真実地代への課税は，もしそれが今後継続すると予想されれば，地価を低下させる。すなわち現在の土地所有者は，土地を売却するさい，その将来の年々の課税の割引現在価値を差し引いた価格でしか土地を売却できなくなる。こうなると，彼らはその分ますます損失を被る。真実地代にあまり高い税率を課すべきでないことの1つの正当な理由は，これである[66]。だが低い税率，あるいは適度な税率であれば，そのような理由も力を失う。なぜなら結局，**あらゆる**税は個別にそれだけを見れば，個々人の間の不公平を必ず**多少**は生みだすからである。したがって，以上の考察全体をふまえ，私は次のように結論する。複数の税からなるどんな租税体系においても，そこに土地の（年々の）公共価値への適度な率の適度な税が含まれるべきであり，これには強力な論拠が存在する。

第15章　独占利潤への課税

1　独占者が独占に伴う価格支配力を完全に利用しているときには，その独占利潤に課税しても，独占者および他のあらゆる人の行動にまったく影響を与えない。これは経済学の教科書の常識である。それゆえこの種の税は，土地の公共価値への課税と同じく，告知面において理想的な税である。では，分配面は

66）この種の税が課され，それが売却や相続によって課税対象財産の大半の所有者が変わるほどの期間継続するならば，本文で述べた事柄が，今度は，その税の軽減に反論するための強力な理由になる。なぜならその税の導入時には，恣意的に選ばれたある集団が（補償されない）損失を被るが，逆にその税の撤廃時には，恣意的に選ばれた別の集団が（何ら損失を被っていないのに）利益を得るからである。マーシャルが「旧地方税の減免は，新しい建物やその他の新しい資本投資のみに適用すべきだ」と論じたのは，それが念頭にあったからである（前掲書121頁）。

どうだろうか。土地の公共価値への課税の場合と同じく，独占利潤への課税の場合も，たまたま独占企業の株式を保有している人は，別の企業に投資している同じ所得の人々より不利に扱われることになる。この不公平は，独占企業の株主はその投資から「不当に」大きな所得を稼いでいる，という理由によって正当化することはできない。なぜなら，もしそうであっても，大部分の株主はその株式を市場で購入するさい，その不当に高い独占価格がもたらす高い利潤をすでに反映した高い株価を支払ったはずだからである。

しかし独占利潤への課税は，一方では，同じ所得の人々の間でのこうした分配上の弊害をもたらすとはいえ，他方では，独占企業の利害関係者の多くは豊かなので，その限りでは，異なる所得の人々の間での分配上の改善をもたらす。またおそらく，独占を形成して価格支配力を掌握しようとする意欲を多少とも挫くためにも，独占利潤への課税は求められよう。

2　独占力の行使による社会的収奪に対し，政府が直接の防止策を何ら講じていない場合には，独占利潤──独占者の所得のうち，供給価格を上回る販売価格を強要する独占力の行使に起因する部分──へのとにかく適度な課税は，明らかにその良い対策になろう。

3　通常，独占力の行使は，その独占商品の産出をわざと社会的最適水準以下に制限するわけだから，まったく反社会的行動である。独占下で実現した産出に限って言えば，その高価格のために一般社会が被る損失は，独占者が得るそれと同額の利益によって相殺されるけれども，その高価格のために実現しなかった産出部分については，消費者余剰の被る損失を埋め合わせる利益は何もない。それゆえ通常は，政府が独占力の行使自体を阻止する方が，それを認めてその利潤に課税するより，社会全体にとって有益だろう。たとえその税率が100パーセント近いものであっても，やはりそうだろう。この場合，独占者はその社会的収奪から何も得られず，得たものはすべて政府の手に渡る。だがこのような税は，歳入を最大化する税率を選んで財貨税を課すのに等しく，また容易に分かるように，どんな課税対象でもこれほど高い税率を課せば，社会はその税収を上回るほどの大きな弊害を被りやすい。したがって，独占者による

社会的収奪を認めつつ，その収奪の成果の一部ないし全部を政府が徴収するという政策は，せいぜい，反社会的な独占力の行使を阻止するための他のもっと良い政策が政治的に実行不可能な場合のみ，擁護できるにすぎない。

第 16 章　偶発利得への課税

1　ここで言う「偶発利得（windfalls）」とは，本人がまったく努力せず，知性も働かさず，リスクも負担せず，資本も投じていないのに，予想外に生じる財産の実質価値の増大のことである。本章ではこうした偶発利得への課税を考察するが，それが告知面において理想的な税であることは一目瞭然である。なぜなら，人がどんな行動を選ぼうと，その人が納める税の額は変えられないからである。では，分配面はどうだろうか。

2　神の定めた計画によって偶発利得が次のように分配される社会を想像しよう。すなわちそこでは常に，貧者には大きな偶発利得が生じ，中程度の所得の者には中程度の偶発利得が生じ，富者には偶発利得がまったく生じない。だが，現実にこのようになると考える理由は何もない。それどころか普通に考える限りでは，むしろ富者こそが最も偶発利得に恵まれやすいだろう。なぜなら，ほとんどの偶発利得は何らかの物的財産の予期せぬ価値変動から生じており，それらの物的財産は主に富者が所有しているからである。したがって，全体として偶発利得が分配に好影響をもたらす，あるいはそれへの課税が分配に悪影響を及ぼす，と想定する根拠はない。徴税実務上可能であれば，貧者に生じる（適度な額の）偶発利得を課税免除することは擁護できるかもしれないが，これ以外の偶発利得については，偶発利得であることを実際に間違いなく識別できる限り，本書で示した一般的考察に従い，重く（場合によっては税率 100 パーセントでもよい）課税すべきである。この問題に関する基本原則はこのように明らかなので，議論はその具体的適用のあり方に絞られよう。

財政学（第II編第16章）　161

3　まず，総計的（integral）偶発利得と個別的（partial）偶発利得を区別する必
要がある。前者は，全生涯を通じてある人の財産の総価値に生じた，偶発利得
の性質をもつ増価分を意味し，後者は，ある一時点にある人の財産の一部に生
じた，偶発利得の性質をもつ増価分を意味する。総計的偶発利得への課税の分
配面からの妥当性は，前節で述べた通りだが，個別的偶発利得については，こ
の問題はそれほど明確ではない。なぜならある人の財産の一部に生じた偶発利
得は，別の年にその財産の他の部分に生じる偶発損失によって相殺されるかも
しれないからである。観察された偶発利得と観察されない偶発損失が実際に相
殺しあうとすれば，分配の観点からは，個別的偶発利得に課税すべきではなか
ろう。適切な課税対象は，個別的偶発利得ではなく，むしろ総計的偶発利得で
ある。とはいえ，総計的偶発利得の発生を直接調べて確認したり，それが発生
したさいにその額を確定したりすることは，過去および未来の知識も前提して
おり，実際上まったく不可能である。こうなると結局，どんな偶発利得にも課
税できなくなる。しかし，上述のように利得と損失が実際に相殺しあうと想定
することはできない。個別的偶発利得が観察されたとき，その同じ財産に生じ
る個別的偶発損失によってそれが相殺されることはむろん**ある**が，そうなると
最初から想定することはできない。したがって，実際にそのように相殺される
という確かな情報がない限り，個別的偶発利得への課税をためらう必要はない。
偶発利得と偶発損失は確かに相殺しあうことがあり，実際上そのような相殺を
斟酌するのは不可能であるが，だからと言って，観察された個別的偶発利得が
課税対象として不適切になるわけではない。

4　二度の世界大戦という異常事態のもとで，その直接の結果として，特定産
業の利潤に非常に重要な新しい種類の膨大な偶発利得が発生した。すなわち特
定種類の財・サービスの価値が大幅に高騰し，その結果，これらの商品の在庫
の保有者や生産手段の所有者（船主・鉄鋼業者・武器製造業者・農家など）は，
政府の介入によって当該商品の最高価格が設定されない場合には，思いもよら
ぬ大儲けをしたのである。これらの儲けは偶発利得の性質を強く帯びている。
偶発利得を識別するにはその業種の利潤の正常水準を判断する必要があり，そ
のさい，新規の資本投資や追加の労働に起因する利潤の増大分を斟酌したり，

戦時目的のために作った生産設備が戦後に無用になること（邪魔になることさえある）を考慮したりする必要があった。しかし正常利潤の推定にあたっては，厳密には，戦争直前の数年間の実際の利潤の水準のみならず，その増大に関する当時の見通しも考慮すべきだったし，また戦時中の一般物価水準の上昇すなわち貨幣価値の低下（それゆえ利潤の実質額はその名目額よりずっと小さい）や，戦後しばらくは諸商品の価格が高まるという可能性（それに備えて在庫を増やすのは当然である）も，考慮すべきだったはずである。

　両大戦下のイギリスでは超過利潤税（excess profits duty）が課されたが，その一般的な狙いは，戦時の利潤に含まれる前述のような偶発利得を特定し，その部分に可能な限りの重税を課すことだった。偶発利得を完全に特定するのは不可能だから，80 パーセントを超えるような重税を課せば徴税実務上の放縦や浪費をもたらし，また企業意欲を危険なほどに挫きかねないという懸念の他には，その税率の上昇を妨げるものは何もなかった[67]。1940 年 5 月に税率を 100 パーセントに引き上げた理由は，経済的というより政治的なものだったが，それでも各種の調整や控除によってその経済的弊害を緩和していた[68]。

5　平時の通常の状況下における歳入調達手段としての偶発利得税は，実際上，20 世紀に入るまで知られていなかった。第一次大戦の数年前にヨーロッパ大陸では，ある特定種類の偶発利得，すなわち土地の公共価値に生じた偶発利得に，ゆるやかな累進課税をおこなう試みが幾つかなされた。例えばフランクフルト（アム・マイン）では，「土地の所有者が変わって 20 年が経過しないうち

67）アメリカで初めて導入された超過利潤税は，第一次大戦前の利潤率を越える部分だけでなく，利潤率の全体に課されていた。だからそれは，イギリスの超過利潤税に比べて，偶発利得税としての性質がかなり薄く，しかも創意工夫，機を見るに敏であること，優れた経営手腕，をいわば罰するものだという重大な批判を受ける余地もあった。すなわち「所得への累進課税にはそれなりの根拠がある。資本への累進課税でさえ，やはりそうである。だが資本が生みだす利潤の率への累進課税に，根拠を見出すのは難しい。資本ないし利潤のどちらか一方への課税では不可能な形で，冒険的事業や創意工夫を罰すること，これこそが同法の特徴である」（セリグマン「戦時歳入法」（Seligman 1918）29 頁）。

68）超過利潤税（E. P. T.）に関する詳しい議論として，ヒックス他『戦時利得への課税』（J. R. Hicks *et al*. 1941）第 2～4 部を参照のこと。

に，その地価が当初の購買価格より 15 パーセント以上上昇した場合には，土地改良支出，利子の喪失，移転費用を控除したうえで，次のような形で土地増価税が課される。すなわち 15〜20 パーセントの地価上昇に対しては税率 2 パーセント，20〜25 パーセントの上昇に対しては 3 パーセントというように，最高税率の 25 パーセントに達するまで，地価が 5 パーセント上昇するごとに税率が 1 パーセント上昇するのである」(H. M. S. O. 1909a, 21 頁)。一般的な仕組みはこれと同じだが，ケルンでは税率は 10〜20 パーセントの地価上昇に対する 10 パーセントから始まり，そこから最高税率の 25 パーセントに達するまで，地価が 10 パーセント上昇するごとに税率が 1 パーセント上昇する。そして土地の所有者が変わって 5 年を経過していない場合は上記の税率をそのまま適用し，10 年を経過していない場合はその 3 分の 2 を適用し，10 年を経過した場合はその 3 分の 1 を適用する（同書 18 頁）。1911 年にドイツ帝国議会の保守党は，同様の税を帝国税の体系に加える法案を提出したが，「1913 年の法案修正により，土地増価税（Wertzuwachssteuer）からの歳入はすべて州や地方当局に帰属することになった」[69]。イギリスでも 1909 年の予算で，粗野な形のものだが，地価上昇に対する未開発地税が導入された。

　これらの税は一見すると，偶発利得税の条件を満たしており，税制を複雑にする細かな改良などまったく不要だと思われるかもしれないが，実はそうではない。次節ではその理由を示し，有効な偶発利得税を設計するさいの実際的困難を明らかにする。

6　まず，2 種類の名目的ないし非実質的な土地増価の問題がある。すなわち第 1 に，一般物価水準が 50 パーセント上昇すれば，非改良地の貨幣価値もおそらく 50 パーセント上昇するが，これは何ら実質的な増価ではない。土地所有者が土地から得る年間収入にせよ，土地を売却して得る資本価値にせよ，貨幣額で見れば以前より 50 パーセント増えるけれども，その貨幣額で購入できる商品で見れば以前とまったく同じである。だからといって従価税に反対する根拠にはならないが，この問題は，課税対象商品の貨幣価値が時期によって異

69）シェフテル『地価への課税：差別的土地税の研究』(Scheftel 1916) 145 頁脚注。

なる場合には必ず起こる。その唯一の解決策は，当初取得時点の土地評価額を，課税対象となる地価上昇分を査定する時点の新たな一般物価水準に照らして見直すことだが，この見直しは難しい仕事になろう。その実施方法として当然考えられるのは，当初取得時点の土地評価額に，その取得の年から査定の年までに生じた通常の一般物価指数の変化率を乗じることである。だがこの方法は不十分である。なぜなら生産用具の資本価値は，単一年度にそれが生みだす所得に応じて変動するわけではなく，その長期にわたる年々の期待所得に応じて変動するからである。だがそれでも，物価指数を合理的かつ柔軟に適用すれば，有能な当局は，この種の単なる見かけ上の増価に課税する誤りを大部分は回避できよう。また同じ方法によって（ただしこの場合，世間一般の一層根強い先入観を打破せねばならないが）有能な当局は，物価の下落期にたとえ地価が下がってもその実質価値が上がっているならば，それに課税することもできよう。だが第一次大戦後の数年間にドイツ，オーストリア，ロシアで生じたような通貨価値の極度の混乱のなかでは，この種の課税の基盤条件の全体が崩れる。その実際の運用には，通貨価値の適度の安定が不可欠だからである。

7 第2の種類の見かけ上の土地増価が生じるのは，長期の投資に関する一般貨幣利子率が低下するときである。投資の生みだす年間収益が従来とまったく同じでも，利子率が低下すれば，その資本［還元］価値は上昇するに違いない。このような上昇は，その収益を消費にふり向けない限り，資本の所有者に何の利益ももたらさない。なぜならその所有者がたとえ資産を売却しても，そのお金を（投資リスクが等しい限り）従来より高い年間収益を生むどんなものにも再投資できないだろうからである。ここでもやはり課税上の調整は難しいだろう。しかし当初評価の年と再評価の年が，それぞれ景気変動の波のどの位置にあるのかを考慮できるならば，有能な当局は，課税対象になる増価がこの種の見かけ上の増価を含まないように，当初評価額を調整できよう。

8 だが，名目的増価を除去すれば，問題がすべて解決するわけではない。たとえ実質的増価であっても，それが将来収益の予想を反映したものであれば，それは偶発利得ではないからである。すなわち土地の資本価値は，それが生む

財政学（第 II 編第 16 章）　165

と期待される年々の所得の現在価値であるから，年々の所得の発生開始時点が
（遠い将来でなく）現在に近いほど，資本価値は上昇するはずである。単純な例
として，当初の 20 年間は所得を生まないが，その後は毎年 500 ポンドの所得
を生むと期待される土地を考えよう（土地改良の支出は無視する）。これは都市
近郊の多くの土地の典型例であり，それらは将来のある時点になれば建物用地
として価値が高まると期待される。利子率を 5 パーセントとすれば，簡単な計
算から分かるように，この想像上の土地の資本価値はおよそ以下のように上昇
してゆく。

1940 年	3,800 ポンド	1955 年	7,800 ポンド
1945 年	4,800 ポンド	1960 年	10,000 ポンド
1950 年	6,100 ポンド		

　この場合，1940〜55 年の増価は 4000 ポンドであり，1955 年に納めねばなら
ない土地増価税は，税率を 20 パーセントとすれば 800 ポンドである。すぐ計
算できるように，利子率を 5 パーセントとすれば，1955 年の 800 ポンドは
1940 年のほぼ 400 ポンドに相当する。すなわちこの土地の所有者は，1940 年
に土地を売却しようとしても，1955 年に納めねばならない土地増価税（20
パーセント）が存在するために，3800 ポンドではなく 3400 ポンドほどしか得
られないのである。要するにこの税は，土地の現在の所有者に直接負担させる
ものであり，いかなる意味においても偶発利得税ではない。

9　むろん実際の増価のなかには，この種の見かけ上の増価と偶発利得が混在　162
している。実際の増価のなかの見かけ上の増価分を除去すれば，その実質的増
価に含まれる偶発利得の部分は，次の方法によって識別できる。すなわちある
土地が 1940 年に $x+y$ の総価値をもち，x はその現行の土地利用（農業等）に
起因する価値分，y は 1960 年以後に生じると期待される建物用地としての地
代に起因する価値分とする。このとき利子率を 5 パーセントとすれば，1955
年のその地価に含まれる，偶発利得ではない増価分は，y の約 108 パーセント
になるはずである。したがって，土地増価税の対象を偶発利得だけに限定する
には，1955 年時点の地価から，現行の土地利用に起因する部分の現在価値と，

建物用地としての期待に起因する部分の現在価値の 108 パーセントとを，それぞれ差し引いた部分だけに課税すべきである。15 年以外の期間の場合も，むろん同様の計算方法が妥当する。

この方法の基本的考え方は，フランクフルトやケルンの土地増価税にも，ドイツ帝国のそれにも具体化されている。例えばフランクフルトの同法の細則第 4 節は，「売主自身が農業ないし産業のために利用しておらず，建物もない土地の場合」，その時点の増価を査定するさい，その土地の当初取得価値に 4 パーセントの利子を加算せよと定めている（H. M. S. O. 1909a, 21 頁）。しかし同法の欠点は，複利計算を認めていないことだろう。

10 最後にもう 1 つ，問題が残っている。すなわち明確に予期されない増価が，現在価値に幾らか影響を及ぼすこともある。したがってそれは真の偶発利得ではない。例えばある人は，長い将来にわたり毎年 500 ポンドの収益を生むと期待される土地を所有しているが，その収益の変動可能性を漠然と認識しているとする。利子率を 5 パーセントとすれば，この土地の資本価値は 1 万ポンドだから，一見するとその価値の上昇の可能性は考慮されていないように見える。だが実は，その上昇の可能性は確かに現在価値に影響を与えており，下落の可能性の影響によって相殺されているにすぎない。この地価の上昇の可能性（今後 15 年間の範囲に限定する）が現在価値に与える影響の大きさは，今後 15 年間に生じる**この種の**すべての増価（むろん前述の**予期された**増価は除く）に対する権利の売却額によって測られる。通常，この額がその土地の資本価値のごく小さな部分でしかないことはほぼ確実である。したがって，明確に予期されない増価の**ほとんど**は偶発利得であり，それらに課税する法律を現在制定しても，土地の現在の所有者に何ら大きな打撃を与えることはなかろう。それでもこの危険を最小化するために，10 パーセント以下の増価については課税を免除すべきかもしれない。この規定と前節の規定を組み合わせれば，過去 15 年間に生じたあらゆる増価のうち，価値 x の 10 パーセント以下の増価と，例えば価値 y の 120 パーセント相当額を，土地増価税から控除することになろう。

11 以上の議論から分かるように，偶発利得分の増価のみを対象とする土地増

価税にはさまざまな配慮が不可欠であり，おそらく徴税実務上，それはあまりに複雑な作業になる。だがそれを断念する必要はない。小額の増価をすべて課税免除するという単純な工夫を施せば，真の偶発利得の一部を見逃すことにはなるものの，偶発利得以外の増価に課税してしまうという大きな弊害は避けられるからである。戦時や戦後の混乱期を除く通常の状況下では，今後 15 年内に一般物価や一般利子率の極端な変動が起こることはない，と正当に予想できよう。したがって，15 年間に価値が 3 倍（その他の期間の場合は，期間に比例して価値を調整すればよい）を超えた土地だけに増価税を課すようにすれば，偶発利得以外の増価分に課税してしまうことはまずなかろう。誰の土地であっても 15 年が経過して土地の非改良価値が当初の 3 倍を超えるならば（ただしその人の所有する土地全体で考える必要があろう），政府はその超過額のほぼすべてを，上の弊害を伴わずに取得できよう。土地の非改良価値が（例えば非改良価値の本体に課す直接税のような）何か他の目的のために定期的に査定されているならば，このような土地増価税は容易かつ安価に実現できるはずである。

　だがすでに見たようなさまざまな考慮点があるため，明らかに，土地財産からの偶発利得に課す増価税のもたらす歳入はけっして大きなものにはなるまい。また土地以外の財産に対する同様の増価税の設計はあまりにも難しいため，埋蔵物発見という唯一の例外を除き，今日までそうした課税の試みはまったくない[70]。

第 17 章　内国税の国際的影響

1　前章までは国際関係を考慮せず，あたかも社会を孤立した自給自足の社会と見なして議論してきた。だが国際関係を考慮すると，新たな大問題が幾つか

---

[70]　なお，1913 年にドイツで導入された「財産増価（property increment）」税は，所有財産の元本全体を控除したうえで，**相続分か貯蓄分かを問わず**，とにかく財産の増価部分に課税するものであり，本章で論じた増価税とは異なる。コーン「ドイツの税制」（Cohn 1913）543 頁以降を参照のこと。

現れる。第1の問題は，前の諸章で考察した諸税のもたらす影響の変化であり，これは課税の及ばない外部地域の存在に起因するものである。そのような地域が存在すれば，課税される地域の納税義務者は，課税されない地域を利用することで税負担を軽減できるかもしれない。一見したところ，2種類の要因が作用しそうである。すなわち，①本来ならば課税当局の管轄地域内に投資されたはずの資本が，国外に流出するかもしれない。②本来ならば課税当局の管轄地域内で居住・労働したはずの人が，国外に流出するかもしれない。

　①②のどちらかが起こると，明らかに，税収が減少し，国民の（納税後の）純所得の総額も減少するので，その国の経済的厚生も同様にして減少する。より一般的に言えば，ある一定の歳入を徴収するにあたり，前の諸章で考察した弊害だけでなく，さらなる追加の弊害も生じる，すなわち本書でまだ考察していない別の危険に晒されるのである。だから，わが国の実情に照らし，それらの危険の範囲と規模をできる限り予測することが，当然重要である。

2　通俗的議論では，イギリスの重税，特に高率の所得税が「資本の国外流出をもたらす」という危険が大いに強調されている。むろん国外の住民は，イギリスに投資しなければ，イギリス国内の投資収益に課されるイギリスの所得税を回避できる。それゆえ，二重課税を防ぐ国際協定がない場合，投資所得へのイギリスの課税が重いほど，外国資本のイギリスへの流入は阻害されるに違いない。だがこの事実は，全体として見ればイギリスは資本輸入国ではなく資本輸出国なので，実際上あまり重要ではない。むしろ問題となるのは，外国人が所有する資本の動きではなく，イギリス人が所有する資本の動きである。

　通俗的議論で懸念されている事柄の大部分は，イギリス人は投資先を国内から国外に移すだけで，投資所得に対するイギリスの所得税を回避できる，という誤解によるものである。それは誤解であって，法律上のイギリスの居住者は，その所得がどこで発生したかを問わず，その全所得に対してイギリスの所得税が課される。1914年の所得税法では，国外で生じた所得のうち，国内に移されず国外で再投資された部分にさえ課税していたほどである。その結果，もしイギリスの居住者が国外に投資すれば，イギリスの所得税を回避できるどころか，イギリスの所得税と投資先の国の所得税（その国に所得税があるならば）の

財政学 (第 II 編第 17 章)　169

両方を課されることになる。その後の改正法のもとでは，イギリスの居住者が
大英帝国の自治領への投資から得た所得には，そのときの半分の軽減税率でイ
ギリスの所得税が課されているが，その目的は二重課税が大英帝国の自治領間
の投資に及ぼす悪影響を和らげることにある。だがこの場合でさえ，イギリス
の居住者は，イギリスに居住する限り，国外に投資してもその税負担の総額を
減らすことはできない。確かに，虚偽の申告によって違法に脱税しようとする
者にとっては，所得が国内で生じるより国外で生じる方が，脱税は容易だろう。
しかしこうした不正を別にすれば，イギリス人は，本人がイギリスに住み続け
る限り，投資先を国内から国外に移しても何ら利益を得られない。すなわち**資
本と共に資本所有者も国外に流出しない限り**，重税によってイギリスの資本が
国外へ流出する傾向はないのである。

3　イギリスの精神的・肉体的な労働の国外流出についても，かなりの程度ま
で同じことが言える。イギリスの居住者，すなわち 1 年のうち 6 ヶ月以上をイ
ギリスで過ごすか，イギリスに住居を所有する者は，労働のなされた場所を問
わず，その報酬にはイギリスの所得税が課される。それゆえ，もし課税を逃れ
ようとすれば，労働の場所を国外に移すのみならず，イギリスに住むことも諦
めねばならない。それゆえ，資本と労働のどちらについても問題は結局，イギ
リスの重税を避けて人々はイギリスに住むことをやめるか否か，もしやめるな
らばそれはどれほどの人数になるか，ということになる。

4　人をその母国に留まらせる，いわば強い表面張力が存在しており，こ
れに打ち勝つには同じく強い別の力が必要である。通常，貧者の納税額は，
その総所得のわずかな部分を占めるにすぎず，居住地に関する意思決定に
何ら重要な役割を果たしそうにない。他方，税の重さをひしひしと感じる
だろう富者にとって，大所得から得られる利益は，そのかなりの部分が
社会的立場の心地よさであり，この利益はイギリスに住むことをやめれば失わ
れるものである。それに現在の世界では，そのような富者が，自分たちの生活
様式や居住に適し，しかも重い税のない国を見つけるのは難しいだろう。それ
ゆえ，彼らがイギリスを去ることによって得る利益は，その大部分が移住先で

167

失われてしまう。したがって，全体として次のように結論できよう。現在の世界では，イギリスの重税のためにイギリスの資本や労働が国外に流出するという，重大な悪影響は必ずしも生じないだろう。

第18章　対人税による外国人への課税

1　世界全体が諸々の国に分かれていることから生じる第2の問題は，ある国の政府が自国の歳入を外国人から取り立てようとする行動に関するものである。この種の取り立ては一見すると，①対人税（personal taxes），②賠償金という形での外国政府への定額賦課（lump-sum levies），③輸入税および輸出税，によって実行できそうである。

　本章では①の対人税による歳入調達を簡単に考察し，②③については次章以降で扱うことにする。

2　最初に，「国民（ナショナル・グループ）」の厳密な定義という難しい問題がある。本章の目的上，それを単に，ある1つの主権国家に対して政治的服従義務を負うすべての者と定義することはできない。なぜなら，同一の人物を複数の政府が自国民だと主張するような稀な事例は無視するとしても，例えば，あるイギリス国民がルーマニアに永住し，所得をすべて現地で稼いでいる場合，経済的に見れば明らかにその人は，イギリス国民ではなくルーマニア国民だからである。この見方によれば，国民とはその政府の領土内に居住するすべての人のことである，と定義するのが一番だろう。しかしこれでも不十分である。人はしばしば移動するので，居住という言葉が曖昧だからである。例えばスミス氏はイギリスとドイツに家を1軒ずつもつが，毎年1ヶ月ずつしかそれらの家で過ごさず，残りの10ヶ月は世界中を旅するのが常である場合，スミス氏は一体どこに住んでいることになるのか。この種のややこしい問題にはきりがないので，多少とも恣意的な何らかの定義によって一挙に解決するしかない。とはいえ，ほとんどの人は同じ国に住み続け，たまに外国に出かけるにすぎないのが普通だから，

居住という言葉の厳密な意味は，個人に関する限り[71]，本章にとって重要ではない。本章の観点からは，いつも国外に住んでいる人々は非居住者すなわち外国人である。

3　政府は，外国人がその領土内で1年のうち幾日か過ごしたり，その領土内から多少とも所得を得ている場合には，対人税によってこれらの外国人から歳入を徴収することができる。例えば，旅行者や，所得を稼ぐために一時的にやって来る外国人（音楽家や俳優など）に，対人税を課すことができるし，外国人による投資の収益が国外に送金される前にそれに課税することもできる。このようにして政府が外国人から徴収できる歳入額には，むろん限界もある。税率がある一定の値を上回れば，外国人はその国を訪れなくなり，その国に新たに投資しなくなるので，税率が低いときよりかえって税収は減るだろう。

　それでも政府は，その国内で外国人が過去に多額の投資をおこない，彼らが現在もそれらの財産を所有している限り，もし政府が望むならば，外国人の既存の財産から多額の歳入を徴収することができる。また財産の所有者が外国人から自国民に変わっても，それに課税し続けるようにすれば，財産の売却によって外国人が負担を逃れるのを防ぐことができる。実際の政策においてたいていの政府は，所得の発生地に関係なく，とにかく自国の居住者に帰属するすべての所得に課税し，かつ自国で発生し外国人に帰属する所得にも課税している。また相続財産にも同様の仕方で課税している。このようにして政府はしばしば，色々と工夫して，外国人から多くの歳入を取り立てようとするわけである。

4　ところで今，A・B・C・Dという4ヶ国があり，どの国も自国の歳入のために他の国々の居住者に同額ずつ課税すれば，明らかにどの国の居住者にとっても正味の利益はない。一方の利益は他方の損失によって相殺される。逆に，すべての国がその課税を自国内の居住者に限定したとしても，「代表的国家」

71）企業の所在地に関する複雑な問題については，『王立所得税委員会報告書』（H. M. S. O. 1920）第14節を参照のこと。

［4ヶ国の平均的国家］の歳入は従来通り変わらないだろう。それだけではない。もしＡ国が，Ａ国内で発生した所得やＡ国内で所有される財産に関してＢ国の居住者に課税すれば，Ｂ国がそれらに課税するのを控えない限り，それらの所得や財産は「二重課税」されることになる。これはすなわち，ある国の居住者が外国での労働や外国への投資の是非を考えるとき，その期待利得が単に自国のそれを上回るだけでなく，この二重課税の損失をも十分に償うものでない限り，それを断念するということを意味する。こうして労働と資本の自由な国際移動を妨げる障壁が築かれるわけである。自国に居住しながら外国で働いたり外国に投資したりする者への自国政府の総支出額が，あくまで国内でのみ活動する者への総支出額より実際に大きいのであれば，そのような障壁は実質的費用に対応するものであり，一見する限り，全世界の厚生の観点からは望ましいように思われる。だが，そうした居住と労働（や財産）の地理上の不一致に起因する政府支出の総額の差は，この不一致のもとで活動する人々に現在課されている税の追加分に比べれば，非常に小さいだろう。したがって，二重課税によって実際に生じている障壁は，全世界の厚生の観点から望ましいもの**ではなく**，むしろ総生産力と総幸福を減少させていると考えられる。

だから，仮にすべての国が外国人への課税に関して立場上同等の力をもつとすれば，こうした課税をしないという協定を結ぶことが，全世界の観点からも一国の観点からも，あらゆる国の利益となろう。だが現実上，外国人への課税に関して一部の国は他の国より強い立場にある。それゆえこうした相互の課税自粛協定は，この協定によって得をする国々がそれによって損をする国々に補償するという取り決めが同時になされない限り，全世界の観点からは利益であるものの，一国の観点からはあらゆる国の利益になるわけではない。この種の問題を実際に解決することが，国際外交の本来の仕事である。なお，この二重課税の問題は，国際連盟からの支援を受けた専門家らによって研究されており，改善案も示されている[72]。

72）ブルーイン教授，エイナウディ教授，セリグマン教授，ジョサイア・スタンプ卿『二重課税に関する報告』国際連盟（League of Nations 1923）。

5 比較的最近まで「所得発生地」を課税の主たる権原とする見方が優勢だったので，二重課税を避けるために，外国で生じた所得に関して国内の居住者に課税する権利か，あるいは国内で生じた所得に関して外国人に課税する権利かのどちらかを放棄せねばならないとすれば，前者を放棄することがこれまで広く合意されたやり方だった。しかしその後の研究がこの見方を逆転させた。すなわち，その市民や政府が外国からの借入に頼る国では，二重課税という壁を取り払うことが最優先され，また実際，イギリス，フランス，ブラジルはいずれも第一次大戦中に外国で起債し，自国内における免税によってその利子を保証したので，この利子相当額に関する限り，国内で生じた外国人の所得に課税する権利を行使しなかった。国際連盟の専門家らの勧告に従うならば，多額の債務や債権をもたない国々どうしは，自国内で生じた外国人の所得への課税を互いに免除する協定を結び，各国は，所得の発生地を問わず，自国の居住者の所得だけに課税すべきである。しかし多額の債務や債権をもつ国々の間では，この方法は不公平な結果をもたらすだろう。すなわち債務国は債権国よりずっと多くの歳入の放棄を求められよう。なぜなら債務国の方が，国内で生じ国外に帰属する所得はずっと多いからである。それゆえ，国際連盟の専門家らの考えでは，この場合もやはり，国内で生じ外国の居住者に帰属する所得に関する相互免税協定を結ぶべきだが，この国家間の協定交渉が不公平な結果をもたらさないように，協定によって利益を得る国々の政府は，それによって損失を被る国々の政府に適切に補償すべきである。

6 前節の提案の目的は単に，外国人への課税に関する各国政府の立場上の強弱関係を変化させることなく，二重課税がもたらす社会的に有害な障壁を取り除くことだった。しかし政治倫理に関心をもつ者は，これだけでは満足するまい。ある政府が外国人に課税するさい，その範囲が自国内で生じる所得，および自国内で所有される財産から生じる所得に限られ，かつその税率が自国民に課す税率と同じであれば，一見するとその課税は，国内向けの政府サービスの費用に相当する対価として正当化できるように思われよう。しかしよく考えると，この主張は根拠薄弱である。なぜなら，あるイギリス人がイギリスに居住し，そこで所得を稼いでいる場合には，その身体および財産は確かにイギリス

政府によって保護されているが，ある外国人がイギリスに居住せず，イギリスから所得を得ている場合には，イギリス政府によって保護されているのは財産のみだから，先ほどの議論に従えば，彼が払う対価は当然少なくなるはずだからである[73]。ましてや，外国人の旅行者や投資家に不利な差別課税を，そのような議論によって正当化することなどできない。それゆえ，一般に次のように結論できよう。すなわちある政府が自国民と同じ条件で外国人に所得税や相続税を課すのは，ましてや外国人に不利な諸々の差別課税をおこなうのは，まさしく外国人からの収奪である。

ところで一般通念として，植物や（例外もあるが）動物などの自然世界はいわば人間が支配する王国であるから，動植物をそれ自体目的としてでなく，単なる手段として扱うのが妥当である。そして一部の熱烈な国民主義者（ナショナリスト）にとっては，外国人も動植物もほとんど同じようなものである。そのような国民主義者は，国益のためには外国人を容赦しないので，危険を被るおそれなく外国人から搾り取れるならば，搾り取るべきだと説く。こうした見方をする者は，本節の問題を簡単なものと考えるが，多少とも教育を受けた人々はそうした見方をしない。すなわち彼らは，何か正当な理由がない限り，人が他人の金を取り上げる権利など存在しないのと同様に，ある国の政府が他国民から収奪する権利など存在しないのは当然である，と考えるだろう。それをおこなう正当な理由は1つしかない。すなわちある外国政府が，その提供する政府サービスによって「正当化」できる限度を超えて，歳入調達のためにイギリス国民に課税していることを証明できる場合には，これを根拠にして，もし可能ならばイギリス政府の側もその外国政府の国民に同額だけ課税してよい。こうして得た税収を外国政府によって収奪されたイギリス国民の本人たちに同額だけ返金して救済することは，明らかに実行困難だから，こうした報復課税の根拠は，それが実行可能な場合より弱いものになる。だがそれでもなお，これは1つの根拠である。というのも，イギリス社会と例えばフランス人を一種の統合体と見なし，

73）身体保護の対価としてイギリスの居住者には財貨税を課しており，それゆえ非居住者にはそれを課さないのだ，という反論もあり，本節の文脈ではこれが唯一の重要な反論である。だがそれは明らかに，富者については妥当しない。

財政学（第 II 編第 19 章）　175

フランス政府によるイギリス人への課税を，イギリス政府によるフランス人への課税によって相殺しようとするのは，理にかなうことだからである。こうした補償のための報復を除けば，外国人から収奪しようとする企てを倫理的に擁護することはできない。

第 19 章　賠償賦課と交換比率（交易条件）

174

1　本章の考察範囲は，外国に対する賠償賦課がもたらす影響全体ではなく，賠償の受取国と支払国の双方の財貨の交換比率（いわゆる交易条件）に及ぼす影響に限られる。賠償はある一定量の**年払い**とし，また賠償の受取国と支払国のどちらにおいても賃金率などのあらゆる価格は賠償という事実に合わせて調整されるので，どちらの国でも賠償は失業を生みださないとする。さらに，賠償の受取国が一国で，支払国が複数存在するケースは無視し，賠償支払国が一国で，残りの国々をひとまとめにして受取国も一国であると仮定する。

2　その考察と，一般的輸入税・輸出税に関する類似の考察においては，国際貿易では多種多様な財貨が取引されるという厄介な事実を無視する必要がある。とはいえ，これは従来の研究手法の踏襲にすぎない。例えばミルは外国貿易の分析を始めるにあたり，イギリスのすべての輸出品は綿布によって，またすべての輸入品はリネンによって，それぞれ代表されるという単純化のための仮定を置いたし，マーシャルもこれを踏襲し，外国貿易論の冒頭で次のように述べた。「国内価値の純粋理論では，イギリスが輸出するあらゆる種類の商品のイギリス国内での価値は，そのなかの 1 つの商品，すなわちある一定品質の綿布によって測定されると仮定する。その場合，イギリスが輸出するすべての商品のイギリス国内における価値は，ある一定の長さの綿布の価値によって表されよう。一方，ドイツ（同国はイギリス以外のすべての国を代表するとしよう）が輸出するすべての商品のドイツ国内における価値は，ある一定の長さの例えばリネンの価値によって表されよう」[74]。しかし彼の最終的説明では，これらの仮

定がやや変化している。すなわち「ミルは，1ヤードの綿布を一方の国の各種生産物の代表とし，また1ヤードのリネンを他方の国の各種生産物の代表とした。だがむしろ，どちらの国の輸出品も代表的『貨物（bales）』——それぞれの国の各種労働および資本がある一定比率で結合した投資を表すもの——からなると見なす方がよかろう」[75]。マーシャルの文章からは分かりにくいが，この新しい仮定が彼の昔のそれと根本的に異なっていることを看過してはならない。国際貿易でさまざまな財貨が取引される場合には，あらゆる国で収穫一定の条件が成立していない限り，この新しい仮定は，さまざまな財貨が取引されるという事実と矛盾せざるをえない。なぜなら賠償や一般的輸入税・輸出税の賦課などによって生じる国際貿易条件の変化は，各国が生産するさまざまな財貨の相対価値を必ず変化させるからである。マーシャルの新しい仮定は，「貨物」と呼ばれる合成財の実質的内容が課税の前後で変化することをあえて認めることで，この論理矛盾を回避している。

　しかし収穫一定があらゆる国で成立しているならば，どちらの仮定も前述の事実と矛盾することなく，結局は同じものになる。すなわちイギリスの綿布1ヤードはイギリスの貨物1個と同じものであり，どんな条件下でも両者はイギリスの労働1単位の生産物である。なお，私は労働という用語を労働・資本・土地を［ある固定比率で］結合させた合成財の「単位（dose）」として用いる。同様にして，外国の綿布1ヤードは外国の貨物1個と同じものであり，どんな条件下でも両者は外国の労働1単位の生産物である。

3　賠償の影響，あるいは外国貿易への均一率による一般課税の影響を，前節の考え方に基づいて研究するにあたり，どの国でも，そのような賠償や課税がない国とほぼ同量の生産的努力［生産要素の供給］がなされると仮定しよう。そうすれば，収穫逓減ないし逓増によって生じる問題を考慮しなくて済む（ただしこれらは特定財貨だけに課す輸入税や輸出税の考察では重要になる）。この仮定は常に現実と合致するわけではなく，例えば，重い賠償を課された国は，その

74）マーシャル『外国貿易の純粋理論』（*The Pure Theory of Foreign Trade*）個人出版，1頁。
75）マーシャル『貨幣，信用および貿易』（Marshall 1923）157頁。

財政学（第II編第19章）　177

平均労働時間を増やす必要に迫られるかもしれない。だが，実質的に正しい結
論を導くには通常はこれでほぼ十分であるという意味において，この仮定は理
にかなっているように思う。以下ではすべて，ミルによる綿布とリネンの用語
法に従うことにする。

4　賠償の課し方には，その支払国が生産する財貨で測って課す場合と，その
受取国が生産する財貨で測って課す場合がある（両国の一般物価水準がほぼ一定
に保たれていれば，生産される財貨で測って賠償を課しても貨幣で測ってそれを課
しても同じことである）。この2つの賠償の課し方の区別は重要である。という
のも，賠償支払国の財貨ないし貨幣で測って賠償をおこなう場合，理論上の最
大可能賦課額（実際上の最大額はむろんこれをかなり下回る）は，支払国の生産
力とその「必要」消費量の差額になる。だが賠償受取国の財貨ないし貨幣で
測って賠償をおこなう場合，その最大額は必ず，賠償支払国が自国財の輸出に
よって購入できる賠償受取国の財貨ないし貨幣の量以下でなければならない。
しかもある特定の賦課額において，賠償支払国の財貨に対する賠償受取国の需
要の［価格］弾力性が1より小さければ，その額を超える賠償は不可能である。
賠償支払国が自国財を輸出することによってその義務を果たそうと懸命になれ
ばなるほど，それによって得られる賠償支払に必要な財貨ないし貨幣の量は
［交易条件の悪化のため］ますます減少する。

5　しかし賠償賦課額が実際に払える範囲内のものであれば，賠償の課し方は，
その受取国の財貨ないし貨幣のR単位という形でも，あるいはその支払国の
財貨ないし貨幣のK単位（その状況下で先ほどのR単位を購入するのに必要な量）
という形でも，どちらでもよい。それゆえ，2種類の賦課の仕方のどちらを仮
定してもよいが，以下の議論では前者を用いよう。なぜなら，実際にドイツは
第一次大戦後にこのような形で賠償金を課されたからである。政治家たちは
1924年にドーズ（Dawes）委員会の報告書が現れるまで，賠償額を表す 金 の
価値自体が変化し，金と賠償受取国の財貨との相対価値が変化する可能性を見
落としていた。それゆえここでも，賠償受取国を綿布の生産国，また賠償支払
国をリネンの生産国と見なし，年々の賠償支払は綿布R単位（実際に払える範

囲内の量）であるとする。

6 もし賠償支払国 A がその賠償支払の他に外国との取引を一切していなければ，賠償受取国 B は，R 単位の綿布（賠償受取分）を B 国で購入するのに必要な量のリネンを，無償で取得するだけであり，他には何も生じない。だがもし賠償支払の他に，リネンと綿布の民間取引もなされているならば，賠償賦課に伴い，民間のリネン輸入量も，リネンと綿布の交換比率（交易条件）も，一般に変化する。本章では，年々の賠償支払に伴い，この交換比率がどのように変化するかを検討する。

7 交易条件を明確に定義しておこう。それは，**市場で** 1 単位のリネン（賠償支払国の生産物）と交換される綿布（賠償受取国の生産物）の量のことである。賠償がなければ，それは，賠償受取国が輸出する綿布の総量 X を，同国が輸入するリネンの総量 Y で除した値，つまり $\dfrac{X}{Y}$ である。しかし賠償が課され，X が $(X+\Delta X)$ に，また Y が $(Y+\Delta Y)$ になる場合には，それは $\dfrac{X+\Delta X}{Y+\Delta Y}$ ではない。そうではなく，賠償受取国が輸出する綿布の量 $(X+\Delta X)$ に，賠償支払のために賠償支払国がリネンの輸出によって購入する綿布の量 R を加えた合計を，賠償支払国が輸出するリネンの量 $(Y+\Delta Y)$ で除した値，つまり $\dfrac{X+\Delta X+R}{Y+\Delta Y}$ になる[76]。では，$\dfrac{X+\Delta X+R}{Y+\Delta Y}$ と $\dfrac{X}{Y}$ にはどのような関係があるのか。もっと具体的に言えば，どんな場合に前者の方が大きくなり，どんな場合に後者の方が大きくなるのだろうか。

8 私は単純化のために次の 3 つの仮定を置く。①自国および外国の生産技術や嗜好などは，賠償の取り決めがなされた前後で変化しない。②世界は賠償支払国ドイツと賠償受取国アメリカの 2 国からなり，それぞれの国において人々

---

76) もし賠償支払が，綿布 R 単位ではなく，リネン K 単位であるならば，同様の考え方によってこの交換比率は $\dfrac{X+\Delta X}{Y+\Delta Y-K}$ になる。

財政学（第 II 編第 19 章）　179

の嗜好は全員同じである。すなわち両国はどちらも代表的［平均的］国民からなる国なので，それぞれの国民はそれぞれの国内でまったく同質，またその行動の仕方も同じである。③代表的アメリカ人がアメリカの生産物から得る効用は，その人が所有するドイツの生産物の量に依存せず（またその人がドイツの生産物から得る効用も，その人が所有するアメリカの生産物の量に依存しない），代表的ドイツ人についても同様のことが言える。

　以上 3 つの非常に現実離れした仮定に，収穫一定の仮定と，第 3 節で述べた単純化のための綿布・リネンという 2 財の枠組みの仮定を加えるならば，多くの面倒な問題を避けることができる。だがそれでも，**賠償支払国および受取国の産業構造が賠償賦課という新事態への調整を完了したという意味において，もし賠償賦課の状態が確立されたとすれば**，以下の議論は現実の諸条件に大まかに適用可能である。

9　アメリカとドイツの人口が等しければ，1 人の代表的アメリカ人が取引する貿易品の量は，1 人の代表的ドイツ人が取引する貿易品の量に等しくなる。だが両国の人口は異なるため，そのようにはならない。アメリカの輸出総量を x，ドイツの輸出総量を y とすれば，代表的アメリカ人の輸出量は nx，輸入は ny，また代表的ドイツ人の輸入は mx，輸出は my，とそれぞれ表される。

　さて，賠償支払の開始前の時期について，以下のように記号を定義しよう。

$\phi(nY)$：　nY 単位のドイツ財（リネン）が代表的アメリカ人にもたらす限界効用

$f(nX)$：　nX 単位のアメリカ財（綿布）を手放すことによって代表的アメリカ人が感じる限界不効用

$F(mX)$：　mX 単位のアメリカ財（綿布）が代表的ドイツ人にもたらす限界効用

$\psi(mY)$：　mY 単位のドイツ財（リネン）を手放すことによって代表的ドイツ人が感じる限界不効用

　なお，ある財の「限界効用」とはその財への「限界欲望（marginal desire）」という意味であり，ある財を手放すことの「限界不効用」とはその財を失うことへの「限界嫌悪（marginal aversion）」という意味である。アメリカ財とドイツ

財の交換比率が $\dfrac{X}{Y}$ であること，また均衡ではこの交換比率がそれぞれの国における両財の限界効用の比の逆数になること，は分かっている。それゆえ，ジェヴォンズ『経済学の理論』(Jevons 1871) 第4章「交換理論」に登場したものと同形の，次の (I) 式が成り立つ。

$$\frac{\phi(nY)}{f(nX)} = \frac{X}{Y} = \frac{\psi(mY)}{F(mX)} \qquad \cdots\cdots (I)$$

まったく同様にして，賠償支払の開始後についても次の (II) 式が得られる。

$$\frac{\phi\{n(Y+\Delta Y)\}}{f\{n(X+\Delta X)\}} = \frac{X+\Delta X+R}{Y+\Delta Y} = \frac{\psi\{m(Y+\Delta Y)\}}{F\{m(X+\Delta X)\}} \qquad \cdots\cdots (II)$$

賠償支払の開始前の交換比率 (I) と開始後の交換比率 (II) が等しくなるには，次の (III) 式が成り立たねばならない。

$$\frac{\phi(nY)}{f(nX)} = \frac{\psi(mY)}{F(mX)} = \frac{\phi\{n(Y+\Delta Y)\}}{f\{n(X+\Delta X)\}} = \frac{\psi\{m(Y+\Delta Y)\}}{F\{m(X+\Delta X)\}} \qquad \cdots\cdots (III)$$

10　一般形で表されたこれらの式の含意は，むろん非常に複雑である。そこで，近似的結果を得るために，これらの関数をすべて線形であると仮定することは許されよう。そうすれば，その含意はごく簡単に $\dfrac{\phi'}{f'} = \dfrac{\psi'}{F'}$ と示される。さらに考察を進めると，$\dfrac{X+\Delta X+R}{Y+\Delta Y} < \dfrac{X}{Y}$ になるか否か，すなわち賠償支払によって実質交換比率がドイツに不利に変化するか否かは，$\dfrac{\phi'}{f'} < \dfrac{\psi'}{F'}$ になるか否かによって決まることが分かる。ただし ϕ' と F' は明らかに負であり，ψ' と f' は正なので，$\dfrac{\phi'}{f'}$ も $\dfrac{\psi'}{F'}$ も負である。それゆえ，これらの分数を正の値で定義すれば，上の条件の不等号の向きは逆になる。すなわち実質交換比率がドイツに不利に変化する条件は $\dfrac{\phi'}{f'} > \dfrac{\psi'}{F'}$ であり，有利に変化する条件は $\dfrac{\phi'}{f'} < \dfrac{\psi'}{F'}$ である。もしこれらの関数が線形でないとしても，甚だしく線形からかけ離れていなければ，実質交換比率がドイツに不利に変化する条件は次のようになり，また有利に変化する条件はこれらの不等号をどちらも逆にしたものになる。

$$\frac{\phi'(n\mathrm{Y})}{\mathrm{f}'(n\mathrm{X})} > \frac{\psi'(m\mathrm{Y})}{\mathrm{F}'(m\mathrm{X})} \quad \text{かつ} \quad \frac{\phi'\{n(\mathrm{Y}+\Delta\mathrm{Y})\}}{\mathrm{f}'\{n(\mathrm{X}+\Delta\mathrm{X})\}} > \frac{\psi'\{m(\mathrm{Y}+\Delta\mathrm{Y})\}}{\mathrm{F}'\{m(\mathrm{X}+\Delta\mathrm{X})\}}$$

ただし，左側の不等式の 2 つの分数のどちらか一方が，右側の不等式のそれに対応する分数より値が大きく，かつ左側の不等式のもう一方の分数が，右側の不等式のそれに対応する分数より値が小さいときには，一次微分だけで問題を解くことはできない。

11　さて，線形の関数を仮定した単純なケースのみを想定し，前節の結果を，賠償支払がないときのそれぞれの財貨の取引量に関するさまざまな弾力性を用いて表してみよう。賠償開始前におけるドイツ財の取得量についてのアメリカ人の限界効用関数の弾力性を $\mathrm{E_l}$，同じく賠償開始前におけるアメリカ財の喪失量についてのアメリカ人の限界不効用関数の弾力性を $\mathrm{E_c}$ とし，これらに対応するドイツ人側の限界効用関数の弾力性と限界不効用関数の弾力性をそれぞれ $\mathrm{G_c}$ と $\mathrm{G_l}$ とする。このとき各弾力性は，以下のように表される。

$$\mathrm{E_l} = \frac{\phi(n\mathrm{Y})}{n\mathrm{Y}\phi'} \qquad\qquad \mathrm{E_c} = \frac{\mathrm{f}(n\mathrm{X})}{n\mathrm{X}\mathrm{f}'}$$

$$\mathrm{G_c} = \frac{\mathrm{F}(m\mathrm{X})}{m\mathrm{X}\mathrm{F}'} \qquad\qquad \mathrm{G_l} = \frac{\phi(m\mathrm{Y})}{m\mathrm{Y}\psi'}$$

それゆえ
$$\frac{\phi'}{\mathrm{f}'} = \frac{\mathrm{E_c}}{\mathrm{E_l}} \cdot \frac{\mathrm{X}}{\mathrm{Y}} \cdot \frac{\phi(n\mathrm{Y})}{\mathrm{f}(n\mathrm{X})} = \frac{\mathrm{E_c}}{\mathrm{E_l}} \cdot \frac{\mathrm{X}^2}{\mathrm{Y}^2}$$

同様にして
$$\frac{\psi'}{\mathrm{F}'} = \frac{\mathrm{G_c}}{\mathrm{G_l}} \cdot \frac{\mathrm{X}}{\mathrm{Y}} \cdot \frac{\phi(m\mathrm{Y})}{\mathrm{F}(m\mathrm{X})} = \frac{\mathrm{G_c}}{\mathrm{G_l}} \cdot \frac{\mathrm{X}^2}{\mathrm{Y}^2}$$

それゆえ，ドイツが賠償義務を負うことによって，綿布で測ったリネン価格が下落する，すなわち実質交換比率がドイツに不利に変化するための条件は，絶対値で見て $\dfrac{\mathrm{E_c}}{\mathrm{E_l}} > \dfrac{\mathrm{G_c}}{\mathrm{G_l}}$ あるいは $\mathrm{E_cG_l} > \mathrm{E_lG_c}$ である。すなわち実質交換比率がドイツに不利に変化するための条件は，自国財を手放すことに対する代表的アメリカ人と代表的ドイツ人のそれぞれの限界不効用の弾力性の積 $\mathrm{E_cG_l}$ が，外国財に対する双方のそれぞれの限界効用の弾力性の積 $\mathrm{E_lG_c}$ より大きい，ということである。したがって，①賠償の支払国と受取国の**どちらか一方**で，自国

財を手放すことの限界不効用の弾力性が大きいほど，また②賠償の支払国と受取国の**どちらか一方**で，外国財の限界効用の弾力性が小さいほど，交換比率はますます賠償支払国に不利になろう。

12 前節の基本原則からは，ある重要な含意が引きだされる。もし E_c と G_c の両方，あるいは E_l と G_l の両方が無限大であれば，すなわち綿布とリネンの**どちらか一方**の限界効用が，アメリカとドイツの**両国**で一定に留まるならば，賠償が課されてもそれらの交換比率は変化しない。これは，ある財貨の売手・買手の双方の貨幣の限界効用が一定である場合には，売手に定額税（金納）を課しても，それが買手に転嫁されれば，その財貨の価格は変化しない，という国内経済における周知の命題に対応するものである。

13 第 11 節の基本原則からは，4 つの特定のケースに関する以下のような含意も引きだされる。数式を使わずに，それらを述べておこう。

　第 1 に，自国財を手放すことに対する代表的アメリカ人の限界不効用の弾力性 E_c が無限大で，他の弾力性がどれも有限であれば，交換比率は必ずドイツに**不利に**変化する。というのも，賠償のおかげでアメリカ人は，以前（賠償開始前）と同量のドイツ財を得るために，以前より少ない自国財をドイツに提供するだけでよくなるが，自国財に対する限界効用はまったく低下しない。それゆえ，もし以前と交易条件が同じであれば，アメリカ人は当初と同量のドイツ財を，一部は賠償によって，その他の部分は輸入によって入手し続けるだろう。しかしここでの条件下では，ドイツ人は以前と同量の自国財を輸出しても以前より少ないアメリカ財しか得られないので，ドイツ人のアメリカ財に対する限界効用は上昇するが，自国財に対する限界効用は変化しない。したがって，均衡が成立するには，ドイツ財の輸出量が増えねばならないので，交易条件はドイツに不利に変化せねばならない。

　第 2 に——第 11 節の基本原則の含意として——自国財を手放すことに対するドイツ人の限界不効用の弾力性 G_l が無限大で，他の弾力性がどれも有限であれば，実質交換比率は必ずドイツに**不利に**変化する。というのも，より多くの自国財を手放さねばならなくなっても，自国財を手放すことに対するドイツ

人の限界不効用はまったく上昇しない。それゆえ，賠償支払で用いるアメリカ財を購入するために自国財の輸出を増やさねばならなくなっても，ドイツにとっては，以前と同量のアメリカ財の輸入を確保するための誘因として以前より有利な交易条件が必要になるわけではない。それゆえもし交易条件が以前と同じであれば，ドイツ人は，以前と同量のアメリカ財を輸入するが，自国財の輸出については，以前の輸出分に，賠償支払で用いるアメリカ財の購入のための新たな輸入分を加えた量になろう。しかしここでの条件下では，アメリカ人が手放す自国財の量は以前と同じであるのに，彼らが得るドイツ財は増加する。それゆえ，アメリカ人の自国財に対する限界効用は変化しないが，彼らのドイツ財に対する限界効用は低下する。したがって，均衡が成立するには，アメリカ財の輸出量が減少せねばならないので，交易条件はドイツに不利に変化せねばならない。

第3に——第11節の基本原則の含意として——ドイツ財に対するアメリカ人の限界効用の弾力性 E_i が無限大で，他の弾力性がどれも有限であれば，実質交換比率は必ずドイツに**有利に**変化する。というのも，賠償のおかげでアメリカ人は以前より多くのドイツ財を得るようになるが，ドイツ財に対するアメリカ人の限界効用はまったく低下しないので，もし交易条件が以前と同じであれば，アメリカ人は以前と同量の自国財を輸出し続けるだろう。しかしここでの条件下では，ドイツ人は以前より多くの自国財を手放しても，以前と同量のアメリカ財しか得られないので，ドイツ人の自国財に対する限界効用は上昇するが，アメリカ財に対する限界効用は以前と同じである。したがって，均衡が成立するには，ドイツ財の輸出総量が賠償開始前の水準以下に減少せねばならないが，これは交易条件がドイツに有利に変化することによってのみ可能である。

第4に——第11節の基本原則の含意として——アメリカ財に対するドイツ人の限界効用の弾力性 G_o が無限大で，他の弾力性がどれも有限であれば，実質交換比率は必ずドイツに**有利に**変化する。というのも，ドイツ人が得るアメリカ財の量が減少しても，アメリカ財に対するドイツ人の限界効用は上昇しないので，もし交易条件が以前と同じであれば，ドイツ人は以前と同量の自国財を輸出し続けるが，その輸出（賠償に用いるアメリカ財の購入分を除く）によっ

て以前より少ない量のアメリカ財しか得られない。しかしここでの条件下では，アメリカ人は以前より少ない自国財しか手放さないのに以前と同量のドイツ財を得るので，アメリカ人の自国財に対する限界効用は上昇するのに対し，ドイツ財に対する彼らの限界効用は変化しない。したがって，均衡が成立するには，アメリカ財の輸出は増加せねばならないが，これは交易条件がドイツに有利に変化することによってのみ可能である。

14 前節までの抽象的分析をふまえ，次に考察せねばならないのは，現実世界で通常見られるのはどのような状況だろうかという問題である。肝心なのは次の点である。すなわち誰でも，ある財貨を幾らか手放すことの限界不効用は，その人が手元に残すその財貨の量の限界効用に必ず等しいので，ある量の財貨（厳密にはその使用）の限界欲望とそれを手放すことの限界嫌悪は，それぞれ表現は異なっても内容は同じである。だが限界効用と限界不効用のそれぞれの**弾力性は同じではない**。例えば，代表的アメリカ人が綿布を nX 単位だけ手放し，$n(A-X)$ 単位だけ手元に残すとする。両者のそれぞれの弾力性を E_c と P_c で表そう。nX 単位を手放すことの限界不効用と，$n(A-X)$ 単位を手元に残すことの限界効用は必ず等しくなるので，それらを U で表す。このとき以下の諸式が得られる。

$$E_c = \frac{\Delta X}{X} \div \frac{\Delta U}{U}$$

$$P_c = \frac{\Delta X}{A-X} \div -\frac{\Delta U}{U}$$

$$\therefore \quad E_c = -\frac{A-X}{X} P_c$$

同様にして，リネンの使用に対する代表的ドイツ人の限界欲望の弾力性を Q_1 で表せば，下式が得られる。

$$G_1 = -\frac{B-Y}{Y} Q_1$$

さて，他に特別な情報がない限り，利用可能な自国財と輸入財のそれぞれの使用に対する人々の限界欲望の弾力性は等しい，と仮定するのが妥当である。

それゆえ P_c と E_1 はほぼ等しく，Q_1 と G_c もほぼ等しい，と仮定してよかろう。したがって

$$E_c = -\frac{A-X}{X}E_1 \qquad かつ \qquad G_1 = -\frac{B-Y}{Y}G_c$$

$$\therefore \qquad E_cG_1 = E_1G_c\frac{A-X}{X}\frac{B-Y}{Y}$$

2つの主体，すなわちある一国とその国を除く世界全体［これを一国と見なす］とが貿易をしているとする。後者の国は経済規模では前者の国をはるかに凌ぐので，自国生産物のうち輸出する部分に対する国内消費する部分の比率は，前者の国のそれより明らかにずっと大きいに違いない。例えば，ドイツが通常その生産物の6分の1を輸出し，またドイツを除く世界全体の経済規模がドイツの7倍だとすれば，$\frac{B-Y}{Y}$ は約5，$\frac{A-X}{X}$ は約35になる。それゆえ，他に特別な情報がない限り，E_cG_1 は E_1G_c よりずっと大きいと予想されるので，交換比率が賠償支払国に不利に変化する可能性は極めて高い。ただし意外なことにこの結論は，賠償の支払国と受取国の経済規模の大小関係を問わず，成り立つ。

15 今述べた可能性は，他に特別な情報がない限り，どちらの国でも自国財と輸入財のそれぞれの使用に対する代表的国民の限界欲望の弾力性は等しい，という想定に基づいている。もし賠償の支払国と受取国のどちらか一方で，輸入財の限界欲望の弾力性が自国財のそれよりずっと大きいという特別な情報があるならば（どちらの国でもそうであれば，なおさら），前述の可能性は低下し，その結論が逆転することさえあろう。

16 さらに踏み込んで，状況に応じて交換比率がドイツに不利ないし有利に変化するおよその**程度**を，同じく弾力性を用いて示すこともできる。だがそのためには，R，ΔX，ΔY は，X と Y に比べて小さいため，それらの積や二乗は無視できるほど小さくなると仮定する必要がある。だからこの議論は，賠償量が，賠償の受取国と支払国のどちらか一方で賠償開始前の輸出量の1割を上回るよ

うな場合には成り立たない。

これまでと同じく、賠償開始前のアメリカの綿布とドイツのリネンの交換比率（すなわちリネン1単位の購入に必要な綿布の量）を $\frac{X}{Y}$、賠償開始後のその交換比率を $\frac{X + \Delta X + R}{Y + \Delta Y}$ とする。そして後者が前者を上回る差を $\Delta \frac{X}{Y}$ で表し、また $X = Y$ となるように単位を選べば、下式が得られる。

$$\Delta \frac{X}{Y} = \frac{\Delta X - \Delta Y + R}{X}$$

この式は近似的に下のように書き換えられる。

$$\Delta \frac{X}{Y} = \frac{R}{X} \left[\frac{E_l G_c - E_c G_l}{E_l G_c (1 + E_c + G_l) - E_c G_l (1 + E_l + G_c)} \right]$$

当然ながら、$\Delta \frac{X}{Y}$ が負であれば、それは賠償支払によって交換比率がドイツに不利に動くことを意味し、$\Delta \frac{X}{Y}$ が正であれば、交換比率がドイツに有利に動くことを意味する。収穫一定を前提しているので［本訳書179頁］、E_c と G_l は正、E_l と G_c は負であり、それゆえ上式の右辺分母は必ず正になる。また右辺全体が負になるか否かは、$E_c G_l > E_l G_c$ であるか否かによって決まり、むろんこれは第11節の結論と一致する。すなわち交換比率がドイツに不利に変化するか否かは、ここでもやはり、$E_c G_l > E_l G_c$ であるか否かによって決まる。

第19章の覚書

一見する限り、ドイツからアメリカへの毎年一定量の貸付による移転がもたらす影響は、その後の利払いを別にすれば、賠償支払がもたらす影響と同じだと思われるかもしれないが、それは誤りである。もしその貸付の理由が、アメリカに優良な投資機会が現れた結果として、ドイツがアメリカの有価証券を買うことを通じてアメリカへのドイツ財の輸出を増やすためであるならば、事態

は確かに賠償支払がもたらす影響と同じになり，ここで購入される有価証券はまさに賠償の受領書に相当する。この場合，交換比率がドイツに有利に変化することも**ありうるが**，不利に変化することの方がはるかにずっと多いだろう。

　しかし，もしその貸付の理由がドイツ財に対するアメリカ人の欲望が高まったからであるならば，実質交換比率は**必ず**ドイツに有利に変化する。その交換比率は，アメリカが追加分の輸入の対価としてアメリカ財と並んで有価証券を提供できない場合ほどには，大幅にドイツに有利には変化しないが，ある程度は有利に変化するはずである。同様の原理に基づき，ヨーロッパ諸国が不作のためにアメリカからの食料輸入を増やさねばならない場合には，たとえアメリカがその対価の一部を，ヨーロッパへの新規投資からの収益という形で受け取るにせよ，実質交換比率（交易条件）は，必ずアメリカに有利に変化する。

第 20 章　国際金本位制度下で賠償支払が物価に及ぼす影響

1　本章の目的は，新たな議論を提示することではなく，社会の一大関心事としてのドイツ賠償問題の議論で言及される物価問題について整理することである。ここでは，ドイツと，ドイツを除くすべての国々を代表するアメリカは，どちらも国際金本位制度を採用しているとする。ドイツからアメリカへの賠償支払の開始前も開始後も輸送費は無視する。またアメリカ財およびドイツ財の　金（ゴールド）表示価格は両国で等しいとする。このとき，賠償支払の結果，もし実質交換比率がドイツに不利に変化すれば，ドイツ財の金表示価格はアメリカ財のそれに比べて下落し，逆にもし交換比率がドイツに有利に変化すれば，ドイツ財の金表示価格は相対的に上昇する。ここまでは分かりやすい。しかし両国の一般物価水準がどうなるかは，一般物価水準という用語を厳密に定義しない限り，明確に判断することはできない。

2　そこでまず，それぞれの国の一般物価水準とはそれぞれの国が生産する自国財の価格水準である，と定義しよう。なお，ここでは物価指数の問題を避け

るために，それぞれの国が生産する財貨は 1 種類のみか，あるいは複数あると
してもそれらは常に固定比率で生産されると仮定する。それゆえ，アメリカの
物価水準が一定を保つ場合には，ドイツの物価水準は，賠償支払義務によって
両国の実質交換比率がドイツに不利に変化すれば下落し，有利に変化すれば上
昇することになる。前述のように［本訳書 187 頁］実質交換比率がドイツに有
利に変化する可能性は極めて低いので，ドイツの一般物価水準が上昇する可能
性も極めて低いが，しかしその可能性は**ゼロ**ではない。

3　だがそれぞれの国の一般物価水準を，①それぞれの国が賠償支払の開始前
に国内消費していた財貨集合（ここでは単一の合成財とする）の価格，あるいは
②賠償支払の開始後に国内消費している財貨集合の価格，あるいは③それぞれ
の国の財貨集合の特定の中間的合成財の価格，のいずれかとして定義するなら
ば，問題はもっと複雑になる。しかし両国のそれぞれの輸入がそれぞれの自国
財の消費に比べて価値のうえでわずかであれば，この 3 つの定義のいずれに基
づいて測定しても，ドイツの一般物価水準は，前節の定義に基づく場合の結果
とほぼ同方向に動くだろう。また賠償支払が交換比率に及ぼす影響についても，
たいていは同方向に動くだろう。したがって，賠償支払の開始後に，アメリカ
の一般物価水準が変化しないのにドイツのそれが上昇するという可能性は，ゼ
ロではないが極めて低い。

4　このような含意——アメリカの物価が一定を保っていても，理論上，ドイ
ツの物価は上昇することがありうる——は，事態を貨幣面から見る者にとって
は甚だしい逆説であり，**誤りに違いない**と思われよう。彼らの主張によれば，
ドイツの物価がアメリカの物価に比べて下落しない限り，賠償支払に用いられ
る財貨がドイツからアメリカに送られることは**ありえない**。国際金本位制度の
貨幣メカニズムをふまえれば，彼らが主張するように，これは明白なことであ
る。もしそう考えるならば，前章の結論——理論上，特殊な状況下では賠償支
払によって実質交換比率がドイツに有利に変化する——もまた当然誤りである。
こうして，貨幣的分析と実物的分析では矛盾する結果が生じるように思われよ
う。したがって，その説明が必要である。

財政学（第Ⅱ編第21章）　189

5　私の理解によれば，前節のいわば貨幣的分析は，貨幣メカニズムの働きを誤解しており，そのために誤りに陥っているのである。このことを示すために，賠償支払の前後で実質交換比率がまったく変化しない場合を想定しよう。したがってそこでは，従来通りのあらゆる貿易取引がそのまま継続されつつ，賠償支払がそれに上乗せされることになる。このとき両国の物価水準は変化しないので，そこに貨幣メカニズム上の難しい問題はない。両国は以前と同じ総貨幣費用で，以前と同量の財貨を生産するので，両国の総貨幣所得も以前と同じである。ただし賠償支払国ドイツの貨幣所得から賠償受取国アメリカに，例えば毎年5千万ポンドの 金（ゴールド）が無償で移転される。この金は，アメリカ国内に留まることなく，賠償に用いられるドイツ財の購入に充てられ即座にドイツに還流する。貨幣メカニズム上，こうした状況の発生とその永続を妨げる要因は何もない。

またドイツの物価水準を実際に上昇させるような貨幣メカニズムを考えることも同じく容易である。先ほどと同様に，毎年アメリカに支払われる5千万ポンドの金は，賠償に用いられるドイツ財の購入に充てられドイツに還流する。だがこのとき，双方の取引財貨の均衡［交換比率］はアメリカに不利な方向に変化するので，均衡を回復するために他の金がアメリカからドイツに向かい，**そしてドイツに留まる**。こうしてドイツの総貨幣所得と物価水準は，ともに以前より上昇する。むろん私は，こうしたことが実際に起こりそうだとは思わない。それどころか，前章ではっきり述べたようにその可能性は極めて低い。私が言いたいのは，たとえ国際金本位制度の貨幣メカニズムを考慮しても，実物的分析の結果と何ら矛盾しないということである。

第21章　賠償受取国が賠償支払国から得る純歳入

1　第19章と同じく本章でも，賠償受取国では賠償という事態への経済調整が完了しているので，同国の雇用水準はその影響を受けず，したがって，外国から無償で財貨を取得する利益とそれによって自国の労働者が失業する不利益と

を比較考量する必要はない，と仮定する。

2　賠償支払の結果，もし交換比率がその支払国に不利に，すなわちその受取国に有利に変化すれば，その受取国が得る純賠償量は，当初定められた賠償量よりも明らかに大きくなる。なぜなら，本章でも同じく賠償の受取国は綿布を，支払国はリネンを生産しているとすれば，賠償にあたり，（綿布で測った）賠償額相当のリネンの提供に加えて，賠償受取国が毎年の賠償分を超えて輸入するリネンの（綿布で測った）価格下落も考慮せねばならないからである。すなわち賠償支払の結果，賠償受取国が得るリネンは増加し，その対価である綿布の提供量は減少するので，賠償受取国が得る純歳入はこの2項目からなるが，この2品目の相対価値は賠償支払の前後で変化する。そのため，リネンの輸入増加による利益分と綿布の輸出減少による利益分を合計しようとしても，単一の明快な（綿布で測った）リネンの価格が存在しないので，利益の合計を綿布の量で表すことはできない。だからこうした国際的移転の測定に関する定義は，常に幾らかの曖昧さを含まざるをえない。だが幸い，R，ΔX，ΔY はどれも，X と Y に比べてかなり小さいという仮定（185頁［本訳書185-86頁］で示した原則の妥当性はこの仮定に基づく）を置けば，この曖昧さも無視できるほどに小さくなる。

賠償受取国が得る（綿布で測った）純歳入 C は，リネンの変化量から綿布の変化量を引いた差（$\Delta Y - \Delta X$）である。だが185頁［本訳書186頁］と同じく，X＝Y となるように単位を選べば，$\Delta \dfrac{X}{Y} = \dfrac{\Delta X - \Delta Y + R}{X}$ である。したがって純歳入 C は以下のようになる。

$$C = (\Delta Y - \Delta X) = R\left(1 - \frac{X}{R}\cdot\Delta\frac{X}{Y}\right)$$

すなわち上式の右辺のカッコを外せば分かるように，純歳入は，賠償額 R と，賠償開始前の賠償受取国による綿布の輸出量 X に，同国に有利な交換比率の変化 $\Delta\dfrac{X}{Y}$ を乗じた積の，和である。あるいは第19章の弾力性を用いた式で表せば，以下のようになる。

財政学（第 II 編第 21 章）　191

$$C = R \frac{E_l G_c (E_c + G_l) - E_c G_l (E_l + G_c)}{E_l G_c (1 + E_c + G_l) - E_c G_l (1 + E_l + G_c)}$$

3　すでに見たように，その性質上，E_c と G_l は正であり，E_l と G_c は負であるから，必ず C＞0 になる。すなわち賠償の受取国は**必ず**支払国から**幾らか**純歳入を得る。交換比率はたいてい賠償受取国に有利に変化することを考えると，単に C＞0 になるだけでなく，たいてい C＞R になるに違いない。両国において綿布とリネンのどちらか一方の限界効用が一定である場合（すなわち E_c と G_c の両方が無限大，あるいは E_l と G_l の両方が無限大である場合）には，他の弾力性がどんな値であっても C＝R になることは，容易に分かる。また上式は完全な対称性をもつので，意外かもしれないが，ある一定量の賠償によってその受取国が得る利益の大きさは，受取国が単一の小国ドイツであっても，それ以外のすべての国々を代表する大国アメリカであっても，明らかに同じになる。

4　より具体的な条件を与えれば，もう一歩，分析を進めることができる。すなわち第 19 章第 14 節の数値例を用いれば，下式が得られる。

$$C = R \frac{-210E_l - 180G_c}{-210E_l - 180G_c - 174}$$

　この場合，必ず C＞R になることだけでなく，E_l と G_c のどちらか一方の絶対値が大きくなるほど（すなわち賠償の受取国と支払国のどちらか一方の，輸入財への限界欲望の弾力性が大きくなるほど）C が大きくなることも，一目瞭然である。さらに $E_l = G_c$（すなわち輸入財への限界欲望の弾力性がアメリカとドイツで等しい）と仮定すれば，下式が得られる。

$$C = R \frac{-390E_l}{-390E_l - 174}$$

　それゆえ，両国の輸入財への限界欲望の弾力性が，自国財への限界欲望の弾力性より大きい場合には，第 19 章第 15 節と同じ推論により，その分だけ C が小さくなることも容易に分かる。

第 22 章 　輸入品ないし輸出品への一般的かつ均一率の従価税

1 　国際取引は金融取引（新規の融資，過去の融資の利払いなど）も含むが，本章ではこれらを無視し，ある一国［ドイツ］が他のすべての国々［アメリカをそれらの代表国とする］と単純な貿易を営んでおり，綿布を輸出し，リネンを輸入していると仮定する。さらに第 19 章と同じく，どちらの国でも，生産的努力［雇用等］の総量は，貿易品への一般的かつ均一率の課税によって影響を受けないと仮定し，（特定の貿易品目だけに課す税では重要になる）収穫逓増ないし逓減に関する問題も無視する。

2 　一般的かつ均一率の従価税を輸入と輸出のどちらに課すにせよ，政府によるその税収の支出の仕方が同じである限り，どちらの場合もむろん結局は同じことである。かつてマーシャルはこの点を次のように述べた。「一般的分析のためには，輸出と輸入の両方を営む貿易商人を想定し考察すれば十分である。確かに，輸出業者は自分の商品に振り出された手形を，輸入業者に販売しようとする。これは輸出と輸入では必要な専門知識が異なるためでもあるが，むしろ単に，輸入業者どうしの熾烈な競争があるため，ある輸入業者が手形を安く購入しようとしても，その手形は他の輸入業者に販売されるだけだからにすぎない。輸出と輸入の両方を営み，20 万ポンドを稼ぐ貿易商人がいるとすれば，その輸出事業への 1 万ポンドの課税を，その輸入事業への同額の課税に変更しても，課税の日時が同じであれば，その商人は何の影響も受けない。どちらの場合も税は，競争が比較的激しい外国市場に向き合う輸出事業と，同じく競争が比較的激しいイギリス市場に向き合う輸入事業の，両方から徴収されることになろう」[77]。しかしある国の貿易財貨のなかに，国家間の過去の融資の利子

---

77) これはマーシャルの未公刊の私的草稿からの引用である。『貨幣，信用および貿易』（Marshall 1923）180-82 頁では，これと同じ内容が異なる表現で述べられている。

財政学（第 II 編第 22 章） 193

や新規の融資に対応する財貨が含まれる場合には，このマーシャルの単純な記述を修正する必要がある。もし新規の融資に対して発行された借用証書や過去の融資に対する利払いも，それらに対応して［実物］財貨が取引されると考えるならば，マーシャルの記述を国際金融取引まで含むように拡張して，ある一国の輸入品全体に課すある一定率の従価税は，その輸出品全体に課す同率の従価税と同じ結果をもたらす，と一般に主張することもできよう。だがここでは，こうした拡張を採用しない。

3　それゆえ，過去の融資の利子も新規の融資も無視するならば，輸入全体への課税と輸出全体への課税はどちらも，輸入品と交換する輸出品の生産への間接的影響を通じて，結局は輸入品の「生産」に投じられる諸資源に課税することを意味する。だからそれらの税は，課税国が外国人から確実に歳入を得られる場合を除けば，第 9 章で考察した一般的種類の税［各種支出に対する差別的な税］に属す。他の諸々の税と比べた場合のこの税の特徴は第 9 章に示した通りであり，ここでさらに付言することはない。

　だが外国人から歳入を取り立てることができる場合には，**純粋に一国の観点からは**明らかに，第 9 章の分析で示された以上にこれらの税の利用を推し進めるべき理由が存在する。それゆえどの程度まで，またどんな場合に，外国人から歳入を得られるのかという問題を考察せねばならない。これが本章の主な課題である。

4　まず次の点に注意すべきである。すなわちある一定率の従価税を輸入と輸出のどちらに課すにせよ，その税収が綿布とリネンに同じ比率で支出される限り，その課税国にとっては結局同じことである。これに対し，税収が異なる比率で支出される場合には，その比率が重要な問題になる。税収がすべて綿布に支出されるならば，その税は実質的に綿布に対する現物税であり，税収がすべてリネンに支出されるならば，その税はリネンに対する現物税である。この 2 つの税は**異なる**結果をもたらす。したがって，綿布生産者とリネン生産者の間の租税帰着の問題に厳密な答えを出すためには，その税収が両財に支出される比率を特定せねばならず，さもないと，この問題の答えは確定しない。

ところが，それを特定するのは難しい。あらゆる政府の通常の歳出の大部分は，戦時の債務を別にすれば，自国内でおこなわれる各種行政サービスに向けられる。それゆえ，課税国が綿布生産国だとすれば，外国貿易から徴収される歳入の大部分は綿布に支出される，と想定するのが妥当である。マーシャル『貨幣，信用および貿易』の議論に従い（Marshall 1923, 181頁），私もここでは，税収がすべてそのように支出される場合のみを考察する。

5 その税率が低ければ，外国人から得られる歳入は，前章と同様の仕方で定義できる。リネンの輸入増加を ΔY，綿布の輸出増加を ΔX で表し——どちらも負になりうる——，$X = Y$ となるように単位を選ぼう。このとき（綿布で測った）その歳入は，（綿布で測った）リネンの課税前価格に，ΔY から ΔX を引いた差（$\Delta Y - \Delta X$）を乗じた積になる。税率を t，（綿布で測った）リネンの課税後の税込み価格の上昇を Δp とすれば，税抜き価格（すなわち保税倉庫における価格）の下落は $t - \Delta p$ であり，下の諸式が得られる。

$$t = \frac{R}{Y + \Delta Y} \qquad \Delta p = \frac{\Delta X - \Delta Y + R}{Y + \Delta Y}$$

$$\text{それゆえ} \quad t - \Delta p = \frac{\Delta Y - \Delta X}{Y + \Delta Y}$$

$$\text{または} \quad \Delta Y - \Delta X = \frac{t - \Delta p}{t} R$$

R が与えられたときに，上の最後の式で表される純歳入の大きさを決定する諸要因は何であるか。これを明らかにすることが，われわれの課題である。

6 第19章第9節の基本方程式は，全世界がアメリカとドイツの2国からなり，前者が後者に賠償支払義務を課す場合の，その支払量の大きさを決定するものだった。同じ記号を用いて，アメリカが（綿布で測った）従価方式による税率 t の輸入税をドイツ財に課す場合を考えると，以下の4つの式が得られる。(I)(II) は第19章第9節のものと同じだが，(III)(IV) は異なる。

$$\frac{\phi(nY)}{f(nX)} = \frac{X}{Y} \qquad\qquad \cdots\cdots \text{(I)}$$

財政学（第 II 編第 22 章）　195

$$\frac{\phi(m\mathrm{Y})}{\mathrm{F}(m\mathrm{X})} = \frac{\mathrm{X}}{\mathrm{Y}} \qquad \cdots\cdots \text{(II)}$$

$$\frac{\phi\{n(\mathrm{Y}+\Delta\mathrm{Y})\}}{f\{n(\mathrm{X}+\Delta\mathrm{X})\}} = \frac{(\mathrm{X}+\Delta\mathrm{X})}{(\mathrm{Y}+\Delta\mathrm{Y})} \qquad \cdots\cdots \text{(III)}$$

196

$$\frac{\phi\{m(\mathrm{Y}+\Delta\mathrm{Y})\}}{\mathrm{F}\{m(\mathrm{X}+\Delta\mathrm{X})\}} = \frac{\mathrm{X}+\Delta\mathrm{X}}{\mathrm{Y}+\Delta\mathrm{Y}} - t\frac{\mathrm{X}}{\mathrm{Y}} \qquad \cdots\cdots \text{(IV)}$$

ここでも X = Y となるように単位を選ぼう。また$\Delta\mathrm{X}$, $\Delta\mathrm{Y}$, t（近似的に$\frac{\mathrm{R}}{\mathrm{X}}$に等しい）については、それらの積や二乗をゼロと見なし無視する[78]。そのうえで、第 19 章第 16 節と同様の方法によって下式が導かれる。

$$\Delta p = \Delta\frac{\mathrm{X}}{\mathrm{Y}} = t\frac{\mathrm{G_c G_l(E_c - E_l)}}{\mathrm{E_l G_c(1 + E_c + G_l) - E_c G_l(1 + E_l + G_c)}}$$

$\mathrm{E_c}$ と $\mathrm{G_l}$ が正であり、$\mathrm{E_l}$ と $\mathrm{G_c}$ が負であることはすでに分かっているので、特殊な場合を除き、上式は必ず正になる。すなわち、リネンの価格に税が含まれると見なせば、交換比率は課税国に**不利に**変化するが、その価格に税が含まれないと見なせば、交換比率は課税国に有利に変化する。

7　さらに、アメリカがドイツから得る純歳入 C' は $\frac{t - \Delta p}{t}\mathrm{R}$ と表されるが、これを書き換えると下式のようになる。

$$\mathrm{C'} = \mathrm{R}\frac{\mathrm{E_l G_c(E_c + 1) - E_c G_l(E_l + 1)}}{\mathrm{E_l G_c(1 + E_c + G_l) - E_c G_l(1 + E_l + G_c)}}$$

特殊な場合を除き、これは必ず正になる。すなわち課税国は、貿易相手国から**幾らか**純歳入を得ることができる。また第 19 章第 14 節の数値例を再び用いれば、これは下式のようになる。

$$\mathrm{C'} = \mathrm{R}\frac{-210\mathrm{E_l} - 174}{-210\mathrm{E_l} - 180\mathrm{G_c} - 174}$$

このとき、$\mathrm{E_l}$ と $\mathrm{G_c}$ はその性質上どちらも負なので、明らかに C' < R である。

78）加えて、ϕ' と f' は極端に大きくない、すなわち弾力性 $\mathrm{E_l}$ と $\mathrm{E_c}$ は極端に小さくない、と仮定する必要もある。さもないと、その積や二乗をゼロと見なして無視することができない。

また同額の賠償を課す場合に得られる歳入 C は，E_l と G_c の絶対値が大きいほど，ますます増大するのに対して，C' は，課税する国（アメリカ）において輸入財への限界欲望の弾力性 E_l が大きいほど，あるいは課税される国（ドイツ）において輸入財への限界欲望の弾力性 G_c が**小さい**ほど，ますます増大する。E_l の絶対値が無限大に近づくほど，C' は R に近づき，G_c の絶対値が無限大に近づくほど，C' はゼロに近づく，ということも分かるだろう。もし $E_l = G_c$ ならば，下式が得られる。

$$C' = R \frac{-210E_l - 174}{-390E_l - 174}$$

8　第 19 章第 14 節では，$P_c = E_l$ かつ $Q_l = G_c$，すなわちそれぞれの国において輸入財への限界欲望の弾力性と自国財への限界欲望の弾力性は等しい，という基本的仮定を置いたが，上式もこの仮定に基づいている。もしアメリカにおいて輸入財への限界欲望が自国財への限界欲望より弾力的であれば，すなわち $E_c < -35E_l$ ならば，これは E_l の絶対値が大きい場合と同じ影響を C' にもたらす，つまり C' を増大させる。同様にして，もしドイツにおいて輸入財への限界欲望が自国財への限界欲望より**非弾力的**であれば，C' は大きくなる。

9　以上の事柄は，イギリスは輸入税によってどの程度「外国人に課税」できる立場にあるかという問題と結びついている。マーシャルが強調したように，百年前には，蒸気機関を用いて製造された工業品や熱帯産品を外国人が購入しようとすれば，実際上イギリスから購入するしかなかった。当時，蒸気機関はイギリス以外の国では普及しておらず，またイギリスは熱帯産品を入手するうえでも有利な立場にあった（Marshall 1923, 192 頁）。これらの商品がイギリスの輸出の大部分を占め，かつそれらの輸出品に対する外国人の欲望の弾力性はその性質上非常に低かった。それゆえ，イギリスの財貨に対する外国人の欲望の弾力性は非常に低かったが，他方，外国の財貨に対するイギリス人の欲望の弾力性を同様に低くするような要因は何もなかった。

　ところが現在では，多くの国が蒸気機関を用いて財貨を生産しているので，戦時を除けば，もはや外国人は必ずしもイギリスから買わなくてもよい。しかも現在イギリスが外国から輸入する商品は主に，食料と国内産業のための原材

財政学（第 II 編第 22 章） 197

料であり，これらの輸入品に対するイギリス人の限界欲望は，自国財へのそれ
よりかなり非弾力的だろう。これらの事実をふまえれば，「外国人に課税」す
るイギリスの力は今では弱まった，百年前に比べればずいぶん弱まった，と考 198
えられる。

10 前節までの分析は，本書の初版および第 2 版でなされた分析とは異なって
いる。それら旧版ではマーシャルに従い，A 国は（A 国財すなわち綿布で価格を
表した）B 国財すなわちリネンの需要関数をもち，一方，B 国は（B 国財で価格
を表した）A 国財の 相 互 需要関数と（A 国財で価格を表した）B 国財の供給関
数をもつ，と想定していた。課税がないときの，A 国の需要弾力性を η，B 国
の相互需要の弾力性を γ，B 国の供給弾力性を e で表そう。このとき，A 国が
輸入ないし輸出に対して歳入 R をもたらす税を課すことによって，B 国から
得られる純歳入は $\frac{\eta}{\eta-e}$R になる，あるいは容易に分かるように $e=-(\gamma+1)$
なので[79]，$\frac{\eta}{\eta+\gamma+1}$R になる。このことは，需要曲線と供給曲線がどちらも直 199

---

79) これは次のように示される。綿布で測ったリネンの供給の弾力性 e は，リネン 1 単位に
対して提供される綿布の量［綿布で測ったリネンの価格］の微小な変化率を分母とし，
この変化に伴うリネンの総供給の変化率を分子とする，分数で表される。
　一方，リネンで測った綿布に対する外国からの需要の弾力性 γ は，e の符号を単に逆
転させたものではなく，まったく別のもの，すなわち綿布 1 単位に対して提供されるリ
ネンの量［リネンで測った綿布の価格］の微小な変化率を分母とし，この変化に伴う綿
布の総需要の変化率を分子とする，分数で表される。
　e と γ の違いは，むろん弾力性概念の本質的非対称性のためであり，記号を使えば明
確に示すことができる。綿布 a 単位に対してはリネン b 単位が提供され，綿布 $(a+\Delta a)$ 単位に対してはリネン $(b+\Delta b)$ 単位が提供されるとしよう。このとき γ（負値で
定義）は，ある具体的な量（例えば b 単位）のリネンが提供されるとすれば，下のよう
に表される。

$$\gamma\left[\left(\frac{b+\Delta b}{a+\Delta a}-\frac{b}{a}\right)\div\frac{b}{a}\right]=\frac{\Delta a}{a}$$

$$\therefore\quad \gamma=\frac{\Delta a}{a}\div\left(\frac{a(b+\Delta b)}{b(a+\Delta a)}-1\right)=\frac{b\Delta a(a+\Delta a)}{a(a\Delta b-b\Delta a)}=近似的に\frac{b\Delta a}{a\Delta b-b\Delta a}$$

同様にして e も，リネン b 単位が提供されるとすれば，下のようになる。

$$e\left[\left(\frac{a+\Delta a}{b+\Delta b}-\frac{a}{b}\right)\div\frac{a}{b}\right]=\frac{\Delta b}{b}$$

線ならば，販売されるリネンの各単位に一定量の綿布の税を課す場合（従量税）でも，あるいは販売されるリネンの（綿布で測った）総価値に一定率の税を課す場合（従価税）でも，厳密に成り立つ。また税の規模が十分に小さく，マーシャルが通常の国内取引の分析で想定したように，需要曲線と供給曲線がどちらもその有効な範囲に関しておおむね直線だろうと考えられる場合には，前述のことは近似的に成り立つ。

11　仮にアメリカとドイツの両国で綿布の限界効用を一定と見なせるならば，すなわち国内においてある税がある財貨の生産に与える影響を考察するさいに貨幣の限界効用を実際に一定と見なすように，綿布の限界効用もそう見なせるならば，前節の分析は完全に保証される。第7節で展開した C' の式の E_c と G_c はどちらも無限大となり，同式は次のようになる。

$$C' = R \frac{E_1}{E_1 - G_1}$$

しかもこの条件下では明らかに，綿布で測ったリネンの需要の弾力性はリネンへの欲望の弾力性に相当し，また綿布で測ったリネンの供給の弾力性はリネンを失うことの嫌悪の弾力性に相当するので，$E_1 = \eta$ かつ $G_c = e$ になる。した

$$\therefore \quad e = \frac{\Delta b}{b} \div \left(\frac{b(a + \Delta a)}{a(b + \Delta b)} - 1 \right) = \frac{a \Delta b (b + \Delta b)}{b(b \Delta a - a \Delta b)} = 近似的に \; - \frac{a \Delta b}{a \Delta b - b \Delta a}$$

それゆえ $e = -\gamma$ ではなく，$\gamma + e = -1$ という関係が成り立つ。ここから以下の事柄が直ちに導かれる。

(1) γ と e のどちらか一方の値が 0 と -1 の間であるならば，他方の値も 0 と -1 の間になるので，どちらも負になる。またどちらか一方の値が -0.5 ならば，他方の値も -0.5 になり，この場合 $\gamma = e$ になる。

(2) γ と e のどちらか一方が 0 ならば，他方は -1 になる。だから，リネンで測った綿布の需要が直角双曲線で表されるならば，綿布で測ったリネンの供給弾力性は 0 である。これらの用語の意味を考えれば，当然そうなることは数式を使わなくてもすぐに分かる。

(3) γ が負で，かつその絶対値が 1 より大きければ，e は必ず正になる。このとき，γ の絶対値が 1 より少し大きいだけであれば（例えば 1.1），絶対値で見て e は γ より比率的にかなり小さくなるが，γ（負値）の絶対値が 1 から大きく離れるほど，e（正値）は γ の絶対値に近づいてゆく。例えば，$\gamma = -2$ ならば $e = 1$ であるが，$\gamma = -10$ ならば $e = 9$ である。

がって，この特殊な条件下では，前節で示したように $C' = R\dfrac{\eta}{\eta - e}$ **になる**。だが詳細に吟味すると，ここで考察しているような問題で，綿布の限界効用をこのように一定と仮定するのは**不適切**であることが判明する。これは前節で用いた分析方法の論理的基礎を崩すものである。なぜならその方法は，曲線で表せる一対の需要関数と供給関数が存在し，両曲線は輸入ないし輸出に課税しても「変化しない」という仮定に依拠しているが，これは実際上妥当しないからである。それどころか，国家間賠償の問題の場合と同じく，税を課す国が税を払う国から得る歳入の問題の場合でも，両曲線は変化しやすい[80]。それゆえ，所与の輸出量・輸入量における需要・供給の弾力性は，賠償や税を課されれば，賠償や税がないときの状態から変化するのだから，賠償や税のもたらす影響を考察するさいにそのような仮定を置くことはできない。したがって，現実にかなう諸条件のもとでは，第7節で見たような一層複雑な分析が必要である。

12　第21章の賠償問題の研究では，C を表す式が対称性をもっていたので，所与の条件下で，ある国（ドイツ）が他国（ドイツを除くすべての国々をひとまとめにしたもの）に一定量の賠償を課しても，その他国がドイツに同量の賠償を課しても，得られる歳入はどちらも同じだった。しかし輸入税を課す場合は，そのようにならない。純歳入 C' を表す式が対称性をもたないからである。

すなわち第19章第14節の仮定のもとで，アメリカが綿布 R 単位の歳入をもたらす（綿布で測った）税をドイツに課す場合には，純歳入は（1）式のようになるが，ドイツがリネン R 単位（課税前の綿布 R 単位に相当する量）の歳入をもたらす（リネンで測った）税をアメリカに課す場合には，純歳入は（2）式のようになる。

$$\text{アメリカの } C' = R\frac{-210E_1 - 174}{-210E_1 - 180G_c - 174} \qquad \cdots\cdots (1)$$

$$\text{ドイツの } C' = R\frac{-180G_c - 174}{-210E_1 - 180G_c - 174} \qquad \cdots\cdots (2)$$

---

80)　『経済学に関する論文と講演』（Pigou and Robertson 1931）所収のロバートソンの論文「富の移転の問題」（"The Transfer by Problem"）を参照のこと。

もし $E_1 = G_c$ という仮定を追加すれば，両式はそれぞれ下のようになる。

$$R \frac{-210E_1 - 174}{-390E_1 - 174} \qquad \text{と} \qquad R \frac{-180E_1 - 174}{-390E_1 - 174}$$

それゆえ，アメリカが課税国であるとき，外国人から得られる純収入は，ドイツが課税国であるときの $\dfrac{-210E_1 - 174}{-180E_1 - 174}$ 倍になる。あくまでも一例だが，もし $E_1 = -3$ ならば，それは $\dfrac{5}{4}$ 倍になる。

13 （単一国にせよ，他のすべての国々を代表する大国にせよ）ある国がある一定の歳入をもたらす輸入税を課しても，同額の賠償を外国に課す場合より多くの純歳入を「外国人から徴収する」ことはできない。これは常識的にも明らかだが，われわれの式を用いて，それを正式に証明しよう。

輸入税を課すうえで立場上有利なアメリカを課税国とすれば，下式が成り立つ。

$$\frac{C'}{C} = \frac{E_1 G_c(E_c + 1) - E_c G_1(E_1 + 1)}{E_1 G_c(E_c + G_1) - E_c G_1(E_1 + G_c)}$$

G_c は負なので，この式の分母の第 2 項は必ず，分子の第 2 項よりかなり大きくなる。また第 1 項についても，G_1（正値）<1 というごく稀な例外的事態を除けば，やはり分母の方が大きいに違いない。それゆえ $\dfrac{C'}{C} < 1$ である。第 19 章第 14 節の数値例を用いれば $\dfrac{C'}{C} = \dfrac{-210E_1 - 174}{-210E_1 - 180G_c}$ であり，もし E_1 と G_c が等しく，どちらの値も -3 ならば，$\dfrac{C'}{C} = \dfrac{39}{100}$ になる。

14 最後に倫理的問題が残っている。一国の政府が輸入税や輸出税を用い，「外国人に課税する」ことによって自国民に利益をもたらせるとしても，はたして政府はこの能力を利用すべきだろうか。この問題は明らかに，第 18 章第 6 節の問題［外国人への差別課税］と同じ一般的性質を帯びている。それは，わが国のみならず貿易相手国の行動も考えねばならない問題であり，その限りでは，こちらが何をすべきかは相手の行動次第である。もし相手国が自分たちの歳入をイギリス人から取り立てるならば，他の条件が等しい限り，イギリスも

自国の歳入のために相手国の国民から取り立てることは正当化される。それゆえ，現実に各国が輸入関税を課すなかで，イギリスが輸入関税を課さないのは説得力に欠ける，という世俗の論争家の主張は，その限りでは正しい。

だが，外国人を犠牲にしてわずかな利益を得ようとする関税政策（可能ならば相手国はいつでも報復してくるだろう）は，明らかに不得策であり実行に値しない。外国貿易への課税は，相手国の攻撃的行動へのやむをえない対応として生じる関税戦争の報復手段である場合を除き，外国人に課税するという目的のためにけっして用いるべきではない，と私は主張する。そのような課税が望ましいと言える他の根拠がある場合［すなわち収入関税ではなく保護関税の場合］には，むろん話は別であり，その意図せざる付随的結果として外国人に幾らか課税することになっても，この事実はその政策［保護関税］に反論する十分な根拠にはならない。だが，次のような一般原則を立てることはできよう。すなわちイギリスのような状況にある国は，たとえ外国貿易に大規模な税を課すことによって外国人から歳入を得ることが可能であるとしても，これを自粛すべきである。

第 23 章　保護関税

1　保護関税は次のような 2 つの側面の影響をもたらすため，その考察は厄介である。すなわちそれは，歳入調達の手段であると同時に，国産品と競合する輸入品を排除する手段でもある。それが 1 側面だけの明快な問題になるのは，関税率があまりに高いので，課税される輸入品が完全に排除され，事実上の輸入禁止となって関税収入がゼロになる場合や，あるいはどちらも同額の歳入をもたらすという条件下で，税率を高くするか低くするか（前者は後者より輸入を大幅に減少させる）を選択せねばならない場合である。だが通常，保護関税の問題はこのように明快なものではないため，歳入を生むという利点と国際競争からの防御壁という利点（ないし欠点）を比較考量し，両者を均衡させる必要がある。

2　前章の分析から容易に分かるように，他の条件が等しい限り，国産品と競合する輸入品に課す関税の方が，国産品と競合しない茶やコーヒーなどの輸入品に課す関税より，外国人から徴収する純収入は幾らか多くなろう。なぜなら，競合する国産品が存在すれば，輸入品へのわれわれの欲望はより弾力的になるからである。したがって外国人から取り立てるという見地からは，保護関税は，非競合的な輸入品に課す関税より（自国の利益だけを考えれば）歳入調達手段としておそらく優れているが，いずれにせよ，前章第9節で見たように外国人から得られる純歳入はわずかだろう。これに対し，第9章第18節で見たように，外国人から歳入を取り立てることを別にすれば，輸入税のみを用いることは，輸入税に加えてそれと同率の内国消費税（excise duties）を併用する場合に比べて，あるいは内国消費税のみを用いる場合に比べてさえ，一般に劣るだろう。

私の考えでは，これらの選択肢を比較考量したうえで，あくまで歳入調達手段として見れば，①非競合的輸入品への関税，②競合的輸入品への関税と内国消費税の併用（税率はどちらも同じ），③本来の保護関税（すなわち競合的輸入品への関税のみを課し，それと同率の内国消費税を併用しない），のどれを用いてもおおむね大差はない，と結論するのが公平である。これが認められれば，本章の問題は一挙に単純化される。以下では，歳入面をすべて無視し，競合的輸入品を排除するという面だけに注目して，保護関税の導入をめざす諸々の提案を検討する。

3　本章では，恒常的なものとしての保護貿易主義体系（プロテクショニスト・システム）を考察する。いわば永遠の相のもとで（*sub specie aeternitatis*）保護貿易と自由貿易を対比するのである[81]。この観点からは，賃金率は経済一般の状況に適応するため，どちらの政策体系でも平均失業率はほぼ同じである，と考えるのが理にかなっている。古典派経済学者（クラシカル・エコノミスツ）はどちらの体系にも失業は**存在しない**と，暗に想定していたと批判されることもあるが，今も昔も，誰もそのようなことは想定していない。

---

81) 国内産業保護のためか否かを問わず，輸入超過がもたらしうる金融問題への対策としての輸入税による外国貿易への介入については，第III編第5章第16節で言及するが，本書では詳しく扱わない。

財政学（第 II 編第 23 章）　203

ここで想定せねばならないのは，どちらの体系を選んでも**失業率は同じ**になるいうことだけである。この仮定のもとでは，いかなる国でも，国産品と競合する輸入品の流入は国内の失業を生みだす原因にならないし，こうした輸入品の平均量を減少させても，国内の雇用の持続的増加をもたらさない。

　むしろそれらの輸入を制限すれば，国民は国際分業の恩恵を受けられなくなり，特定の財貨を得るさいに（あるいは他の財貨についても）国内生産のみに頼らざるをえなくなるだけである。しかし人々が国際貿易を含む迂回的方法を選ぶならば，そのおかげで彼らはたいてい，ある一定量の自国生産物と引き替えに，自分たちの欲する財貨をより多く獲得できよう。確かに人は間違ったり騙されたりもするが，ある人が自分の現在の経済的利益として選ぶものは，どこか遠くで関税を操作している政治家がその人に押しつけるどんなものよりも，実際にその人にそうした利益をもたらすことが多いものである。したがって，国産品と競合する輸入品の自然な流れに政府は介入するなという主張には，一見して明らかに強い根拠がある。

4　だが，この主張は決定的なものではない。軍事的ないし社会的な理由から保護関税が唱えられる場合には，明らかに前節の主張は決定的でなくなる。例えば軍事上，特定の重要生産物については戦時に輸入が途絶するおそれがあるため，輸入に頼らない方が得策であり，また社会上，田舎暮らしの利点というものもある。しかし議論を経済面だけに限ってもなお，前節の主張は決定的ではない。

　その主張の根拠は，輸入が自由であれば，輸入国は直接的・即時的な経済的利益が得られるというものだが，前世紀に F. リストが『経済学の国民的体系』のなかで力説したように，直接的・即時的な影響が唯一の影響というわけではない。すなわち「富を生産する力は，富そのものより，比べものにならないほどに重要である」（List 1885, 133 頁）。それゆえ「国民は，精神的・技能的な力や社会的生産力を獲得するために，ある程度まで物的繁栄を犠牲にし，断念しなければならず，将来の利益を確保するために現在の利益を幾らか犠牲にせねばならない。……保護関税によって初めのうちは工業品の価格が上昇する，というのは事実である。だが十全に発展した自分たちの工業力を確立できる国民

の場合，やがてそれらの財貨は外国から輸入するより安価に国内で生産できるようになる，というのも同様に事実であり，主流派経済学もこれを承認している」（同書 144-45 頁）。リストがこのように述べた時代，イギリスは世界の支配的工業国の地位を確立していた。当面はヨーロッパの大陸諸国がその経済活動を農業分野に限定し，工業品についてはイギリスから買う方が，各国の資本および労働にとって最大の利益が得られる，ということをリストは否定していない。だがある国にとって現在最も容易に生産できる財貨が，必ずしもその国にとって生産上の最大の自然的優位性をもつ財貨であるとは限らない，ということに彼は気づいた。自然的優位性の展開には，時間と経験が必要だからである。工業力の確立には，実際上，労働者の訓練や，機械・交通・信用・市場組織の改善も含まれ，その達成には長い歳月がかかるだろうから，これが完了するまでは，他国に先んじて工業力を確立した国は「新たに誕生した，あるいは成長中の国々より圧倒的に有利である」（同書 300 頁）。この議論は，とりわけ工業化をめざす農業国の場合に説得力をもつ。当然ながらそのような国には，熟練工や工場労働者がほとんどいないので，何か特定業種の工場の創設に必要な技能を得るのは至難だろう。「まずは工場主，現場監督，および労働者を，国内で育成するか，あるいは外国から招かねばならず，収益見込みだけではその新事業の成功を資本家たちに十分納得させることはできなかった」（同書 294 頁）。したがって，創業したばかりのどんな事業も長い時間をかけねば，すでに確立した海外の競争相手と対等の条件で競争するのはとても無理だろうし，たとえその国が潜在的にその産業にうってつけの自然的優位性をもっていてもなお，やはり無理だろう。

　しかしすでにほぼ工業化している国の場合，リストの議論の説得力は弱まる。工業国では，多様な工場労働にすでに習熟している人々から新しい種類の仕事のできる者を集めるのは比較的容易なので，新産業の創生期の困難はずっと小さいだろうし，労働以外の生産力の重要要素，すなわち組織された交通や信用のシステムも——農業国では工業化を軌道に乗せるには，まずそれらを整備せねばなるまいが——整備済みだろう。

　ところで，幼い工業国を保護せよという主張と同じく，すでに発展した工業国における特定の幼い産業を保護せよという主張も，論理上は立派に成り立つ。

同じことは，その国に適し，すでに確立している特定産業を，外国による意図的攻撃から守れ，という類似の主張についても言える。すなわち外国の企業結合体がイギリス市場の独占支配を打ち立てるために，イギリス国内の競争相手を一掃する方針を採るかもしれない。彼らはイギリス国内において赤字覚悟の低価格で販売し，まずは競争相手を破滅させ，こうしてもはや有力な競争相手がいなくなれば価格を非常に高い水準につり上げて，それまでの苦労の果実を収穫するかもしれない。こうした企業行動に直面したさいに安い商品の輸入を制限することは，結果としてやはり直接の経済損失をもたらすとはいえ，その後の独占的収奪からイギリス国民を守るための正しい政策だろう。むろんその場合でさえ，この政策が常に正しいとは限らない。なぜなら，その攻撃にさらされる企業が十分な資金と力をもち，政府からの直接ないし間接の援護がなくても自分自身を守れる，という場合が非常に多いからである。例えばリストも，外国からの攻撃によって「何世代もの努力と奮闘によってのみ得られる生産力と富の複雑な結合が，短期間のうちに失われる」ことを論じた後，同じ頁で「外国業者によるそのような攻撃に直面して政府が国内製造業者を何ら救済できない場合でも，しばしば国内製造業者は損失を出しながらも生産を続ける。彼らは事態の好転を期待しつつ，操業停止によって被る回復困難な損害を避けようとするのである」（同書 298 頁）。だがそれでもなお，リストの議論の拡張である上記の主張の論理的妥当性は揺らがない[82]。

5　ここまでは，国産品と競合する特定の輸入品を制限することが分配に及ぼす影響について何も述べなかった。これらの影響のうち最も明白なものは，輸入が制限される財貨の買手（消費者）とその財貨の国内生産者との間の分配に及ぼす影響である。輸入が制限されれば，国内生産者は通常，商品価格を引き上げることが可能になるので，一見すると顧客を犠牲にして利益を得るように思われよう。だがほとんどの通常財貨の場合，この利得は一時的なものにすぎない。もしある特定の財貨の生産者が超過利潤を実際に得ていれば，他の生産者たちもその業種に参入しようとし，この参入は収益率が通常の水準に戻るま

---

82) 本書第 II 編第 8 章第 3 節。

で続くからである。商品価格が［長期的に］高止まりしたとしても，それは1単位当たりの実質生産費の上昇を反映しているにすぎず，生産者の利潤率が上昇しているわけではない。通常，各生産要素，すなわち土地・労働・資本の間の相対的稼得力はかなり安定しているが，競合的輸入品が特定の生産要素を非常に多く用いるような財貨であれば，事態は違ってくるだろう。

例えば，①工業国では，農産物の輸入全般に重税を課せば，農業の利潤率が上昇し，農業経営者はより高い地代でも進んで払うようになり，そして最終的に，農地所有者の利益のために消費者が高い価格を払い続けることになる。②小自作農の国では（すなわち輸入を制限される財貨が小農地での生産に適する場合），この分配の変化によって利益を得る人々と損失を被る人々を比べると，前者の利益が後者の損失を大きく上回ることはなさそうだが，③大土地所有の国では，前者の利益の方がずっと大きい。土地所有に特別税を課し，その税収を用いて農産物の消費者に補助金を支給することによってこの分配の変化を相殺することは確かに理論上可能であるものの，そうした計画が実際に試された前例はない。

次のように考えるのが公平であると思う。すなわちイギリスのような国では，国内農業と競合する輸入農産物を大規模に制限すれば，せいぜい部分的にしか相殺できない分配の変化——消費者である比較的貧しい大衆から比較的豊かな少数の農地所有者への所得移転——が起こるに違いない。一方，その生産において（資本や土地に比べて）労働を非常に多く用いるような輸入品を制限する場合には，結果としてその種の財貨の国内生産が増加し，わが国の実質所得に占める労働者の取り分の比率は高まり，特に有利な条件下では取り分の絶対額さえ増加するかもしれない。この場合，その分配の変化は比較的貧しい大衆に利益をもたらすから，そうなればなるほど，それはますます社会的に有益だろう。だが，こうした政策を有効に実施できる可能性はほぼ皆無だと思われるので，それは単なる学術的興味の対象にすぎない。

6 以上の議論から——外国為替の問題は無視する——ある国が国産品と競合する特定の輸入品を制限することによって経済的利益を得るための諸条件を，明らかに容易に導きだせよう。すなわち国民的観点から見ても，また程度は劣

るが世界市民的観点から見ても，特定の保護貿易政策には明らかに正当な理論
的根拠がある。しかし政府がその理論的可能性を有益な形で実現できるか否か
は，別の問題である。第1に，他の手段（例えば補助金）を用いる方がその目
的をよりよく実現できないかどうかを，考えねばならない。

　第2に，現実の政府にこれらの難しい課題を託せるかどうか，あるいは政府
自体がそれを可能と考えているかどうかを，考えねばならない。この種の問題
については，ずいぶん昔にシジウィックも『経済学原理』において力説してい
た。すなわち「抽象的経済理論の結論として，ある特定のケースの，ある特定
の限度内における保護貿易は，もしそれらのケースのみに厳しく限定され，そ
れらの限度が徹底して守られるならば，保護政策をおこなう国にとって――
ひょっとすると世界全体にとってさえ――有益である，ということに私は同意
する。だがそれでも私は，とにかく経済的な進取の気風が十分に発展した自由
社会では，政府は『租税の唯一の目的は歳入 (taxation for revenue only)』という
一般原則を堅持することが実際上の最善の方策である，という意見を強く抱い
ている。なぜならわが国の現実の政府は十分に賢明でも強力でもないため，当
然ながら，国内産業保護のための介入の正当な節度が守られることなど期待で
きない，と私は考えるからである。公平な歳入調達と国内産業の有効な保護と
いう二重の目的をもって輸入税の体系を作り上げることは，細心の配慮を要す
る至難の課題であり，それをひとたび導入すれば，その保護の原則の適用範囲
を拡大せよと政府に圧力がかかるのは必定である。したがって私の考えでは，
それらの特定のケースで保護政策がもたらしうる利益よりも，むしろ経済不況
などの危険に直面した生産者や貿易業者がみずからの深慮・創意工夫・活力に
頼らずに，政府の支援をあてにするようになるという一般的弊害の方が常に大
きくなろう。とりわけ，一国の最も賢明な保護政策でさえ，さまざまな影響を
通じて，他国の愚かな保護政策を生みだすきっかけになりやすい」(Sidgwick
1883, 487 頁)。この政府の問題に深入りすることは本書の課題ではない。また
マッケナ関税 (McKenna duties) という種子が 1915 年に最初に播かれてから，
新たな保護貿易主義の花が咲き誇る園が完成するまでの，イギリスの経験から
教訓を得ることも容易にできるだろうが，これもやはり本書では割愛する。

第 III 編

財政と雇用

第 1 章　序章

1　20世紀の初めまで，財政の諸問題は独立した研究分野と見なされていたので，雇用量の状態や変動と関連づけて語られることは実際上皆無だった。しかし中央および地方政府はその歳出の時期を慎重に選べば，雇用量を現在の通常水準より安定させることができる，また場合によってはその平均量を増やすことさえできるのではないか。こうした問題をイギリスで初めて真剣に検討したのは，1909年に出版された王立救貧法委員会の多数派および少数派の両報告書である。それ以来，政府の歳入調達および歳出と，雇用状態との関係は広く論じられるようになった。そこでは多くの個別問題を区別せねばならない。第III編の課題はそれらを解きほぐし，個別に検討してゆくことである。

　ところで本章の関心は，産業活動の大部分が政府の統制下にあるソビエト・ロシアの経済も部分的に含むが，むしろ主にわれわれ自身の経済にある。そこでは中央および地方政府が生産のために国民的労働力を大規模に雇用するとはいえ，それでもなお，民間の営利企業による生産が支配的である。

2　雇用量はいかなるときも必ず，そのときの総貨幣賃金 (money wages bill)[1]

---

[1] 『富と厚生』[Pigou 1912] 以来のピグー雇用論の最大の特徴は，独自の「賃金基金 (wage fund)」概念に見出されるが [詳しくは本郷 2007, 98-103]，この総貨幣賃金とい

財政学（第 III 編第 1 章） 209

を平均貨幣賃金率で除した商に等しい。それゆえ，貨幣賃金率の統制は財政当局の権限外の事柄である以上，雇用量に影響を及ぼす唯一の方法は総貨幣賃金を動かすことである。一見する限り，これは，①政府自身が労働者を雇用する，②その生産に労働者の雇用を要する財貨を政府が購入する，③補助金などを通じて事業者や消費者の支出を促す，といった方法によって実現できそうである。これらの方法は，総貨幣所得（aggregate money income）に占める総貨幣賃金の比率を変化させるか，あるいは総貨幣所得自体を変化させることによって，総貨幣賃金に影響を及ぼすだろう。いずれにせよ本編の議論では総貨幣所得の概念が軸になるため，これを明確に定義することが重要である。

3 総貨幣所得とは，通常の用語法と同じく，各生産主体がその提供する用役の対価として受け取る貨幣の総額であり，この主体には公有の企業・工場などの法人もむろん含まれる。それは，要素費用の観点からの国民貨幣所得と呼ばれることもある。

　総貨幣所得は，次の 5 項目のいずれかを含めて定義する場合の総貨幣支出（aggregate money outlay）とは明らかに異なるものである。

① 株式などの資産の売却収入
② 商品が最終購入者の手に渡るまでの仲買人たちの取引額
③ （個人間のものにせよ，政府から個人へのものにせよ）財・サービスの提供への対価ではない無償の移転
④ 直接税・間接税・公債などの，個人から政府への移転
⑤ 外国人によるイギリス商品の購入やイギリスへの投資支出と，イギリス人による外国商品の購入や外国への投資支出との純差額

　ここでは⑤を無視し，総支出から①〜④を引いた値を「純支出（net outlay）」と呼ぶことにする。この純支出は，所得をいわば反対側から，すなわち所得を構成する諸々の対価の受手側からではなく，生産者側から見たものにすぎない。この意味において純支出，あるいは厳密さでは劣るが支出という用語には，所

　う新語はそれを言い換えたものにすぎない。労働需要は主に賃金基金の増減に応じて変動する，これこそが彼の雇用論の基本命題であった。

得創出的支出（income-producing expenditure），あるいは有効需要（effective demand）とも呼ばれるものに等しい概念として，一定の利便性がある。以下では，第5章の最後の国際収支の議論を除き，これらの用語を使おう。

4　もう1つ，あらかじめ述べておくべきことがある。雇用量 $=\dfrac{\text{総貨幣賃金}}{[\text{平均}]\,\text{貨幣賃金率}}$ が必ず成り立つという事実は，もし貨幣賃金率が一定であれば，ある一定比率の総貨幣賃金の変化はそれと同比率の雇用の変化を伴う，ということを意味する。もし就業希望者（would-be wage-earners）数が一定であれば，雇用量と失業量の和も当然一定だから，雇用量が変化すれば，それと同量だけ失業量は逆方向に変化する。しかし就業希望者数が可変的であれば，雇用と失業の関係はそのようにならない。例えば当初100人の労働者がおり，そのうち90人が雇用されているとき，もし労働者数が110人に増えたのに雇用が90人のままであれば，失業は10人から20人に増え，失業率は10パーセントから18.2パーセントに高まる。実際，就業希望者数は非常に変化しやすい。もし労働年齢人口に占める就業希望者の比率が非常に安定しているならば，就業希望者数は主に労働年齢人口によって決まるが，労働年齢人口は，国民全体の人口が一定のときでさえ変化しうる。それどころか，出生率が数年間大きく低下して国民全体の人口が減少していても，労働年齢人口が増加することは十分に考えられる。わが国ではこの数十年間，国民の人口は緩やかに増加したにすぎないが，労働年齢人口それゆえ就業希望者数は著しく増加した。雇用量が所与であれば，就業希望者数の変化は必ず，雇用率と失業率を逆方向に同じだけ変化させるという事実にもかかわらず[1]，上のような就業希望者数の変動のために議論はやや複雑になる。しかし総貨幣賃金と貨幣賃金率のそれぞれの変化が雇用（と失業）に及ぼす**影響**は，就業希望者数が一定の場合も，それが変化する場合も，

---

1) 例えば，当初の就業希望者を K 人，当初の雇用労働者を E 人とする。このとき，雇用率は $\dfrac{E}{K}$，失業率は $\dfrac{K-E}{K}$ であり，もし就業希望者が k 人増加すれば，雇用率は $\dfrac{E}{K+k}$，失業率は $\dfrac{K+k-E}{K+k}$ になる。雇用率の低下は $\dfrac{E}{K}-\dfrac{E}{K+k}$，失業率の上昇は $\dfrac{K+k-E}{K+k}-\dfrac{K-E}{K}$ であり，両者はどちらも $\dfrac{kE}{K(K+k)}$ に等しい。だがこれはむろん，わざわざ証明するまでもなく，自明の理にすぎない。

同じである。また総貨幣賃金と就業希望者数が同時に変化するとき，この2つが合わさって雇用率（と失業率）に及ぼす影響は，就業希望者数が一定の場合に，総貨幣賃金が一人当たり貨幣賃金と同じ比率で変化するときにそれに及ぼす影響と同じになる。

第2章　総貨幣賃金と雇用の関係
（貨幣賃金率の変化が総貨幣賃金に反作用を及ぼさない場合）

1　前章の準備的議論をふまえ，本章で考察するのは，就業希望者一人当たりの総貨幣賃金とその変動が，さまざまな状況下で雇用と失業の規模に与えるだろう影響である。「就業希望者一人当たり」という言葉の繰り返しを避けるために，当面の議論では，就業希望者数を一定とするのがよいだろう。この場合，総貨幣賃金に依拠して定められるあらゆる命題は，「総貨幣賃金」を「就業希望者一人当たりの貨幣賃金」と言い換えれば，より一般的な場合でも通用するからである。本章では，貨幣賃金率の変化が総貨幣賃金に及ぼす反作用を無視し，この問題については次章で論じる。

2　まず，次の4つの状況を区別せねばならない。すなわち総貨幣賃金がそれぞれ，①一定である，②ある一定水準を軸に変動する，③漸次的な増加傾向をもつ，④そのような増加傾向をもちながら変動する，ような状況である。

多種多様な労働者が存在し，彼らは各職業に分かれ，相互の移動は必ずしも容易ではないという現実は無視し，ここでは，労働はすべて同質，かつ完全な移動性をもつと仮定する。われわれの問題関心にとって，これらの仮定を外したさいに生じる複雑な議論は，二次的重要性しかもたないからである。

3　最初に，総［貨幣］賃金が一定の場合を考えよう。もし労働市場が完全競争の状態であれば，貨幣賃金率は各職業の労働需要に合わせて調整されるので，就業希望者は皆，仕事を得られよう。なぜなら1人でも失業している限り，そ

の人の存在は賃金率を低下させる圧力になるからである。完全競争のもとでは，雇用は総貨幣賃金の大きさからまったく影響を受けず，後者の大きさがどうであろうと全員が雇用される。だが現実の労働市場は，完全競争の状態ではない。団体交渉が広くおこなわれていたり，失業者の金銭的支援のために何か手当が支給される場合には，もし総賃金が一定であれば，貨幣賃金率は，文字通りの意味における完全雇用の水準より，幾らか高まると予想される。それゆえ，失業率を h とすれば，$h > 0$ になろう。

4　しかも，心理的条件および他の関連諸条件が変わらない限り，総貨幣賃金の大きさがどうであれ，失業率は一定を保つ傾向がある。これはむろん，例えば何か大きな混乱の後のような特定の時期に h が通常の水準より高まる場合があることを，否定するのではない。その場合，総貨幣賃金が増大すれば，h はその異常な水準より恒常的に低下するだろう。

しかし通常の状況下で，総賃金が恒常的に増大する場合，あるいはその平均量を増大させながら変動する場合には，総賃金の増大による h の低下を相殺するような形で，賃金率も上昇する傾向があろう。ただし財政政策の範囲を超える力によって平均賃金率の上昇を阻止できる独裁的政府をもつ社会であれば，むろん話は別である。また労働組合の自発的行動によって平均賃金率の上昇を避けられる可能性もあり，一部の者はそれに期待を寄せるが，他の者は非常に懐疑的である。

5　前節の命題の根拠として，労働組合の資料（1852～1912 年）に基づく雇用の周期変動の長期研究が挙げられよう。幾つかの周期の平均失業率は，極めて似通っている。周期の定め方として，失業率が最低の年から次の最低の年の前年までを 1 循環周期とすれば，各周期の平均失業率は表 1 のようになる。

表 1

1853–59	1860–64	1865–71	1872–81	1882–89	1890–98	1899–1905	1906–12	60 年間全体
5.2 %	4.8 %	4.7 %	4.2 %	5.9 %	4.6 %	3.9 %	4.8 %	4.7 %

財政学（第 III 編第 2 章）　213

　あるいは，失業率が最高の年から次の最高の年の前年までを 1 周期とすれば，　216
各周期の平均失業率は表 2 のようになる。

表 2

1852–57	1858–61	1862–67	1868–78	1879–85	1886–92	1893–1903	1904–08	57 年間全体
4.4 %	5.7 %	5.0 %	3.8 %	6.1 %	5.2 %	4.2 %	4.6 %	4.7 %

　表 1 では，全期間の平均からの偏差は最大 25 パーセントであり，8 つの循
環のうちの 6 つは 11 パーセント以下に収まっている。しかもそのうち 4 つで
は，実際上，偏差はほぼ皆無に等しい。表 2 では，偏差は最大 30 パーセント
だが，5 つの循環において偏差は 11 パーセント以下である。これらの百分率
は大きなものではなく，むろん偏差の絶対値もごく小さい。もし同じ事実を失
業率ではなく雇用率で表すならば，それはさらに一層明瞭になる。就業希望者
のうちの実際の就業者の平均率は 1852〜1912 年のすべての循環を通じて，
94〜96 パーセントにほぼ収まっている。それゆえ平均雇用量と利用可能な労
働力の量は，互いにほぼ一定の比率を一貫して保っていたはずであり，しかも
この期間中に利用可能な労働力はおそらく 45 パーセントほど増加したにもか
かわらず，そうなのである。だから大まかに言って，好況と不況を合わせた平
均雇用量は，利用可能な労働力のある一定比率である。

6　むろん心理的条件および他の関連諸条件は，外部からの影響によって変化
しうるので，その結果，ある時期の通常の失業率は他の時期のそれより高まる
ことがある。例えば，両大戦に挟まれた時期の失業率は第一次大戦前のそれを
大幅に上回った（おそらく 2.5 倍になった）が，そのかなりの部分は政府による
一般失業保険制度の確立に起因する，と言えそうである。すなわち同制度の確
立以前には，失業が生じれば労働組合や労働者個人は損失を被るため，その懸
念から高賃金の要求を自制したが，同制度によってその自制が大いに弱まった
のである。だがそれは余談にすぎない。ここで確かに言えるのは，もし総貨幣　217
賃金が一定であれば，通常，長期の観点からは，その総額がどうであれ［失業
率の決定において］何ら重要ではないということである。

7 ただし，前節の命題の「通常，長期の観点からは」という文言の重要性を理解せねばならない。というのも，失業率が非常に高ければ，労働者とその指導者の関心はもっぱら雇用に向けられ，雇用の改善がとにかく最優先課題になるので，ほとんど賃金引き上げの圧力が**生じない**，ということも十分ありうる。すなわち，通常の失業率の大幅な変化は心理状態の変化をもたらすので，彼らは心理状態が一定である場合とは異なる反応をするのである。たとえこのことを別にしても，総貨幣賃金が貨幣賃金率に及ぼす影響は，即時的なものではなく，タイムラグを，ときにはかなりのタイムラグを伴う。それゆえ，総貨幣賃金をある定常水準からより高い水準に高める政策の効果が，たとえ結局は無効になるとしても，場合によっては，実際的観点からその政策をおこなう価値は十分ありうる。

8 次に，第 2 節で区別した②の状況，すなわち各時期（例えば景気循環の各周期）の総賃金がある一定の平均値を軸に変動する場合を考えよう。われわれの関心は，総賃金が変動せずにその平均水準で一定を保つとき，あるいはより一般的に言えば（表現に曖昧さを含むが）その変動の幅が縮小するときに[2]，平均失業率はどのような影響を受けるかということにある。第 4 節で見たように，ある一定の総賃金のもとでは，貨幣賃金率は，おおむね**ある**一定の失業率を保つような水準におのずと調整される。そうだとすれば，総賃金が変動するときには，どうなるだろうか。総賃金の変動に対応して貨幣賃金率も変動するので，好況期でも不況期でも，失業率は需要の安定期に固有の，ある一定の水準 h にずっと保たれる，ということも**ありうる**。だが現実には，団体交渉のために貨幣賃金率は硬直的になり，その上下どちらの動きもかなりの抵抗を受ける。これは，景気動向に応じて貨幣賃金率は十分に変動せず，それゆえ失業率は一定の水準 h に保たれない，ということを意味する。だから不況期の失業率は h を上回ることになる。仮に $h = 0$ とすれば，好況期と不況期を平均した失業は，総賃金が一定であるときより，変動するときの方が大きくなるに**違いない**。な

---

2) 複数の量を扱う場合，その平均からの変動の測り方は幾つかあり，どれを選ぶかによって，例えば A 群と B 群のどちらの変動の方が大きいかという問題の答えは変わる。

財政学（第 III 編第 2 章）　215

ぜなら，たとえ好況の頂点においても負の失業率はむろん不可能だからである。しかし第 3 節で見たように実際には $h>0$ なので，そのようにはならない。なぜなら好況期に総賃金が増大すれば，貨幣賃金率の硬直性のために，失業率は h から幾らか低下し，不況期にはそれと同程度だけ h から上昇するかもしれないからである。この可能性は実現するだろうか。私の考えでは，答えは明らかに否である。なぜなら貨幣賃金率の上昇に**上限**はないのに対し，イギリスのような国の失業者は各種手当，あるいは最悪の場合でも救貧法による救済を期待できるので，これらが賃金率に，ある一定の**下限**を定めるからである。総賃金すなわち総労働需要がわずかに変動するだけならば，その下限は一切影響を及ぼさないので，下限の存在は問題にはなるまい。しかし現実に見られる変動の場合，特に失業手当の額が高い場合には，ときおりその下限が影響力をもつことは実際上確実である。

　したがって，おおむね次のように結論できよう。総賃金が好況期と不況期で変動しながらもその平均水準が一定を保つ場合には，総賃金がその 2 つの時期を通じて変動しない場合より，その平均貨幣賃金率は高まり，平均失業率も高まるだろう。すなわち総賃金の平均水準を一定に保ちつつその変動を抑えるならば，失業は減少する。またこの結論を強めるさらに別の理由もある。すなわち好況期における労働者の賃金引き上げの試みと，不況期における雇用主の賃金切り下げの試みは，しばしばストライキやロックアウトをもたらし，これらが直接[3]および間接に雇用を減少させる。より安定した需要のもとでは，労働争議のために生じる労働の中断はその頻度も範囲も現状より縮小する，と考えるべき強い理由が存在するのである。

9　前節の結論からは，実際的重要性をもつ次のような事柄が導きだされよう。政府介入がなければ，総賃金は，好況期の A と不況期の $(A-a)$ の間を変動するとしよう。政府は次の 2 つの方法のどちらによっても総賃金を安定化することができよう。すなわち (1) 総賃金を不況期には増やし，また好況期には減らし，両期を通じてそれを $\left(A-\dfrac{1}{2}a\right)$ に保つ。(2) 総賃金を不況期には A に増

　3）イギリス政府の統計では，労働争議に直接関わる者は失業者と見なされない。

大させるが，好況期にはAのまま維持する。

　第6節で述べた諸条件のもとで，もし総賃金が趨勢的に増大ないし減少していなければ，政府が前述のどちらの政策を選ぼうとも，好況期と不況期を合わせた平均失業率はまったく同じになる。すなわちどちらの政策も，好況期と不況期を合わせた平均失業率を同じだけ低下させる。

10　次に，第2節で区別した③の状況，すなわち総貨幣賃金が趨勢的に増大している状況を考えよう。第3節で述べたように，もし労働者たちが完全競争の状態にあるならば，総賃金が一定であっても完全雇用は成立するのだから，総賃金が趨勢的に増大しても雇用がさらに改善することは，明らかに不可能である。だがもし，ある正の失業率hを保つように賃金率がおのずと調整される傾向があれば，総賃金の永続的増大によって，失業率はほぼ確実にhより低くなろう。なぜなら賃金調整にはタイムラグが伴い，いわば追跡者はけっしてその目標に追いつかないからである。両大戦中（ただし賃金調整の初期の準備期間を除く）に普通に見られた極端に低い失業率も，これによって説明できる。すなわち総賃金によって表される労働需要が増大し続けるなかで，労働者が愛国心のために自分たちの賃上げ要求を自制したことも一因となって，貨幣賃金率の上昇は遅れた。加えて，政府の説得，さらには命令により，労働はそれが最も必要とされる場所に配分されたので，労働移動が非常に活発だったことにも留意せねばならない。

11　最後に，第2節で区別した④の状況を考えよう。上と同様の推論から容易に分かるように，総賃金が，永続的に上昇するある中心の値を軸にして，ある一定の幅で変動するような場合には，失業率は，その中心の値が一定に保たれる場合より低くなるだろう。しかしその中心の値が常に一定の率で上昇し，かつそれを軸とする総賃金の上下変動が除去されるならば，失業率はさらに低くなるだろう。

財政学（第 III 編第 3 章）　**217**

第 3 章　貨幣賃金率の変化が総貨幣賃金に及ぼす反作用の含意

221

1　いよいよ決定的に重要な問題を論じるときが来た。財政政策によって総貨幣所得が，それゆえ総貨幣賃金が増大すれば，これに適応して貨幣賃金率が上昇するということは，一見する限り明らかだと考えられる。前章では，この傾向の性質とそれがもたらす帰結とを明らかにしたが，そこでは，この誘発された貨幣賃金率の変化が再び総貨幣所得に，それゆえ総貨幣賃金に，反作用を及ぼすことはないと仮定していた。だが通常，この仮定は非現実である。反作用は**存在する**。したがって本章では，これらの反作用の性質を考察し，その存在によって前章の結論がどのように修正されることになるかを検討する。

2　もし貨幣賃金率が上昇するのに総貨幣賃金が増大しなければ，雇用と実質所得は減少するに違いない。これは，ある一定の収益期待のもとで，社会が投資しようとする資源の総量が減少することを意味する。また収益期待（投資需要表）を所与とすれば，これは，**通常の金融政策**——そこでは利子率が上昇すれば貨幣所得が増大する——のもとでは[4]，利子率の上昇も意味する。そしてこの利子率の上昇は，第 5 章で見るように，銀行貸出の増加に伴って貨幣の保有形態を非活動的なものから活動的なものへと変化させるので，総貨幣所得と総貨幣賃金は増大する。だから本節冒頭の想定，すなわち貨幣賃金率が上昇するのに総貨幣賃金が増大しないという想定は，その含意を吟味すればそもそも矛盾しているのである。

　しかし総貨幣所得に占める総貨幣賃金の割合が十分に変化しない限り，総貨幣賃金の増大率と貨幣賃金率の上昇率が**一致**することはない。なぜならもし一致すれば，実質所得も，所与の収益期待のもとでの投資資源の供給も，また投資資源の収益期待（投資資源の需要）も，当初のままの状態を保つことになり，

222

4）第 III 編第 5 章第 9 節［本訳書 231–32 頁］。

その場合，利子率が前より上昇する必要はなく，それゆえ総貨幣所得が前より増大する必要もないからである。したがって，貨幣賃金率が上昇すれば総貨幣所得と総貨幣賃金は増大するけれども，この2つは異なる比率で増大する。例えば，もし公共投資政策によって総貨幣賃金が 100 から（100＋X）に増大し，その結果，貨幣賃金率が 100 から（100＋Y）に上昇するならば，その反作用によって総貨幣賃金はさらに（100＋X＋kY）に増大するわけである（ただし 0＜k＜1）。

3 これらの諸条件のもとでは，前章で主張したこと，すなわち**安定的状況下**では最終的にある一定の失業率を保つように貨幣賃金率が適応的に上昇する傾向がある，という結果に至る仕組みは容易に理解できる。まず総貨幣賃金が 100 から（100＋X）に増大し，貨幣賃金率も 100 から（100＋X）に上昇する（ここでは前節の Y は X に等しいとする）。次に総貨幣賃金が（100＋X＋kX）に増大する。だがそれを追って貨幣賃金率が再び上昇する，という具合である。それゆえ当初の総貨幣賃金と貨幣賃金率をどちらも 100 とすれば，一連の相互作用の結果，両者はどちらも最終的に $100+X(1+k+k^2\cdots)$ すなわち $\left(100+\dfrac{X}{1-k}\right)$ になる。それゆえ，もし $k=\dfrac{1}{4}$ ならば，両者はどちらも $100+\dfrac{4}{3}X$ になり，もし $k=\dfrac{1}{2}$ ならば $100+2X$，もし $k=\dfrac{3}{4}$ ならば $100+4X$ になる。

現実の k の値は分からないが，とにかく k＜1 である限り，貨幣賃金率の上昇が総貨幣賃金に及ぼす反作用の結果，前章で述べたように，貨幣賃金率は総貨幣賃金の増大を追ってさらに上昇する傾向がある。したがって，こうした反作用が存在する場合でもなお，前章の結論はすべて成り立つのである。

4 ここまでは通常の金融政策を前提していたが，もし別の政策方針，すなわち政府ないしそれに代わる公的機関が貨幣ストックを管理して，とにかく何があろうとも貨幣利子率を一定に保つ政策方針を採ると前提すれば，事態は異なる展開を見せることになる。なぜならその場合，利子率が固定されるので，貨幣賃金率が上昇しても，それと同じ比率で総貨幣賃金が増えることはもはや不可能だからである。その場合，異なる比率で総貨幣賃金は上昇すると予想され

るので，実質所得，それゆえ雇用は，以前と同じ状態に留まる[5]。したがって
この場合には，前節の分析を修正せねばならない。貨幣賃金率が総貨幣賃金の
増大を追って上昇する傾向は，その総賃金の増大をもたらした当初の力が一定
である限り，もはや総賃金をさらに増大させることはなく，貨幣賃金率と総賃
金を同じある一定の比率で上昇させることもない。むしろ両者は（前節のよう
に $k<1$ ではなく，今や $k=1$ なので）異なる比率で際限なく上昇し続ける。この
果てしない過程について自信をもって論じることは難しい。しかし断言はでき
ないが，反作用は即時的ではなくタイムラグを伴うので，貨幣賃金率の上昇が
総貨幣賃金の増大に追いつくことはない，と私は結論する。

5　通常の金融政策ではなく，利子率を一定に保つ金融政策のもとで，総貨幣
賃金が上下に変動する場合に生じる帰結は，われわれの分析では，一見そう思
われるだろうほどに深刻なものではない。なぜならここで論じている反作用は，
一挙にではなく，何ヶ月ないし何年もかけて次第に影響を及ぼすものだからで
ある。それゆえ，ここで仮定した条件下では，貨幣賃金率の適応的上昇が総貨
幣賃金の増大を相殺する影響は，前者の上昇がもたらす後者のさらなる増大に
よって結局は打ち消されるが，それでもなお貨幣賃金率による相殺的影響が大
きいほど，総貨幣賃金の当初の一定の変化による雇用の変化は縮小する。した
がって，賃金率は上方よりも下方への圧力に対して一層硬直的であるという事
実から，前章と同じ帰結が導きだされるのである。当初に総賃金がある程度不
安定であるならば，それを安定させることで，好況時と不況時を合わせた平均
失業率を下げることができる，という命題は依然として成り立つ。同様の推論
によって，総貨幣賃金の趨勢的増大（ないし減少）がもたらす帰結に関する前
章の議論も，やはり依然として成り立つことが分かる。こうした趨勢的変化は，
それがないときより，平均失業率をある一定の絶対量だけ恒常的に上昇（ない
し低下）させるだろう。

5）利子率を一定に保つ金融政策は，通常の金融政策とは異なり，賃金率の変化が雇用に与
える影響をこのように妨げるが，投資需要関数の変化が雇用に与える影響を妨げるわけ
ではない。この点に注意すべきである。この非対称性は『雇用と均衡』（Pigou 1941）
の数学付録で詳しく示されている。

6　しかし，総貨幣賃金をある低い水準からある一定の高い水準まで増やそうとする金融政策の場合には，前章の第4〜6節が含意する結論，すなわち雇用への好影響は，**通常かつ長期的には**総貨幣賃金の追随的上昇によって無効化される，という命題はもはや成り立たない。すでに見たように，通常の金融政策のもとでは，貨幣賃金率の上昇が総貨幣賃金に及ぼす反作用にもかかわらず，その命題は成り立つ。だが利子率を一定に保つ政策のもとでは，総貨幣賃金は，当初の変化とそれに続く二次的変化の相互作用のために，そのような相互作用がない場合より，貨幣賃金率に比べて高い水準を恒常的に保ち続けるに違いない。これは，貨幣所得・総貨幣賃金・貨幣賃金率の果てしない拡大の開始という犠牲を払って達成されるのである。総貨幣賃金をある**一定**の新しい水準まで増やそうという意図は，むろん失敗する。

第4章　総貨幣賃金と総貨幣支出の関係（貨幣賃金率が一定の場合）

1　財政政策によって総貨幣賃金を変化させるための最も明白な手段は，総貨幣支出（裏から見れば総貨幣所得）を変化させることである。総貨幣支出と総貨幣賃金は密接な関係をもち，両者は一見すると明らかに系統的に同方向に動くと考えられる。だが両者の関係は厳密に固定したものではない。それゆえ次に詳しく考察すべき問題は，貨幣賃金率の反作用がない場合に（本章では貨幣賃金率を一定と仮定する），総貨幣支出の動きがどのようにして総貨幣賃金に影響を及ぼすかということである。

2　貨幣賃金率が一定であれば，十分な数の人々が労働可能である限り，総支出（総所得）の**趨勢的**変化が，それと同方向の総貨幣賃金の趨勢的変化を伴うことは明白である。ここではこれ以上，趨勢的変化の問題に深入りする必要はない。本章では，総支出がある一定の中心の値を軸に上下変動する場合のみに議論を絞ろう。

3　まず，労働はすべて完全に同質であり，さまざまな地域や職業の間における完全な移動性をもつと仮定しよう。これらの条件下で，貨幣支出すなわち貨幣所得が(A+a)と(A-a)の間を変動するならば，総貨幣賃金の動きは，貨幣所得がAに固定されている場合と比べて，どのように異なってくるだろうか。

4　4つのケースを区別する必要がある。すなわち，①貨幣所得が(A+a)のときでも一部の労働者は失業し（またそれらの労働と組み合わせて用いられる他の生産諸要素も同じく遊休し），それゆえ貨幣所得がそれ以下のときは，さらに多くの者が失業するケース。②貨幣所得が(A-a)のときには一部の労働者が失業するものの，貨幣所得がAないし(A+a)のときには全員が雇用されるケース。③貨幣所得が(A-a)ないしAのときには一部の者が失業するものの，貨幣所得が(A+a)のときには全員が雇用されるケース。④貨幣所得が(A-a)のときでも失業は存在せず，しかも満たされない求人募集（unfilled vacancies[2]）が存在し，それゆえ貨幣所得がそれ以上のときは，満たされない求人募集がさらに増えるケース。

5　これら4つのケースのそれぞれにおいて，総貨幣支出が一定である場合と変動している場合にそれぞれ総貨幣賃金が受ける影響の違いは，下図を使うと最も分かりやすい。

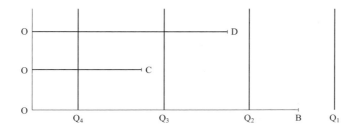

---

[2]　『失業の理論』（Pigou 1933，第2章「失業と満たされない求人募集との関係」）以降のピグーの雇用論におけるキーワードの1つである。

OB を第 1 期すなわち所得$(A+a)$のときの労働（および労働と組み合わせて用いられる他の生産諸要素）の需要量，OC を第 2 期すなわち所得$(A-a)$のときの労働需要量，OD を両期の中間の所得 A のときの労働需要量とする。また前節の 4 つのケースにおいてそれぞれ利用可能な労働量を OQ_1，OQ_2，OQ_3，OQ_4 で表す。

このとき，①OQ_1 のケースでは，所得$(A-a)$のときは労働量 OC が，また所得$(A+a)$のときは労働量 OB が，雇用される。一方，両期の所得がどちらも A であれば，両期の労働雇用量はどちらも OD すなわち $\dfrac{OC+OB}{2}$ になる。それゆえ，もし貨幣賃金率が一定であれば，総賃金の平均量は［所得の安定・不安定に関係なく］どちらの場合も等しい。②OQ_2 のケースでは，所得が$(A-a)$のときと$(A+a)$のときの両期を合わせた労働雇用量は$(OC+OQ_2)$になる。一方，両期の所得がどちらも A であれば，その量は 2OD になる。この 2OD は，$(OC+OB)$に等しいので，$(OC+OQ_2)$より必ず大きい。それゆえ総賃金は，所得が安定している場合の方が大きくなる。③OQ_3 のケースでは，所得が$(A-a)$のときと$(A+a)$のときの両期を合わせた労働雇用量は$(OC+OQ_3)$になる。一方，両期の所得がどちらも A であれば，その量は $2OQ_3$ になる。それゆえ総賃金は，ここでも後者の場合の方が大きくなる。④OQ_4 のケースでは，どちらの時期の雇用量も明らかに OQ_4 になり，それゆえ総賃金は，所得の安定・不安定に関係なくどちらの場合も同じである。

以上のように，①のケースでは，総貨幣所得が安定すれば，総賃金は安定し，かつ総賃金の平均量は変化しない。②と③のケースではどちらも，総貨幣所得が安定すれば，総賃金は安定し，かつ総賃金の平均量は増大する。④のケースはけっして現実にはありえないが，そこでは総貨幣所得を安定させても，総賃金の安定性も平均量も一切影響を受けない。

6 ここまでの議論では，地域間・職業間の労働の完全な移動性を前提していた。このことを忘れると，次のような誤った議論に容易に陥るだろう。すなわち，現実には好況の絶頂期でさえ常に失業が幾らか存在するのだから，実際上重要なのは①のケースだけであり，それゆえもし貨幣賃金率が一定であれば，

総貨幣支出の変動は総貨幣賃金の変動を促すが，総貨幣賃金の平均額にはけっして影響を与えない，と。だがこれは誤りである。なぜなら労働移動を妨げる障害が現実に存在することを考えれば，貨幣支出の増大が，一部の地域・職業ではかなりの失業を残しながら，同時に他の地域・職業では多くの満たされない求人募集を生みだす，ということも珍しくないからである。だから現実の世界では，労働の完全な移動性を仮定した場合とは異なり，好況期でも失業が常に幾らか存在するという事実は，満たされない求人募集が存在しないということを意味するわけではない。

7 第5節の分析では，各期の貨幣支出が $(A-a)$ と $(A+a)$ の間を変動するケースを，各期の貨幣支出がどちらも A であるケースと比較したが，より一般的なケースにも，すなわち好況期から不況期に貨幣支出を b（ただし $b<a$）だけ移転して各期の貨幣支出が $(A-a+b)$ と $(A+a-b)$ の間を変動するケースとの比較にも，そのまま拡張可能である。

　容易に分かるように，支出を A に安定させれば総貨幣賃金が安定するような条件下では，上のような調整的移転によって，その程度はより小さくなるものの（むろんその程度は b が小さいほど小さくなる），やはり総賃金は安定する。またそれによって総賃金の平均額が増大する条件も，前と同様である。もし $b>a$ ならば，むろん結果は異なってくるが[6]，そのようなケースは実際上重要ではない。

8 次に，（単純化のために労働の完全な同質性の仮定は維持しつつ）労働が2部門からなり，一方は政府の需要を満たすために，他方は民間の需要を満たすため

---

6) 例えば $b>a$ ならば，たとえ当初，好況期にも不況期にも失業が幾らか存在したとしても，その後は公的支出の移転によって，本来不況だったはずの時期に，雇用のみならず，満たされない求人募集も生みだされる。その場合，むろん総賃金の平均額は減少する。好況期に100人，不況期に200人がそれぞれ失業しており，それゆえ $a=50$ であるときに，50を上回る移転 b をおこなえば，本来好況だった時期の失業は増えるにもかかわらず，本来不況だった時期の雇用はそれと同じだけ増えまい。しかし好況期に300人，不況期に400人がそれぞれ失業しており，それゆえやはり $a=50$ であるときには，総貨幣賃金に影響を及ぼすことなく，50をかなり上回る移転ができよう。

に，それぞれ働いていると仮定しよう。当初，公的支出と民間支出の総額は$(A+a)$と$(A-a)$の間を変動しているとする。そして政府は，両部門の総支出が$(A+a)$である第1期に公的支出をcだけ減らし，総支出が$(A-a)$である第2期に公的支出をcだけ増やすとする。当面は，公的支出の変化は同じ時期の民間支出に一切影響を与えないと仮定するが[7]，実は以下の議論は，公的支出の変化はそれと同額の民間支出の変化をもたらさないと仮定するだけで十分に成立する。

このとき，貨幣賃金率を一定とすれば，総貨幣賃金の安定性はどのような影響を受けるだろうか。この問題に答えるには，新たな重要要素として労働移動の状態を考慮する必要がある。

9 労働が部門間を一切移動できなければ，明らかに，公的部門の貨幣支出の変化は，前節の仮定のもとでは，民間部門の賃金に影響を一切及ぼさず，両部門を合わせた総賃金は，公的部門に属す労働の賃金を通じてのみ影響を受けるにすぎない。総賃金のこの賃金部分の変化と公的部門の総支出の変化との関係は，第5節で示した通りである。だが次の2つのケースを区別せねばならない。公的支出と民間支出を合わせた総額が大きい時期からそれが小さい時期に公的支出を移転することは，①ある場合には，公的支出が大きい時期からそれが小さい時期にそれを移すことを意味するが，②他の場合には，公的支出が小さい時期からそれが大きい時期にそれを移すことを意味する。つまりそれは，場合によって，公的支出の［通時的］変動を小さくしたり，大きくしたりすることを意味する[8]。

①の場合，（移転のない状況下で）公的支出の水準が低いにもかかわらず，満たされない求人募集が存在するような場合を除けば，移転をおこなうことに

7）本書第III編第5章第5〜7節。

8）総支出の安定をめざす公的部門が，論理上，公的支出の不安定化を求められる場合もあるということは，逆に言えばむろん，公的支出の安定をめざす行動が，総支出を不安定化させる場合もあるということである。もしその場合に公的支出を実際に不安定化させるならば，労働移動性が皆無のときには社会全体の総賃金は安定化し，また完全な労働移動性があるときには総賃金は不安定化するだろう。

よって公的部門の総賃金，したがって社会全体の総賃金は安定するに違いない。また，むろん$c<a$という条件を満たす限り，その移転額が大きいほど，社会全体の総賃金はますます安定する。②の場合には，逆の結果が生じ，社会全体の総賃金は不安定になる。後述するように，実際には公的部門と民間部門のそれぞれの支出はたいてい同方向に動くので，①になる可能性の方が高い。

10　部門間の労働移動性が完全であれば，一方の部門に満たされない求人募集が存在し，同時に他方の部門に失業が存在するということは，ありえない。なぜなら満たされない求人募集が存在すれば，失業者が即座にその仕事に就くからである。だから事実上，それは統合された単一部門と同じである。もし総支出の水準が低いにもかかわらず，満たされない求人募集が社会全体で皆無であるならば（こうした状態は実際上ありえないだろう），公的部門の運営者による（社会全体の観点からの）好況期から不況期への公的支出の移転は，それによって公的部門の総賃金が安定するか否かを問わず，確かに社会全体の総賃金を安定させる。

11　労働移動性が完全でも皆無でもなければ，労働移動性が高いほど，前節の結論に近づいてゆくのは明白である。それゆえ，全国的な職業紹介所制度の発展や，多くの産業に共通する職種の増加は，地域間・業種間の労働移動性を全般的に向上させるので，その結果，政府が総支出の安定化をめざして公的支出の時期を移すことによって，社会全体の総貨幣賃金を安定化できる可能性は高まる。それゆえこれらの労働移動の促進策は，そのような公的支出の移転への賛成論を強化するものになる[3]。中央および地方政府がそれぞれ管理する公的支出の通時的配分を考えるさいに，国全体の失業率のみならず，個別の地域・産業に関する細かな数字も考慮するならば，その賛成論はさらに強化される。

---

[3]「非自発的遊休の問題」[Pigou 1911, 4-6, 訳 233-36] や『富と厚生』[Pigou 1912, 485-86, 訳 435-36] でも，失業救済のための公共事業政策が成功する条件の1つとして労働移動性の確保が挙げられており，以来，この点に関するピグーの立場は一貫している。

12 だが問題点もある。われわれは労働の同質性を仮定したので，労働の種類ごとに移動性が異なるという問題を無視したけれども，現実の労働は同質ではない。だから公的部門と民間部門のそれぞれの労働需要が作用する諸地域の間の労働移動性も同一ではない。例えば，公的部門が道路や学校の建設のための労働を需要する場合，その公的需要が高まる地域と，民間産業の建設等に従事する肉体労働者の多い近隣地域との間では，労働移動性は非常に高くても，これらの地域と，炭鉱労働者や機械技師の多い他の地域との間では，距離の遠近を問わず，労働移動性は低いだろう。また民間の林業と政府の林業の間では，労働移動性は非常に高くても，政府の林業と，職人や機械工を雇用する業種との間では，労働移動性は非常に低いだろう[9]。ただしこれらはどれも，前節の大まかな結論を覆すほどのものではない。

13 第5節の議論に基づくならば，公私の両部門の需要を合わせた好況期から不況期へと，公的部門の支出の時期を移して社会全体の総賃金を安定させる政策は，両期の総賃金の平均額に影響を与えないこともあれば，その平均額を増大させることもあるが，どんな場合もそれを減少させることはない。だが通常，このような区別はわれわれの関心［雇用問題］にとって重要ではない。なぜなら第2章で見たように，総賃金の平均水準がどうであれ，貨幣賃金率はおのずとそれに適応するため，総賃金の平均額は長期的には雇用に影響を与えないからである。

第5章　総貨幣支出と財政政策

1 第2〜4章では，①雇用・失業と総貨幣賃金の変化との関係，②貨幣賃金率

---

9) ベルギーの経験では，林業への公的支出は，冬季以外は建設業で働く**非熟練**労働者に，冬季の仕事を与えるのによく適しているようである。ラウントリー『土地と労働：ベルギーの教訓』（Rowntree 1910）507頁。

が一定である場合の，総貨幣賃金の変化と総貨幣支出との関係，③現実の世界では総貨幣賃金の変化はそれに対応する平均貨幣賃金率の変化を誘発し，そして後者の変化が再び前者に反作用を及ぼすこと，について考察した。

さて，次に考察するのは，③のような貨幣賃金率の適応的変化によって反作用が生じる前に，そもそも財政政策（租税および公債による歳入調達とその歳出）によって総貨幣支出を変化させることが可能か否か，またもし可能ならばその方法は何か，という問題である。

2　その問題を考えるには，ある批判を斥けるのが一番である。政府はいかなる時期でも財政政策を通じて総貨幣支出を変化させることができるという主張は，多くの人にとって，議論するまでもなく自明のことのように思われよう。ところが，政府にそのような力はなく，貨幣所得はそのような政策とは無関係に決まり，しかもこれはその長期的な平均水準だけの話ではなく，即時的にもそうである，と主張する者がいる。トランスヴァール困窮委員会の 1908 年の報告書では，この命題が非常に明快に表現されている。「富はそこから賃金が支払われる唯一の原資であり，政府はその雇用する労働者に賃金を払うために課税（または借入）せねばならない。したがって，政府が失業者を雇用すれば，それは単に賃金支払能力を民間の個人から政府に移転しているにすぎない。だからそれは，一方で雇用を減らし，他方で雇用を増やす。すなわちそれは，民間の個人に雇われている人々から仕事を奪い，政府が選んだ人々に仕事を与えるのである」[10]。

同様の考えは，わが国では，不況対策としての公共事業政策が雇用に与える影響を論じるさいにも，しばしば主張されてきた。1930 年の大恐慌のさいには，政府の貨幣支出の増加は常に，かつ必然的に，それと同額だけ他の人々の貨幣支出を減少させるという見解が，「財務省見解（The Treasury View）」と命名されたほどである。とはいえ，非常に有能なホワイトホールの財務官僚たちがこうした極端な形をとった見解を本当に抱いていたとは，到底考えにくい。その問題の全貌は，一見して考えられるほど単純なものではない。

---

10)『トランスヴァール困窮委員会報告』（Transvaal Indigency Commission 1908）129 頁。

3 公定歩合の変更や公開市場操作によって，総貨幣支出を厳密に一定に保つような金融政策を想像することは可能だが，その実現には実際に利子率が**負**になる必要もあろう！ こうした金融政策のもとでは，どんな財政政策も，また民間事業者のどんな行動も，常に総貨幣支出の大きさにまったく影響を与えないだろう。すなわちそこでは，前節で見たような極端な形の「財務省見解」が成立する。しかし現実の金融政策は，むろんそのようなものではない。例えばイギリスでは周知のように，民間事業者は，経済の先行きが明るいと予想すれば，即座に既存の資金の回転を速めたり（例えば資金を貯蓄のような非活動的保有形態から活動的保有形態に移したり），銀行借入によって資金を増強したりする傾向がある。この2種類の行動はどちらも，総貨幣所得の増加を促す力をもつ。また民間事業者は，経済の先行きが暗いと予想すれば，総貨幣所得の減少を促すような行動をとる。

　一見すると，政府も公的資金を用いて同様のことをすれば，明らかに，同様の仕方で総貨幣所得に影響を及ぼせるはずだ，と思われよう。確かに，それぞれ一定の所得をもつ民間の人々が従来よりも支出を増やせば，支出の動機は政府とは異なるものの，彼らもまた総貨幣所得に影響を与えるのである。彼らの行動は通常，営利動機に基づくが，政府の行動の動機はそれとは異なり，その視野はずっと広いものになりうる。それゆえ，投資の予想収益がゼロ，あるいはたとえ赤字であっても，それでもあえて政府は雇用創出のために投資を実行できる。両者の意思決定の動機が異なるとしても，ひとたびその決定がなされれば，それが作用するメカニズムも，それがもたらす結果も同じである。「財務省見解」への返答はこれで十分である。しかしこの「見解」が取り組み，そして粗雑で誤った答えを提示したところの前述の問題については，さらに精査する必要がある。そこで，財政政策を主要な5つの型に分け，それらを順に見てゆこう。

4 第1に，政府が貨幣の借入を通じて，投資財の生産（これによって一定の長い期間，資本ストックは増大する）のための支出を増やすケースを考える。以下の第5〜10節は，このケースを想定している。

5　まず考えねばならないのは，公的当局がおこなう投資の性質である。当局の追加支出の投資先が，それまで民間の人々の投資先であった投資財の生産であり，両者が競合する場合には，民間投資は直接に抑制されることになる。例えば，主に民間企業が住宅建築をおこなっている国で，公的当局が住宅建築をすれば，民間の住宅投資は必ず抑制され，その抑制の程度は，新築住宅の賃貸需要一般が非弾力的であるほど大きくなる。雇用対策としての「公共事業」のほとんどが，民間では通常おこなわれない道路整備などの分野に限られ，製鉄所や綿紡績工場の建設のようなものにまで広がらないのは，主にそれが理由である。民間投資が存在しない完全な社会主義国では，公的当局による追加投資がすべてそのまま，常に正味の追加投資になるだろうから，むろんこの区別は重要ではない。

　しかしイギリスではこの区別が重要になる。公的当局が投資を S だけ増やすとき，たとえ利子率がまったく影響を受けないとしても，その投資が民間投資と多少とも競合する限り，それと同額の S だけ総投資が増えることはなく，総投資の増加は例えば mS に抑制される。なお，$m < 1$ であり，その投資によって生みだされる財貨の需要弾力性がゼロに近づくほど，m もゼロに近づいてゆく。

6　次に考えねばならないのは，たとえ追加の公的投資が民間投資とまったく競合しない場合でさえ生じうる民間投資への反作用である。そのような反作用は利子率を通じて生じる。例えば，通常の経済的動機が自由に働いている場合，公的当局が投資を増やそうとすれば，実際問題としてまず貨幣を調達する必要があり，それゆえ，極端な不況期でない限り，利子率の上昇が生じやすい。これが投資のための民間の借入を（公的投資の増加分と同額ではないにせよ）幾らか抑制し，それゆえ民間の投資を幾らか抑制する。厳格な国際金本位制度によって諸外国と結びついている国では，利子率の上昇傾向が一層強まることもありうる。なぜなら貨幣所得の増大によって物価が上昇すれば，その結果，輸出に比べて輸入が増大し，金が国外に流出するか，あるいは中央銀行が公定歩合の引き上げや公開市場操作を通じて，金の流出を阻止する行動をとるからである。他方，自国通貨を自律的に管理する国では，政府は自由に金融緩和政策

を維持することができ，銀行信用を支えるための新たな貨幣を幾らでも自由に創造できる。この場合，利子率は影響を受けないので，利子率の上昇による民間投資の減少は生じない。

7　借入によって資金調達される公的投資の増大と，総投資の増大との関係について，さらに重要な問題がある。特定の条件下では，公的投資の増大は，民間事業者の「確　信を揺るがす」ような悪い心理的反作用をもたらすことがあり，ときにはこの危険が非常に大きなものになる。1930〜31 年の大恐慌下では，イギリス政府の財政状況への警戒感が広まり，国家破産の危機が叫ばれた。1931 年の金本位制度からの離脱後には，イギリス通貨ポンド・スターリングの将来のあり方やその購買力に関する不確実性が広まった。これらの状況下では，民間支出の減少を相殺するために公的支出を増大しようとする政府のどんな企ても，事態をさらに悪化させるだけであったろう。逆説的に思われるかもしれないが，政府にとって可能な，最も有効な総需要の刺激策は，政府自身の需要を厳格に抑制するために，当時実際になされたようにほぼすべての公的部局で厳しい節約運動を推し進めることだった。今日では，深く考えもせず，そうした節約運動を単なる愚行として批判する風潮もあるが，それは何の根拠もないことである。けれども私自身は，金本位制度の放棄によって生じた確信の動揺が収まった後には，この節約運動はもはやその役割を終えたのだからすぐに中止し，当時実際になされたよりもずっと早い時期にエンジンを逆回転させる［すなわち政府支出を増やす］べきだったと考えている。

　ところでこうしたマイナスの心理的反作用とは逆に，公的投資の増大がプラスの心理的反作用をもたらす場合もある。すなわち公的投資の増大は，事業上の確信を弱めるどころか，むしろ事業上の確信を強め，有効な呼び水政策（pump primer）にもなりうる。だがこの 2 種類の状況を見極めるのは，理論上は簡単でも，多様で変化しやすい現実世界では至難であることが多いに違いない。

8　また別の問題もある。今考察している一連の過程が完了し，政府の行動が総貨幣支出に与える第一次的影響として，社会全体で投資支出の一定の純増が

財政学（第III編第5章）　231

生じたとしよう。だが民間の人々による消費財への支出に生じうる反作用も，考慮せねばならないはずである。もしその反作用が大幅なマイナスであれば，結局「財務省見解」が成立するのだから，この点は明らかに非常に重要な問題である。

　すでに第3節でその理由を述べたように，通常の金融政策［本訳書66頁の第II編訳注［1］参照］のもとでは，「財務省見解」が成立するほどに，けっしてその反作用は大幅なマイナスにはならない。なぜなら，追加の投資支出のための資金調達の一部は，消費支出の抑制によるものではなく，貨幣を非活動的保有形態から活動的保有形態に移すこと，およびそのさいに創造される新たな貨幣によるものだからである。もし第6節で述べた方法によって政府が利子率の上昇を防ぐならば，消費支出の抑制が起こる理由は**一切**存在せず，追加の投資支出の資金全部が，新たな貨幣の創造によって調達されることになる。

9　さらに考察を続けよう。投資支出の増大を相殺するほどに消費支出へのマイナスの反作用が増大することは，まずありえない。それどころか，予想されるのはむしろプラスの反作用であり，すなわち初めに投資支出が増えれば，次に消費支出も増えるだろう。ただしこれを論証するには，ときおりなされる次のような議論，すなわち投資財産業で追加雇用される人々はその所得を支出しようと欲し，また実際に支出するのだから，それが他の人々のさらなる雇用を創りだすのだ，という議論では確かに不十分である。なぜなら，投資財産業で新たに1000人が雇用されると同時に，消費財産業で新たに1000人が失業すれば，この失業者の支出の減少が雇用全体にもたらす悪影響によって，投資財産業で新たに雇われる人々の支出がもたらす好影響は相殺されるからである。先ほどの議論が成り立つには，消費財産業で失業は生じないと仮定せねばならないわけだが，これでは，論証すべき事柄を初めから前提することになってしまう！

　こうした循環論法に陥らない別の論法がある。すなわち政府の決定によって社会全体の投資が増えるということは，投資のための資金の供給が増えるということを意味する。そしてその供給が増えるのは，利子率が上昇するか，総実質所得それゆえ総雇用が増大するか，あるいはこの両者が同時に起こる場合の

みである。通常の金融政策のもとでは利子率は（おそらく）やや上昇するが，これは，人々が貨幣の一部を非活動的保有形態から活動的保有形態に移すことを有利と考えていること，それゆえ総貨幣所得がさらに一層増加していること，を意味する。低金利を堅持する金融政策のもとでは，銀行は金利上昇を防ぐために必要な貨幣をいつでも新たに創造できるので，実質所得は必ず増加する。さもなければ，ここで想定した追加投資のための資金は供給されまい。そして実質所得の追加的増加は，雇用をさらに増加させ，それゆえ（貨幣賃金率が一定である限り）通常は貨幣所得をさらに増加させる。このように総貨幣所得は，ただ単に増加するというだけでなく，当初の公的投資が生みだす増加を超えて増加するのであり，一部の経済学者の間で流行している表現を用いるならば，公的投資の 乗 数 はプラスであり，1より大きいのである[11]。

10 第5〜9節の分析の大まかな結論は，明白なものであり，すなわち借入によって資金調達される公的当局の投資は，通常，総貨幣支出を増大させるというものである。

11 さて次に，第2のケースとして，公的当局の借入金が，例えば国の失業保険の手当金として貧者に移転される場合を考えよう。この貨幣の大部分が消費財の購入に支出され，それゆえ間接に消費財の生産者の貨幣所得を創り出すことは，ほぼ確実である。その借入金の一部は，本来ならば民間の人々（国の手当金の受給者を除く）によって投資されたり，消費財に支出されたりしたはずのものだったかもしれないが，それでもこのような財政政策は，その一次的影響として常に総貨幣支出を増加させる。その理由は第3節で述べたように，政府の借入金の一部は，貨幣を非活動的保有形態から活動的保有形態に移すことで生じる新たな銀行貨幣の創造によって，調達されるからである。したがって，ここで考察すべき問題は，社会全体の総購買力のうち[12]，相対的貧者が保有す

11）これらの問題の詳細については『雇用と均衡』（Pigou 1941）第III編を参照のこと。
12）「購買力」という言葉を使ったのは，貧者が政府から受け取った手当金を「所得」と呼ぶことの用語上の不都合を避けるためである。

財政学（第 III 編第 5 章）　233

る割合の高まりによって生じる二次的影響の性質に絞られる。

　ときおり見受けられる非常に粗雑な議論によれば，この二次的影響によって総貨幣所得は必ず増加するのであり，その理由は，富者よりも貧者の方が所得に占める消費の割合が高く，そして消費は所得を創出するが，貯蓄は所得を創出しないからである。この議論は誤りである。なぜなら，もし富者が駐車場を作るために 100 ポンド貯蓄（して投資）する代わりに，貧者が食料や衣服に 100 ポンド支出しても，総貨幣所得はまったく増えないからである。しかしこの粗雑な議論は，その推論過程に誤りがあるものの，結論だけを見れば正しい。すなわち実質所得全体に占める貧者の保有割合が高いほど，ある一定の期待収益のもとで供給される投資資金が減少するのは，ほぼ確実である。だが，もし期待収益が一定であるのに投資資金の供給曲線が上昇しているとすれば，利子率の上昇か，総実質所得の増大か，あるいはその両者をもたらす傾向が存在するはずである。すなわち第 9 節で述べたような仕方で，総貨幣所得を増加させる傾向が存在する。このように，投資等の資金を公的借入によって調達する場合には，総貨幣所得を増加させる一次的影響のみならず，それをさらに増加させる二次的影響も作用するのである。

12　注意すべきなのは，前述の過程全体が政府による貨幣の借入を前提していることである。中央政府が予算の枠内で借入をする限り，それは「国債発行による赤字予算」となる。それゆえ，ときおり見受けられるように公共事業支出と赤字財政を対置し，これらを**二者択一**の政策問題として論じるのは誤りである。イギリスでは，例えば軍艦建造のような何か特別な計画を実行せねばならず，それには明らかに国債による資金調達の方が望ましい場合を除けば，平時の通常の状況下において国債を発行すべきではない，という意見が伝統的に強い。

　だがこの伝統は，地方政府の支出に関しては当てはまらず，また中央政府に関しても簡単な抜け道として，例えば雇用主の拠出した失業保険基金を取り崩したり，あるいはその基金自体を借入によって調達するなど，予算の枠外の各種基金を利用するという方法がある。もし政治家たちがその気になれば，第二次大戦前の輸入小麦への課税（むろんそのようなものは税とは言えないが！）と

いう前例があるように，輸入税さえも予算の枠外で利用可能である。だがこれらはいわば政治家の悪知恵にすぎず，事柄の本質を左右するものではない。

13　第3のケースとして，政府は借入ではなく課税によって貨幣を調達し，その後，その貨幣を民間投資と競合しない分野で公共事業のために支出するという財政政策を考えよう。そこでは次のような2つの極端な状況が考えられよう。①政府が課税し投資する額と，納税のために人々が投資や消費への支出を削減する額が，等しい。②人々は個人的支出を削ったり，非活動的形態の預金を取り崩したり，あるいは新たな銀行貨幣の創造を求めることによって，納税のための貨幣を捻出するが，この場合にこれらの源泉からそれぞれ捻出される額と，政府が（課税ではなく）借入によって貨幣を調達する場合にこれらの源泉からそれぞれ捻出される額が，等しい。

　だが，①の状況は成り立たない。すなわち政府が公的投資のために徴収する貨幣は，そのすべてが，本来ならば民間投資に用いられるはずだった貨幣ではない。これは確実なことである。それゆえ総投資は増加するに違いない。そして第3節で見たように，需要側の影響力によって投資が増加すれば，総貨幣支出もまた増加する。こうして①の状況が成り立つ可能性は排除される。

　同じく②の状況も，間違いなく実際には成り立たない。なぜなら，政府はいくらでも銀行から新たに貨幣を借りることができるし，また政府への貸出を欲する民間の人々も，その貸出によって得た政府証券を担保にしてある程度は銀行から借りることができるとはいえ，民間の人々は納税のために銀行から借金するのを望まない場合が多い，というよりむしろ，そのような借金は不可能な場合の方が多いからである。したがって，ある一定額の政府支出をおこなうとき，その資金を課税によって調達する場合には，総貨幣所得はある程度増加するものの，借入によって資金調達する場合に比べれば，その増加幅はかなり小さくなろう。

14　第4のケース，すなわち政府が課税によって貨幣を調達し，それを相対的貧者に移転するというケースでも，前節のケースと非常に似た結果が生じる。

　もし移転先の人々が相対的貧者ではなく，移転元の人々とほぼ同等に豊かで

財政学（第 III 編第 5 章）　235

あるならば，通常，総貨幣支出は何ら重要な影響を受けない[13]。確かに，もし**移転先**の人々の方が**移転元**の人々より，実質所得のうち貨幣形態で通常保有する実質残高〔リアル・バランス〕の比率が高ければ，その移転によって活動的形態の保有資産は減少し，非活動的形態のそれは増加する，すなわち貨幣の所得速度は低下する。それゆえ総貨幣支出は減少する。逆に，移転元の人々の方が貨幣形態で保有する実質残高の比率が高ければ，総貨幣支出は増大する。しかし，もしこの二組の集団が当初にほぼ同等に豊かであるならば，どちらか一方の集団の方が貨幣形態で保有する実質残高の比率が高い，ということは考えにくい。それゆえ，上のどちらの結果の方が生じやすいかを述べることはできず，またどちらにせよ，あまり差はなかろう。

　しかし富者から貧者への移転の場合には，話は別である。そのような移転は，第 11 節で見たように二次的反作用を伴って総貨幣所得を増大させる傾向がある。それだけではない。たとえ貧者がその所得から富者と同じ比率を貯蓄しても，それでもなお，貧者への移転は総貨幣所得を増大させる傾向がある。その 1 つの理由は，貧者の所得［賃金］の大部分は，富者の所得より短い間隔で支給されるので，貧者は通常，所得（および政府からの各種手当）のうち貨幣形態で保有する実質残高の比率が富者より小さくなるからである。したがって富者から貧者への所得再分配は，前述の二次的反作用がなくても，貨幣形態で保有される実質残高の平均量を減少させる，すなわち貨幣の所得速度を上昇させる。その結果，総貨幣支出が増大する。また第 13 節で示したものと同様の理由により，貧者への移転が総貨幣所得に及ぼす影響は，その移転する貨幣を借入によって調達するときより，課税によって調達するときの方が小さくなる。

15　第 5 のケースとして，あらゆる種類の政府支出を一定に保ちつつ，その財源を課税ではなく借入，すなわち赤字予算によって調達する政策を考察しよう。それだけの額の**既存**の支出を借入で賄うか，それとも課税で賄うかという選択

---

13) ここでの貨幣支出は，第 1 章第 3 節［本訳書 209 頁］で定義した貨幣所得と同じものである。すなわち年金や失業手当などの移転支払は，貨幣所得に含まれない。もしそれを含めれば，見かけ上，総貨幣支出の増加幅は大きくなるが，本書の用語法に矛盾が生じてしまう。

236

によって生じる総貨幣所得の差は，それだけの額の**追加**の支出をこのどちらの方法で賄うかという選択によって生じる総貨幣所得の差と，明らかに同じであるに違いない。これに関連する事柄はすでに第 13〜14 節で述べた。そこでは，投資のための追加支出と貧者への移転のための追加支出を，課税で賄う場合と借入で賄う場合について，それぞれの影響を比較したが，それらの考察結果に従うならば，本節冒頭の政策は，通常，総貨幣所得を増大させるに違いない。また前述のように，課税控除制度が富者より貧者に有利であるほど，この傾向はますます強まるだろう。

16　さて次に，非常に重要な一般的問題に目を転じよう。一国の支出は，その国が外国貿易を営まない孤立した国である場合には，それと同額の所得を**国内**で生みだすが，その国が外国貿易を営んでいる場合には，必ずしもそうならない。その国が雇用を増大させる拡大的政策を採れば，その国で需要される輸入品の量も当然増えるだろう。この反作用は，外国貿易に極めて大きく依存するイギリスにとって特に重要なものになろう。もし諸外国も同時に拡大的政策をとるならば，それらの国々で需要される輸入品の量も増えるだろうから，当該国（例えばイギリス）の輸出入のバランスは必ずしも崩れるわけではない。

　しかし諸外国が拡大的政策を採らないのに，イギリスだけがそのような政策を採れば，イギリスの輸入を促す影響力は，イギリスの輸出を促す影響力を上回ることになる。外国人がその貿易差額を埋めるためにイギリスから有価証券を購入するならば，当面の間，その貿易赤字は問題にならないが，このようにして赤字全体が埋められることは困難であり，とにかくそのような状態が永続することはなかろう。したがって，本来ならば国内の支出となったはずの支出の一部は，外国人がイギリスで保有する非活動的残高の増加として吸収されるので，国内の支出および所得は傾向的に減少してゆくだろう。もし外国通貨に対してイギリス通貨が減価することによって輸出が増え，輸入が減るならば，政府が特に行動を起こさなくても，この傾向は相殺される。あるいは輸出補助金などの輸出促進策，および関税や数量制限などの輸入抑制策といった政府行動によっても，この傾向は是正できよう。しかしそれが相殺ないし是正されなければ，総貨幣支出をある一定額だけ増加させるのに必要な（公的投資，また

財政学（第 III 編第 5 章）　　237

は貧者への移転のための）歳出の追加額は，その財源を借入で賄うか課税で賄うかを問わず，より大きなものにならざるをえない。実際，国際金本位制度のルールのために，為替レートの減価によって前述の傾向を相殺できない場合には，政府が実行可能な範囲で歳出を増やしても，国内の総貨幣支出を十分に増加させられないこともあろう。

17　最後に，前節で述べた傾向に劣らず重要な，逆の傾向も存在する。本章で論じた 5 つのケースのすべてにおいて，政府の行動は，それが（貿易収支の問題に妨げられずに）総貨幣所得を増大させる限り，実質上，累積的なプラスの反作用を伴う。すなわち，初めに貨幣所得が増えると，もし税率が一定であれば政府の歳入は増える。だからある一定額の公的投資ないし移転をおこなうために，新たな借入や課税によって調達せねばならない歳入は，その公的投資ないし移転の額と同じではなく，むしろそれより少なくなる。このことは，たとえ貨幣賃金率が即座に上昇して雇用が増えない場合でも妥当するが，実際上，雇用は確実に増えるだろうし，そのうえイギリスのように国庫負担を伴う失業保険制度が存在する場合には，第 2 の有利な反作用も生じる。

　すなわち失業が減れば，政府が拠出せねばならない失業手当の総額は減り，それゆえ借入や課税によって調達せねばならない額もそれだけ減る。このように，とにかく総貨幣所得を増大させ失業を減少させる財政政策は，いわばそれ自体がその必要資金を創り出すのである。喩えるならば，兵士が敵と戦うのみならず，敵に捕らわれていた捕虜を連れ帰ってきて，その捕虜が再び戦いに加わってくれるようなものである。これはつまり，司令官が作戦上 1000 人の兵士が必要だと考えるとき，実はもっと少ない人数でも足りる，ということを意味する。何人が必要になるかは，その状況の詳細に依存し，いかなる推計も大雑把な予想にすぎまい。それでもなお，イギリスの現状では，政府がある一定額を投資や移転に支出するさいに，新たな借入や課税によって調達せねばならない額は，それらの支出額と同じではなく，それより**かなり**少なくてよい，ということはほぼ確実だろう。

第6章 雇用促進のために公的当局が総貨幣支出を増大させる主な方法

1 前章で確認したように，政府には総貨幣所得の大きさを変化させる能力があり，またそのための財政政策の選択肢は複数ある。そこで本章では，当局が雇用促進のためにこの力を利用するさいの，主な方法を明らかにする必要がある。すでに見たように，総貨幣支出が変化すれば（労働移動の障害や貿易差額の反作用がない限り）総貨幣賃金も同方向に変化する。したがっておそらく政府は総貨幣所得を操作して，総貨幣賃金の状態や動きが雇用促進につながるように尽力するだろう。

2 理論上，主に2種類の政策を区別することができよう。すなわち，①単に貨幣所得を安定させるだけの政策，②政府の介入がない場合より，貨幣所得を高い水準に引き上げる政策，である。だが総貨幣賃金の安定性のみに影響を及ぼす政策は存在しても，総貨幣賃金の平均水準のみに影響を及ぼす政策は存在するまい。なぜなら当然，政府は好況期よりも不況期に熱心に対策を講じるものだからである。

したがって実際上，①と②，すなわち安定化政策と底上げ政策，で区別するよりも，(1)安定化政策と(2)安定および底上げを同時にもたらす政策，で区別する方がよい。

3 ［通時的な］総支出額を変化させずに政府の支出を好況期から不況期に単に移すという政策や，政府が不況期に商品を購入して蓄え，好況期にそれを販売するという政策は，明らかに前節の(1)に属す。また『雇用政策に関する白書』(H. M. S. O. 1944b) でその概略が示された政策，すなわち失業保険基金への雇用主と労働者のそれぞれの拠出額を好況期と不況期で変化させるという政策や，不況期には借入金によって一定額の政府支出をおこない，好況期にはそれと同

額だけ借入金を返済するという政策も，(1)に属す。『雇用政策に関する白書』で示された2つの政策は，第5章第12節で示唆したように原理上は同じものであり，もし雇用主と労働者の拠出金を，「拠出金」の名目で集めて失業保険基金とする代わりに，「税」の名目で集めて政府の歳入とすれば，形式上も同じものになる。第7～9章では，これらの諸政策を概観する。

4 他方，その資金調達方法が借入か課税かを問わず，不況期に（政府が雇用の状態に無関心な場合より）公的支出を増やすが，好況期に（政府が雇用の状態に無関心な場合より）それを減らさないという政策は，総貨幣所得の安定のみならず，その平均水準も上昇させるはずである［だからこの政策は第2節で区別した(2)に属す］。『雇用政策に関する白書』の執筆者が「不況期は，より良い住宅，公共の建物，交通・通信手段，動力・水道供給などの，社会資本を改善する好機である」（H. M. S. O. 1944b, 第66段落）という世論をふまえ，念頭に置いていたのは，おそらくこの種の政策だろう。この種の政策に関することはすべて第5章で述べたので，ここでは詳しい説明を割愛する。

だが同じ一般的影響を及ぼす別の政策，すなわち不況期に賃金に補助金を支給するが，好況期にその逆のことはしないという政策については，第10章で概観する。

第7章　政府支出のタイミング[14]

1 本章では，20世紀初頭以来の歴史をもつ経済安定化政策を扱う。これは，本来は好況期に実施するはずだった公的投資の一部を不況期に移して実施するものであり，その資金はときには課税によって賄われるが，通常はむしろ借入によって賄われる。すなわち公的当局はときおり大量の財貨を発注することが

14）本章の一部は，私の『景気変動論』第2版（Pigou 1929）の第II編第14章「公的当局による発注の時期調整」からの抜粋である。

あり，そのときこれらの財貨の生産者は，その生産のために大量の労働を雇う必要が生じる。本章の観点からは，その発注先が民間企業なのか，それともその財貨を必要とする政府部局に属す生産施設なのかは，問題ではない。どちらの場合も，好況期から不況期に発注時期を移す余地があり，どちらの場合も，その移転に伴って総貨幣賃金で表される労働需要の移転が生じる。例えば，救貧法を施行する救貧委員（Boards of Guardians）は各種備品を，海軍は艦船を，自治体は学校等の建物や道路修繕工事を，それぞれ発注するけれども，これらのものは必ずしも，厳格に定められた特定の時期に発注する必要はない［したがって発注時期を変更可能である］。

　ところで現実の世界では，経済全体の不況期には（そのような時期には大半の個別産業も不況に苦しんでいる）こうした公的需要は減り，好況期に増えるのが普通である。「この理由は簡単である。政府の歳入はその国の経済活動の浮き沈みの影響を直接受けるので，不況期には歳入が減る。この歳入不足に対処するために，政府は将来を考えて慎重な立場をとり，できる限り歳出を削減する。その結果，必要不可欠と思われるもの以外のあらゆる事業が延期されるのである。景気が回復すれば，延期しても不都合はないと思われていた多くの発注が一斉に再開される。すると，不況期には十分足りていると思われた生産用具が今や不足していることが判明し，この不足を大至急補う必要に迫られる。しかも同時に歳入の剰余が生じるので，政府はあまり切迫していない事業まで実施するように促される」[15]。だが公的当局は，必ずしもこのような仕方で発注をおこなう必要はなく，もし望むならば，経済を安定させるための政策を採用することもできる。

2　プロシアの商務大臣が 1904 年におこなった「雇用を提供する組織」に関する通達（a circular concerning the Organisation of the Provision of Employment）は，そのような安定化政策を具体的に述べており，シュロス氏の『諸外国の失業者対策の機関と方法に関する商務省への報告』がそれを引用している。すなわち「大

15）国際労働事務局『失業救済策の研究』（ILO 1922, 117 頁）に引用されたヴィヴィアーニ氏の言葉。

規模な失業を未然に防止する，あるいはその発生が避けられない場合でもその弊害を緩和する方策について，あなた方が良心的に配慮するように政府は重ねて要請する。国も地方自治体も，雇用主としての力を行使するさいには，失業の弊害の緩和のために仕事の適切な配分と規制がなされるように，全体的かつ系統的に配慮し，できる限り尽力する義務がある。ほとんどの重要な産業施設には，必ずしも特定の時期におこなう必要のない仕事がある。またあらゆる州および地方自治体にも，その業務計画上，状況に応じてその時期を一定の範囲内で自由に選べる仕事がある。もしすべての行政機関がその業務計画を立てるさい，そのような仕事を雇用不足の見込まれる時期におこなうように配慮し，またあらゆる種類の失業者，とりわけ非熟練労働者を雇用できる事業を，特に大都市や産業の中心地で毎年真冬にほとんど常に繰り返されてきたような，雇用不足に脅かされる時期のために残しておけば，多くの場合，広範な失業の発生を確実に防げるし，深刻な困窮も防げるだろう」（Schloss 1904, 108 頁）。

　同様の政策は，より限定された形ではあるが，自治体の不定期事業に関する救貧法委員会の多数派委員たちの提言のなかでも述べられた。すなわち「公的当局がときおり非常勤労働者を雇用したり，彼らと労働契約を結ばざるをえない場合には，もし可能ならば公的当局は，その非常勤の仕事を，通常の常勤の仕事の不況期に労働市場に提供するように計画すべきだ，とわれわれは考える。チャップマン教授はこの点を詳しく述べており，彼の提案によれば，公的当局の労働需要が変動する場合には，そのような公的需要を景気や季節変動から切り離し，そして計画的に公的需要を，民間市場の需要とは逆に変動させることが望ましい」[16]。植林に関する王立委員会も，同様の考えに基づく政策を支持し，「多くの労働を必要とする林野事業の一部，すなわち植林は，時期の調整が十分可能であるから，求職者が多ければ事業を推進し，求職者が少なければ事業を中断できる」ことを認め[17]，この原則に従って実際に植林事業を推進したり中断したりせよと提言している。

16）『王立救貧法委員会報告』（H. M. S. O. 1909b）41 頁。
17）『海岸浸食および植林に関する王立委員会報告』（H. M. S. O. 1911）第 2 巻，13 頁。

3 王立救貧法委員会の少数派委員たちは，さらにずっと幅広い分野を対象に，同様の見方をしている。「国や地方の当局が公的事業・サービスに毎年支出する1億5000万ポンドのうち，少なくとも毎年400万ポンドが留保可能であることは，疑う余地がないと思われる。すなわち，毎年当然の事柄としておこなう経常的事業にその400万ポンドを使うのではなく，むしろ公債を用いた10ヵ年計画の事業を実施するためにそれを毎年留保するのである。この事業は，イギリス国内のどこにも仕事を見出せない労働可能者の失業登録数が通常水準を上回っている，と国民職業紹介所から報告がなされたときに，単年度当たり1000〜1500万ポンドの毎年変動する支出規模で実施される。（例えば現行の失業率指数が4パーセントを超えれば常に）国民職業紹介所を所管する大臣がこうした報告をおこなえば，政府の各部局は，資本支出の10ヵ年計画に基づいて行動することになる。すなわち海軍省は特別な戦艦を保有したり，大砲や弾薬の備蓄を増やすだろう。陸軍省は日常的に必要な兵舎を多めに発注したり，さまざまな備蓄を多めに補充するだろう。建設省（Office of Works）はその経常的業務を前倒しして，新たに郵便局やその他の政府の建物を作ったり，古びた備品を更新したりするだろう。郵便局は，国の津々浦々への電信・電話の普及を通常の3〜4倍の速さで進めるだろう。政府刊行物発行所（Stationery Office）さえも，通常の2〜3倍の速さで，史料編纂委員会（Historical Manuscripts Commission）の本，あるいは公文書を出版するだろう。しかし他にもずっと多くのことができるはずである。例えば近い将来には明らかに，数百万ポンドもの経費をかけて，小学校の校舎の特にひどいものを建てかえ，中学校の数を大幅に増やし，高等技術学校や教員養成学校も増やし，国内の15の大学の定員や設備も2〜3倍に増やさねばならなくなる。このすべての建設事業と備品等の供給事業だけでも，前述の1年当たり400万ポンド，すなわち10年当たり4000万ポンドの有益な使途になるが，実際にはこれらに毎年同じ額（400万ポンド）を支出するのではなく，経済効率上もそうする必要はない。国民職業紹介所を所管する大臣によって，失業指数が要注意水準に達したと報告される時期に，10ヵ年計画の教育設備助成金を給付し，地方教育当局が，国全体でこれらの事業をちょうど必要な規模だけ臨機応変に実施できるようにすべきだろう。同時に地方当局も，市電・水道・公共浴場・発電所・労働者住宅・公会堂・下水・

財政学（第 III 編第 7 章）　　243

街路整備など，資本的性質をもつ自治体の通常事業を，不況期には好況期を上回る規模で推進できよう。彼らは実際，すでにそれに着手している。われわれは，イギリスの過去 20 年間の循環的不況が，1878〜79 年の不況や 1839〜42 年の不況ほどに厳しいものと感じられなかったことの理由を，自治体企業がそのような方向に大きく舵を切り，わずかながらも公的活動の波によって，民間活動の波を一部相殺したという点に求めたい」[18]。

　総貨幣所得と総貨幣賃金はどちらも一定に保たれると仮定して，ボーレイ博士は 1924 年当時のその調整に必要な金額を次のように推計している。「1911 年の総賃金は推計で約 8 億ポンドである。この年は雇用のひとつの頂点であり，それを第 1 年とすれば，典型的循環は下表のように表されよう。

	第 1〜10 年の雇用状況									
失業率（%）	2.5	3.5	4.5	5.5	6.5	7.5	6.5	5.5	4.5	3.5
平均失業率からの乖離（%）	−2.5	−1.5	−0.5	0.5	1.5	2.5	1.5	0.5	−0.5	−1.5
総賃金からの偏差（百万ポンド）	+20	+12	+4	−4	−12	−20	−12	−4	+4	+12

　賃金はおそらく公的支出全体の 80 パーセントを占める，と想定できよう。これらの数値に基づくならば，失業率の波を平準化して 5 パーセントに保つには，最初の 3 年間に合計 3600 万ポンドの賃金（総支出では 4500 万ポンド）を留保してこれを第 4〜6 年目に支出し，かつ第 9〜10 年目の合計 1600 万ポンドの賃金（総支出では 2000 万ポンド）を前倒しして第 7〜8 年目に支出すればよい。現在では，労働可能人口は 1911 年当時より約 8 パーセント増加し，週当たり賃金率は約 70 パーセント上昇しているので，現在では，最初の 3 年間に留保せねばならない支出は 8100 万ポンド，また第 7〜8 年目に前倒しする支出は 3700 万ポンドになろう」[19]。

　1947 年現在では，貨幣所得および物価の水準は明らかに上昇しており，将来の見通しも同様なので，これらの数字はより増大すると考えねばならないが，原理は同じである。

18）『救貧法委員会・少数派報告』（Webb and Webb 1909）1196 頁。
19）レイトン編『失業は避けられないか』（Layton 1924）367-68 頁。

4 イギリスのような統治構造をもつ国では，好況期から不況期への支出移転のために利用可能と見られる公的支出の主要部分は，**地方**政府によるものである。地方政府では，各部局の業務を管理するために委員会制度をとっている。その委員たちは頻繁に交代するうえに，地方税を納める住民たちからの批判に常に敏感である。そのため，前述のような考え抜かれた包括的財政政策の実行は至難であり，委員たちがそうした雇用安定化政策を企てる権限や意志をもつことも稀である。それゆえわれわれも，ボーレイ博士と同じく次のように結論してよかろう。「地方当局の協力がなければ雇用の安定化はせいぜい部分的にしか成功しない。そして中央当局が地方当局の提供する雇用の量を操作する手段としては，①強制力，②補助金の交付を決める権限，③資金の貸出を決める権限（特に国全体の観点から見て公共事業に着手すべき時期に好条件で融資する権限），の3つしかない」（Layton 1924, 376頁）。

1920〜21年の戦後不況の苦難の時期に，中央政府は膨大な補助金を地方に与えて，地方の雇用を促す力を行使した[20]。このような政策を規則的かつ継続的におこなう試みは，すでに1909年の開発・道路基金法（Development and Road Fund Act）に具体的に見られ，そこでは中央政府の議会は地方当局に補助金を交付するさい，「雇用の一般状況とその展望をふまえて交付せねばならない」と定められている。したがって1944年のいわゆる雇用白書が「公的投資はそのタイミングと規模に関して，民間投資の不可避的な変動を相殺するように慎重に計画されねばならない」と主張したのは[21]，少なくとも投資のタイミングに関する限り，すでに先人たちが切り拓いた道を歩んでいるにすぎないのである。

5 確かに，この政策を無制限に推し進めることはできない。こうした公的投資の通時的配分は，その大部分に関して，投資をためらうほどに便宜上もリスク上も費用が高いからである。例えば，ある町にとって10年後に今より多く

20）その政策の概要については，モーリー『イギリスの失業救済政策』（Morley 1924）189-91頁を参照のこと。

21）『雇用政策に関する白書』（H. M. S. O. 1944b）18頁，48（c）節。

財政学（第 III 編第 8 章）　　245

の校舎がいるかどうかはまったく不確実かもしれないが，10 年後にそれがい
ざ必要となれば，その建築をそれ以上延期するのは，重大な職務怠慢と言われ
ても仕方がない。また中央政府も，将来必要になる艦船や銃砲の量を正確に予
測することはできないし，型が時代遅れになる心配もあるので，そのような予
測を重視せず，むしろそれらが緊急に必要になってから調達するだろう。むろ
ん戦争の危険が迫れば，経済安定化に配慮して軍需物資の発注時期を調整する
などというのは論外である。だが他の分野の公的投資については，政府の必要
を 1〜2 年以内のどの時点で満たすかは便宜上も費用上もほとんど同じであり，
この場合には，投資支出を好況期から不況期に移すさいの諸問題は容易に克服
される。

　最後に，注意すべきことがある。すなわち安定化のための支出の通時的移転
は，必ずしも支出の**延期**である必要はない。政府は，通常ならばもっと将来に
実施するはずだった投資事業を**前倒し**することもできる。

第 8 章　政府が不況期に在庫品を購入し，好況期にそれを販売すること

1　本章の題名が大まかに示している政策は，前章で論じた政策と同じ一般的
性質をもつ。すなわちもし望むならば，政府はその政策によって，総貨幣支出
と総賃金を通時的に安定させることができる。それに関連するほとんどの事柄
はすでに述べたので，ここではこの種の政策の詳しい分析を省くが，実際上の
問題を少しだけ述べておきたい。この政策は，すぐに傷む財貨や流行の変化が
激しい財貨については，明らかに論外だが，それ以外の種類の財貨については，
一見する限り擁護できそうである。だがその政策は，景気循環の周期の長さの
ために膨大な費用がかかるに違いない。すなわち利子率を 5 パーセントとすれ
ば，他の費用を一切無視しても，何らかの財貨を 4 年間保有すると 21.5 パー
セントの費用がかかるわけであり，これはそれだけ割り引いた価格で現在販売
するのと同じことである。しかもその期間中に「財貨の型や仕様が変わるので，

景気循環を経てもなおその経済的価値を保つという意味において，耐久性をもつような財貨はほとんどない」[22]。むろんこれは，機械改良や発明の盛んな時期には特にそうである。

他にも，さらに非常に重要な実際的問題がある。すなわち，公的当局がいずれは発注**せねばならない**商品の発注時期を調整するだけであれば，当局が従来から関わってきた馴染みの分野でその計画を決定するだけでよいが，不況期に財貨を購入し，その後の好況期にそれを一般の人々に販売する政策は，これらの当局にとってまったく未経験の領域，すなわち商業的投機の領域に踏み込むことを意味する。こうした当局の政策に対しては，その分野で活動しているあらゆる取引業者が猛反対するだろうから，その政策の成功は難しいだろう。仮にこの問題が克服されたとしても，公的当局には生産的事業を運営する十分な能力があるということに同意する人々でさえ，さすがに商業的投機となると，中央政府に（中央政府でなければこの政策は実行不可能だろう）その能力があるとは考えまい。両大戦のさなかに公的当局がさまざまな財貨を購入していたという前例は，ここではあまり参考にならない。なぜなら当時の社会的諸条件は，平時のそれとはまったく異なるからである。

公的当局によるこの種の政策は，前章で素描したもっと通常の種類の安定化政策より困難だが，そうであるからこそ，その企てを最初から一蹴することなく，慎重に検討すべきである。

第9章　景気動向に応じた社会保険料の調整

1　第6章で見たように，『雇用政策に関する白書』（H. M. S. O. 1944b）には，総貨幣所得の長期的趨勢に影響を与えずに，その短期的変動を抑制するための提案が含まれ，例えば第68〜69段落では次のように提案されている。政府は「多くの方法を検討した結果，新たに提案されている社会保険体系のもとで雇

22）クラーク『間接費用の経済学』（Clark 1923）164頁。

用主と労働者が納める保険料を，雇用動向に連動させる計画に賛成する。現在の戦争による混乱が収まり次第，その計画を採用すべきである。そのさい保険料の標準率は，平均失業率の予想をふまえ，社会保険基金の財政の長期的安定性を保つような水準に定められるが，実際の保険料は，そのときの失業率が予想平均失業率を下回れば，標準率より高くなり，予想平均失業率を上回れば，標準率より低くなろう。……この計画の骨子は次の通りである。失業がある一定水準を上回る状況下で，失業率が2パーセント上昇すれば，雇用されている労働者が納める社会保険料の総額を，平均で週当たり50万ポンド減少させる（ただし雇用主の負担分はその限りではない）。これにより，雇用されている労働者の購買力は実質的に増加し，こうして数百万人の手元に残る貨幣の増加は，消費財への需要を維持するのに役立ち，失業者による支出の減少を少なくとも部分的に相殺するだろう。こうした購買力の下支え策により，総支出および雇用の変動はかなり縮小するだろう」。ただしこの計画は，不況期に民間の人々の購買力を下支えする**のみならず**，好況期にそれと同額だけ購買力を削減するものであり，この点にも注意すべきである。

　雇用主が負担する保険料についても同様のことをすれば，これは事実上，不況期には雇用主に賃金への補助金を支給し，好況期にはそれと同額だけ賃金に課税することを意味するので，総賃金の安定や雇用の改善に関して，『白書』が主張する以上の成果（H. M. S. O. 1944b, 258 頁）をもたらすだろう。

　この計画の理論的特徴は，不況期にはある程度まで課税の代わりに借入をおこない，好況期には借入の代わりに課税をおこなう，という点にある。第5章で見たように，課税の代わりに借入をおこなえば総貨幣支出は増加する傾向があり，また同様の理由から，借入の代わりに課税をおこなえば総貨幣支出は減少する傾向がある。だからこの2つを合わせれば，当然ながら総貨幣所得は，そのようにしない場合よりも安定する。

第 10 章　不況期における雇用主への賃金補助

1　不況期に雇用主に支給される補助金は，その支給対象が生産物であれ賃金であれ，その資金が雇用を直接不利に差別しない種類の所得税によって調達される場合には，第7〜9章で論じた諸政策と同じく，総貨幣支出それゆえ総貨幣賃金を必ず安定させる傾向がある。その資金が借入によって調達される場合には，なおさらそうである。だが実際上，その補助金に相当するだけの課税が好況期になされるとは考えにくい。その場合，こうした補助金政策は，第6章で見たように，明らかに貨幣支出の平均水準までも，それゆえ通常は総貨幣賃金の平均水準までも，上昇させるに違いない。

　本章では，砂糖大根・牛乳・牛肉などの特定種類の生産物への助成金や，労使紛争解決のために 1921 年および 26 年に支給された石炭補助金などのその場限りの特別補助金は無視し，その他の種類の補助金について簡単に論じる。

2　不況期に事業者に補助金を支給すべきだという提案は，通常，その対象をすべての産業ではなく特定の産業ないし産業群に限定したものだった。例えば 1923〜24 年の失業補助金委員会（Unemployment Grants Committee）は，ガス・水道・電気・市街電車・ドック・港・運河のような公共性の高い収益事業をこれから始めようとする民間企業に，政府からの補助金を支給した。この補助金がなければ，これらの事業の整備はもっと遅れていただろう[23]。かつて，例えば故バルフォア伯も同様の補助金を特定の輸出産業に関して唱えたことがある。しかし特定の産業のみに政府が貨幣を直接支給するという形の優遇政策は，そうした優遇を受けない他の諸産業の激しい憤りを惹起するだろう。また補助金を受けるのが輸出産業であれば，次のような反論もある。①［イギリス商品を購入する］外国の消費者は，イギリスの納税者の払った貨幣を，少なくともそ

　23）モーリー『イギリスの失業救済政策』（Morley 1924）191 頁。

の一部を，受け取ることになる，②報復のために外国政府が輸入税を課す可能性は非常に高い。

　これらの理由もあり，不況期に**雇用対策として**特定産業に補助金を支給するという政策は，実際上，これまで重要な役割を果たすことはなかった。以下の議論では考察範囲を，産業全般を対象とする補助金に限定し，かつ補助金全般ではなく賃金への補助金のみに限定する。

3　それに該当する独創的計画を，故メルチェット卿は小冊子『失業救済策』(Melchett 1925) のなかで提案しており，その骨子は次の通りである。すなわち労働者は自由に4人組のグループを作り，その失業手当（週当たり一人23シリング）を政府に任意で譲渡することができる。そして政府はこの貨幣を，すでに雇用されている既存の労働者に加えてこの4人を労働組合の標準賃金率で新たに雇用するという条件付きで，雇用主に支給するのである。この計画の要点は，第1に，補助金の財源は，本来ならば失業手当として支給されていた貨幣に限られるので，この計画のために新たに資金調達をする必要がないという点であり，第2に，補助金は，その企業の労働の全体ではなく，あくまでも労働の追加分に対して支給されるという点である。仮にそのときの標準賃金を40シリングとすれば，この計画は雇用主にとっては，失業者を $21\frac{3}{5}$ シリングという割安な賃金で雇用できる（標準賃金との差額は失業保険基金から支払われる）ことを意味する。

　補助金の支給対象を新たに雇われた追加の労働者のみに限定でき，補助金なしで以前から雇われていた労働者を除外できるのであれば，この種の計画が不況期の雇用を増大させることは明白である。しかしすぐに雇用が回復しそうもない深刻な不況期を除けば，補助金なしで雇われる労働者が，補助金付きで雇われる労働者と同等に扱われることはありえない。特定の緊急事態に対処するためのその場限りの特別法による思い切った救済策としておこなうのであれば，この困難は克服可能かもしれないが，メルチェット卿の考えに基づくどんな計画も，明らかに，通例の標準的な失業対策にはなりえまい。もしそれが通例のものになれば，雇用主は不況が近づくのを感じると労働者をいったん解雇し，

その賃金の大部分を他の人々に負担させるという条件下でその労働者をすぐに
再雇用するだろうからである[24]。

4 そこで次に，追加雇用される労働者だけでなく全労働者を支給対象とする，
不況期の賃金補助政策を考察しよう。そのような補助金の実施には，深刻な実
際的困難が立ちはだかる。

　もしあらゆる業種が互いに厳密に分離しており，それゆえ誰も業種間を直接
に移動できず，かつ労働可能年齢に達した若者が職業選択によって各業種に流
入する比率も厳密に固定しているならば，問題は実に簡単である。すなわち各
産業を，1つ1つ個別に考察すればよい。だが現実には各業種は厳密に分離し
ていないので，補助金が各業種に属す労働者の比率を変化させる可能性を考え
ねばならない。すべての産業に対してまったく均等に財政支援する場合には，
そのような影響は起こりにくいが，実際上は，賃金率が低落し失業も多い産業
には他の産業より多くの補助金を支給すべきだ，という強い政治的圧力がかか
りやすい。例えば1931年の大不況期には，その影響をまともに受けた土木業
や造船業は，あまり影響を受けなかった鉄道業などより手厚い助成を実際に要
求した。どんな産業にせよ，その生産物への需要が落ち込み，経済的にますま
す苦しくなるほど，より多くの補助金を要求するものだが，これは補助金の絶
対額のみならず，他の産業と比べた場合の相対額についてもそうなのである。
そのような願いは実現することもあり，そしてそれが実現すれば，一方の産業
では労働者が多すぎる状態，他方の産業では労働者が少なすぎる状態，が持続
することになる。

　賃金補助政策がこうした事態に陥るのを防ぐには，政府は強力な権限と優れ
た行政能力をもつ必要があろう。なお，『雇用政策に関する白書』（H. M. S. O.
1944b）が提案し，また前章で考察したところの，失業保険制度における雇用
主負担額の操作は，事実上あらゆる雇用主に同じ比率で，不況期には賃金への
補助金を支給し，好況期には財政を均衡させるために賃金に課税するというも
のだったが，この政策の場合には前述の困難は回避できよう。

24）『失業保険に関するブラネスバラー委員会報告』（H. M. S. O. 1927b）79–80頁。

財政学（第 III 編第 11 章）　251

第 11 章　理論分析

259

1　本章の目的は，次のような仮定のもとで，賃金への補助金がもたらす直接的・即時的影響を明らかにすることである。すなわちその社会は，すべてが物々交換される実物経済であり，賃金率への反作用は存在せず，財貨は 1 種類しかなく，外国貿易は営まれていない。また賃金への補助金は，労働者以外の人々への課税，例えば雇用をあまり不利に差別しない種類の所得税，によって資金調達されるものとする。

　このような実物経済は，自分の土地を所有する農業経営者が，労働者（全員同質であるとする）を雇用する農業社会によって例示できよう。そこでは生産物は小麦のみであり，賃金は小麦で支払われる。そして不況期には，1 日当たりの賃金率が小麦 w_1 ブッシェルならば x 人の労働者が雇用され，賃金率が（w_1 より低い）w_2 ブッシェルならば $x+h$ 人が雇用される。これらの条件下で，政府は，雇用される各労働者の賃金補助として雇用主に w_1-w_2 に相当する s ブッシェルを支給し，その補助金の財源は上述のように労働者以外の人々に課される所得税によって調達され，かつ労働者に支払われる賃金率は変化しないものとする。

2　労働者の雇用が h 人増加するので，小麦で測った総実質所得は hw_1 から hw_2 の範囲で増加する。なお，hw_2 は $h(w_1-s)$ に等しい。労働の限界生産力関数を近似的に線形と仮定すれば，総実質所得の増加は $h\left(w_1-\dfrac{1}{2}s\right)$ であり，労働者たちが実際に得る総賃金はむろん hw_1 である。したがって補助金の支給を通じて，労働者以外の人々の正味の実質所得は $\dfrac{1}{2}hs$ 減少する。

3　それゆえ一見すると，雇用および実質所得における利益には，労働者以外の人々の純損失という犠牲が必然的に伴うように見える。だがそうではない。

前節で見たように $\frac{1}{2}hs$ は，労働者以外の人々の所得の減少分（補助金の財源として所得税を納めたことによる）を表している。だがこれとは別に，現代の社会では失業者を餓死させることは許されないので，労働者以外の人々は，失業者を扶養するために必要な物の少なくとも大部分をとにかく提供せねばならない。だから，もし雇用が増えれば，労働者以外の人々がこの目的のために自分の所得から拠出せねばならない額は減る。それゆえ前節のような種類の補助金政策のもとでは，労働者以外の人々が被る可処分所得の減少の一部は，見かけ上のものにすぎない。

　労働者以外の人々が失業者のために拠出する率を c としよう。上述のような失業者救済のための拠出額の実質的減少も考慮すれば，この補助金政策によって労働者以外の人々が被る純負担は，近似的には $\left(\frac{1}{2}s-c\right)h$ である。この値は，補助金率 s が拠出金率 c の 2 倍より大きければプラスになる。しかし補助金率がそれより小さければマイナスになり，それゆえ労働者以外の人々にとっては，賃金補助をおこなう方が，失業者を救済する費用を拠出するより安くつくことになる。

第 12 章　総貨幣賃金の一度限りの増大

1　第 2 章で見たように，総賃金の平均水準が［永続的にではなく］一度限り増大するとき，ある物的・心理的条件下では，その増大に適応して，イギリスのような国の貨幣賃金率は，失業率を一定に保つような水準にまで上昇する傾向がある。この結論を突きつめれば，総賃金の一度限りの増大は，失業救済策としてはまったく無効だ，ということになる。だが第 2 章でも述べたように，このように突きつめて考える必要はない。本章はこの点に関する補足である。

2　第 1 に，第 2 章で見たように，雇用が激減する厳しい不況期には，労働者の心理として，一度限りの公的支出の増大がもたらす総賃金の増大，それゆえ

財政学（第 III 編第 13 章）　253

雇用の増大は，いわば天佑と見なされ，賃金の適応的上昇を惹起することは**なかろう。**

　第 2 に，たとえ賃金の適応的上昇が生じても，それは必ずタイムラグを伴うので，とにかく当面は雇用の改善が続くだろう。それはおそらく一時的なものにすぎないが，それでも現実の利益，歓迎すべき利益である。

　　たとえ**善き**ものが過ぎ去ってゆくとしても，私は乞い願う

　　私は，時の流れを受け入れる。

　この 2 つを，緊縮財政主義に関する単なる言い訳と考えてはならない。この 2 つはどちらも，おそらくかなりの実際的重要性をもつのである。

3　しかし，もっと根本的な問題がある。第 2 章で論じた賃金率の適応的上昇は，われわれにはどうしようもない社会的宿命のようなものではない。それは，イギリスでは幅広い分野において，賃金率は国全体の経済状況をよく考慮せずに各産業が個別におこなう労使交渉によって決定される，という事実に起因する。だから，こうして生みだされる賃金率の適応的上昇は，労働組合の指導者たちが定める慎重な方針によって克服可能，あるいはとにかく大幅に緩和可能であり，その責任は彼らにある。

　良好な雇用か，高い貨幣賃金率か，これはある程度まで二者択一の問題だが，第 3 の選択肢もある。すなわち次章で考察する進行的インフレーション（progressive monetary inflation）であり，ウィリアム・ベヴァリッジ卿は『自由社会における完全雇用』のなかで，この政策を詳しく論じている（Beveridge 1944, 198–201 頁）。

第 13 章　趨勢的変動

1　本章では，総貨幣所得を労働者数で除したものを，補正貨幣支出（corrected money outlay）と呼ぶことにする。さて，いかなる国であれ，もし補正貨幣支出

が趨勢的に減少すれば，これはほぼ間違いなく，労働者一人当たりの総貨幣賃金の趨勢的な減少を意味するので，失業率を上昇させる。これは，その長期的趨勢を軸にした短期的変動の有無を問わず，言えることである。なぜなら第2章で明らかにしたように，労働者一人当たりの総貨幣賃金の変動に適応して貨幣賃金率も変動するため，長期的には労働者一人当たりの総貨幣賃金の大小は雇用にとって重要ではないけれども，その適応にはタイムラグが存在するからである。逆に，もし補正貨幣支出が趨勢的に増大すれば，失業率は確実に低下する。

　しかも，公的当局が特に介入しないときに補正貨幣支出が趨勢的に減少ないし増大しているにせよ，あるいはそうした趨勢自体がまったくないにせよ，とにかくそれを趨勢的に増大させようとする当局の行動は，必ず失業率を低下**させる**。だが，その趨勢的増大を直接にもたらそうとする当局の行動には副作用もあり，それらは，当局の介入がないときにそれが趨勢的に減少しているか増大しているかによって異なってくる。それゆえ，この2つのケースを区別する必要がある。

2　まず，公的当局の介入がなく，補正貨幣支出が趨勢的に減少しているケースを考えよう。この場合，その趨勢的増大を促そうとする当局の行動が**正味の趨勢的増大をもたらす点に至るまでは**，それが何か弊害を伴うとは誰も考えまい。それゆえ，公的当局の介入がない状況下において補正貨幣支出が趨勢的に減少していることを示せるならば，この種の政策はとりわけ強い説得力をもつ。1920〜30年代の戦間期には，政府の積極的介入を望む議論の多くが，イギリスは実際にそのような状態に陥っているという見方に依拠していた。したがって，本論からやや逸れるけれども，この見方の真偽をここで検証しておくことは有益だろう。

3　その見方は，次の2段階の論理から成っていた。第1に，第5章第16節で述べたメカニズムによって補正貨幣支出の趨勢的減少が生じるかもしれないということである。そして第2に，戦間期の平均失業率は1914年以前よりずっと高かったという事実に着目し，**ここから**，上述のメカニズムが実際に働いて

いたはずだという結論を導くのである。しかしこれは明らかに論理の飛躍である。他にも失業率を上昇させる諸要因が存在することは明白だからである。

第一次大戦の結果として生じた資源配分上の混乱，また 1930 年の大不況に関連して生じた同様の混乱は，不透明な将来見通しのなかで危険を冒してまで他所に移住するのを厭うという労働者たちの当然の心情と結びつき，需要の減少した地域や業種において慢性的失業者の集団を作りだしてしまった。加えて，失業保険制度の発展により，失業者の暮らしは大幅に改善し，労働組合への財政支援もなされるようになったので，賃金率の引き上げを求める，あるいはその引き下げに抵抗する労働者の交渉力は大いに強まった。そのために失業率の水準（この水準に適応するように貨幣賃金率は変動する）が 1914 年以前より相当に高まった，ということは十分に考えられる。だが，むろんこれは未だ実証されていない仮説にすぎず，この問題は今も決着がついていない。

4 その決着のためには，当然ながら，利用可能な統計的 証拠 を直接検討せねばならない。ボーレイ博士の『国民所得の研究：1924〜38 年』は，その時期のイギリスの総貨幣所得を下表のように推計している（Bowley 1942, 81 頁）。

1924 年	3,900	25 年	3,800	26 年	3,750	27 年	3,900	28 年	3,925
29 年	3,925	30 年	3,800	31 年	3,450	32 年	3,325	33 年	3,550
34 年	3,700	35 年	3,900	36 年	4,150	37 年	4,350	38 年	4,350

（単位：100 万ポンド）

上表からは，補正なしの総所得（総支出）の趨勢的減少の証拠は得られず，むしろその額は趨勢的に増大している。では，補正所得についてはどうか。ボーレイ博士の作成した統計（同書 111 頁）と，イングランドおよびウェールズにおける男子の労働可能年齢人口の全数調査[25]を組み合わせれば，1934〜

25）各調査年のイングランドおよびウェールズにおける 15〜64 歳の男子の人数と［1891 年を 100 としたときの］その百分比率は，以下の通りである。

	1891 年	1901 年	1911 年	1921 年	1931 年
人数（単位：千人）	9,509	11,131	12,536	13,309	14,568
百分比率	100	117	132	140	153

38 年に労働希望者数は毎年約 1.5 パーセントの率で趨勢的に増加していた，と無理なく推計できよう。そしてこの数字とボーレイ氏の所得推計を組み合わせれば，下表のような，①補正貨幣所得，②労働希望者一人当たりの総貨幣賃金，に関する指数が得られる。

年	補正貨幣所得	労働希望者一人当たりの総貨幣賃金	年	補正貨幣所得	労働希望者一人当たりの総貨幣賃金
1924	102	100	1932	78	76
25	95	97	33	82	76
26	93	93	34	83	80
27	97	96	35	86	82
28	96	94	36	90	86
29	94	92	37	94	91
30	90	87	38	93	91
31	80	78			

　上表は，戦間期における補正貨幣所得の緩やかな趨勢的減少と，それに連動して生じた労働希望者一人当たりの総貨幣賃金の緩やかな趨勢的減少を示唆しており，後者の方がその趨勢はやや強い。

5　さて本論に戻って，［第 1 節で区別した］第 2 のケース，すなわち政府介入がない状況下で補正貨幣支出が趨勢的に増大しているケースを考えよう。その場合，趨勢的増大を促すために公的当局がさらに経済刺激策を実施しようとすれば，その介入の規模はどんどん拡大せざるをえないだろう。このような状況下では，雇用以外の領域に生じる悪影響の危険の大きさを真剣に考量せねばならない。補正貨幣所得の趨勢的増大が全体として緩慢であるならば，なるほど危険はない。それどころか，大きな社会的利益が得られる見込みさえある。持続的な技術進歩によって一人当たりの実質所得は増大するので，もし補正貨幣所得の趨勢的増大がないとすれば，物価は下落すると予想できよう。これは戦時国債（およびその他の固定金利証券）の所有者が特別な利益を得ること，また同じことを別の面から見れば，こうした財政政策によって財政問題から逃れることはできないこと——生産性の向上によって財政問題の厳しさは当然和らぐと思われるかもしれないが，実はそうではない——を意味する。それゆえ，補

正貨幣所得の適度な増大は歓迎すべきものだが，それが急激に増大するとなれば話は別である。これはある限度を越えると通貨への不信感を生みだし，この不信は自己増幅的にどんどん拡大してゆく。この「駆け足の物価上昇」は一国の経済活動に大混乱をもたらし，その社会構造，ときには政治構造まで揺るがしかねない。1918 年以後のドイツのインフレーションの顚末は，その明白な証左である。

6　補正貨幣支出がすでに趨勢的に増大しているのに公的当局がこれをさらに趨勢的に増大させる行動をとる場合には，補正貨幣支出が趨勢的に減少している場合に同様のことをするのに比べて，明らかに上述の危険な境界を越えてしまう可能性は高まる。それゆえ短期的な政策指針を実際に立てるさいは，政府介入がない場合の当面のその趨勢の向きを見定めることが大事である。戦間期に緩やかな趨勢的減少がどうやらあったらしいということは，今後もその傾向が続くという見方の根拠にはならない。戦争で被った建物や交通・通信手段の膨大な被害を考慮するならば，有利な民間投資のための幅広い機会が今後長年にわたって存在し続けることはほぼ確実であり，それは貨幣所得を強力に押し上げる要因になろう。したがって補正貨幣所得は，とにかく当面の間，趨勢的に減少するよりもむしろ増大する可能性の方が高い[26]。

7　最後に，第 3 のケースの考察が残っている。すなわち補正貨幣所得が趨勢的に増大も減少もしていないケースを考えよう。そして公的当局は，補正貨幣所得の増大によって，それゆえ一人当たり貨幣賃金の増大によって，（好況期と不況期を平均した）失業率を幾らか下げようとするとしよう。労働移動を妨

26）第二次大戦による多数の労働可能年齢人口の死亡，また近い将来に予想される義務教育修了年齢の引き上げによって，例えば 1948 年には労働可能年齢人口，それゆえ労働希望者数は，戦前のその増加率がそのまま続くと仮定した場合より確実に減少する。それゆえ補正貨幣所得は，補正なしの貨幣所得に比べて，従来より増大することになる。だがこれは，1948 年以降，補正なしの貨幣所得がある一定率で趨勢的に増大しつつ，補正貨幣所得が戦前より高い率で趨勢的に増大する，という意味ではない。本文で述べた結論をこのような論理で補強することはできない。

げる問題がなければ，当面の間，当局はその目的を達成できよう。また当局が従来の賃金率を維持するように労働者を説得できる，あるいは彼らに強制できるならば，当局はその低下した失業率を永続的に保つこともできよう。

だがもし失業率の低下を受けて，貨幣賃金率がすでに述べたような仕方で上昇するならば（イギリスのような国ではそうなる可能性が非常に高い），補正貨幣所得をさらに増大させない限り，失業率は再び悪化する。それゆえ，その当初の目標を追求し続ける限り，当局は絶えず総貨幣所得を増大させねばならない。労働移動の不完全性に関連する摩擦的失業を無視する場合，完全雇用に近い状態を達成・維持するためには，当局は補正貨幣所得を単に増大させるだけでなく，等比級数的に際限なく増大させ続ける必要がある，と考えるべき理由がある。しかしこの種の政策をおこなえば，物価上昇率を安全な範囲内に抑えることは難しいだろう。その危険を回避する唯一の方法は，労働者の側が貨幣賃金の引き上げ要求を自粛することである。これが受け入れられるならば，インフレーションを伴わない「完 全 雇 用 政 策」は可能になる。だが，①高い水準の平均雇用率，②（所与の労働生産力のもとでの）貨幣賃金率の速やかな上昇，③貨幣価値のそれなりの安定，の３つを同時に達成することは，人智を超えた不可能な課題である。

善の問題
(1908 年)

J. M. ケインズ氏の
『雇用，利子および貨幣の一般理論』
(1936 年)

古典派の定常状態
(1943 年)

善の問題

　「善」という語は，日常生活ではまったく異なる 2 つの意味で用いられる。それは，ときには「絶対的な，それ自体としての善（good absolutely and in it-self)」を意味し，またときには「そうした絶対的善であるものを促進する手段として役立つもの」を意味する。本稿で扱うのは，この後者の意味の善ではない。ここで扱うのは，もっぱら「それ自体として善い」ものをめぐる論争の特定の諸問題である。

　それらの論点は 3 種類に大別される。①倫理学の研究方法をめぐって専門家の間で論争がある。②同じ研究方法をとる専門家の間でさえ，意識を有する者（conscious being）の善さを構成する要素が何であるかをめぐる論争がある。③ある者の善と他の者の善との関係をめぐっても論争がある。このように大別される 3 種類の問題は，ある程度は互いに関連しあうが，ここでは便宜上，それぞれ別々に考察する。

1　[善を把握する方法]

　まず研究方法について考えよう。倫理学者が「善とは何か」という問題を研究するさい，主に 2 つの方法がある。1 つはその事物の性質からの演繹という先験的方法であり，もう 1 つは直覚（direct perception）という方法である。

　先験的方法を説明するには，具体例を示すのが一番である。①グリーンは『倫理学序説』（Green 1883）において形而上学的議論を展開し，人間精神は時間を超越したものであると論じた。そしてここから彼は，幸福のような一時

的な事柄は時間を超越した人間精神の観点からは善になりえない，すなわちより一般的に言えば，時間に制約される一切の事物は善になりえない，と論じた。②同様の考え方としてテニスンも，永遠に存在するものしか善になりえない，と示唆している。

　　善，真実，純粋，公正，
　　そこから「永遠」という魅力を剥ぎ取れば，一体何が残るだろう[1]。

　最後に，③理由も述べずに即座に，善はただ1つでなければならない，と断定する者もいる。

　以上の①〜③の典型例が示す［先験的］研究方法は，その提唱者たちの権威にもかかわらず，私は不毛であると考える。まず①のグリーンの議論には，明白な形式的誤謬が含まれよう。すなわち，たとえ人間精神が時間を超越したものであるにせよ，あるものが**〜である** (*is*) という前提から，ある他のものが**善である** (*is good*) という結論を導くことには，論理の飛躍があろう。②のテニスンの研究方法にも大きな問題がある。すなわち「善も美も，いずれ消え去る定めにあろうとも，だからといって，それらが傷つくだろうか」。

　　私はこう問いかける。善いものとは，はかないものか。
　　だが時の流れを責めても，仕方のないこと。

　善は1つでなければならないという③の主張も，まったく説得力がない。善は2つでもよいし，あるいは7は聖なる数だから，7つでもよかろう。要するに，何が善であるかを先験的に決定しようとする研究方法は，私にはどれも有害無益であるように思われる。「色や味は，ただ思考するだけでは把握できない。同様にして善悪も，ただ思考するだけでは把握できない」1)。善を知る唯一の方法は，実際にそれを見ることである。人間には，事実の世界と想　像の世界がある。前者の世界を魂という目で見ることによって，人は黄

---

　[1] イギリスのヴィクトリア時代を代表する詩人テニスン（Alfred Tennyson, 1809-1892）の詩 "Locksley Hall" より。
　1) ロッツェ『ミクロ・コスモス』英訳（Lotze 1885）第2巻，357頁。

や赤といった色を知り，同様の方法によって，人は善悪を知る。これこそが善悪を判断する唯一の方法である。知覚の目が鋭敏になればなるほど（必ずしもその精神的能力をより一生懸命に用いるという意味ではない），その判断力も高まる。したがって，本稿冒頭で大別した3つの論争の第1のものについて，私は迷うことなく，［直接的］知覚に基づく方法を支持する。さて，［次節で扱う］第2の論争は，この方法の適用の仕方をめぐるものである。

2　［意識活動の状態としての善は多変数関数である］

　多くの倫理学者の考えによれば，善いものは，意識活動の状態（states of conscious life）のみである。しかしこの見解が当然の全称命題として主張される場合には，善いものに関する知識はそれを知覚することによってのみ得られると考える者は，この見解を拒否するはずである。なぜなら，存在するすべての善を人間がことごとく知覚するという保証はなく，またそのような保証がないとすれば，善に関する唯一の排他的説明をおこなうことなど人間にはできないからである。だが，次のように言うことはできる（その限りにおいて私は本節冒頭の見解を受け入れる）。すなわち，われわれが現在認識している善いものは，意識活動の状態のみである。

　ところが，有名な「有機的善（organic goods）」の学説を唱える G. E. ムア氏とその支持者たちは，この見解を批判している。ムアの学説は，なるほど一部の事例には非常によく妥当するように思われる。例えば次のことは，一見明白であるように思われる。すなわち善人だと信じて悪人を愛する，あるいは美しい絵だと信じて下手な絵を愛するある人の状態は，本当の善人，あるいは本当に美しい絵を愛する状態よりも悪い。もしそうであれば，善は意識の状態のみに存在するのではなく，意識の状態と（意識されてもされなくても）それが関係する対象の状態との複合体［有機的統一］である，ということになる。だが私は，次のように整理すれば，この見解の妥当性は崩れると思う。すなわちある人が善人だと信じて悪人を愛するとき，その人は，①対象の性質を正しく把握したうえで，誤ってそれを善だと判断したのかもしれないし，②対象の性質を

誤解してしまい，その想像上の性質を善だと正しく判断したのかもしれない。このどちらかだろう。①の場合，その人の誤りによって物事が悪になることに，私は同意する。だがここでの誤りは，すべてその人の意識内の事柄の関係に起因しており，その人の意識と［外的］対象との関係に起因するのではけっしてない。一方，②の場合，その誤りは後者の関係に起因するが，私は，そのような誤りによって物事が悪になるという考えを拒否する。より一般的に言えば，善は意識活動の状態のみである（ただし意識の範囲は現在までの経験に制限される）という見解と対立する限りにおいて，私は有機的善の学説を拒否する。私のこの結論には論争の余地も大いに残っているが，その議論は割愛し，以下ではこの結論は承認されたものとして話を進めよう。

　さて次に，どんな種類の意識活動が善であるかと問うならば，さらに激しい論争が直ちに生じる。それを判断する唯一の可能な方法は，人々（われわれがその人々を正しく認識しているか否かは問わない）を観察して，具体的全体としてその善さを直接に判断することである。これをやり遂げるのに必要な十分に幅広い経験を積んでいる場合には，われわれは，その人々の意識の善さを決定すると考えられるさまざまな要素やその決定のされ方を，解きほぐせるかもしれない。もしそれができるならば，われわれの理解はある程度まで単純かつ明確なものになる。そのためにこれまでなされてきた最も思い切った試みは，全体としての意識状態を構成するさまざまな要素からどれか１つを選び，これこそが意識状態の善さを決定する唯一の要素であると主張することだった。この選ばれた要素の変化は，たとえそれがごくわずかな変化であっても，意識状態の善さを左右するが，他のすべての要素は，どう変化しようとも，意識状態の善さに影響を及ぼすことはない。

　例えば，(1)功利主義者によれば，意識状態の善さを決定する唯一の要素は，そこに含まれる快楽の量である。また(2)マーティノー博士によれば，人間の意識内には「動機（springs of action）」の倫理的高低の序列が存在し，いつの時代も人間の善さは，対立しあう２つの動機のうち一層高いと判断される方の動機に従って行動するか否か，という点だけで決まる[2]。ただし実際上，そうし

2）マーティノー『倫理学の諸類型』（Martineau 1885）第 2 巻，237 頁と 286 頁。また同様

た動機は，明白に一層高いものとして判断される必要はない。なぜなら善意（good will）は，義務感を動機とする葛藤的な行動選択の場合に劣らず，愛情を動機とする自然的な行動選択の場合にも伴うからである。だから，良心を故意に抑え込んだり無視したりしなければ，それで十分である。最後に，(3) さらに別の学派の考えによれば，善を決定する唯一の要素は愛情（emotion of love）である。

　　知識の価値は，何によって正しく評価されるのか。
　　知識は力強い。しかし愛は優しい。
　　そうだ。愛のほかに重要なものなどありえず，
　　知識のもたらす進歩とは，ひとえにこれを悟ることに尽きる。
　　なぜなら愛こそがすべてだから。

　むろん次のことは理解すべきである。すなわち，以上の３つの倫理学説はどれも，究極的善を決定する唯一の要素（これが何であるかは立場によって異なる）以外のすべての要素は**あらゆる意味において**無意味だ，という極論を述べているわけではない。彼らも十分認めているように，これら他の要素のなかにも望ましいものがあり，善を促進する**手段として**それらは高められるべきである。例えばシジウィックは，善意が社会秩序の安寧に役立ち，それゆえ幸福を促すという理由から，善意は間接的ながら非常に重要であると考えた。また善意を重視する者や愛を重視する者も，少量の快楽の意識は善意や愛などの要素の発達を促す，ということを確かに認めている。問題はこれらの学派がいずれも，全体としての意識状態のそれ自体としての善さ（手段としての善さではない）を，単一の要素だけで決まるものと見なしている点にある。

　ところで第１節で見たように，それ自体として善いものに関する命題を判断するには，それを知覚する以外に方法はない。また前述の３つの学説はいずれも，当初の意識状態がどんなものであるにせよ，善を決定するその一要素以外の他の要素の量が変化しても，意識状態の善さは何ら影響を受けない，と主張している。だからわれわれがその命題を確認するには，多くのさまざまな当初

　の見解として，グリーン『政治の諸理論』（Green, *Political Theories*）ix 頁も参照のこと。

の意識状態を考え，その各状態において各要素が変化する場合に生じる結果を，沈思黙考する必要があろう。

この手続きをおこなえば，意識状態に含まれる幾つかの要素は，意識状態の善さとは無関係であることが判明するように思われる。例えば知力（intellectual power）という要素は，意識状態の善さとは無関係であるように思われる。知力は，物的富を増大させ，それゆえ幸福を増大させるし，また知力があれば，それをもつ者の意識状態全体の善さを高めるような（知力に関連した）感情や意志を生みだすこともできる。だから知力は善への手段にすぎない。すなわち知力のもたらすそのような結果ではなく知力自体に注目するならば，知力は，それをもつ者の意識状態の善さに一切影響を及ぼさないように思われる。私の考えでは，メーテルリンクの次の言葉はもっともである。「思考自体に決定的重要性はない。重要なのは，人間の生活を高貴にし，またそれを輝かせる思考によって，人間のうちに呼び覚まされる感覚である」[3]。

しかし他の特定の諸要素については，事態はまったく異なるように思われる。すなわち意識状態に含まれる①快楽，②善意，③愛情，が変化すると，意識状態の善さは必ず変化する。また善に影響を及ぼすのはこれら3つの変数だけでなく，私はそこに次のものも含めよう。④人が抱く理想（ideals）の性質，⑤人や事物のなかに見出される性質（知覚できないその真の性質は無視してよい）に対する姿勢，⑥その姿勢が愛情や善意でない場合には，人がみずからのために定めた目標に対する情熱（enthusiasm），である。以上の事柄については，その正しさを証明することも，その誤りを証明することもできない。なぜなら私はただ，自分が知覚した事柄を詳しく述べたにすぎないからである。だから私に反論しようとすれば，その人も自分が知覚した別の事柄を詳しく述べるしかない。

以上の考察から言えるのは，意識状態の善さは，数学風に言えば，多変数の関数であるということにすぎず，私はその変数の幾つかを特定しようと試みたのである。この関数の性質について，さらに何か知ることはできるだろうか。すなわち，(A)それらの変数のすべてが，あるいは1つが増加するとき，常に

---

3) メーテルリンク『智恵と運命』英訳（Maeterlinck 1898）279 頁。

その関数も増加するだろうか。(B)それらの変数の符号によって，その関数の符号も一般に定まるだろうか。(C)今述べた2つのことが否定されてもなお，その関数について何らかの一般命題を定められるだろうか。これらは難問であり，それらについて私がここで述べることは，純粋に私の個人的意見にすぎない。

(A)の問題については，とりわけ以下のことを主張できよう。

(A-1)　意識状態に含まれる快楽の量が増加すれば，どんな場合でも意識状態全体の善さは増加する，と言われることがある。しかし私は，これが普遍的に正しいとは思わない。故意に悪い行動をしている状態もありうるからであり，それによって一層幸福になったとしても，意識状態は善くなるどころか，むしろ悪くなろう。

(A-2)　人が自己の理想を追求する情熱の増加によってその人の善さは常に増加する，と言われることがある。もし意識されたその理想が実際に価値あるものであり，本人もそう信じているならば，そうした情熱の増加によって確かにその人の善さは増加するだろう。また本人はその理想に価値があると信じているが，実は価値がないという場合でも，おそらくその情熱の増加によってその人の善さは増加するだろう。しかし私は，ブラウニングの次のような見方を受け入れるのには躊躇する。というのも彼によれば，悪を認識しながらあえてそれを望むときでも，生半可な気持ちではなく，ひたむきにその道を突き進む方が善いとされるからである。「こうして憎しみを晴らすことが彼の本懐だったから」，グィードー伯[2]はその憎しみの深さゆえに善に近づいた，と本当に言えるだろうか。

(A-3)　愛の強さが高まるならば意識状態の善さは常に増加する，と言われることがある。もし意識されたその対象が実際に愛するに値する対象であり，それを愛する本人もそう信じているならば，愛の強さが高まることによって確かに意識状態の善さは増加するだろう。必ずやそうなるは

---

[2] グィードー伯爵 (Count Guido) は，ブラウニング『指輪と本』(Browning, *The Ring and the Book*, 4 vols., 1868-69) に登場する殺人者である。

ずである。

(B)の問題についても，以下のような3つの一般的主張ができよう。

(B-1)　たとえわずかでも苦痛が快楽を上回れば，その人の意識状態は全体
として必ず悪いものになるという意味において，快楽は意識状態の善さ
にとって不可欠だ，と言われることがある。これは私なりに言い換えれ
ば，快楽という変数の符号が負であるとき，常に善の関数の符号は負に
なるということである。私はこの見解を受け入れないし，それが「世間
一般の人々」の倫理的判断に合致するとも思わない。

(B-2)　善意が伴うならば全体としての意識状態は常に善いものだ，と言わ
れることがある。これは私なりに言い換えれば，善意という変数の符号
が正であるとき，常に善の関数の符号は正になるということである。私
はこの見解もやはり拒否する。なぜなら，ある人が極端な苦しみを被っ
ているならば，あるいは嫌悪感を催させるような理想を追求しているな
らば，その人の全体としての意識状態は，その善意にもかかわらず悪い
ものになるかもしれないからである。

(B-3)　**人が良心の光に逆らって故意に罪悪を犯す場合のように**，もし善意
が欠けているならば，その人の意識状態は全体として常に悪いものにな
る，と言われることがある。これは言い換えれば，善意という変数の符
号が負であるとき，常に善の関数の符号は負になるということである。
この見解は，（B-1）や（B-2）よりずっと妥当なものであり，おそらく
カントが，善意は**唯一の善**ではないにせよ，**唯一の無条件の善**であると
述べたときに，彼の念頭にあった考えに近い。それでも，この一般命題
でさえも疑わしくなる極端なケースを考えることは可能である。例えば，
厳格で，おそらくは不合理な，義務の規則に従わねばならない人がおり，
その規則の元来の根拠だった他者への思いやりの念が今でもその人には
多少残っているような場合を考えよう。そのさい，もし高揚した思いや
りの念が，そうした機械的良心（誤った良心）に打ち勝つならば，その
人の意識状態は全体として悪いものになるだろうか。私は，常にそれが
悪いものになると断言できるのか，疑問に思う。

最後に(C)の問題が残っている。意識状態のなかに存在する善の量を決定する関数の性質について，何か一般命題を定めることはできるだろうか。私は，次のように言える場合もあろうと思う。

(C-1)　ある要素 A の現在の量が大きいほど，他の条件が等しい限り，他の要素 B の一定の増加がもたらす，意識状態の全体としての善さの増加は大きくなる。私はこれが幸福と美徳（virtue）の関係に当てはまると思うが，これ以外の一般命題を定めることができるか否かは疑問である。

3　［個人間の対立］

第 3 の論争的問題の考察に進もう。すなわち人は誰もが意識の主体であり，それゆえ誰もが善の担い手である。その場合，A 氏の善は，B 氏の善や C 氏の善と競合しないのだろうか。

この問題への答えはむろん，善が何に存在すると考えるかという前節の問題にも依存する。一部の研究者，特に T. H. グリーンは，善が競合することはありえないとし，そのようなものとしての善を説いている。このグリーンの見解は，例えば A. C. ブラッドレー博士によって，端的に次のように要約された。「目的の観念，すなわち道徳的善の観念は，それゆえ自己実現の観念である。しかもここで言う自己とは社会的存在であるから，自己の善には他者の善も含まれる。つまり他者もまた，それ自体として目的であると考えられる」[4]。ロフトハウス氏はこの考えをさらに明確化し，次のように示唆した。すなわち，愛はそうしたさまざまな善の主体を 1 つに結びつけるだろうから，A の善を高めようとすれば，B や C の善を高めることも必要になると。

だが実際上，この見解は擁護できない。「天使のような人々」からなる世界ならばいざ知らず，現実の世界では明らかに，善は（グリーン流の善の概念でさえ）競合する**ことがあろう**。A の自己実現によって B の自己実現の機会が奪わ

---

4)　グリーン著・ブラッドレー編『倫理学序説』（Green 1883）詳細目次 xxvi 頁，199 節。

れることは，確かにある。またAがＡが良心に従って行動する場合でさえ，それによって間接にBは良心に反する行動に促されることもある。善の構成要素として幸福なども考慮すれば，この競合性はさらに明白なものになる。経験が示す通り，Aの善を増加させるために他の人々の善を犠牲にせざるをえないことは，**実際にある。**

　このことは，ある非常に重要な議論につながってゆく。善を担う各主体は現世では対立せざるをえないので，そうならないような来世が存在しない限り，それらの主体はやはり全体として対立せざるをえない。ところがある人々の意見では，善の担い手たちが全体として対立しあうことを認めるのは，矛盾する2つの命題を同時に認めることである。シジウィックは，『倫理学の諸方法』(Sidgwick 1874) の最終節で明言したように，人は他者の善に配慮せずに自分の善を追求すべきだということ［利己主義］と，人は自分の善に配慮せずに社会全体の善を追求すべきだということ［功利主義］が，同等の説得力をもつ2つの道徳的指令であると直接に知覚し，これらをどちらも承認している。また彼は，一方では，自分の善を他者のためにけっして犠牲にしてはならないという意味において，A氏は「それ自体目的」であると主張しながら，他方では，B氏に関してもそれと同じことを主張している。これらの命題は，自分の善および他者の善の追求が，その人に同一の行動を指令する場合にのみ互いに整合的である。こうしてわれわれは（他の諸問題はさておき）これらの命題を和解させる必要性が，来世の存在を仮定するための十分な理由になりうるのか否か，という問題に直面する。

　この議論をムア氏は『倫理学原理』において激しく攻撃している。「ある人の幸福が**唯一の善**であるべきだということと，全員の幸福が**唯一の善**であるべきだということは，矛盾しており，この矛盾は，ある行動が両者を同時に実現するという仮定によって解消できるものではない。人々がその仮定の正しさをどれほど確信していようとも，それはやはり矛盾である」(Moore 1903, 103 頁)。私は，このシジウィックへの批判は的外れではないかと思う。はたしてシジウィックは，「もっぱらA氏の幸福を追求すべきである」という命題を，「A氏の幸福こそが唯一の善である」という命題に必ず変換できるなどと認めていただろうか。ムア氏におおむね賛同するラッセル氏でさえ，「善」と「当為」

（ought）の関係をめぐるムアの論理上の立場については批判しており（Russell 1904, 330 頁），私もその批判は当然であると思う。

　だが私は，実際のところ，ここでシジウィックを擁護しようとしているのではない。なぜならシジウィックは前述の矛盾を解消するために，来世の存在を仮定する必要があると示唆したわけだが，私の見地からはそもそも，そのような矛盾は存在しないからである。私は他者の善に配慮せずに自分の善を追求すべきだとは思わないし，私はどんな人についても，先ほど定義したような意味においてその人自身が目的だとは思わない。ひょっとすると，「他の人々がどれほど多くの善を所有しようとも，それによってけっして奪われることのない自分の善の持ち分を要求できる」という意味において[5]，すべての人が目的であるかもしれず，これはただ，人々の社会関係としての 公平 もまた善を構成する 1 要素だと主張しているにすぎない。しかし私自身はこのように考えないし，意識状態のみが最終的な善悪の構成要素であるならば，事実問題としてそのようなことはありえない。だからそれは，どんな場合でも矛盾しかねない前述の A 氏や B 氏に関する［シジウィックの］命題を含意するわけではない。それゆえ私の見地からは，各人の善が競合しあうという主張は矛盾していない。したがって，その主張に反論する必要はまったくないし，そのような枠組みでは，来世の存在を示す有効な論証を組み立てることもできないのである。

5）マクタガート『宗教のドグマ』（McTaggart 1906）17 頁。

J. M. ケインズ氏の
『雇用，利子および貨幣の一般理論』[1]

1　[ケインズの文体について]

　ケインズ氏は 1919 年に『講和の経済的帰結』(Keynes 1919) を書いたとき，人々を正気に戻すうえで，世界のために良い仕事をした。だが経済学者としての彼にとって，それは悪い仕事だった。なぜならあのとき彼は，自分の考えを世間に注目させるには，他者を皮肉たっぷりに批判しながらそれを述べるのが一番の方法であることを知り，それ以来，彼の潜在意識はそこから抜け出せなくなったからである。この手法は政治パンフレットを書く者たちの間では昔からありきたりのものだったが，学問上の論争ではそのような手法はあまり適切ではなく，また幸いにもあまり一般的ではない。ケインズ氏が経済学においてやり遂げたと自負していることを，アインシュタインは物理学において実際にやり遂げた。アインシュタインは広汎な一般化 (generalisation) を展開し，そこではニュートンの結論を 1 つの特殊ケースとして理解することができる。しかしアインシュタインは自分の新しい学説を公表するさいに，入念に考え抜いた辛辣な文体を用いて，ニュートンとその学説に従ってきた人々を，無能なへぼ学者の集団だと皮肉ったりはしなかった。アインシュタインは優れた手本を示したが，ケインズ氏はそれに倣わなかった。人を見下すようなその文章全体

---

1) J. M. ケインズ『雇用，利子および貨幣の一般理論』(マクミラン社，403 頁，5 シリング)。

の基調と，彼のかつての恩師であるマーシャルへの非礼[2]は，特に残念である。自分の仲間である経済学者たちを説得したいと思うのであれば，あのような書き方は最善の手法ではない。

2 ［古典派経済学者という虚像］

同書において彼が自分を引き立てるための敵役として設定したのは，「古典派経済学者（classical economists）」であり，具体的には「リカード，マーシャル，エッジワース，そしてピグー教授」である。これらすべての人物を一括りにするのは，創意に富む工夫である。なぜならそれは，第1に，そのうちの1人の欠点を全員に共有させることを可能にするからである。例えば，ピグー教授は「古典派雇用理論の現存する唯一の詳細な記述」（7頁）とされる失業に関する著書においてさまざまな罪を犯したが，ピグー教授は古典派経済学者であるから，古典派経済学者は皆，これらの罪を犯したのだ！，という具合である。第2に，その糾弾される人々のうちの1人がある特定の過ちを犯していないことがたとえ明らかであっても，これらの人物を一括する工夫のおかげで，ケインズ氏は次のように言うことができる。すなわちその者は過ちを犯した**はずである**，なぜなら，さもなければその者は自分の学派の「論理」に背いたことになるはず——「自分の悪しき理論に耐えられなくなった彼［ピグー］の健全な常識感覚」（277頁）とやらを仮に認めるならば——だからである。第3に，これらの人物を「古典派経済学者」として一括する工夫は，それを用いる者に論争上の大きな強みをもたらす。なぜならそれによって，相手方の完全な反論を封じることができるからである[3]。すなわち人が広大な場で狩りをするとき，自

2）同書の184頁の皮肉——しかもそこでの議論と無関係である——を参照。

3）例えば138頁と148頁で，ケインズ氏は，資本の限界生産力とは何であるかという問題——ケインズ氏はこの概念が，従来の経済学者たちにとって当たり前の常識だったと思い込んでいる——が無視された，あるいは精査されなかったと言って，従来の経済学者たちを非難している。しかしその「従来の大半の議論」が何であるのか，あるいはその「経済学者たち」が誰であるのかは，具体的に示されない！

分の射ったすべての弾が命中したかどうか，誰もいちいち確かめに行かないだろう[1]。それゆえ私にできることも，せいぜい幾つかの事例を選びだすことによって彼の議論の方法を示し，彼のやり遂げた事柄全体を大まかに考察することだけである。

　比較的小さな問題から考察を始めるのがよかろう。ケインズ氏は 20 頁で，マーシャル夫妻の『産業経済学』(Marshall and Marshall 1879) から次のような文章を引用している。「すぐ傷んでしまうような材料で服を作るのは，経済的に良いことではない。なぜならもし所得を服の買い替えに支出せずに済むならば，人々はその所得を何か別のものに支出し，労働者に仕事をもたらすだろうからである」。ケインズ氏がこの文章を引用したのは，当時のマーシャルが，ただし後年のマーシャルは「非常に用心深くなり，はぐらかすようになった（very cautious and evasive）」そうであるが――2 つめの形容詞は実にケインズらしい――，「個々の貯蓄行為は必ず，これに対応する投資行為をもたらす」(21 頁) と考えていたことの証拠としてである。ところでこの引用された文章は，文脈から切り離してそれ自体のみで見れば，なるほど不正確であることを認めざるをえない。だがマーシャルはある限定された文脈でそれを述べたのであり，人が所得のすべてを**必ず**何らかの対象に支出するなどと言おうとしたわけでは**ない**。同書を最後まで通読すれば，それは誰の目にも明らかである。なぜなら，最終的にこの問題を考察するにふさわしい箇所，すなわち景気変動一般を扱う箇所で，次のように明確に述べられているからである。「人々は購買力をもっていても，それを用いようとしないことがある」4)。ケインズ氏も，異なる文脈においてだが，この一文を 19 頁の脚注で引用している。にもかかわらず 21 頁では，上述のような批判がなされたのである。

　マーシャルへの批判はもう 1 つあり，こちらの方が先ほどのものよりずっと重要である。古典派経済学者，例えばマーシャルは，貨幣利子率を論じるにあたり，もっぱら実質タームに基づく分配理論に依拠している。だが実質的要素

---

[1]　『一般理論』の読者は，いちいち「古典派経済学者」たちの多くの著書や論文を精査し確認する労をとらないという意味だろう。
　4)　『産業経済学』(Marshall and Marshall 1879) 第 2 版 154 頁。私は初版を持っていない。

のみでは，貨幣利子率を決定できないことは明白である。方程式が1本足りないからである。古典派経済学者，例えばマーシャルは，これに気づかなかった，したがって古典派経済学者の理論全体は崩れると言われる。すなわち「私の考えでは，この問題（利子論）に関するマーシャルの説明に見られる混乱は，根本的には，貨幣をまったく考慮しない書物のなかに貨幣経済に属す「利子」の概念が侵入したことに起因する。利子がマーシャルの『経済学原理』に登場する余地はまったくない。利子は経済学の他の部門に属すのである」（198頁）[5]。ところでマーシャルは次のように述べていた。「本書を通じてわれわれは，そうでないことを特に断らない限り，すべての価値は，固定した購買力をもつ貨幣単位で表されると仮定している。それはちょうど天文学者が，実際の太陽ではなく，一定の速度で天空を動くと仮定される**平均的太陽**に関連づけて一日の初めと終わりを定めるように，われわれに教えてきたのと同じである」[6]。このようにマーシャルは，慎重かつ明示的に，貨幣に関する特定の条件を仮定していた，すなわちその足りない方程式を補っていた。にもかかわらずケインズ氏は，マーシャルがその必要性に気づかなかったと言って，彼を批判するのである。

　同様の歪曲的議論は，古典派経済学者のピグー教授という人物に対してもなされている。ケインズ氏は，その人物が書いた『失業の理論』（Pigou 1933）の実質労働需要表の**弾力性**に関する諸章について——実質労働需要表の**位置**の上下変動が失業に与える影響に関する諸章については一切無視し——次のように論評した。そのような上下変動に「一切言及せずに，ピグー教授が失業の理論

---

5) マーシャルの利子論へのこの批判には，ちょっとした妙な誤解がある。マーシャルによれば，「資本需要の大幅な増加は，したがって当面は，資本供給の増加より，むしろ利子率の上昇をもたらす」。これについてケインズ氏は次のように批判した。「なぜ資本財の供給価格の上昇をもたらさないのか。例えば，資本一般への需要の大幅な増加が，利子率の**低下**によるものであると仮定してみよう」（187頁）。だがこれは明らかに，その文脈ではけっして仮定しては**ならない**事柄だろう。すなわちマーシャルは，資本需要曲線自体の**上方移動**を論じているのに対し，ケインズ氏の批判は，ある停止した**需要曲線**上の移動を論じているのである。

6) 『経済学原理』8版（Marshall 1920, 593頁）。また同様の文章は，前述のマーシャル夫妻『産業経済学』の69頁および150頁にも見られる。

を提示できるなどと考えたことは、実に 奇 妙 である」（275頁）と。ピグー教授が本当にこんなことをしたのであれば、奇妙というのはあまりにも控えめな言葉だろう。しかし実際には、実質労働需要表の位置の上下変動の問題は『失業の理論』の後半で**論じられており**（特に第III編第15章と第V編第9章）、それ以上の詳しい議論は、同書の序文で断ったように、すでに『景気変動論』（Pigou 1927）で十分になされているから割愛されたのである。

　古典派経済学全体に対するケインズ氏の根本的な批判は、もう1つあり、これは次のように示されよう。古典派によれば、任意の時点の労働雇用の総量は、古典派経済学者たちが一般に合意している留保条件のもとで、雇用者の提示する実質賃金率と、供給される労働量への対価として労働者の求める実質賃金率が、等しくなる水準で決まる。つまり一般にそれは、労働の実質需要曲線と実質供給曲線の交点で決まる。ところで、ケインズ氏の定義する「非自発的失業」（15頁）が起こるのは、貨幣賃金に比べて物価が相対的に上昇するさいに雇用量が増える場合である。だから「古典派の2つの公準が妥当する限り、上述の意味における非自発的失業は起こりえない」（16頁）とされる。なぜなら古典派の枠組みでは、実質供給表が一定である場合、物価が上昇すれば、同率の貨幣賃金の上昇が伴わない限り、それは提示される実質賃金率の下落を実際に意味するので、労働供給量は減少するからである。「明らかにピグー教授の『失業の理論』は、この奇妙な仮定に依拠しており、しかもそれは、正統派のすべての経済学者が暗に前提している仮定なのである」（13頁）。また「ピグー教授の著作の全体は、**貨幣賃金に比べて生活費が少しでも上昇すれば、労働市場から、現存する失業者の総数を上回るほどの大量の労働者の撤退が生じる**という仮定に基づいて書かれている。これこそが強調すべき重要な点である」（277頁、ゴチックはケインズ氏）。これは紛れもなく、私の議論を歪曲したものである。古典派経済学者の不毛さを論証するために、ケインズ氏は、古典派経済学者の議論と**第2公準**[2]を無理矢理にでも結びつけねばならない。第2公準のもとでは、貨幣世界の出来事が実質労働供給表に**影響を及ぼす**ことはない。

---

[2] 古典派の第2公準とは、「一定の労働量が雇用されている場合、賃金の効用は、その雇用量の限界不効用に等しい」（Keynes 1936, 5頁）というものである。

なぜなら当然のことだが、もし影響を及ぼすならば、労働の実質需要価格と実質供給価格が常に均衡している**にもかかわらず**、貨幣面の出来事によって雇用量が変動するのを許してしまうからである。だがケインズ氏は、自分の批判を正当化するためには、古典派経済学者の議論と第2公準の結びつきを例証する必要があることに、まったく気づいていない。仮にこの必要に気づいていたとしても、むろん彼はそれを果たせなかったろう。なぜなら少なくとも「古典派経済学者」のうちの1人は、まさか第2公準のようなものを擁護する者などいるまいと思っていたので、ケインズ氏が特に批判しているある著作のなかで、わざわざその公準を反駁することもせず、貨幣世界の出来事によって——短期的に——実質労働供給表が**どのように変化するか**を苦心して考察していたからである[7]。

　本稿の最初の草稿では、このような歪曲的議論の寄せ集めの特徴をあからさまに述べた段落がここにあった。その段落をそのまま残しておきたいという思いは強かった。しかし

　　　次のような誘惑はどこからやって来るのか。その人は登ろうとする。
　　　そして主人となって、その足下に人を屈服させようとし、
　　　そのように危うい絶頂に立ち、勝ち誇ろうとする。

　私は読者に事実を述べた。それらの事実について判断を下すのは、読者の仕事である。

3　［同書の難解さの原因、および6つの問題］

　ケインズ氏の議論に消極的な悪い部分があるからといって、その積極的な良い部分の価値が下がるわけではない。消極的部分を読むことによってわれわれの心にどのような偏見が生じようとも、それをいったん脇に置き、積極的部分の価値をそれ自体として考察せねばならない。だがここでも、直ちに深刻な問

7）ピグー『失業の理論』（Pigou 1933）第V編第9章。

題に遭遇する。すなわち彼の議論はところどころ非常に曖昧なので，読者は彼が言おうとしていることを明確に理解できないのである。経済学に関するケインズ氏の学術書にこうした曖昧さが見られることは——それは今回ほどではないにせよ，『貨幣論』の理論的部分（Keynes 1930, vol. 1）にも見られた——非常に奇妙である。というのも，彼が『デイリー・メール』紙［イギリスの日刊大衆紙，1896 年創刊］の有能な寄稿者になったのは，その文才のおかげだとは言わないが[8]，とにかく彼の文才は，確　率に関する哲学を素人にも分かるように書けたほどである。これほど筆が立つにもかかわらず，なぜ本来の専門的主題について書くときには，その専門家仲間の多くにとって——なぜならこの点については私だけではないから——非常に分かりにくいものになるのだろうか。

　その第 1 の原因は，間違いなく，用語上の彼の非一貫性に求められる。例えば 5 頁の脚注の「非自発的失業」は，15 頁で定義されるそれとは異なる意味で使われている。また 5 頁の「労働の限界生産物」は，2 行下では**価値**として述べられ，6 頁でも「その労働の限界生産力に帰せられる生産物の価値」と述べられているのに，その同じ 6 頁には，貨幣賃金の効用という意味の「限界生産物の効用」という言葉が見られる。それから 5 頁では，古典派経済学者たちは賃金の効用とその雇用量の限界不効用との均等化を主張したと述べられたが，14-15 頁では，雇用量の限界不効用と対置されるのは賃金の効用ではなく，実質賃金自体である。また 28 頁では「消費性向」という新概念が突然現れ，90 頁に進むまでその定義はなされないのに，何の断り書きもない。しかしさらにずっと重大な用語上の非一貫性の例が，第 13 章の「流動性選好」に関連して見られる。すなわち同章の冒頭では，所得とは実質所得を意味し，また貨幣需要とは人々が貨幣形態で保有しようとする実質資産価値を意味する。だがその後は，所得は貨幣所得を意味し，また貨幣需要は貨幣量と貨幣利子率の関係を意味するようになる。例えば 166 頁では，「個人の流動性選好は，彼がある一

　8）この辛辣な皮肉は，先頃，『サンデー・エクスプレス』紙［イギリスの日曜大衆紙］の誘いに乗ったある人物の見解である。しかし彼が言おうとした事柄の本質には，注目せねばならない！

定の状況において貨幣形態で保有しようと欲する彼の資産量を，貨幣ないし賃金単位で測った表によって示される」と述べられ，また 167 頁では，利子率は「富を現金形態で保有しようとする欲望と現存の現金の供給量を均衡させる『価格』である」とされる。ここでは実際上，流動性選好はマーシャルの k と同じであり，実質所得が与えられれば，他の条件が一定である限り，k は利子率に依存する。ところが 168 頁では，「流動性選好は，利子率が与えられた場合に人々の保有する貨幣量を決定する潜在的傾向ないし関数的傾向である」とされ（もはや貨幣形態で保有される実質資産価値ではない），また 171 頁では，「貨幣量と利子率を関係づける流動性選好表」とも言われる[9]。こうしてマーシャルの k のウサギがケインズのキツネに変身したかと思いきや，今度はそれが突然分裂して 2 匹に殖えるのだから，狩人は仰天する！ すなわち『一般理論』の 119 頁で狩人は，目の前の原っぱを逃げてゆく**2 匹**の流動性選好関数を見る。1 匹は貨幣量の一部を所得量に関係づけるものであり，もう 1 匹は貨幣量の残りの部分を利子率に関係づけるものである。狩人は可笑しいやら腹が立つやら，ただ呆れるばかりだろう。

　　歌神アポロンの宿命がそうであったように，

　　追う者にとって，それが宿命であったのだ。

　　その道を追いかける美しい若者よ，

　　得られるものは，ただ月桂樹の栄冠のみ。

　だがアポロンに慕われたニンフのダフネでさえ，**2 本の**月桂樹に化けたりはしなかった！

　ケインズ氏の議論の曖昧さの第 2 の原因は，彼が一般化を推し進めようと欲

---

9) まったく厳密さを欠く用語法ではあるが，「貨幣量」を「貨幣所得に対する貨幣ストックの割合」と解釈することも可能である。もしそうであれば，ここで指摘した混乱は言葉の問題にすぎなくなる。なぜなら当然ながらこの比率は，実質所得に対する（貨幣形態で保有される）実質資産価値の割合に等しいからである。だが後の頁でケインズ氏は，「人々の欲求の対象（すなわち貨幣）が生産できないものであり，しかもそれに対する需要を容易に抑制できない場合には，人々の雇用が増えることはない」（235 頁）と述べており，ここでのケインズ氏の見解では，人々が保有しようとするのは明らかに貨幣自体であり，単に貨幣形態で保有される一定量の実質資産価値ではないようである。

するあまり，すべての要因を同時に議論せざるをえなくなっていることに見出されると思う。例えば彼は「消費性向」に関する諸章で，①貨幣賃金率が一定である場合と，②それが変化する場合，のそれぞれの特定の状況下で何が起こるかを考察しようとした。通常の考察手順は，最初に単純な前提に基づいて問題を解明し，次に前提をより複雑なものにする場合に，最初に到達した結果をどれほど修正せねばならないかを調べるというものだろう。ところがケインズ氏は実際上，**貨幣所得を貨幣賃金率で除した商**が一定である場合に，最終的にどのような結末が予想されるかを問うことによって，この2つの作業を一度におこなっている[10]。だが，ケインズ氏の導いた結論以外にもさまざまな事柄が生じるだろうし（この問題を避けるべきではない），それらの事柄が生じ**ない**という明白な理由はまったくない。それゆえ，貨幣所得と貨幣賃金はどちらも一定であるから上述の商は一定に留まると言われたり，貨幣所得と貨幣賃金はどちらも同じ比率で変化するからこの商は一定に留まると言われたりすると，読者はどうしても困惑してしまい，不安になるのである。このような考察手順の不手際については，他にも多くの例を挙げることができる。複雑な問題を単純な問題に分解し，系統立てて考察するのではなく，全体として一挙に考察しようとするケインズ氏の思いは強いので，その議論についてゆき，その諸々の想定を解きほぐす作業は，非常に骨が折れる。

　彼の議論の曖昧さの第3の原因は，立てられた前提どうしの間に重大な矛盾が存在することである。例えば114頁では，「本書で考察する実質所得の変動は，一定の資本設備に異なった雇用量（すなわち労働単位）を適用する結果生じるものである」と述べられ，245頁でも再び，「利用可能な設備の量と質，および現存の技術は一定と見なす」と述べられる。ところが同書の本論を通じて彼は，新たな投資が毎年幾らかなされると想定している。投資がなされてい

---

10) むろん明らかに，貨幣賃金率が半減し，かつ［雇用主によって］賃金に支出される総額が一定に留まる場合には，雇用に与えるその影響は，貨幣賃金率が一定に留まり，かつ賃金に支出される総額が倍増する場合と同じである。しかし貨幣所得の倍増は，次のような非常に特殊なケースでなければ，賃金に支出される総額を倍増させない。すなわち貨幣所得の倍増が雇用量にまったく影響を与えない場合か，あるいは（一定量の生産設備のもとでの）労働の生産力を表す関数がある特定の形をもつ場合である。

れば，資本設備が変化せざるをえないのは明らかである。つまり彼は事実上，定常状態を仮定しながら，同時に変動状態を仮定している。しかも 335 頁では，彼は定常状態を前提して作り上げた分析道具を用いて，「富がかなり急速に増大しつつある」成長状態を考察するようなことまでしている。彼が自分の考えを完全に首尾一貫したものに高めていたならば，前提どうしのこのような矛盾を誰も批判できなかったはずである。ケインズ氏の説明の曖昧さは**大部分**，私の見るところ，彼の思考自体の混乱に起因している。すなわち今の彼であれば認識できるように，かつて『貨幣論』を書いたときには混乱していたが今回は当然それを十分克服できた，と彼が過信したところの混乱である。

　以上の説明の当否にかかわらず，彼の議論が曖昧であるという事実，またその曖昧さが問題を生みだしていることは，とにかく否定できない。彼の言おうとしていることを完全に理解できたかどうか，私には自信がない。したがって同書を評価するうえで，彼自身が本質的に重要であると考える何らかの点を無視したり，軽視したりするなど，同書に対して不公正なところもある**かもしれない**。かつて新刊書を論評したさいに私が実際に犯したように，決定的重要性をもつ学問上の先駆的貢献を見落としてしまうことさえあるかもしれない。それでも私は論評せねばならない。この種の本に対して細かな批評を書き連ねることは冗長にすぎるし，啓発的でもないだろうから，私はそのような論じ方をせず，ここで述べなければならない事柄を，次の 6 つの重要な主題に関連づけて論じることにしたい。すなわち，(1)「乗数」，(2) 利子率，(3) 貯蓄の問題，(4) 貨幣賃金が実質賃金と雇用に対してもつ関係，(5) ケインズ氏の最後の審判のヴィジョン（vision of the day of judgment）とでも呼ぶべき議論，(6) 政府および中央銀行の行動によって，すべての失業——便宜的に摩擦的失業と呼ばれるものを除く——をなくせるという彼の見解，である。

(1) 乗数

　一定の状況のもとで人々は，その所得の全部ではなく，一部だけ（一般にかなり大きな割合）を消費に支出する性向をもつ。したがって，例えば新たな公共事業によって純投資が増加すれば，間接的に消費支出も増加するので，たとえそれ以上の投資がなされなくても，その最初の純投資が直接的に生みだすよ

り，かなり大きな雇用の増加を最終的に生みだす。これは明らかに一般的には正しい。だが私の考えでは，その分析の細部に重大な欠陥がある。ケインズ氏は，政府が例えば公共事業に1000万ポンド投資する場合，この新たな1000万ポンドのすべてが投資の純増加をもたらすわけではないことを認識している。すなわちその1000万ポンドから，他の形態の投資の減少額を差し引かねばならず，この減少額の規模は大部分，どのような金融政策が採られているかに依存する。政府による1000万ポンドの資金調達の間接的帰結として利子率が上昇するほど，純投資は小さくなる。しかしケインズ氏はこれを認めながら，あたかも金融政策によってこの純投資の問題は解決済みであり，それゆえ「乗数」を，一定量の純投資による雇用の増加量を決定する独立した要因であると見なして議論を進めている。これは確かに誤りである。乗数が大きいほど，ある一定量の純投資の結果としての貨幣所得の増加量は，必ず大きくなる。だが，貨幣所得の増加を妨げるような金融政策——貨幣所得が増加すれば金利を引き上げる——が採られている場合には，乗数が大きいほど，ある一定量の粗投資の増加がもたらす純投資の増加量は小さくなる。それゆえ，最初の投資の増分と乗数が，雇用量への影響を決定する独立した要因となり，［他の要因がもたらす影響に］いわば加算的な影響を及ぼすのは，貨幣利子率を常に一定に保とうとする金融政策が採られている場合のみである。

(2) 利子率

次に，ケインズ氏の議論の一般的枠組みのなかで大きな役割を担っている問題，すなわち貨幣利子率の決定に関する彼の見解を考察しよう。幾つかの箇所で彼は，実物的要因が貨幣利子率に影響を及ぼすことを否定しているように思われる。すなわち彼は，貨幣利子率は雇用量に影響を及ぼし，また雇用量の限界を定めるけれども，この利子率自体は実物世界から影響を受けないと断言しており，例えば355頁では，「利子は純粋に貨幣的現象である」とするゲゼルの見解に同意しているように見える。もしこれがケインズ氏の真意であるならば，彼は古典派経済学から完全に離脱したことになる。しかし本当にそれが彼の真意なのだろうか。事業者たちの収益期待が上向けば——ケインズ氏の表現では，資本の限界効率表が上昇すれば——貨幣以外の形態の非流動的資産が，

以前より多く需要されるようになろう。むろん，金融政策によって貨幣利子率を常に一定に保とうとする場合には（そしてそれが成功すれば）貨幣利子率は変化しない。だが，かつて実行されたどんな種類の金融政策であっても貨幣利子率の上昇を防げないことは確実であり，歴史が豊富な事例を示すように，それはいつも実際に上昇したのである。ケインズ氏の見かけ上の立場とは正反対であるが，私は，彼もこれに同意すると思う。そしてもしそうであれば，ここまではわれわれの間に対立はない。

　しかし議論がさらに展開する第17章に至ると，もはやそのように言えなくなる。彼はそこで貨幣利子率について論じており，それが雇用量の限界を定めると主張する。「なぜならそれ［貨幣利子率］は，資本資産が新たに生産されるにあたり，その限界効率が達成せねばならない基準を定めるからである」（222頁）。だが均衡状態においては，何の財貨で利子率を測るかに応じて色々な利子率が考えられよう。すなわち貨幣利子率もあれば，小麦利子率もある。そうであるのに，どうして雇用の限界を定めるのは貨幣利子率であって他の利子率ではないのか。ケインズ氏は「経済全体を支配するのは，さまざまな自己利子率（このように呼ぶことにする）のうちで最大のものである」と答えている。彼はこの問題の答えを次のように要約したが，その冗長な文章は特に引用する価値がある。「われわれの結論は，最も一般的な形式では（消費性向を所与として）次のように述べることができる。あらゆる利用可能な資産の自己利子率のうちの最大のものが，あらゆる資産の限界効率——自己利子の自己率が最大である資産によって測られた——のうちの最大のものに等しければ，投資率がさらに高まることはありえない」（236頁）。また彼はさまざまな理由を長々と示し，「貨幣利子率こそが，しばしばその最大のものである」（223頁）と言う。**したがって，経済全体を支配するのは貨幣利子率だということになる。**この一文中の「しばしば」という語が弱点である。なぜなら例えば12月には，6ヶ月間の貸付に対するイチゴ利子率は，明らかに貨幣利子率より断然高いからである[3]。わざわざ「しばしば」と言うからには，当然，ケインズ氏もうっかり混乱状態に陥らないように警戒していたはずである。この最も混乱した第17章

---

[3] 通常のイチゴの収穫期は5〜6月だからである。

の内容を私が根本的に誤解していない限り，明らかに，この混乱した議論こそが彼の実際の立場である。例えば，貨幣利子率は5パーセント，小麦利子率は4パーセント，小麦1クォーターの価格は現在1ポンドであるとする。そしてわれわれは，第r番目の限界ポンドを投資するか否かについて悩んでいるとしよう。もしこの第r番目のポンドを投資すれば，貨幣で測ってQ_1，Q_2…の一連の収益が，あるいは小麦で測ってR_1，R_2…の一連の収益が得られると期待される。裁定取引によって利ざやを稼ぐ機会がないとすれば，利子率5パーセントの場合の系列Qの現在価値は，利子率4パーセントの場合の系列Rの現在価値に等しくなるはずである。つまりどちらの現在価値も，1ポンドすなわち小麦1クォーターになるはずである。どんな価値標準を用いようとも，結果は同じである。年々の期待収益を貨幣利子率ではなく小麦利子率で割り引くさいには，収益自体も貨幣量ではなく小麦量で表さねばならないことを，ケインズ氏は忘れている。これに気付くや否や，彼の示した問題も，彼の示した答えも，雲散霧消する。

(3) 貯蓄

次に，貯蓄の問題を取り上げよう。この問題に関するケインズ氏の結論は実に明快である。「われわれの議論からは次のような結論が導かれる。すなわち現状では，富の増大は，通常考えられているように富者の制欲［abstinence, 貯蓄のこと］にかかっているどころか，むしろそれによって妨げられやすい」（373頁）。なぜなら，貨幣を消費に支出しないという決定は，貨幣を投資に支出するという決定とは別の事柄だからである。誰もそのことは否定しない。貯蓄は退蔵（hoarding）の形をとる**ことがある**。そして退蔵が起これば，貨幣賃金率が変化しない場合には，投資財産業の雇用が増加しないのみならず，消費財と投資財の両産業の雇用がさまざまな影響を通じて減少する。だから貯蓄は，新たな資本の創出を**常に促進するわけではなく**，そうならない場合もある。例えば，急激な景気後退期に「節約」運動をおこなえば，単に失業が増えるだけである。しかしケインズ氏の結論は，これよりさらに踏み込んだものであって，彼は，貯蓄，あるいはとにかく貯蓄の大部分は，現状では退蔵の形を**とる**と主張する。これは真実だろうか。この問題に決着をつけるには，以下の2段階の

考察をおこなわねばならない。

　第 1 に，通常の時期に人が貯蓄の決定をするさい，それは通例，それ自体で完結する決定ではない。それは，より大きな問題の決定の一部だからである。すなわち彼が貯蓄するのは，①貯えとして，また銀行預金として，貨幣を蓄積するためだけではなく，②近い将来に住宅や自動車を購入したり，金利を生む証券に投資したりするためでもある。この大きな問題の決定によって②が実行される場合には（住宅や自動車の購入の場合には明白かつ直接に，また証券への投資の場合には迂回的過程を通じて）新たな資本の創出のための労働の雇用が生みだされる。①の決定の数ヶ月後に②の決定が実行されることも確かによくあるが，貯蓄の年間総額およびその期間が一定に保たれるならば，これは問題ではない。なぜならある人の①の行為には，常に同時に他の人の②の行為が伴うので，退蔵の純増は生じないからである[4]。もし貯蓄が年 1 億ポンドの率で絶えずなされるならば，一般に資本ストックも同じ率で増加してゆくことになる。貯蓄が年 2 億ポンドの率で絶えずなされる場合も，同様である。だが年 1 億ポンドから 2 億ポンドへと**貯蓄の率が増大しつつある期間中には**，②の投資行為が①の貯蓄行為に遅れることにより，確かに幾らか退蔵の純増が生じる。しかしこれは到底，ケインズ氏の広範な一般化の根拠にはならない。彼が陥ったと考えられる誤りは，次のように例証できよう。自分の歯を抜くという決意自体は，義歯を購入するという決意とは別物である。だが実際には，義歯を購入せずに歯を抜く者はめったにいない。人は歯を抜いて何ヶ月か経ってから，義歯を求めるようになるものであるから，歯を抜く者の**増加**は，義歯の資本ストックを即座に増加させるわけではない。だがそれでもやはり，歯を多く抜くことは（a low propensity to retain one's natural teeth）義歯の資本ストックの「増加につ

---

[4]「貯蓄の年間総額およびその期間が一定に保たれるならば」という一文は，次のように考えると分かりやすいだろう。ある貯水湖（その貯水量は退蔵の総額を表す）があり，A の川から毎日一定量の水が流入（貯蓄）し，それと同量の水が B の川から流出（投資）しているとする。もし今，その湖の深さ（退蔵期間）が突然 2 倍になれば，湖の水位は低下し，B の川は一時的に枯れてしまうが，やがて湖の水位が回復すれば，再び A と B のどちらの水の流量も再び等しくなろう。水の流入量（貯蓄）と流出量（投資）の不均等をもたらすのは，当初の貯水量の規模（退蔵の総額）自体ではなく，その規模の変動である。

ながる」のである。

　第 2 に，ある個人による貯蓄の決定が，その個人による近い将来の投資の決定を伴わない場合には，その貯蓄の決定のもたらす帰結は，金融政策の方針が与えられない限り，不確定である。総貨幣所得の安定をめざす金融政策のもとでは，すべての個人の退蔵を合わせた額は，それと同額の支出（dishoarding）をもたらすに違いない。その支出は実際上，投資財に向けられるため，それと同額だけ資本は増加するだろう。また他の諸々の金融政策のもとでは，それぞれ異なる帰結が生じるだろう。ケインズ氏が適切に主張したように，所得の安定をめざす金融政策がうまく実施されている場合には貯蓄の退蔵は起こらない。ところが彼によれば，それ以外のすべての金融政策の場合には（ただし彼が言うように完全雇用状態ではないときに限る），貯蓄は**すべて**退蔵されるそうである。だが実際には，最後の審判（後述）のような事態を別にすれば，その**一部**は退蔵されるが，**一部**は資本を創出するのであり，両者の比率は，ひとえにそのときの金融政策の方針次第である。私は，これらのことにケインズ氏も同意するだろうと思う。

(4) 貨幣賃金率と実質賃金率

　一方には貨幣賃金率があり，他方には実質賃金率と雇用がある。この双方の関係についての定説は，貨幣賃金率の下落は，必ずしも比例的にではないが幾らか実質賃金率を下落させるので，通常は雇用量を増加させるというものである。だがケインズ氏は，閉鎖経済体系における貨幣賃金の**全面的**下落の場合には，一見したところこの定説を否定しており，貨幣賃金の下落はそれと同率だけ物価を下落させるので，実質賃金と雇用は変化しないと反論している。もしこれが彼の真意であるならば，彼と古典派経済学は明らかに激しく対立することになる。しかしここでもやはり疑問に思うのだが，それは本当に彼の真意なのだろうか。じっくり考えてみたものの，やはり疑問である。なぜなら貨幣賃金率の下落がもたらす帰結と言っても，①貨幣で測った労働需要の**減少が進行中**のときの話なのか，②その**減少が完了済みのとき**の話なのか，彼は明確に区別していないからである。確実に言えるのは，彼が①の状況下における貨幣賃金の下落を無効だと考えていることであり，貨幣賃金が下落している最中には，

さらなる下落の期待（エクスペクテーション）が生じやすく，それゆえ貨幣で測った労働需要のさらなる減少が生じやすいから，彼の議論はかなりの説得力をもつ（269頁）。しかし貨幣で測った労働需要の**減少が完了し**，新たな水準でかなり安定しているとすればどうだろうか。その状況下でも，確かに彼は，貨幣賃金率の下落によって実質賃金率が下落する可能性を否定し，それゆえ失業が減少する可能性を否定しているが，この否定はあくまでも，他の経済学者たちが一般に考えているような過程を通じてそれらが生じるのではないという意味だろう。私は，**何らかの**間接的過程を通じてそれらが生じうるということを，彼が否定するとは思わない。もし私が彼を正しく理解しているならば，彼の理論はさておき，彼の結論自体は従来の定説と同じである。すなわち彼も認めているように，長期的には，もし貨幣賃金が自由に変動しうるならば，経済体系内のさまざまな要素が調整され，彼の言う完全雇用が維持される傾向がある[11]。むろんこれは，イギリスが1925〜29年に経験したような，あるいはフランスが現在直面しているような，市場の調整不全とそれによる大量失業の状況下で，（金融政策，あるいは場合によっては平価の切り下げを通じて）物価を引き上げるより，貨幣賃金を切り下げる方が，難問を一挙に解決するのに有効であるという意味ではない。従来の定説の枠内でも，物価引き上げ政策を支持する強力な議論をおこなえるのである。すなわちケインズ氏も267-69頁で述べているように，①民主主義のもとでは社会全体の貨幣賃金率の切り下げを決断することは至難の業であり，②仮にこれが実現**できたとしても**，厄介なことに民間および政府の実質債務残高が増大してしまう。それゆえこの問題に関しても，ケインズ氏と他の経済学者たちは必ずしも真正面から対立するわけではない[12]。

---

11) その議論のなかで，ケインズ氏は次のように示唆する。すなわち経済全体の貨幣賃金率の下落が経済全体の雇用を増加させると主張する経済学者は，この結論を，ある単一産業の貨幣賃金率の下落（他の産業の貨幣賃金率は変わらない）がその産業の雇用を増加させるという事実から引き出していると（259頁）。しかし，誰がこのようなひどい誤謬をかつて実際に犯したのか。彼はその証拠を一切示さない。

12) 一見すると逆説的に思われるかもしれないが，この議論は次のことを含意する。すなわち1925〜29年の時期には大半のイギリス国民は貨幣賃金の引き下げに反対したが，29年以後の不況期には今度はその引き下げが広く唱えられ，ある程度採用された。だが前者の時期にこそ，貨幣賃金を引き下げるべきではなかったか。そう考えるべき強い理由

しかし残念ながら，この調和状態が続くのはここまでである。なぜなら，私の理解が正しいとすれば，ケインズ氏と私が予想する結果は同じであっても，その結果が生じる過程についての両者の見解はまったく異なるからである。私の考えでは，ケインズ氏は，貨幣賃金率の一定の下落が雇用にもたらす結果は，個人の一定の退蔵行為がもたらす結果と同じく，そのときの金融政策の種類が判明するまで確定しないということを見落としている。貨幣賃金率の下落が実質賃金率を上昇させ，それゆえ雇用を**減少**させるような金融政策を考えることは確かに可能だが，このような結果をもたらす金融政策は（貨幣賃金率が下落しても実質賃金率と雇用が一定を保つような金融政策と同じく）結局のところ，かつて実行も提唱もされたことのない空想上の政策であることが分かる。多少とも現実味のある金融政策の場合，また所得や物価の安定をめざす金融政策の場合にはなおさら，貨幣賃金率の引き下げは実質賃金率を下落させ，雇用を増加させるに**違いない**。またケインズ氏の見解とは逆に，高水準の雇用はおそらく，その初期段階を除けば，最終的には，低下した貨幣利子率よりもむしろ，**上昇**した貨幣利子率と関連していることが多いように思われる。

(5) 最後の審判のヴィジョン？

ケインズ氏の最後の審判のヴィジョンは，次のように素描されよう。もし賢明な政策がなされれば，資本設備は急速に蓄積され，おそらく1世代のうちに，もはや正の純収益を生む投資先はなくなってしまう（220頁）。それゆえ大所得をもつ人々は投資意欲を失うが，彼らはその所得をすべて消費しようとは思わないだろう。その結果，他に良い支出先が全然ないという単なる機会の欠如のために，彼らは貨幣を退蔵する。なぜなら銀行は負の利子率では貸し出せないので，投資を誘いだし，退蔵を相殺することができないからである。したがって所得と雇用は累積的に減少してゆき，この過程は「貯蓄がゼロになるほどに雇用量が少なく，生活水準が悲惨なほどに低い状態」（217-18頁）に至るまで停止しない。特殊な政府行動（ケインズ氏はそこに1つの有効な回避策を見出している）がなされない場合，このヴィジョンは本当に実現するのだろうか，そ

がある。

れとも杞憂にすぎないのか。

　もし近い未来の状況が，近い過去の状況とまったく変わらないとすれば，その発明に投資を必要とする新たな品々がどうやら今後も引き続き現れそうである。われわれは，戦車などの兵器はもとより，電気製品・自動車・飛行機・蓄音機・無線通信手段を次々に創りだした時代を生きてきたので，新たな投資機会がまったく消滅するなどとは，とても考えることができない。それに，たとえ新しい資本資産の**平均**収益率がゼロになっても，**一部**の資本資産は幾らか収益を生むはずであり，[投資時点では]多くの資本資産はそのように期待されていたはずである。たとえ収益の見込みは低くても，それがゼロにならない限り，富者にとってはこれら一部の対象に投資する方が，まったく不毛な退蔵にますます多くの所得を向けるよりましだろう。なぜなら，忘れてはならないことだが，ここで考察しているのは，今は投資の期待収益率は2パーセントにすぎないが，すぐにそれが再び上昇するというような状況ではないからである。つまり収益率が回復する見込みはないので，その将来の回復に備えて資産を流動的な形で保有する誘因もない。これらの理由から，私はケインズ氏の言う累積的な経済崩壊をあまり心配していない。また私は仮に崩壊が起こるとしても，その動きがあまり急激でなければ——それが急激に進むと考えるのは確かに不合理である——貨幣賃金率の下落によって，崩壊に伴う雇用の減少が完全に吸収されるわけではないにせよ，多少とも吸収されると予想する。投資は一切なされないと仮定しているので，たとえ実際の賃金低下が将来のさらなる賃金低下の期待を生みだしても，投資がさらに減少することはありえない。それゆえ通常の不況の場合より，賃金下落は有効に作用するだろう。このような問題はすべて非常に不確かな事柄であるけれども，私はケインズ氏の言う最後の審判に備えて保険をかけるとしても，あまり高い保険料を払う気はない！

(6) 失業の消滅

　6つの重要な主題の最後のものが残っている。ケインズ氏の主張によれば，最後の審判を阻止するために，銀行界による適切な利子政策と政府による投資政策をおこなえば，総雇用を，好況期に対応すると現在見なされている高い水準で安定させることは実際に可能である。彼の考えでは，これを達成するには，

従来のような雇用の循環的変動をなくし，彼が定義するところの完全雇用水準に雇用を維持すればよい（322 頁）。彼の希望が楽観的すぎるか否かはさておき，雇用を近年のような低い水準から引き上げて，ほぼ完全雇用水準に近づけることが実際に可能であるという点については，ほとんどの経済学者が同意するだろう。また私は，銀行界および政府による適切な短期的政策が有益であるとする一般的主張についても，何ら広範ないし深刻な意見の対立があるとは思わない。

　しかしケインズ氏と同じく貨幣に意識を集中すれば，1 つの重要な問題が現れてくるのであり，私の考えでは，彼はこれを十分考慮していない。彼の言う「完全雇用」とは，実質的には，貨幣で測った有効需要が増加しても，もはや雇用量が増加しなくなる状態のことである。この完全雇用は，摩擦などを考慮したうえでの最大可能雇用量，すなわち好況の頂点における状態と同じものだと，彼は暗に仮定している。だが必ずしもそうなるとは限らない。労働者たちは，最大可能雇用量をもたらす水準を超える高い実質賃金率を維持しようとして，絶えず圧力をかけるかもしれない。彼らがこのように行動する限り，貨幣で測った労働需要が高まっても，彼らは貨幣賃金を引き上げてこれを相殺してしまうので，雇用が好況期のような高い水準に永続的に保たれることはありえない。それゆえ，たとえケインズ氏の言う完全雇用が確立されても，なおも労働者たちは，①高い実質賃金を伴う少ない雇用か，②低い実質賃金を伴う多い雇用か，という 2 つの方針のどちらかを選択するだろう。②の種類の方針を選んでも，必ずしも彼らの利益になるわけではなく，また社会全体の利益にさえなるわけでもない[13]。だがとにかくそれを選ぶのは，銀行界や政府ではなく彼らである。もし彼らが①の種類の方針を選ぶならば（彼らがある程度までこれを実際に選ぶことは経験から明らかである），ケインズ氏の言う完全雇用を確立しても，その雇用水準は，好況期の通常水準よりかなり低いものにならざるをえないだろう。

13）ロウ『賃金：実際と理論』（Rowe 1928）第 3 編。

4 ［同書の優れた点］

　この書評でほとんど批判的なことばかり述べてきたことに，われながらうんざりしている。すなわち他の経済学者たちに関するケインズ氏の論評の仕方と内容に対する批判，また彼の主要な貢献の形式と内容に対する批判。そのささやかな償いとして，ここであらためて告白するが，私は彼の議論を自分が十分理解できているか，不安に思う。また多くの二次的事柄については，彼の著作物をよく知る者であれば誰もが期待したであろうように，彼は啓発的で示唆に富む議論をおこなったということも付言しておきたい。すなわち賃金と主要費用〔プライム・コスト〕の厳密な関係についての議論（第6章），当該期間の資本の更新・修理の必要額を超える減価償却費の積立がもたらす帰結についてのホートレー氏の議論を発展させたこと（第8章），事業予測の不安定性の議論と，これらの予測の玄人の関心が主に短期的利益に限られるために生じる弊害についての議論（第12章）。これらはどれも見事である。例えば第12章の次の一文は興味深い。「現代の投資市場のありさまを見て，私は，いったん購入した投資物件を，あたかも結婚のように，死などの重大な理由がない限り再び手放せない永続的なものにすることが，現代の害悪をなくす有益な解決策かもしれない，という結論に駆られることもあった」（160頁）。また第22章「景気循環に関する覚書」も見事である。それからまた，彼はかつて『貨幣論』で用いた所得と貯蓄の定義を捨て，これらを定義し直したので，議論はずいぶん明瞭になった。それによって彼は，ロバートソン氏の言う退蔵（すなわち貯蓄が投資を上回る差額）と，自分の言う所得の減少が同じものであることを認め（78頁），今なおこの分野で論争の続くその問題が，基本原理の問題ではなく，言葉の問題にすぎないことを明らかにした。最後に，彼の議論のうちで最も賛同を得られそうにない部分でさえ，思考を促す強い刺激になる。われわれは月に矢を射る名人（an artist firing arrows at the moon）を見た。彼の弓術についてどのように考えるにせよ，われわれは皆，その妙技を称えることができる。

古典派の定常状態

1　ハンセン教授は『財政政策と景気循環』において次のように述べた。「古典派経済学者は，次のように論じた限りではまったく正しかった。すなわち技術進歩がなければ[1]，利子率を含む価格体系の力によって，経済は次第に純投資がゼロになる状態に行き着くだろう。しかし彼らが，このように純投資が消滅した状態でも，価格体系の力によって十分に高い消費性向が保証され完全雇用が保たれる，と想定したのは誤りだった」（Hansen 1941, 288 頁）。なぜなら，例えば何らかの発明に伴って生じるような投資への誘因が消滅するよりも前に，「社会構造としての社会的慣習・個人的習慣・制度が大きな障害となって」完全雇用均衡の成立を妨げるからである。しかもこれらの障害が完全雇用均衡の成立を妨げるのは，単なる摩擦としてだけではない。それらの障害によって経済体系は**別の種類の均衡**に向かうことになる。すなわち「こうして総支出は減少し，経済は，完全雇用の達成には到底足りない**均衡的**・永続的な所得水準へと縮小してゆくのである」（306 頁）。読者も了解するだろうように，この議論は労働の完全な同質性と完全な移動性を仮定した抽象度のやや高いものであり，それゆえ「完全雇用」という言葉は，その経済に流布している（均一な）賃金率で雇用を求めるあらゆる人が，それを得られるような状態を意味する。最近の他の多くの研究では，大規模な「摩擦的失業」が存在しても完全雇用は成立可能であると主張されているが，ハンセン氏の議論では完全雇用という言葉にこのような深遠な意味はない。本稿でも，先ほどの労働に関する 2 つの仮定を置くことにしよう。

1）むろん，人口増加や領土拡大もないと仮定する。

2　ハンセン教授が言うように，「古典派経済学者」は定常状態というものを完全雇用の状態として理解していた。むろんその指摘は正しい。それでも，ハンセン教授と「古典派経済学者」の見解の**本質的**差異は，前節の彼の議論とはやや異なる形で説明すべきであるように思われる。というのもあえて言うならば，古典派経済学者たちも，労働者が競争的に行動せず，組合等の手段によって「高すぎる」実質賃金率を設定しようとする場合には，定常状態は完全雇用状態にならないということを認めるだろう。だから古典派経済学者の主張の本質はむしろ，**いかなる**状況下でも完全雇用‒定常状態は可能であり，適切な賃金方針（wage policy）を採用すれば完全雇用‒定常状態を確保できる，という点にある。他方，ハンセン教授の主張は，**ある**状況下では完全雇用‒定常状態は不可能であり，**いかなる**賃金方針を採用しても完全雇用‒定常状態を確保できないが，不完全雇用‒定常状態は可能であり，確保できる，というものである。この対立こそが本稿の主題である。

3　貯蓄と投資を，ケインズ卿の『一般理論』や私の『雇用と均衡』（Pigou 1941）に従って定義しよう。それゆえ投資と貯蓄はどちらも，実質所得から実質消費を引いた差になり，したがってある閉鎖経済における集計値としては，投資と貯蓄はいかなる場合も等しくなる。そのとき，代表的個人に関して[2]，x を実質所得，r を投資から期待される純収益率，すなわち投資に伴う付随的費用を引いた後の収益率とする。均衡ではこの純収益率は，必然的に純利子率に等しくなり，またどんな財貨を尺度にして測ろうとも同一である。そして C を物的資本ストックとすれば，われわれはハンセン教授のやり方に従って投

---

2) 本稿の議論は，代表的個人の厳密な定義をめぐる問題によって左右されることはない。おそらく代表的個人は，政府活動の外部にいる私人として理解されるのが普通である。しかしその私的能力による活動のみならず，政府の構成要素［すなわち有権者］としての活動も考慮して，代表的個人を別の形で定義することもできよう。この場合，例えば政府の配給の減少によって消費が減少することは，代表的個人が自分の消費の減少を**選択**したことを意味する。この定義の場合，代表的個人の望む行動と，政府の政策方針のもとで代表的個人が実際にとる行動は，常に一致する。それゆえ所与の状況下で，代表的個人が貯蓄しようと望む額と実際に貯蓄する額も常に一致するため，「強制」貯蓄の問題は生じない。

資–所得関数 $f(C, x, r)$ を得るが[3]，これは実質投資の供給関数［実質貯蓄関数］とも呼べるだろう。この関数の性質として分かっているのは，第 1 に $\Delta x \dfrac{\partial f}{\partial x}$ は正であり，x と r のすべての値について $\Delta x \dfrac{\partial f}{\partial x} < \Delta x$ であること，すなわちケインズ卿の言う「心理法則」(Keynes 1936, 114 頁) である。第 2 に $\Delta r \dfrac{\partial f}{\partial r}$ は，確実ではないがおそらく正であり，比較的小さいということ。第 3 に $\Delta C \dfrac{\partial f}{\partial C}$ は負であり，［絶対値が］比較的小さいということ。なぜなら人々が富を多く蓄積すればするほど，さらに富を得ようとする熱意は弱まるからである[4]。また実質投資の需要関数を $\phi(C, r)$ と仮定しよう。このとき，技術進歩がなければ $\dfrac{\partial \phi}{\partial r}$ も $\dfrac{\partial \phi}{\partial C}$ も明らかに負である。なお，実質投資の需要関数を $\phi(C, x, r)$ とし，$\dfrac{\partial \phi}{\partial x}$ を正であると仮定する権威者もいるが，この 2 つの関数形のどちらを用いようとも，結論部分（第 13 節）で述べる二次的問題を除けば本稿の議論は何ら左右されない。したがって私はその選択の問題を割愛し，$\phi(C, r)$ の形を採用する。

4 定常状態という長期均衡では，むろん投資はゼロでなければならない。したがって次の 2 つの式が成り立つ。

---

3) ここでは投資–所得関数を簡略形で表しており，本稿の問題関心にとって重要でない変数は捨象している。完全な形で表そうとすれば，特に所得分配を示す変数が必要だろう。

4) **個人**に関して言えば，理論的にも統計的にも，次のように考えるべき理由がある。すなわち実質所得が増加すればするほど，投資の絶対量のみならずその割合も増加する，すなわち $\dfrac{\partial f}{\partial x}$ のみならず $\dfrac{\partial}{\partial x}\left(\dfrac{\dfrac{\partial f}{\partial x}}{f}\right)$ もまた正である。これに対し，ある集団のより多くの構成員が仕事を見つけた結果として，その集団の代表的個人の所得が増加する場合には，明らかに，所得のうち貯蓄される割合は変化しないと予想されるはずである。ただし注意せねばならないのは，より多くの構成員が就労すれば，可処分所得の分布が変化し，失業者（まったく貯蓄しないと想定される）を扶養するための所得移転［すなわち社会保障費］が，従来より少なくて済むということである。この分配の変化は，明らかに投資を増加させる。それゆえこの場合には上述の個人の場合と同じく，実質所得の増加は，他の条件が等しい限り，所得のうち貯蓄される割合を増加させると考えてよかろう。

$$f(C, x, r) = 0 \qquad\qquad \cdots\cdots \text{ (I)}$$

$$\phi(C, r) = 0 \qquad\qquad \cdots\cdots \text{ (II)}$$

　また完全雇用に対応する実質所得を X とすれば，「古典派経済学者」の場合には，次の（III）式も得られる。そしてこれら3本の式によって，x, C, r は決定される。

$$x = X \qquad\qquad \cdots\cdots \text{ (III)}$$

5　古典派経済学者は，投資（すなわち貯蓄）がなされるのはそれが将来生みだすと期待される所得のためだけである，と暗に前提している。容易に分かるようにこの前提のもとでは，定常状態という長期均衡において，利子率は，代表的個人が将来の満足を評価するさいの割引率と等しくならねばならない。さもなければ投資はゼロにならず，正ないし負になってしまうからである。将来の満足の割引率を ρ とし，この割引率と代表的個人の実質所得の関係を $\rho = \psi(C, x)$ としよう。このとき一見すると，上述のように $\rho = r$ なので，（前節で定めた諸式に加えて）新たに2本の式が成立するのに対し，新たに追加される未知数は1つしかなく，それゆえ一見すると，この体系は過剰決定に陥っているように見える。だが実はそうではない。なぜなら以下の3つの式は，互いに独立ではないからである。

$$f(C, x, r) = 0$$

$$\rho = r$$

$$\rho = \psi(C, x)$$

　それどころか，最後の2つの式が最初の式 f の関数の形を規定しており，それゆえ過剰決定には陥らない。したがって——肝心な点はこれである——代表的個人による将来の満足の割引率 ρ は明らかに負にはならないから，代表的個人の実質所得 x がどれほど大きくなっても，方程式 $f(C, x, r) = 0$ における f の関数形は，x と C のすべての可能な値について，r が必ず正の値になるようなものでなければならない。

6　しかし，投資（貯蓄）がなされるのはそれが将来生みだすと期待される所得のためだけであるという想定は，明らかに現実に反している。人々は他の動

機からも，例えば所有それ自体の願望や，伝統や慣習に従うことなどからも，貯蓄（投資）をおこなう。これは利子率 r が，代表的個人による将来の満足の割引率 ρ より小さいということを意味する。したがって，割引率 ρ がゼロ以下にならないという事実は，利子率 r がゼロ以下にならないということを意味するわけではない。したがって，方程式 $f(C, x, r) = 0$ における f の関数形は，x と C のすべての値について，r が必ず正の値になるようなものでなくてもよいのである。それどころか，x の値によっては，r が負の値になることもあろう。それゆえ一見すると，古典派経済学者が想定していなかった事態，すなわち利子率が負になる状況下でしか完全雇用と定常状態均衡が両立しないという事態が，起こりうるように見える。

7　だが第3節で見たように，定常状態均衡では，どんな財貨を尺度にして表そうともそれらの利子率は同一でなければならない[1]。なぜならこの種の均衡は，将来の各財貨の間の相対価値が現在の各財貨の間の相対価値のまま変化しないと予想される，ということを含意するからである。一部の財貨，なかでも貨幣は減耗を被りにくく，わずかな費用で保有できるので，定常状態においてこれらの財貨の［自己］利子率が負になることはありえない。それゆえ，どんな財貨で測ろうとも利子率が負になることはない。すなわち，完全雇用と定常状態均衡が両立するために**ある状況下において**必要になるとされる，負の利子率の成立という条件は満たされない。それゆえ，こうした状況が起こる場合には，賃金率をめぐる労働者たちの競争によって完全雇用–定常状態が常にもたらされる，という古典派経済学の命題は崩れるわけである。したがって，上述のような状況は**起こりえない**ということが示されない限り，ハンセン教授は正しいのだから，古典派経済学者はその誤りを批判されても仕方がない。

8　しかしこの最終的問題に取り組む前に，あらかじめ断っておくべき事柄がある。すなわち，特定の状況下で完全雇用–定常状態が不可能であるのを認めることは（実際に認めるとすればの話だが），ハンセン教授が考察したような過

---

[1] 本訳書282-83頁の「自己利子率」（小麦利子率やイチゴ利子率）の議論を参照。

少雇用-定常状態が可能であり，また実際に生じるだろうと認めることを，必ずしも意味するわけではない。さて，3本の方程式，1本の不等式，3つの未知数からなる次のような体系を考えよう。

$$f(C, x, r) = 0 \qquad \cdots\cdots \text{(I)}$$
$$\phi(C, r) = 0 \qquad \cdots\cdots \text{(II)}$$
$$x = X \qquad \cdots\cdots \text{(III)}$$
$$r > 0 \qquad \cdots\cdots \text{(IV)}$$

この体系は明らかに過剰決定に陥る場合がある。古典派経済学者とハンセン教授はどちらも，無条件ではないが実際上，方程式（I）と（II）を受け入れている。そしてハンセン教授は，ある状況下では（III）は（IV）と矛盾する，それゆえ古典派の完全雇用-定常状態という解は誤りであると指摘する。しかし古典派経済学者も次のように反論できる。すなわちその同じ状況下において（IV）は（III）と矛盾する，それゆえハンセン教授の過少雇用-定常状態という解は誤りであると。したがって（III）を棄却する根拠が示されない限り，ハンセン教授は自分が否定した事柄については正しいが，自分が肯定した事柄については誤っている，ということになる。

9　$x = X$ という（III）の主張は，次の命題から導かれたものである。すなわち労働者は自分たちが求める実質賃金率を自由に引き下げることができ，それを十分に引き下げることによって，どれほど大勢の人が仕事を求めていようとも，皆それを得ることができる[5]。この命題の妥当性を揺るがすような状況は考えられるだろうか。賃金が現物で支給される経済では，明らかにそのような状況は存在しない。だがハンセン教授の支持者は，自分たちが関心をもつ［現実］経済では賃金は貨幣で支給される，と反論するだろう。そのような経済では純利子率がゼロ近くまで低下して，過少雇用-定常状態が成立すると考えられており，また彼らの議論によれば，労働者は自分たちが求める実質賃金率を引き下げることはできないので，追加の雇用を得ることができない。なぜなら貨幣

5）負の実質賃金率が必要になるかもしれないという問題は，本稿の考察範囲外であるから割愛する。

賃金率の引き下げは，いつでも自動的に，それに比例した物価の下落をもたらすからである。ケインズ卿の見解の通俗的解説として，ときおりこうした議論がなされるけれども，実はこれはケインズ卿自身の見解ではない。だが，ここでそのことを詳しく精査する必要はなかろう。われわれの知るどんな金融システムにおいても，貨幣ストックを厳格に固定する政策のもとでは，貨幣所得は利子率の関数であり，利子率が上昇（ないし下落）すれば貨幣所得は増加（ないし減少）する。これは次の事実から導かれる。すなわち均衡が成立するためには，貨幣形態で保有される資源の限界単位が代表的個人にもたらす利便性（convenience）等々が，実物資本に投資される資源の限界単位がもたらす利子と，その魅力のうえで等しくなる必要がある。この利便性の度合は，次のような場合に高くなる。①実質貨幣ストックを実質所得 x で除した商が小さくなるとき，すなわち②貨幣ストックを貨幣所得で除した商（貨幣の所得速度の逆数であるマーシャルの k）が小さくなるとき，あるいは③貨幣ストックが一定であるならば，貨幣所得が増加するとき，である。このことは，T を貨幣ストックの実質価値とすれば $r = g\left(\dfrac{T}{x}\right)$ という式で表される。ここで $\dfrac{T}{x}$ は常に正であり，$\dfrac{T}{x}$ のすべての可能な値（すなわちすべての正の値）について $\dfrac{d}{d\left(\frac{T}{x}\right)}\left[g\left(\dfrac{T}{x}\right)\right]$ は負，

$g\left(\dfrac{T}{x}\right)$ は正である。したがって，$\dfrac{T}{x}$ が増大するにつれて $g\left(\dfrac{T}{x}\right)$ は次第にゼロに近づくが，ゼロにはけっしてならない。このように，貨幣政策が一定である場合には，利子率が下落しない限り貨幣所得が減少することはない。ところがわれわれの想定する過少雇用-定常状態では，利子率はすでに許容可能な最低値に達しているため，それがさらに低下することはありえない。したがって，労働者が貨幣賃金率の引き下げを受け入れたとしても，貨幣所得が減少することはありえない。したがって，一定の雇用のもとで，貨幣賃金率の引き下げによって物価が下落することもありえない。それゆえ，貨幣賃金率の引き下げによって労働者は実質賃金率を引き下げることが**できる**のであり，それゆえ，どんな過少雇用-定常状態においても雇用量を増大させることが**できる**のである。かくして，古典派経済学者の主張に対する反駁の試みは失敗に終わる。その論

理的帰結は，完全雇用-定常状態が不可能な状況下では，過少雇用-定常状態もまた同じく不可能である，換言すれば，いかなる長期均衡も成立することはない，ということである。

10　この袋小路から逃れるには，この袋小路のそもそもの原因である今まで考察してきたような状況が，現実にはありえないものであることを示すしかない。それゆえ，第7節で中断した本論に再び戻って，それを**示せる**ということを明らかにする必要がある。貨幣ストックを一定とすれば，r は貨幣所得の関数であり，一方がゼロに近づけば他方もゼロに近づくが，どちらも実際にゼロになることはない［前節参照］。そしてわれわれは完全雇用の状態から出発し，そこでは投資が幾らかおこなわれているとしよう。時間が経つにつれて——むろん技術は一定であるとする——利益の見込める投資先は次第に減ってゆく。すなわち物的資本ストック C が増加すれば，その結果，与えられた任意の r の値について $\phi(C, r)$ が減少し，最終的にはたとえ利子率がゼロであっても投資が需要されなくなる。しかし利子率がゼロであっても，人々は完全雇用に対応する実質所得から依然として幾らか投資を供給する——すなわち幾らか貯蓄する——としよう。前述の理由のために利子率は負にならないので，需給均衡を成立させる唯一の道は，労働者が失業を強いられ，実質所得水準が十分に低下することだけであり，その水準は，ゼロの（あるいは正の低い）利子率のもとで代表的個人が投資（すなわち貯蓄）の意欲をまったく失うようなものでなければならない。では，その次に何が生じるだろうか。こうした動きに抵抗し，雇用を維持するために，労働者は貨幣賃金率の引き下げを甘受し，雇用減少の圧力が続く限りはそれを甘受し続けることになる。一見するとこの過程は，あたかも貨幣賃金率がどこまでも下落してゆく際限のない不均衡状態のように見えるが，実はそうではない。貨幣賃金率が下落する限りは貨幣所得も減少し続けなければならないが，雇用，したがって実質所得が維持されていれば，これは物価が下落し続けることも意味する。換言すれば，物価が下落すればするほど，実質所得で測った貨幣ストックが増大してゆくことを意味するのである。ところで，代表的個人が将来の所得収益以外の目的で貯蓄しようとする量は，実質所得で測った彼の現在の資産規模にも一部依存している。資産規模が増大

するにつれて，所与の実質所得のうち彼がそのような目的で貯蓄しようとする量は減少してゆき，最終的にはゼロになる。それゆえ第5節で描いた状況に戻るわけであり，そこでは負の利子率は不可能である。こうして貨幣所得の減少を通じて，投資-所得関数は修正され，完全雇用と矛盾する条件を含まない体系が現れるのである。

11　以上のことは，投資-所得関数を $f(C, x, r, T)$ と修正すれば，数式で示すこともできる。ここで T は貨幣ストックの実質価値，また $\dfrac{\partial f}{\partial T}$ は負であり，r はすでに最低水準にあるとする。そして T が十分に大きければ，$C,\ x,\ r$ の値に関わりなく，$f(C, x, r, T)$ はゼロになりうると仮定する。

$$\phi(C, r) = 0 \qquad\qquad \cdots\cdots \text{(I)}$$
$$f(C, x, r, T) = 0 \qquad\qquad \cdots\cdots \text{(II)}$$
$$x = X \qquad\qquad \cdots\cdots \text{(III)}$$
$$r = g\left(\frac{T}{x}\right) \qquad\qquad \cdots\cdots \text{(IV)}$$

この体系は4本の方程式と4つの未知数からなり，過剰決定に陥ることはない。また第9節で定めた関数 g の形が保証するように，$\dfrac{T}{x}$ が増大するにつれて r はゼロに近づくが，ゼロにはけっしてならない。それゆえ，古典派の完全雇用-定常状態が不可能になるとされる「状況」（第7節）は，現実にはありえないということが分かる。労働者たちが競争的賃金方針を採用する限り，完全雇用-定常状態は常に成立可能であり，また彼らがこの条件を認める限り，それはまさに経済体系が必然的に向かう終点にほかならない。

12　この結論は，もし労働者たちが競争的賃金方針に**従わず**，「過度に」高い貨幣賃金率を維持するならば，ゼロの投資は完全雇用でなく過少雇用をもたらすという古典派経済学者の一般的立場（第2節）と，まったく合致している。一方，私が『雇用と均衡』（Pigou 1941）でおこなったように，前節の体系の (III) と (IV) の代わりに，利子率を貨幣所得に関係づける式と利子率を貨幣賃金率に関係づける式を，それぞれ用いる場合には，負の利子率が生じる可能

性は前節のような方法では排除できなくなる。なぜなら貨幣賃金率が維持され，したがって物価も（およそ）維持されるので，実質所得で測った貨幣ストックの値が増大することはないからである。この場合，負の利子率が排除されるのは，むしろハンセン教授が考えたような形で雇用が減少し，人々がまったく貯蓄ないし投資をしようと思わなくなるほどに実質所得が減少することを通じてであり，その結果，過少雇用−定常状態が成立する。

13　結論を述べるにあたり，1つだけ注意点がある。それは，カルドア氏がハンセン教授の著書への論評において提起した問題である。カルドア氏の主張によれば，ハンセン教授が考察したゼロの投資のもとでの過少雇用の状態は，本稿の主張と同じく，貨幣賃金率がその競争的水準を上回って維持される場合にしか成立せず，そのような状態は**安定**均衡の諸条件を満たさないかもしれない——確かに満たしそうにない。その場合，それは厳密な意味において到底，定常状態と呼ぶことはできない（Kaldor 1943, 110 頁）。この結論の是非は，投資需要関数を私のように $\phi(C, r)$ ではなく，$\phi(C, x, r)$ と書くべきだという彼の見解にも依存している。すなわち $\phi(C, x, r)$ を用いれば，安定均衡の条件の1つは $\frac{\partial f}{\partial x} > \frac{\partial \phi}{\partial x}$ となり，上記の条件が必ずしも満たされるわけではない。一方，$\phi(C, r)$ を用いれば，$\frac{\partial f}{\partial x}$ は正，$\frac{\partial \phi}{\partial x}$ はそのときゼロであるから，その条件は必ず満たされる[6]。だが第3節で述べたように，この問題は本稿の考察範囲外であり，ここでは割愛する[7]。私が明らかにしようとしたのは，技術等の諸条件が一定のもとで，もし労働者が競争的賃金方針に従うならば，経済体系は最終

---

6)　なお，$\frac{\partial \phi}{\partial C}$ と $\frac{\partial f}{\partial C}$ はどちらも負なので，もう1つの安定性の条件 $\frac{\partial f}{\partial C} > \frac{\partial \phi}{\partial C}$ が満たされるという先験的必然性はない。しかし常識的に考えて $\Delta C \frac{\partial f}{\partial C}$ はごく小幅な負の量，$\Delta C \frac{\partial \phi}{\partial C}$ はかなり大幅な負の量になるから，その条件が満たされる確率は高いだろう。

7)　私の論文「短期均衡モデル」（Pigou 1942）の 250 頁を参照。いわゆる「加速度原理（acceleration principle）」に依拠しても $\phi(C, x, r)$ という関数形は擁護できない，ということに注意すべきである。なぜなら加速度原理は，投資を，消費ではなく消費の変化率に関連づけるものなので，均衡状態ではその変化率は必ずゼロになるからである。

的に必ず完全雇用−定常状態に向かうということであり，これは古典派経済学者の根本命題（エッセンシャル・テーシス）である。このとき達成される均衡が安定性をもつことに，疑いの余地はまったくない。同様のことは，投資需要関数を $\phi(C, r)$ と $\phi(C, x, r)$ のどちらで表すのが正しいかという問題についても言える。なぜなら $x=X$ の式によって x がひとたび決まれば，モデルの他の諸式において x はもはや変数ではないからである。

参考文献（原著者）

Bastable, C. F., 1892, *Public Finance*, London : Macmillan.

Benham, F. C., 1934, "Notes on the Pure Theory of Public Finance," *Economica* 1 : 436-58.

Beveridge, W., 1944, *Full Employment in a Free Society : a Report*, London : G. Allen & Unwin.

Bowley, A. L., 1920, *The Change in the Distribution of the National Income, 1880-1913*, Oxford : Clarendon Press.

————, 1937, *Wages and Income : in the United Kingdom since 1860*, Cambridge University Press.

———— (ed.), 1942, *Studies in the National Income, 1924-1938*, Cambridge University Press.

Cannan, E., 1921, "*The Economics of Welfare*. by A. C. Pigou," *Economic Journal* 31 : 206-14.

Chorlton, J. D., 1907, *The Rating of Land Values*, Publications of the University of Manchester 23, The University Press.

Clark, J. M., 1923, *The Economics of Overhead Costs*, University of Chicago Press.

Cohn, G., 1913, "German Experiments in Fiscal Legislation," *Economic Journal* 23 : 537-46.

Colson, C., 1901, *Cours d'économie politique*, 2 tomes, Paris : Gauthier-Villars et Guillaumin.

Daniels, G. W. and H. Campion, 1936, *The Distribution of National Capital*, Manchester University Press.

Edgeworth, F. Y., 1925, *Papers Relating to Political Economy*, 3 vols., London : Macmillan.

Fisher, I., 1927, "A Statistical Method for Measuring "Marginal Utility" and Testing the Justice of a Progressive Income Tax," in J. H. Hollander (ed.), *Economic Essays : Contributed in Honor of John Bates Clark*, American Economic Association, New York : Macmillan Company : 157-93.

Green, T. H., 1883, *Prolegomena to Ethics*, edited by A. C. Bradley, Oxford : Clarendon Press.

Hargreaves, E. L., 1926, *Restoring Currency Standards*, London : P. S. King.

Hawtrey, R. G., 1925, *The Economic Problem*, London : Longmans & Green.

Henderson, H. D., 1926, *Inheritance and Inequality*, London : The Daily News ltd.

Hansen, A. H., 1941, *Fiscal Policy and Business Cycles*, New York : W. W. Norton.

Hicks, J. R., U. K. Hicks and L. Rostas, 1941, *The Taxation of War Wealth*, Oxford : Clarendon Press.

Hicks, U. K., 1938, *The Finance of British Government, 1920-36*, London : Oxford University Press.

H. M. S. O., 1896, *Final Report by Her Majesty's Commissioners, Appointed to Inquire into the Financial Relations between Great Britain and Ireland*.

————, 1906, *Australasia. Papers Relative to the Working of Taxation of the Unimproved Value of Land in New Zealand, New South Wales, and South Australia*, British Parliamentary Paper, Cd. 3191.

————, 1909a, *Taxation of Land etc.*, Cd. 4750.

————, 1909b, *Report of the Royal Commission on the Poor Laws and Relief of Distress*.

————, 1911, *Royal Commission on Coast Erosion and Afforestation - Third (and Final) Report of the Royal Commission Appointed to Inquire into and Report upon Certain Questions Affecting*

Coast Erosion, the Reclamation of Tidal Lands, and Afforestation in the United Kingdom.

———, 1920, *Report of the Royal Commission on the Income Tax.*

———, 1927a, *Report of the Committee on National Debt and Taxation*, Cmd. 2800.

———, 1927b, *Report of the Unemployment Insurance Committee*, Ministry of Labour. Departmental Committee, Chairman : Lord Blanesburgh.

———, 1944a, *An Analysis of the Sources of War Finance and Estimates of the National Income and Expenditure in the Years 1938 to 1943*, Cmd. 6520.

———, 1944b, *Employment Policy*, Cmd. 6527.

ILO, 1922, *Unemployment Enquiry : Remedies for Unemployment*, International Labour Office.

Jevons, W. S., 1871, *The Theory of Political Economy*, London : Macmillan.

Kaldor, N., 1943, "*Fiscal Policy and Business Cycles.* By Alvin Hansen," *Economic Journal* 53 : 107–11.

Keynes, J. M., 1919, *The Economic Consequences of the Peace*, London : Macmillan.

———, 1930, *A Treatise on Money*, 2 vols., London : Macmillan.

———, 1936, *The General Theory of Employment, Interest and Money*, London : Macmillan.

King, W. I., 1921, "The Classification of the Population According to Income," *Journal of Political Economy* 29 : 571–94.

Layton, W. T. (ed.), 1924, *Is Unemployment Inevitable? : an Analysis and Forecast : a Continuation of the Investigations Embodied in "The Third Winter of Unemployment" published in 1923*, London : Macmillan.

League of Nations, 1923, *Report on Double Taxation*, by G. W. J. Bruins, L. Einaudi, E. R. A. Seligman and Sir Josiah Stamp.

List, F., 1885, *A National System of Political Economy* (translated by S. S. Lloyd), London : Longmans & Green.

Lotze, H., 1885, *Microcosmus : An Essay Concerning Man and his Relation to the World* (translated by E. Hamilton and E. E. Constance Jones), 2 vols., Edinburgh : T. & T. Clark.

McTaggart, J., 1906, *Some Dogmas of Religion*, London : E. Arnold.

Marshall, A. and M. P. Marshall, 1879, *The Economics of Industry*, London : Macmillan.

Marshall, A., 1920, *Principles of Economics*, 8th edn., London : Macmillan.

———, 1923, *Money, Credit, and Commerce*, London : Macmillan.

———, 1926, "Memorandum on the Classification and Incidence of Imperial and Local Taxes (1897)," C. 9528, in A. Marshall, *Official Papers*, London : Macmillan : 327–64.

Martineau, J., 1885, *Types of Ethical Theory*, 2 vols., Oxford : Clarendon Press.

Maeterlinck, M., 1898, *Wisdom and Destiny* (translated by A. Sutro), New York : Dodd Mead.

Melchett, A. M., 1925, *The Remedy for Unemployment*, London : Macmillan.

Mill, J. S., 1848, *Principles of Political Economy : with Some of Their Applications to Social Philosophy*, 1st edn., London : J. W. Parker.

Moore, G. E., 1903, *Principia Ethica*, Cambridge University Press.

Morley, F., 1924, *Unemployment Relief in Great Britain : a Study in State Socialism*, London : G.

Routledge.

Pierson, N. G., 1912, *Principles of Economics* (translated by A. A. Wotzel), Vol. 2, London : Macmillan.

Pigou, A. C., 1920, *The Economics of Welfare*, 1st edn., 1920, 2nd edn., 1924, 3rd edn., 1928, 4th edn., 1932, London : Macmillan.

———, 1921, *The Political Economy of War*, 1st edn., 1921, Revised edn., 1940, London : Macmillan.

———, 1923, *Essays in Applied Economics*, London : P. S. King.

———, 1927, *Industrial Fluctuations*, 1st edn., 1927, 2nd edn., 1929, London : Macmillan.

———, 1932, "The Effect of Reparations on the Ratio of International Interchange," *Economic Journal* 42 : 532–43.

———, 1933, *The Theory of Unemployment*, London : Macmillan.

———, 1937, *Socialism versus Capitalism*, London : Macmillan.

———, 1941, *Employment and Equilibrium*, 1st edn., 1941, 2nd edn., 1949, London : Macmillan.

———, 1942, "Models of Short-Period Equilibrium," *Economic Journal* 52 : 250–57.

Pigou, A. C. and D. H. Robertson, 1931, *Economic Essays and Addresses*, London : P. S. King.

Ramsey, F., 1927, "A Contribution to the Theory of Taxation," *Economic Journal* 37 : 47–61.

———, 1928, "Mathematical Theory of Saving," *Economic Journal* 38 : 543–59.

Rowe, J. W. F., 1928, *Wages in Practice and Theory*, London : G. Routledge.

Rowntree, B. S., 1910, *Land and Labour : Lessons from Belgium*, London : Macmillan.

Russell, B., 1904, "The Meaning of Good : Review of G. E. Moore's *Principia Ethica*," *Independent Review* 2 : 328–33.

Scheftel, Y., 1916, *The Taxation of Land Value : A Study of Certain Discriminatory Taxes on Land*, Boston : Houghton Mifflin.

Schloss, D. F., 1904, *Report to the Board of Trade on Agencies and Methods for Dealing with the Unemployed in Certain Foreign Countries* (printed for H. M. S. O.), Cd. 2304.

Seligman, E., 1918, "The War Revenue Act," *Political Science Quarterly* 33 : 1–37.

Shirras, G. and L. Rostás, 1942, *The Burden of British Taxation*, Cambridge University Press.

Sidgwick, H., 1874, *Methods of Ethics*, London : Macmillan.

———, 1883, *The Principles of Political Economy*, London : Macmillan.

Soward, A. W. and W. E. Willan, 1919, *The Taxation of Capital*, London : Waterlow.

Stamp, J., 1924, *Studies in Current Problems in Finance and Government*, London : P. S. King.

———, 1928, "Taxation, Risk-Taking and the Price Level," *Economic Journal* 37 : 204–15.

Taussig, F. W., 1911, *Principles of Economics*, 2 vols., New York : Macmillan.

Transvaal Indigency Commission, 1908, *Report of the Transvaal Indigency Commission, 1906–08 : Presented to Both Houses of Parliament by Command of His Excellency the Governor.*

Webb, S. and B. Webb (ed.), 1909, *Minority Report of the Poor Law Commission*, Royal Commission on Poor Laws and the Relief of Distress.

訳者解題

はじめに——21世紀のピグー研究

ピグーは，イギリス・ケンブリッジ学派の創始者 A. マーシャルの後継者であり，「厚生経済学」と呼ばれる政策論分野を確立したことで有名である。だが一言で厚生経済学と言っても，ピグーより後のそれはもっぱら純粋理論的な方向に展開していったので，ピグー自身のそれとはかなり異なっている。すなわち，「理論」と「実 践」はしばしば対置されるが，彼の意図は，そのケンブリッジ大学教授就任講演「実践との関わりにおける経済科学」[Pigou 1908b]が如実に示すように，まさしくそのような意味における実践的経済学の追求にあった。

ピグー厚生経済学体系は[1]，時期によってその包含する領域は異なるものの，大ざっぱに言って，いわゆる彼の「三部作」——①『厚生経済学』第4版(1932年)，②『景気変動論』(Pigou 1927)，③『財政学』[Pigou 1928]——から構成される。

本書は，このうちの『財政学』の最終版である第3版(1947年)，および3つの重要論文——「善の問題」(1908年)，「J. M. ケインズ氏の『雇用，利子および貨幣の一般理論』」(1936年)，「古典派の定常状態」(1943年)——の全訳である。倫理学に関する1908年論文を除けば，これらは単にピグー研究にとっての重要資料というだけでなく，広く経済学史研究にとっての一般的重要性をもつ基本資料だと言ってよかろう。

ピグーに関する研究は，おおむね今世紀に入るまで，国の内外を問わず著し

---

1) ここでは「厚生経済学体系」という言葉を，『厚生経済学』初版(全6編)に含まれた諸分野の集合という意味で用いる。具体的には，総論(第1編)を除く，資源配分論(第2編)，労働経済論(第3編)，財政論(第4編)，分配論(第5編)，雇用論ないし景気循環論(第6編)の5分野であり，これらが後年「三部作」に分かれるのである。

く低調であった。しかし最近，おそらくは『厚生経済学』出版百周年を意識したものと思われるが，海外でもピグー研究は盛り上がりを見せている。例えば，英語による初の本格的ピグー研究書として『アーサー・セシル・ピグー』[Aslanbeigui and Oakes 2015] がようやく出版され，さらに Kumekawa [2017]，Knight [2018] がこれに続いた。21 世紀の今日に至り，ようやくケインズ派・新古典派などの党派心が弱まり始め，20 世紀前半の経済学の展開を多面的に眺められるようになったということも，こうした再評価を促した一因だろう。なお，これらの研究書の著者の一人，アメリカのアスランベギ氏はピグー研究の世界的第一人者にして，近年のピグー再評価の機運を作りだした中心人物であり，私自身，彼女の長年の研究に負うところが非常に大きい。

　以下では，本書に収められた 4 つの著作を，それぞれの時代背景も含め，順に概説してゆく。ピグーの人物，思想，および経済学に関する詳細については，拙著『ピグーの思想と経済学』[本郷 2007] や『ピグー　富と厚生』[本郷 2012] を参照して頂ければ幸いである。

1　『財政学』（初版 1928 年，第 3 版 1947 年）

ピグー財政論の一般的評価

　『財政学』が執筆されたきっかけは，第一次大戦後の税制改革を検討した王立所得税委員会（1919-20 年）の議論だった。すなわち「……彼［ピグー］は所得税に関する王立委員会の一員であり，内容豊富で包括的な報告書の執筆者の一人だった。その報告書（H. M. S. O. 1920）に基づきイギリスの所得税法は実に多くの改正をおこなった。さらに数年の思索の後，彼は 1928 年に『財政学』初版を出版した」[Clark 1952 : 789-90, 訳 282]。

　ピグーの財政論が初めてまとまった形で示されたのは，『厚生経済学』初版（1920 年）第 IV 編「国民分配分と財政」であり，章立ては以下の通りであった（この第 IV 編が分離し，のちに『財政学』として出版されることになる）。

1	序論	2	課税の事実がもたらす影響
3	偶発利得への課税	4	土地の公共価値への課税

5	特定消費財への課税	6	所得税
7	財産税と相続税	8	課税と公債発行が国民分配分に及ぼす影響の比較
9	課税と公債発行が分配に及ぼす影響の比較	10	銀行信用による資金調達
11	戦時国債と特別課税		

『財政学』は，その初版序文（本訳書2頁）で述べられている通り，ピグー厚生経済学体系を構成する「三部作」の1つである。かつ同書は，英語圏の主流派主要経済学者による財政学分野の単行本としては，リカード『経済学および課税の原理』（1817年）以来のものであり，限界革命後の新古典派理論に基づく初の本格的研究として，財政学史上，文字通り「画期的」位置を占めている。20世紀アメリカの財政学の泰斗マスグレイヴ［Musgrave 1959］が同書を極めて高く評価したことは，周知の事柄であり[2]，また環境税とも呼ばれる「ピグー税」については，もはや説明不要だろう。

ところで，基数的効用を用いるピグーの「旧」厚生経済学は，序数的効用を用いる「新」厚生経済学によって乗り越えられたのだから，その財政論だけが高く評価され続けるのは奇妙である，と思われるかもしれない。それゆえ，この先入観をあらかじめ斥けておく必要がある。確かに純粋理論の分野では，ピグーの立場はおおむね乗り越えられたと断言できよう。しかしながら他方で，財政学や社会保障論のような実際の政策に関わる分野では，例えば「分配政策を論じることは科学的客観性を重んじる経済学者の仕事ではない」などという禁欲的立場は，場違いであり，とりわけ現代の民主主義社会においては政治的に実際上不可能である。すなわち政策論分野では，科学的客観性のみならず，実際的必要性も考慮せねばならない。そしてピグーの教授就任講演「実践との関わりにおける経済科学」［Pigou 1908b］のタイトル自体が示すように，また

---

2) Sturn［2018］は，マスグレイヴとピグーの本質的差異を，前者を再評価する立場から論じた試みであるが，マスグレイヴが継承する大陸諸国の財政学の伝統（Sax-Wicksell-Lindahl-Musgrave の系譜）や，市場と制度の関係など，ピグー研究の側から見ても興味深い論考である。ただしそこでのピグー理解は，「外部性」概念を過度に重視した一面的解釈，ある意味では現代的解釈であり，ピグーの歴史的実像はもっと複雑である。

そこで彼がみずからの信念として「果実」（厚生＝善）を生みだす経済学の必要性を説いたように，彼の厚生経済学体系とは，純粋理論ではなく実践経済学の体系なのである。今なおピグーが財政学分野で評価される理由は，もっぱらその優れた実際的有用性に求められる。

「一研究」と題した謙遜

　私は本書を『財政学』と題したが，原書の正式名称は『財政の一研究^{ア・スタディ}』[Pigou 1928] という控えめなものである。この過度な謙遜の理由は，初版序文で述べられているように，同書の扱う領域が通常の財政学のそれよりも狭いからであるが，この「狭い」という認識の具体的意味としては，以下の2通りの解釈が可能だと思われる。

　第1の解釈は，『財政学』が彼の三部作の1つであるがゆえに，同書の扱う対象領域が通常より狭まったというものであり，初版序文の冒頭の文脈から考えて，これが最も自然な解釈だろう。確かに『財政学』は歳出論を欠く。すなわち通常ならば財政学は，政府予算の収支両面を扱うのであり，歳入面では主に課税と公債，歳出面では公共財の供給などの政府の役割が論じられる。しかしピグーの場合，歳出論はまさしく『厚生経済学』(Pigou 1920) の問題領域に属し，そこで包括的研究がなされている。こうした事情をふまえれば，ピグー『財政学』が歳出論を欠くのは，何ら実質的・学問的な限界を示すものではなく，単なる形式的欠如にすぎないことは明白である。

　public finance という言葉は，もっぱら資金調達面のみを意味するため（本訳書40頁や54頁），今日では政府予算の歳出面を含む財政の研究は「公共経済学（public economics）」と呼ばれることが多い。ピグー厚生経済学体系はある種のpublic economics であり，public finance はその一部門であると考えてよい。

　彼の厚生経済学体系のもとで，『厚生経済学』と『財政学』は明確な補完関係にある。例えば前者の政策原理は，経済的厚生（満足）の最大化であるのに対し，後者のそれは犠牲（満足喪失）の最小化であり（本訳書59頁），結局どちらも同じことである。この表裏一体の2つが合わされば，経済的厚生の最大化という功利主義的観点からの，壮大な経済政策論体系を構築することが理論上可能になる。すなわち政府予算に関係するあらゆる経済政策は，以下の3条件

訳者解題　311

を満たすように計画するのが最適であり，これによって公的部門と私的部門の
もたらすそれぞれの限界満足も等しくなる［Musgrave 1959 : 113, 訳 169］。これ
こそが，ピグー厚生経済学体系の根本原理だと言ってよい。

① 政府はその歳出を，各支出項目のもたらす限界満足が均等になるように
配分すべきである。

② 政府はその歳入を，各人の被る限界犠牲が均等になるように徴収すべき
である[3]。

③ 政府はその予算規模，換言すれば「政府の大きさ」を，上記の限界満足
（①）と限界犠牲（②）が均等になるように決定すべきである。

　第 2 の解釈は，ピグー自身が述べているわけではないが，その分析手法に関
するものである。財政学分野ではおおむね 1870 年代後半から第一次大戦終結
まで，ドイツ新歴史学派などの歴史的・制度的アプローチが，実際の政策への
影響力も含めて世界的に優勢だった（1890 年代から第一次大戦終結までの日本も
そうである）。他方，この分野でのピグーの最大の貢献は，上記のような新古
典派の理論的アプローチによる体系的議論を，英語という最も影響力の強い
共通語（リングア・フランカ）を用いて初めて提示したことにある。それは現代の目から見れば画
期的貢献ではあるものの，『財政学』の出版当時にはやや大胆な試み，抽象的
すぎる議論と見なされたのではないか。それゆえピグーは同書を「一研究」と
題し，謙遜したのではないか。あるいは単純な分量の点から見ても，例えばド
イツ新歴史学派の A. ワグナーの浩瀚な『財政学』全 4 巻［Wagner 1871-72］に
比べれば，ピグー『財政学』の考察範囲は（『厚生経済学』の歳出論を加えたと
しても）「狭い」と言わざるをえない。しかしこの場合もやはり，「一研究」と
称する謙遜は無用だろう。

時代背景

　さて次に，19 世紀末から 20 世紀前半のイギリス財政の展開に目を向ければ，
ピグー『財政学』（あるいは広く厚生経済学体系と言い換えてもよい）の歴史的・

3）ただし詳細目次の第 II 編第 4 章第 4～5 節の要約文（本訳書 7 頁）が示すように，厳密
には，この課題はより広い枠組みで考える必要があり，それほど単純ではない。

社会的な意義が明確に浮かび上がってくる。ピグーは時事的問題に極めて敏感であり[4]，それらの諸問題を経済分析するなかで厚生経済学体系は次第に発展・拡大したと言ってよいほどである。『財政学』もまた，20世紀という新時代・新社会に対応するための財政論であった。

第1に，歳入面では，相続税と所得税のめざましい発展がある。1894年，自由党蔵相ハーコートにより，相続税にイギリス初の累進課税が導入されると同時に，それまで動産に不利で不動産に有利だった相続税の差別課税が撤廃された。これらのことが，土地所有を基盤とする貴族階級の没落，イギリス階級社会の変容を促し，社会構造全体に巨大な影響を及ぼしたことは言うまでもない。さらに1910年には，同じく自由党蔵相であるロイド=ジョージにより，所得税の累進化，および（ハーコート以来の自由党土地重課政策の継続とも言える）「土地税（ランド・タックス）」が導入された。これは平時としては前例がないほどの大増税であり，「人民予算（ピープルズ・バジェット）」とも呼ばれるものである。ピグーは当時，小冊子『土地課税政策』[Pigou 1909] において土地税制のさらなる改革の必要を指摘しており，とりわけ土地の公共価値への課税については，『財政学』第3版に至ってもなお，その立場は変わっていない（本訳書158頁）。

なお，予算等の金銭法案に関する下院の優越性を定めた有名な議会法（Parliament Act, 1911年）の成立は，下院を通過した前述の人民予算案を保守党多数の上院が否決したことが直接の原因である。同法は20世紀の実際の財政運営における「世論」の重要性を，フォーマルな形で規定したものと言ってよい。

第2に，歳出面では，社会保障制度の発展，いわゆるリベラル・ウェルフェア・リフォーム（自由党による一連の福祉制度改革）がある。ここでは特に老齢年金法（Old-Age Pensions Act, 1908年）と国民保険法（National Insurance Act, 1911年，医療保険と失業保険からなる）が重要である。前述のロイド=ジョージの大増税の1つの目的は，これらの財源確保にあり，こうした20世紀イギリス社会保障制度の創生期に，政府の移転支出は従来よりも大幅に増大したのである。なお，ピグー厚生経済学の最初の体系書である『富と厚生』[Pigou 1912] には，

4）その最も重要な例外は『失業の理論』——ケインズ『一般理論』が批判対象に選んだ本——である（Pigou 1933, 序文 v 頁参照）。

こうした社会動向が色濃く反映されており，同書は福祉経済論の古典という一面も併せもっている。

前述の第1・第2の事柄は，要するに20世紀初めにおける国家財政の規模の拡大，したがって「政府の役割」の拡大を示すものだが，これはまだ序の口にすぎない。

第3に，戦時経済の経験である。両大戦下においてイギリスは本格的な統制・計画経済を初めて経験し，経済学者にとってそれは，政府の実際の経済運営能力を試す社会実験とも言えるものだった。ピグーはそこから，一世代前の経済学者たちが考えていた以上に政府の能力が高いことを学ぶ［Pigou 1953：59-61］と同時に，戦時財政の研究に着手した（ただし『財政学』第3版の序文で説明されたように，戦時財政論は本訳書に含まれない）。

政府の政策能力向上の一因として，前述の期間を通じて，実務上不可欠な各種社会統計が急速に整備されたことが挙げられる。国家の力によって初めて本格的な一国全体の統計が作られたことは，学問上も政策上も計り知れない影響を及ぼす。例えば職業紹介所法（Labour Exchanges Act, 1909年）と国民保険法（1911年）の法制化により，国内の失業者数が捕捉可能になった。それまでは主に個々の労働組合からデータを集めるしかなく，しかも非熟練業種には労働組合が存在しないことも多かった。同様のことは，所得・賃金・価格などのさまざまな経済変数の捕捉にも当てはまる。そのような情報能力も含め，20世紀前半の政府が政策実務能力を格段に向上させたことは否定できず，このことが19世紀の経済思想・政策と20世紀のそれらとの間に著しい差異をもたらしたのである（同じことは21世紀にも当てはまるに違いない）。

第4に，第二次大戦後の福祉国家政策を指摘できるが，『財政学』との関連では，特に『雇用政策に関する白書』（H. M. S. O. 1944b）が重要である（本訳書239頁など）。アメリカでも1946年に「雇用法」が制定された。戦後，経済安定化政策は政府の制度的義務となり，この時事的要請こそが，第3版で「第III編　財政と雇用」が現れた最大の理由と考えられる。なお，『財政学』各版の編別構成は次表の通りである。

初版 (1928) と第 2 版 (1929)	第 3 版 (1947)
第 I 編　一般関連問題	第 I 編　一般関連問題
第 II 編　税収	第 II 編　税収
第III編　借入による資金調達[5]	**第III編　財政と雇用**

　第 3 版の最大の特徴である第 III 編のマクロ雇用政策論は，従来，もっぱら
ケインズ『一般理論』の影響とされてきたが，この説明は事柄の形式ないし表
面しか見ていない。なぜなら第 III 編の実質すなわち内容はおおむね従来のピ
グーの議論を発展させたものと考えてよいからである。むしろケインズがピ
グーから受けた影響を問う方が，はるかに重要だろう。雇用政策としての公共
事業論に限定して言えば，ケインズはこのアイデアを先人たちから継承したこ
とはまず疑う余地がない。すなわち第 III 編の冒頭（本訳書 208 頁）で述べられ
ているように，その問題をイギリスで初めて本格的に論じたのは，王立救貧法
委員会の多数派および少数派の両報告書（1909 年）である。これがきっかけと
なり，①「非自発的遊休の問題」[Pigou 1911][6]，②『富と厚生』[Pigou 1912]
の最終章「労働需要の安定を図る慈善家および政府の行動」，③『厚生経済学』
初版（Pigou 1920）の第 VI 編第 11 章「労働需要と産業活動の安定を図る慈善
家および政府の行動」，等々でピグーは非自発的遊休の救済策としての公共事
業論を展開した。これは彼のいわゆる「三命題」の第 3 命題（経済の安定）を
推進するための 1 つの具体策であり，けっして気まぐれに論じられたのではな
い。ケインズの「非自発的失業」という造語も①に由来すると考えられるが，

5）初版第 III 編の章立ては次の通りである。1　財政上の借入の位置づけ　2　戦時借入の
　技術　3　銀行信用による資金調達　4　外国貿易の政府統制　5　銀行信用による資金
　調達に伴うその後の諸問題　6　戦時内国債と特別税。
6）この論文は 1910 年にパリで開かれた失業に関する国際会議のために書かれたものであ
　り，2006 年に私がその草稿をケンブリッジ大学マーシャル図書館で発見し，これを邦
　訳［本郷 2010］するまで，その存在自体，世界的にほとんど知られていなかったもの
　である。その後，2011 年に Gilbert Faccarello 教授（パリ第 1 大学）の助力によって，同
　草稿がフランスで公刊されていたこと［Pigou 1911］を確認できた。非自発的失業を認
　めない「古典派経済学者」の代表者ピグーが，これほど早い時期に「非自発的遊休の問
　題」を――解決策としての公共事業論も含め――論じていた事実は，まことに驚くべき
　逆説である。

訳者解題　315

「ケインズ革命」の評価に直結するこれらの問題は，本解題の第 3 節であらた
めて詳論する。ここでは，『財政学』第 3 版でマクロ雇用政策に関する新たな
編が現れたのは，『雇用政策に関する白書』（1944 年）が象徴する新たな社会動
向のためであることだけを指摘しておく。なお，この 44 年白書に関するピ
グーの考え方を知るには，『完全雇用の失敗』［Pigou 1945］が最も重要である。

2　「善の問題」（1908 年）

若き日の信条

　この初期の倫理学論文は，ピグー厚生経済学体系の倫理学的側面を考察する
さいの最重要文献であり，彼の倫理思想が最も明確に，かつ要約的に論じられ
たものである。すなわち，人が何らかの政策を唱えるとき，それは常に何らか
の倫理的価値観を含意している。それどころか，マーシャルやピグーにとって
経済学は「倫理学の侍女（ハンドメイド）」［Pigou 1925 : 82, 倫理学に奉仕する学問の意］であ
るから，倫理的善（目的）こそが経済政策（手段）を統括するのである。
　ピグーは厚生経済学を確立する前に，哲学・倫理学の分野で 2 冊の本［Pi-
gou 1901 ; 1908a］と 3 つの論文［Pigou 1906 ; 1907a ; 1907b］を書いた。このう
ち，彼の倫理思想すなわち功利主義思想を深く理解するうえで最も重要なもの
は，哲学論文集『有神論の問題』［1908a］の第 4 章「善の問題」である。
　しかし 1908 年のケンブリッジ大学経済学教授就任を境に，ピグーは哲学・
倫理学方面の著作活動をやめてしまう（唯一の例外は「詩と哲学」［Pigou 1924]）。
だから『有神論の問題』は，この重要な転機の年に，彼の元来の主要関心事
だった哲学・倫理学研究の総決算をおこなった本，いわば彼の若き日の信条を
まとめた本と見ることができる。その後，彼は経済学に専念・邁進し，厚生経
済学の最初の体系書『富と厚生』［Pigou 1912］を公刊した。
　本訳書に収めた「善の問題」は，ピグー厚生経済学の倫理的基礎を最も明確
に示している。そこで論じられた善は，あくまでも人間の心のうちに宿るもの，
すなわち「意識活動の状態」［本訳書 262 頁］であり，個々人のそれが合わさっ
て「厚生（ウェルフェア）」という社会的価値が形成される。通説ではピグー厚生経済学は，

社会的効用（満足）の最大化をめざす功利主義思想に基づく実践経済学であり，経済学と功利主義の結合を示す1つの典型であるとされる。この通説は誤りではないが，彼が単純な功利主義者（快楽一元論者）でないことは，「善の問題」を一読すれば，おそらく誰の目にも明らかだろう。『有神論の問題』の序文では，「私が採った哲学上の立場について，私は主に故シジウィック教授の諸著作に負っている」と述べられており，それゆえピグーの基本的立場は，当時の学界動向（特にグリーンとムアの学説）をふまえつつ，主にシジウィックの学説の継承・発展をめざすものだったと考えられる。

内容と要点

この論文の要旨はおよそ下表の通りである。

1 善の研究方法	①善を認識する主な2つの方法，すなわち(1)事物の性質からの演繹的・先験的推論と(2)直接的知覚（直覚）。 ②ピグーは，(1)を採用するオックスフォードの理想主義哲学者グリーンを批判し，(2)を支持する。
2 善の決定要素	①善は心（意識活動）の状態としてのみ存在する。 ②ムアの「有機的善」論への批判。 ③善の決定要素（快楽・善意・愛）をめぐる諸学派の対立。 ④その対立を調停ないし緩和するための，善の「多変数関数」論。
3 個人間の対立	①ある人の善の増大は，他の人の善の減少をもたらすことがある。 ②ムアは，シジウィックの議論（自己の善の追求［利己主義］と社会全体の善の追求［功利主義］の対立を調停するには，来世の存在が要請される）を批判したが，この批判は的外れである。

厚生経済学との関連において最も重要と思われる論点は，ピグーが対立しあう諸学説の総合を試みて，「善」を以下のような多変数の関数によって説明する箇所である（本訳書265-68頁）。

善 $= F(a, b, c, d, e, f)$

　a：快楽　　　b：善意　　　c：愛情　　　d：人が抱く理想の性質

　e：人や事物のうちに見出される性質（知覚されない性質は無視してよい）に対する姿勢

　f：人がみずからのために定めた目標に対する情熱（例えば登山家の情熱）

そしてこの関数は，以下のような性質をもつ。

（A-1）快楽の増大は，常に善を増大させるわけではない。

（A-2, A-3）愛情や情熱の増大は，その対象をそれにふさわしいものと勘違いしていたのであれば「善」を増大させるが，それにふさわしくないものと承知していたのであれば「善」を減少させる。

（B-1）快楽の符号が負であっても，「善」の符号は正になりうる。

（B-2, B-3）善意の符号が正であっても，「善」の符号は負になりうる。善意の符号が負であれば「善」の符号もたいてい負になるが，稀に例外もありうる。

（C-1）他の条件が等しい限り，ある変数の値が増加するにつれて，それがもたらす「善」の限界的増分は逓減してゆく。特に「幸福と美徳の関係」がそうである。

A-1 と B-1 が明確に示すように，あえて苦痛に立ち向かう人間の能動性（変数 f）も「善」になりうるため，ピグーを功利主義者だと断定するのは難しい。J. S. ミルとは異なり，ピグーは快楽自体の「質」的差異を認めていないが，この「質」の問題は，たとえ同量の快楽であっても他の変数（$b \sim f$）の大きさによって「善」の大きさが変化する，という論理によっておそらく説明可能である。また自発的「断食」と非自発的「飢餓」を峻別する A. センの有名な議論があるけれども，この峻別自体に限って言えば，ピグーの立場からも説明可能だろう。

ところで，C-1 の解釈には注意が必要である。なぜなら「美徳（virtue）」という言葉が，定義なしに突然現れているからである。文脈から見て，美徳は善の変数であるに違いない。おそらくそれは，幸福（快楽[7]）以外の諸変数の総称ではないかと思われる。こう解釈すると，C-1 は，快楽だけでは「善」を増大させるのに限界がある，すなわち経済的厚生だけでは「厚生」を増大させるのに限界がある，という意味になる。つまり，幸福と人格のバランス良い向上

---

7) 特別な説明がない限り，ピグーは「快楽」の同義語として，経済学の文脈では「満足」「効用」「経済的厚生」，また倫理学の文脈では「幸福」，などの言葉を用いるのが常である。

こそが望ましいわけである。

　最後に、「善関数」論とピグー厚生経済学の関係について述べておこう。「厚生」は、個々人の「善」を足し合わせたものであり、すべての政策のあり方を規定する究極目的である。しかし経済学では、前述のような善関数をそのまま使用するのは不可能だから、特別な事情がない限り、快楽（効用）以外の諸変数はすべて一定に留まると仮定し、事実上、功利主義の快楽一元論に基づいて議論が進められる。『富と厚生』の冒頭で、ピグーが「厚生」から「経済的厚生」を分離したのは、まさにこの仮定に基づく手続きである。したがってピグーは、倫理学上は必ずしも功利主義者だとは言えないものの、経済学上はほぼ実質的に功利主義者だと言ってよい。彼は 1908 年の経済学教授就任を境に倫理学から離れ、経済学に専念したが、そのことは、快楽以外の諸変数を所与の定数と見なすというこの仮定によって具体的に示されたとも言えよう。

　なるほど、この仮定はピグーが全体としての「厚生」を軽視し、もっぱら「経済的厚生」のみを重視したことを端的に示している、という批判はあるかもしれない。確かに上述の意味においては、その通りである。しかしこの批判が暗に前提するところの厚生全般を扱う経済学などというものは、そもそも現実上不可能だろう。むしろ厚生に関する専門研究は、経済学ではなく「倫理学の主要課題」[Pigou 1912 : 3, 訳 48] であり、両学問は分業によって互いに助けあう、というのが若き日のピグーの信条なのである。

3　「J. M. ケインズ氏の『雇用，利子および貨幣の一般理論』」(1936 年)

ピグー雇用理論の展開

　この論文は、ケインズ『一般理論』に対するピグーの書評であり、「ケインズ革命」を研究するさいの周知の重要文献である。かつてこの書評は過小評価され、「古典派経済学者」ピグーによる一種の言い逃れのようにさえ見られてきたが、現代経済学の目から見れば、あまり違和感のない正論のように感じられるのではあるまいか。この極めて論争的な書評論文（以下、「36 年書評」と略す）を理解するには、①それ以前のピグー雇用論の展開、②「20 年代不況」

と「30年代恐慌」の峻別，に関する予備知識がどうしても不可欠である。それがないと，この36年書評を必ず誤解することになる。それゆえ，まずこれらを順に説明しよう。

本解題の第1節の最後でも述べたように，ピグーはすでに「非自発的遊休の問題」［Pigou 1911］，『富と厚生』［1912］，『失業』［1913］，『厚生経済学』初版（1920）等々において，景気・雇用の安定化政策として公共事業政策を検討していた——そして労働移動性の確保という条件付きでこれを承認していた。これら一連の議論は，主に労働需要に着目した短期の雇用変動論という共通の特徴をもち，その長年の研究の一つの到達点が『景気変動論』（Pigou 1927）だった[8]。

だがその後，ピグー雇用論は大きく方向転換する。彼はそのような景気変動論では，百万人を超える大量失業が慢性的に存在し続けたイギリスの20年代不況を，説明できないと認識したのである。こうして彼の問題意識は，労働供給サイドの諸要因を重視した長期失業率の決定論へと移行し，その成果が『失業の理論』（Pigou 1933）となった。同書は30年代恐慌のさなかに出版されたため，大恐慌に関連する研究のように誤解されているが，実は20年代慢性不況の解明を試みた本である。

この方向転換を最も明瞭に示す論文が「賃金方針と失業」［Pigou 1927］である。その主題は「第一次大戦前の経済学ではまったく研究する必要のなかったタイプの［失業］問題」［*ibid*, 359］であり，ピグーは主に労働組合の 賃金方針 ^（ウエイジ・ポリシー）のあり方に注目した。この27年論文を境に，「賃金方針」が彼の雇用論のキーワードとなる。『失業の理論』では次のように述べられたが，これは彼自身のそれまでの歩みを回顧したものに他ならない。「第一次大戦前のわが国のこの問題［失業］の研究者は，賃金方針と結びついた長期的な市場の調整不全が失業をもたらす一要因であることを認識していたものの，通常，これが果たす役割は小さいとする見方をとっていた。これらの研究者にとって失業は主に，景

---

8) ピグー景気変動論の概要については，本郷［2007］の第4章「雇用理論（1）産業変動論」を参照のこと。周知のように1920年代は統計を用いた景気変動論研究の隆盛期であり，イギリス・アメリカ・フランス・ドイツを含む多くの主要国で専門の研究所が次々に創設された。

気変動と労働移動性欠如の結果……だった」。「失業の長期的決定因になりうる賃金方針は，現在，20年前に必要と考えられた以上の，さらに詳しい研究を求めている」（Pigou 1933：255-56，傍点追加）。

　さて，以上のようなピグーの問題意識を理解するには，「20年代不況」と「30年代恐慌」の峻別が不可欠であり，その要点は下表のように整理できる。

	20年代不況	30年代恐慌
理論面	・主に労働供給側の諸要因による長期（平均）失業率の上昇。 ・ピグーは「賃金方針と失業」（1927年）以降に本格的研究を開始し，『失業の理論』（33年）の主な研究主題となる。	・主に労働需要側の諸要因による短期失業率の上昇。ピグーはそれを景気循環過程の下降局面として理解。30年代の世界恐慌は特にその大規模なもの。 ・彼はその研究をすでに第一次大戦前から開始しており，『景気変動論』（1927年）の主な研究主題となる。
政策面	・社会全体の平均賃金率の引き下げが不可欠。 ・拡張的財政政策は，短期的には有効だが，長期的には無効化される。	・拡張的財政政策は有効。 ・実際，ピグーは当時，『タイムズ』紙上で拡張的財政政策を提唱[Pigou 1933：13]。

　ピグーにとって20年代不況とは，現代で言うところの「自然失業率」の上昇の問題である。すなわち「イギリスの失業統計が示すように（一般に同じことは他国にも言えることが分かっている），失業率は……長期的にはそれ以下にけっして下がることのない，失業量，より適切には失業率の，ある一定の最小限が常に存在する。しかもこの越えがたき最小限（intractable minimum）は，必ずしもすべての時期を通じて一定不変ではない。例えば，第一次大戦前の30年間の年々の最低失業値は2パーセントだったが，終戦直後の好況期を除く，その後10年間の最低値は8.1パーセントだった」（Pigou 1933：26）。

　そして，それをもたらした主な社会的要因は以下の3つである。

① 第一次大戦（人類初の総力戦＝国民的生産力の戦い）後の国内産業の再編問題，すなわち大規模な労働移動の必要性。

② 20年代における労働運動の高揚，およびそれと表裏一体の戦間期デモクラシーの進展。すなわちイギリスでは，戦時中に政府に協力した労働者階級の戦後の発言力増大，およびロシア革命の影響により，1918年には30歳以上の女性に選挙権が付与され，28年には成年男女普通選挙が実現する。この過程において24年にはイギリス史上初の労働党政権が誕生し，

26 年には未曾有のゼネストが起こった。

③　これらを背景にして繰り返された失業保険制度の改正（適用業種の拡大と給付条件の緩和）による失業コストの低下。例えば 1921 年には 12 週を限度とする無契約給付の実施，翌 22 年にはこれを 15 週に延長，24 年には 41 週に延長するなど，要するに失業者は，保険料の拠出なしに失業手当を支給された。

『失業の理論』には，労働需要の刺激策に関する先駆的議論が登場する。すなわち「……実質労働需要の平均状態（その状態の変動［景気変動］は別である）は，雇用の状態とそれほど有意味な関係をもたない……。需要状態の変化はむろん雇用の状態と関係をもつ。しかしある需要状態がひとたび十分確立すれば，労働者の求める実質賃金率がその新しい状況に適応する。……この包括的結論を認めるならば……労働需要の状態を……恒常的に高める，あるいは低める政府の長期的政策は，それがひとたび確立されれば，失業の原因にも救済策にもならないということになる」(Pigou 1933 : 248-49)。

つまり，需要サイドからの景気対策によって労働需要曲線が上方シフトし，短期的に失業が減少しても，その状況が長く継続すれば，労働組合の賃金方針は次第に強気なものになり，次第に労働供給曲線は上方シフトし，これに伴って失業は元の水準に戻る——要するに失業対策としての拡張的財政政策は，短期的には有効だが，長期的には無効化される——ということである。この主張はその後も繰り返され，『財政学』にも（本訳書 217-20 頁），36 年書評（本訳書 289 頁）にも見られる。

「ケインズ革命」以前に，すでに 1970 年代の「ケインズ反革命」（自然失業率論）のような問題意識をピグーが抱いていたという事実は，教科書的・定型的な 20 世紀マクロ経済学史の見方と甚だ矛盾するけれども，「ケインズ革命」の蔭で長らく誤解されてきたピグーを再評価するには，文献実証主義の立場からこの点を明確にすることが不可欠である。

繰り返すならば，1933 年の『失業の理論』は 30 年代恐慌を論じた本だと誤解されてきたが，同書はあくまでも 20 年代不況の解明の書，すなわち 20 年代の慢性的大量失業の解明を試みた本である。ピグーが短期失業と長期失業の性質の違いを認識し，それらを『景気変動論』と『失業の理論』によってそれぞ

れ研究したことは，その後のマクロ経済学の展開を思えば，非常に重要な卓見である。

　ところが不幸にも当時は，失業の短期・長期の区別が一般によく認識されていなかった時代である。33 年というタイミングで『失業の理論』というタイトルの本を出版し（ピグーはこの時事遊離性について同書の序文で弁明している），さらにその後も 36 年書評などで前述のような先駆的議論を繰り返せば繰り返すほど，人々の目に，彼は大恐慌のさなかに執拗に賃金カットを唱える人物のように映ったのではなかろうか。『失業の理論』は雇用改善のために社会全体の平均賃金の引き下げの必要を論じているが，それはあくまでも 20 年代の長期失業に関する回顧的処方箋だったのである[9]。

虚像の超克

　ピグー雇用論は，それぞれアプローチの異なる『景気変動論』（Pigou 1927）と『失業の理論』（Pigou 1933）の 2 冊から構成される。ところがケインズは『一般理論』において，極めて不可解なことに，前者を一蹴し，後者のみにその批判を集中させた。その意図はやはり「古典派経済学者」ピグーという虚像──「わら人形」[Schumpeter 1951 : 287n, 訳 407n]──を創りだすことにあったと考えざるをえない。前述の「誤解」を利用していると考えられるのである。

　最も単純な例を挙げれば，なぜ「非自発的遊休の問題」[Pigou 1911] から『景気変動論』に至る系統のピグー雇用論を，とりわけそこでの公共事業論を，ケインズは『一般理論』で俎上に載せなかったのか。その答えは，「ケインズ（公共事業）対ピグー（賃金カット）」という構図を作りだすためだろう。この誤った構図の世俗的影響力は，測り知ることができないほどに大きい。巨悪を設定し，その打倒のための困難な闘いを演出するのは，大衆扇動の手法の 1 つである。この意味において『一般理論』は勝利をめざす論争の書であり，この学問的不誠実さが，ピグーの 36 年書評を極めて辛辣なものにした最大の原因

---

9) ピグーは 36 年書評の脚注 12 でも，20 年代後半と 30 年代初頭のそれぞれの賃金水準に関して「前者の時期にこそ，貨幣賃金を引き下げるべきではなかったか」と主張している（本訳書 286 頁）。むろんこれも，両時期の失業の性質の違いに基づく議論である。

だと思われる。

確かにピグー『景気変動論』は，当時全盛だった景気循環論（ビジネス・サイクル）の常として，景気波動の周期と振幅，ならびに上昇局面から下降局面への転換（あるいはその逆の転換）のメカニズムを主に究明するものであり，ケインズ『一般理論』のような国民所得決定論ではない。しかし，だからといって前述のような政策上の対立構図が導かれるだろうか。

36 年書評の構成は下表の通りである。

I	『講和の経済的帰結』（1919 年）以来のケインズの論争的文体（レトリック）
II	「古典派経済学者」という虚像 (1) マーシャルへの不当な批判　　(2) ピグーへの不当な批判 (3) 古典派の「第 2 公準」
III	①『一般理論』の難解さの 3 つの原因 (1) 用語上の非一貫性：労働の限界生産物，流動性選好 (2) 考察手順の拙速さ：一般化を追求するあまり，諸要因を順次考察せず，同時に考察している。 (3) 前提間の矛盾：投資がなされるのに，なぜ資本ストックは一定なのか。 ② 6 つの個別問題 (1) 乗数：なぜクラウディング・アウトが起きないのか？ 　　　　乗数効果は金融政策の状態にも依存する。 (2) 利子率：「自己利子率」の問題 (3) 貯蓄：真の問題は，退蔵の量ではなく，その量の変動である。 (4) 貨幣賃金率と実質賃金率：ケインズは，貨幣賃金が下落しても物価が比例的に下落するため，実質賃金と雇用は変化しないと言うが，その説明は難解である。そもそもこの問題は，金融政策に依存するはずである。 (5) 最後の審判のヴィジョン：杞憂にすぎない。 (6) 失業の消滅：公共事業政策によって，労働需要曲線を上方移動させても，労働者の賃上げ要求によって労働供給曲線はやがて上方移動する。だから失業率の低下は短期に留まる。
IV	同書の幾つかの優れた点

この 36 年書評は不幸な経緯から長らく誤解されてきたが，今日これを読み直せば，そこに非常に優れた先駆的論点が含まれることは明白だろう。

4 「古典派の定常状態」(1943年)

この論文は，ケインズ革命後の一連の論争のなかでピグーが「実質残高効果」(いわゆるピグー効果 [Patinkin 1948 : 556]) を定式化した有名な論文である。ケインズ『一般理論』に関連するピグーの一連の議論は，前節で見た 36 年書評を除けば，およそ以下の 2 つの時期に大別できる。

第一期は，ピグー対カルドア論争である [Pigou 1937 ; Kaldor 1937 ; Pigou 1938]。その争点は，ごく簡単に言えば，失業が存在する状況下で，貨幣賃金率の下落によって失業が減少するか否かだった。ピグーは失業が減少すると主張したものの[10]，その論証はひどく不完全であり，彼はカルドアへの返答論文 [Pigou 1938] において自分の誤り——特に「流動性のわな」のもとでの貨幣賃金下落に関して——を率直に認めた。この論争を通じて，彼が従来の自分の理論の短所，ケインズの理論の長所，に気づいたことは間違いない。

実はこのときピグーは，心臓病のため研究活動が非常に制限されていた[11]。彼が自分の誤りを認めたのは，自分の基本的立場を撤回したからではなく，むしろ療養と再考のための小休止を求めたからにすぎない。だから回復後の彼は，その従来の立場を一層洗練された枠組みで再び示すことになる。それが第二期の議論である。

第二期は，『雇用と均衡』(Pigou 1941) 以降に展開された諸々の議論である。同書の他に特に重要なものとしては，「古典派の定常状態」[1943]，「安定的環境のもとでの経済進歩」[1947]，『貨幣のヴェール』[1949]，『ケインズ一般理

---

10) 「非自発的遊休の問題」[Pigou 1911] 以来のピグーの一貫した立場によれば，完全競争モデルでは通常，失業は「存在不可能」であり，失業が存在しうるためには完全競争によって定まる「自然的」賃金率を上回る「人為的」賃金率が想定されねばならない。人為的賃金率の発生原因には「慣習」，「人道的感情」，「労働組合の団体交渉」，「政府の最低賃金法」などがある [ibid, 1-2, 訳 231]。つまり彼の失業論は賃金硬直性を前提しており，これは現代マクロ経済学の標準的見解でもある。

11) ピグー対カルドア論争に関するピグーとケインズの書簡のやりとりが残っており，それらからピグーの病状などの論争の背景を知ることができる [本郷 2007 : 19-21]。

論 回顧的考察』［1950］などがある。

これら 40 年代以降のピグーの議論の特徴は，実物面と貨幣面の相互作用，あるいは財貨・貨幣・労働の各市場の相互作用がもたらす，全体としてのマクロ経済体系のふるまいを解明しようとする点にある。これは従来の彼の雇用論にはなかった新しい問題意識，前述の第一期の論争によって芽生えた問題意識である。すなわち『雇用と均衡』の序文では次のように述べられた。「本書の『課題』は，経済体系の個々の部分ではなく経済体系全体のふるまいに関わる，ひと組の相互依存的諸問題である」。「これらの問題の多くが経済学の最新の研究課題になったのは，ケインズ氏の『一般理論』の貢献である。彼がおこなった他者への批判の評価，また彼自身が示した諸々の解法についてどのように考えるにせよ，とにかく重要な諸問題を提示したという点で，同書の著者は経済学に極めて大きな貢献をしたのである。……ケインズ氏はこの分野の真の開拓者である」（Pigou 1941 : v）。

このようにピグーは，自分が 36 年書評でケインズの（破壊的側面は別として）建設的側面を正当に評価するのに失敗したこと，またケインズが（現代的）マクロ分析の「真の開拓者」であること，を謙虚に認めた。そして，そのうえで，新たなマクロ分析の手法を用いてその従来の立場――市場の調整機能の有効性――の論証を試みたのである。

さて，「古典派の定常状態」［Pigou 1943］の主題もまさしくそれであり，それは「技術等の諸条件が一定のもとで，もし労働者が競争的賃金方針に従うならば，経済体系は最終的に必ず完全雇用-定常状態に向かう」という「古典派経済学者の根本命題」［*ibid*, 351, 本訳書 301 頁］の論証だった。この 43 年の短い論文は，当時のアメリカ・ケインズ学派の代表者ハンセンの『財政政策と景気循環』（Hansen 1941）――いわゆる「45° 線の理論」を初めて示した本として有名であり，ハンセンは成熟した資本主義経済における長期停滞傾向の必然性と過少雇用均衡の理論的可能性を主張した――を直接の批判対象としていた。

ピグーはこの 43 年論文の第 10 節以降で，次のような議論を展開し，この議論はのちに多くのマクロ経済学の教科書で取り上げられることになる。すなわち，たとえ「流動性のわな」の状況下にあっても，貨幣賃金と物価が自由かつ十分に下落すれば，貨幣資産の実質価値の上昇を通じて消費が増大し――

IS-LM モデルを用いて言えば，IS 曲線が右にシフトし——完全雇用がおのず
と達成される。パティンキンはこうした物価の下落がもたらす消費の増大を
「ピグー効果」と命名したが，ピグー以前にハーバラー［Haberler 1941: 242,
389-90 and 403］やシトフスキー［Scitovsky 1941: 70-72］が同様の資産効果をす
でに指摘していたことから，現在ではそれを実質残高効果と呼ぶことも多い。

　換言すれば，ケインズの描いたような「最後の審判」（本訳書 287 頁）——不
況を放置すれば所得と雇用が累積的に減少し，「貯蓄がゼロになるほどに雇用
量が少なく，生活水準が悲惨なほどに低い状態」に至るという資本主義経済の
終末的状況——は理論上不可能だということである。

　なお，くれぐれも誤解してはならないのは，ピグーの 43 年論文の意図は，
純理論的なものであって政策提言ではないという点である。上記の「根本命
題」や実質残高効果は，（競争や労働移動の完全性の仮定からも分かるように）あ
くまでも理論上の，極めて抽象度の高いものである。それらを根拠にして，ピ
グーは不況期における実際の雇用政策として賃金カットないし自由放任主義を
支持し，拡張的財政政策に反対したなどと即断するのは，従来から指摘されて
きたように［Patinkin 1948: 564］単純な誤解である。現在のマクロ経済学にお
いても，一方では長期の価格伸縮性を前提した成長論（政策論を含む）を論じ
ると同時に，他方では短期の価格硬直性を前提した景気変動論（政策論を含む）
を論じるのが普通であり，これを矛盾と見なす者は稀だろう。

　最後に再び，実践という観点からピグー『財政学』，およびその第 3 版の特
徴である雇用論について，述べておきたい。20 世紀前半のイギリスは，①普
通選挙の実現という意味における民主主義の開花期，これに対応して②有権者
の圧倒的多数を占める労働者階層の地位向上の時代，③二度の世界大戦という
激動の時代，④第二次大戦後の福祉国家政策に結実する社会保障制度の発展期，
これを歳入面で支える⑤累進的直接税の発展期，であった。こうした情勢のも
とで，あるいはこうした 20 世紀の新しい諸々の時代的要請に応えつつ，ピ
グー厚生経済学体系は形成され，展開したのであり，『財政学』もまた同様で
あることを忘れてはならない。

　厚生経済学の最初の体系的著作は『富と厚生』［Pigou 1912］であるが，その

序文冒頭でピグーは，失業問題を研究するうちに次第に研究範囲が広がり，ついには同書のような体系的著作になったと告白している。第一次大戦前の早い時期から，第二次大戦後の晩年に至るまで，彼は失業を常に非常に重要な問題と位置づけており，『財政学』第3版（1947年）の第III編の改訂もまた，そのような強い関心を反映したものと言える。にもかかわらず，ケインズとの不幸な論争の結果，ケインズとの過度の対比のもとで，ピグーがあたかも失業問題の実際的解決を市場調整メカニズムに委ねていたかのように長らく誤解されてきたのは，歴史の皮肉というほかないだろう。

参考文献（訳者）

Aslanbeigui, N. and G. Oakes [2015] *Arthur Cecil Pigou* (Great Thinkers in Economics), Basingstoke : Palgrave Macmillan.

Clark, C. [1952] "On Pigou," in H. W. Spiegel (ed.), *The Development of Economic Thought*, New York : John Wiley & Sons : 779-94. (越村信三郎・伊坂市助他監訳『経済思想発展史』東洋経済新報社，1954)

Collard, D. [2014] "Pigou's Wealth and Welfare : A Centenary Assessment," *Cambridge Journal of Economics* 38 (4) : 945-60.

Donnini Maccio, D. [2017] "Pigou on Philosophy and Religion," *European Journal of the History of Economic Thought*, 24 (4) : 931-57.

Haberler, G. [1941] *Prosperity and Depression : A Theoretical Analysis of Cyclical Movements*, 2nd edn., Geneva : League of Nations.

Kaldor, N. [1937] "Prof. Pigou on Money Wage in Relation to Unemployment," *Economic Journal* 47 : 745-53.

Knight, K. L. [2018] *A. C. Pigou and the 'Marshallian' Thought Style : A Study in the Philosophy and Mathematics Underlying Cambridge Economics*, Cham : Palgrave Macmillan.

Kumekawa, I. [2017] *The First Serious Optimist : A. C. Pigou and the Birth of Welfare Economics*, Princeton : Princeton University Press.

Marshall, A. [1961] *Principles of Economics*, 9th edn., C. W. Guillebaud (ed.), 2 vols., London : Macmillan.

McLure, M. [2012] "One Hundred Years from Today : A. C. Pigou's Wealth and Welfare," *History of Economics Review* 56 : 101-16.

Musgrave, R. A. [1959] *The Theory of Public Finance : A Study in Public Economy*, New York : McGraw-Hill. (木下和夫監修・大阪大学財政研究会訳『マスグレイヴ財政理論』I-III, 有斐閣，1961)

Patinkin, D. [1948] "Price Flexibility and Full Employment," *American Economic Review* 38 : 543-64.

Pigou, A. C. [1901] *Robert Browning as a Religious Teacher. Being the Burney Essay for 1900*, London : C. J. Clay and Sons.

――――[1906] "The Ethics of Gospels," *International Journal of Ethics* 17 : 275-90.

――――[1907a] "Some Points of Ethical Controversy," *International Journal of Ethics* 18 : 99-107.

――――[1907b] "The Ethics of Nietzsche," *International Journal of Ethics* 18 : 343-55.

――――[1908a] *The Problem of Theism, and Other Essays*, London : Macmillan.

――――[1908b] *Economic Science in Relation to Practice*, An Inaugural Lecture given at Cambridge, 30th October, 1908, London : Macmillan.（本郷［2012］に邦訳所収）

――――[1909] *The Policy of Land Taxation*, London : Lomgmans & Green.

――――[1911] "The Problem of Involuntary Idleness" in *Compte-rendu de la conférence internationale du chômage. Internationale Konferenz über Arbeitslosigkeit. International Conference on Unemployment. Paris, 18-21 septembre 1910*, vol. 3, rapport 24, Paris : Marcel Rivière : 1-10. （本郷［2010］に邦訳所収）.

――――[1912] *Wealth and Welfare*, London, Macmillan.（邦訳は本郷［2012］）

――――[1913] *Unemployment*, London : Williams & Norgate.

――――[1924] "Poetry and Philosophy," *Contemporary Review*, June 1924 : 735-44.

――――(ed.) [1925] *Memorials of Alfred Marshall*, London : Macmillan.（宮島綱男監訳『マーシャル経済学論集』寶文館，1928）

――――[1927] "Wage Policy and Unemployment," *Economic Journal* 37 : 355-68.

――――[1928] *A Study in Public Finance*, 1st edn., 1928, 2nd edn., 1929, 3rd edn., 1947, London : Macmillan.

――――[1933] "To the Editor of The Times," *The Times*, Feb 21, 1933 : 13.

――――[1936] "Mr. J. M. Keynes' General Theory of Employment, Interest and Money," *Economica*, New Series 3 : 115-32.

――――[1937] "Real and Money Wage Rates in Relation to Unemployment," *Economic Journal* 47 : 405-22.

――――[1938] "Money Wages in Relation to Unemployment," *Economic Journal* 48 : 134-38.

――――[1943] "The Classical Stationary State," *Economic Journal* 53 : 343-51.

――――[1945] *Lapses from Full Employment*, London : Macmillan.

――――[1947] "Economic Progress in a Stable Environment," *Economica*, New Series 14 : 180-88.

――――[1949] *The Veil of Money*, London : Macmillan.（前田新太郎訳『ピグー貨幣論――貨幣はベイルなりや』実業之日本社，1954）

――――[1950] *Keynes' "General Theory" : A Retrospective View*, London : Macmillan.（内田忠夫訳『ケインズ一般理論』現代教養文庫，1954）

――――[1953] *Alfred Marshall and Current Thought*, London : Macmillan.

Schumpeter, J. A. [1951] *Ten Great Economists from Marx to Keynes*, London : Allen & Unwin.

（中山伊知郎・東畑精一訳『十大経済学者』日本評論新社，1952）

Schumpeter, J. A.［1954］*History of Economic Analysis*, Oxford University Press.（東畑精一訳『経済分析の歴史』全7巻，岩波書店，1955-62）

Scitovsky, T.［1941］"Capital Accumulation, Employment and Price Rigidity," *Review of Economic Studies* 8：69-88.

Sturn, R.［2018］"Individual Choice and the Public Economy：Musgrave vs. Pigou," in J. L. Cardoso, H. D. Kurz and P. Steiner (ed.), *Economic Analyses in Historical Perspective：Festschrift in Honour of Gilbert Faccarello*, London：Routledge：157-75.

Wagner, A.［1871-72］*Finanzwissenschaft*, 4 vols., Leipzig and Heidelberg：Winter.

本郷亮［2007］『ピグーの思想と経済学——ケンブリッジの知的展開のなかで』名古屋大学出版会．

本郷亮［2010］「ピグー復権の現代意義——雇用論を軸に」（丸山徹編著『経済学のエピメーテウス』知泉書館：213-41）．

本郷亮訳／八木紀一郎監訳［2012］『ピグー 富と厚生』名古屋大学出版会．

訳者あとがき

　本書の出版にあたり，今日まで私を叱咤激励してくださった名古屋大学出版会の橘宗吾氏ならびに校正等を担当してくださった神舘健司氏に，まずお礼を申し上げたい。私は，最初の著書『ピグーの思想と経済学』（2007 年）以来，『ピグー 富と厚生』（2012 年），そしてこのたびの『ピグー 財政学』と，いつも橘さんのお世話になってきた。これは本当に有り難いことなのだと，つくづく思う。また神舘さんからは，単純な誤植の指摘のみならず，多くの有益な助言もいただいた。おかげで本書はずいぶん良くなった。

　緊張感に満ちた駆け出しの頃に比べると，近年は身も心も弛みがちであることを強く自覚する。加えて，近年は大学そのものも急速に変わりつつあり，繰り返される「上からの改革」に食傷気味なのは私だけだろうか。しかし，研究者としての好奇心と向上心が衰えたわけではまったくない。社会環境や職場環境という外的変化のみならず，自分自身の内的変化にも適応し，仕事のスタイルをしなやかに変化させるのが，プロとして長く活動する秘訣だろうと思う。登山ではしばしば，力を 3 割残してその日の活動を終えよと言われるが，長い研究人生でも，強行を控え，余裕を確保することが大切だろう。

　ところで，わが恩師は「（教員が）学生から学ぶ部分は大きいですよ」と言っておられたが，本当にその通りだと，毎年のように痛感する。大学院生を指導することによって教員が得るものはむろん相当に大きいが，学部のゼミ生たちから受ける刺激や影響もまた（こちらは研究活動以外の事柄が多いのだが）同じくらい大きい。それに気づくたびに，私は感謝する。

　ゼミ生たちは，「先生，早く本を出して下さい」と心地よい（？）プレッシャーをかけ続けてくれた。実は 2016 年秋には本書の原稿は仕上がっていたが，よんどころない事情でずっと停滞していたのである。そうした世俗の鬱屈を抱えるなか，2017 年春に当時のゼミ長・森本凌太郎氏（ワンダーフォーゲル部）が私を六甲山に連れて行ってくれたのは，良い思い出である。おかげで人生の幅が広がった。書けば長くなるのでその経緯は割愛するが，それ以来，私

は暇を見つけては登山や狩猟に励んでいる。数年間の停滞が結果的には良かったのである。ちなみにピグーもまた優れた登山家であった。今こうして出版という課題も果たすことができ，やっと肩の荷が下りる。少し休んでまた歩き出したい。

　研究にあたっては，日本学術振興会から科学研究費補助金（課題名「ピグー財政論の研究：理論と政策，および厚生経済学との関係」若手研究 B, 23730207, 2011 年 4 月〜15 年 3 月）を受けた。

　最後に，母校関西学院大学の学部・大学院にて御指導いただいた恩師・井上琢智先生と田中敏弘先生のお二人に，言葉では到底表し難いが，変わらぬ感謝と尊敬の気持ちを述べたい。私が両先生から受けた影響は，学問的なものだけではない。

　本書に含まれるかもしれない誤りについての責任は，もとより私にある。

　本書を妻恵美子と 4 人の子たち，弘太郎，凛々子，和々子，珠々にささげる。

令和元年 8 月 12 日　西宮にて　　本郷　亮

人名索引

ア 行

アインシュタイン Einstein, Albert　271
ヴィヴィアーニ Viviani, R.　240
エッジワース Edgeworth, Francis Ysidro　70,
97, 272
エイナウディ Einaudi, Luigi　172

カ 行

カルドア Kaldor, Nicholas　300, 324
カント Kant, Immanuel　267
キャナン Cannan, Edwin　126
キャンピオン Campion, H.　138
キャンベル Cambell, G. F. C.　154, 155
クラーク Clark, John Maurice　246
クラマー Cramer　102
グリーン Green, Thomas Hill　260, 261, 264,
268, 316
ケインズ Keynes, John Maynard　24, 259, 271-
290, 292, 297, 307, 308, 312, 314, 315, 318,
321-328
コルソン Colson, Clément　44, 45
コーン Cohn, Gustav　167

サ 行

ジェヴォンズ Jevons, William Stanley　180
シェフテル Scheftel, Yetta　156, 163
シジウィック Sidgwick, Henry　23, 24, 57, 58,
100, 103, 105, 207, 264, 269, 270, 316
シュロス Schloss, David Frederick　240
シラス Shirras, G. Findlay　132
スタンプ Stamp, Sir Josiah　83, 124, 172
セリグマン Seligman, Edwin Robert Anderson
162, 172
ソコルニコフ Sokolnikoff, G.　133

タ・ナ行

タウシッグ Taussig, Frank William　132
ダニエルズ Daniels, G. W.　138

チェンバレン Chamberlain, Sir Austen　88
チャップマン Chapman, Sydney John　241
テニスン Tennyson, Alfred　261
ドールトン Dalton, Hugh　151
ニュートン Newton, Isaac　271

ハ 行

ハーコート Harcourt, William　143, 312
バスタブル Bastable, Charles Francis　52, 53
バーバー Barbour, Sir David　132
バルフォア Balfour, Arthur James　29, 248
ハンセン Hansen, Alvin Harvey　291, 292, 295,
296, 300, 325
ヒックス Hicks, John Richard　3, 162
ヒックス Hicks, Ursula Kathleen　3, 36
ピグー Pigou, Arthur Cecil　2, 3, 23, 28, 33, 52,
66, 208, 221, 225, 272, 274-276, 307-329
フィッシャー Fisher, Irving　103
ブラウニング Browning, Robert　266
ブラッドレー Bradley, Andrew Cecil　268
ブルーイン Bruins, Gijsbert Weijer Jan　172
ベヴァリッジ Beveridge, William Henry　253
ベルヌーイ Bernouilli, Daniel　101, 102
ヘンダーソン Henderson, Sir Hubert　151
ベンハム Benham, F. C.　130
ボーレイ Bowley, Arthur Lyon　134, 137, 243,
244, 255, 256
ホートレー Hawtrey, Ralph　83, 290

マ 行

マクタガート McTaggart, John　270
マーシャル Marshall, Alfred　11, 43, 69, 102,
109, 112, 113, 116, 119, 139, 156-158, 175,
176, 192-194, 196-198, 272-274, 278, 297,
307, 314, 315, 323, 328
マーシャル Marshall, Mary Paley　273, 274
マスグレイヴ Musgrave, Richard Abel　309,
327
マーティノー Martineau, James　263
ミル Mill, John Stuart　70, 175-177, 317

ムア Moore, George Edward　　23, 262, 269, 270, 316

メーテルリンク Maeterlinck, Maurice　　265

メルチェット Melchett, Alfred Mond　　249

モーリー Morley, Felix　　244, 248

ラ 行

ラウントリー Rowntree, Benjamin Seebohm　226

ラムジー Ramsey, Frank Plumpton　　2, 108, 114-117, 119, 121, 128

リカード Ricardo, David　　156, 272, 309

リスト List, Friedrich　　174, 203-205

リニャーノ Rignano, Eugenio　　11, 150, 151

ロスタス Rostás, László　　3, 132

ロッツェ Lotze, Hermann　　261

ロバートソン Robertson, Dennis Holme　　2, 3, 199, 290

ロフトハウス Lofthouse　　268

ワグナー Wagner, Adolf Heinrich Gotthilf　　311

《訳者紹介》

本郷 亮
（ほんごう　りょう）

1972 年　大阪府に生まれる
2004 年　関西学院大学経済学研究科博士後期課程修了，博士（経済学）
現　在　関西学院大学経済学部教授
著訳書　『ピグーの思想と経済学』（名古屋大学出版会，2007 年）
　　　　『ピグー　富と厚生』（名古屋大学出版会，2012 年）他

ピグー　財政学

2019 年 12 月 10 日　初版第 1 刷発行

定価はカバーに
表示しています

訳　者　　本　郷　　　亮

発行者　　金　山　弥　平

発行所　一般財団法人　名古屋大学出版会
〒 464-0814　名古屋市千種区不老町 1 名古屋大学構内
電話(052)781-5027 / FAX(052)781-0697

© Ryo Hongo, 2019
印刷・製本　亜細亜印刷㈱
乱丁・落丁はお取替えいたします。

Printed in Japan
ISBN978-4-8158-0969-0

JCOPY 〈出版者著作権管理機構　委託出版物〉
本書の全部または一部を無断で複製（コピーを含む）することは，著作権
法上での例外を除き，禁じられています。本書からの複製を希望される場
合は，そのつど事前に出版者著作権管理機構（Tel：03-5244-5088，FAX：
03-5244-5089，e-mail：info@jcopy.or.jp）の許諾を受けてください。

A. C. ピグー著　八木紀一郎監訳／本郷亮訳
ピグー　富と厚生
菊判・472 頁
本体 6,800 円

本郷　亮著
ピグーの思想と経済学
―ケンブリッジの知的展開のなかで―
A5・350 頁
本体 5,700 円

J. A. シュンペーター著　八木紀一郎編訳
資本主義は生きのびるか
―経済社会学論集―
A5・404 頁
本体 4,800 円

鍋島直樹著
ポスト・ケインズ派経済学
―マクロ経済学の革新を求めて―
A5・352 頁
本体 5,400 円

鍋島直樹著
ケインズとカレツキ
―ポスト・ケインズ派経済学の源泉―
A5・320 頁
本体 5,500 円

S. クレスゲ／L. ウェナー編　嶋津格訳
ハイエク，ハイエクを語る
四六・316 頁
本体 3,200 円

村井明彦著
グリーンスパンの隠し絵　上・下
―中央銀行制の成熟と限界―
A5・326／290頁
本体各 3,600 円

田中敏弘著
アメリカ新古典派経済学の成立
―J. B. クラーク研究―
A5・426 頁
本体 6,000 円

高　哲男著
現代アメリカ経済思想の起源
―プラグマティズムと制度経済学―
A5・274 頁
本体 5,000 円

L. マーフィー／T. ネーゲル著　伊藤恭彦訳
税と正義
A5・266 頁
本体 4,500 円